BABOK®

v3

GUIA PARA O CORPO DE CONHECIMENTO DA ANÁLISE DE NEGÓCIOS (GUIA BABOK®)

IIBA® International Institute of Business Analysis™

International Institute of Business Analysis, Toronto, Ontario, Canada.

Versões 1.0 e 1.4 publicadas em 2005. Rascunho da Versão 1.6 publicado em 2006. Versão 1.6 Final publicada em 2008. Versão 2.0 publicada em 2009. Versão 3.0 publicada em 2015.

ISBN Print: 978-1-927584-32-3

ISBN Digital: 978-1-927584-33-0

Índice

Capítulo 4: Elicitação e Colaboração

Capítulo 5: Gerenciamento do Ciclo de Vida de Requisitos

Capítulo 6: Análise da Estratégia

Capítulo 7: Análise de Requisitos e Definição de Design

Capítulo 8: Avaliação da Solução

Capítulo 9: Competências Fundamentais

Capítulo 10: Técnicas

Capítulo 11: Perspectivas

Prefácio

O IIBA® foi fundado em Toronto, Canadá em outubro de 2003 para apoiar a comunidade de análise de negócios:

- criando e desenvolvendo consciência e reconhecimento do valor e contribuição do analista de negócios;
- definindo o Corpo de Conhecimento da Análise de Negócios® (BABOK®);
- fornecendo um fórum para compartilhar conhecimento e contribuir para a profissão de análise de negócios;
- reconhecendo publicamente e certificando profissionais qualificados através de um programa de certificação reconhecido internacionalmente.

O Comitê do Corpo de Conhecimento foi formado em outubro de 2004 para definir e redigir um padrão global para a prática de análise de negócios. Em janeiro de 2005, o IIBA lançou a versão 1.0 do A Guide to the Business Analysis Body of Knowledge® (Guia BABOK®) para feedback e comentário. Essa versão incluía um esboço do conteúdo proposto e algumas definições fundamentais. A versão 1.4 foi lançada em outubro de 2005, com um conteúdo preliminar sobre algumas áreas de conhecimento. A versão 1.6, que incluiu informações detalhadas relativas à maior parte das áreas de conhecimento, foi publicada em versão preliminar em junho de 2006 e atualizada para incorporar erratas em outubro de 2008.

O Comitê do Corpo de Conhecimento desenvolveu a versão 2.0 de A Guide to the Business Analysis Body of Knowledge® (Guia BABOK®) com a orientação de equipes de redação especializada e com feedbacks obtidos de especialistas, praticantes e revisões públicas. A versão 2.0 introduziu conceitos como o Esquema de Classificação de Requisitos e os modelos de Entrada/Saída. A versão 2.0 foi publicada em 2009 e tornou-se o padrão mundialmente reconhecido para a prática de análise de negócios.

Após a publicação da versão 2.0, o IIBA buscou uma série de especialistas reconhecidos em análise de negócios e áreas relacionadas e solicitou seu feedback sobre o conteúdo daquela edição. O Comitê do Corpo de Conhecimento usou esses comentários para planejar a visão e o escopo desta revisão. O Comitê do Corpo de Conhecimento trabalhou com equipes de escritores especializados para revisar e atualizar o conteúdo. O rascunho revisado de A Guide to the Business Analysis Body of Knowledge® (Guia BABOK®) foi revisado por equipes de especialistas e profissionais. O Comitê do Corpo de Conhecimento utilizou o feedback fornecido para aprimorar e refinar ainda mais o texto e, em seguida, disponibilizou o conteúdo para a comunidade de análise de negócios para revisão em 2014. Os milhares de feedbacks desta revisão pública foram utilizados para revisar ainda mais o texto para formar A Guide to the Business Analysis Body of Knowledge® (Guia BABOK®) versão 3.0.

O objetivo desta revisão era:

- incorporar novos conceitos e práticas em uso desde a última revisão;
- abordar o escopo ampliado e em evolução da profissão;

- incorporar lições aprendidas de profissionais que trabalharam com a versão atual;
- melhorar a legibilidade e usabilidade do guia;
- melhorar a consistência e qualidade do texto e ilustrações;
- melhorar a consistência com outras normas geralmente aceitas relacionadas à prática de análise de negócios.

As principais mudanças nesta versão incluem:

- a inclusão do Modelo de Conceitos Essenciais da Análise de Negócios™ (BACCM™);
- o escopo expandido do papel da análise de negócios na criação de melhores resultados de negócio;
- a inclusão de Perspectivas que descrevem maneiras especializadas em que os profissionais de análise de negócios fornecem valor único para o empreendimento;
- novas e expandidas Competências Fundamentais para refletir melhor os conjuntos de habilidades diversas do analista de negócios;
- novas técnicas que surgiram na prática da análise de negócio.

Esta publicação substitui A Guide to the Business Analysis Body of Knowledge® (Guia BABOK®) versão 2.0.

O Guia BABOK ® contém uma descrição de práticas geralmente aceitas no campo da análise de negócios. O conteúdo incluído neste release foi verificado por meio de revisões de profissionais, levantamentos com a comunidade de análise de negócios e consultas com especialistas reconhecidos na área. Os dados disponíveis ao IIBA demonstram que as tarefas e técnicas descritas nesta publicação estão em uso pela maioria dos profissionais de análise de negócios. Como resultado, podemos ter confiança de que as tarefas e técnicas descritas no Guia BABOK® devem ser aplicáveis, na maioria das vezes, nos mais diversos contextos onde a análise de negócios é realizada.

O Guia BABOK® não deve ser interpretado para ordenar que as práticas descritas nesta publicação sejam seguidas em todas as circunstâncias. Qualquer conjunto de práticas deve ser adaptado às condições específicas em que a análise de negócios está sendo realizada. Além disso, práticas que não são geralmente aceitas pela comunidade de análise de negócios no momento da publicação podem ser igualmente eficazes, ou mais efetivas, do que as práticas descritas no Guia BABOK®. Como tais práticas se tornam geralmente aceitas e, à medida que os dados são coletados para verificar sua efetividade, serão incorporadas em edições futuras desta publicação. O IIBA incentiva todos os profissionais de análise de negócios a estarem abertos a novas abordagens e novas ideias, e deseja incentivar a inovação na prática da análise de negócios.

O IIBA gostaria de estender seus agradecimentos e da comunidade de análise de negócios a todos aqueles que ofereceram seu tempo e esforço para o desenvolvimento desta revisão, bem como àqueles que nos forneceram feedback informal de outras formas.

1 Introdução

A Guide to the Business Analysis Body of Knowledge® (Guia BABOK®) é o padrão globalmente reconhecido para a prática de análise de negócios. O Guia BABOK® descreve áreas de conhecimento de análise de negócios, tarefas, competências fundamentais, técnicas e perspectivas sobre como abordar a análise de negócios.

1.1 Objetivo do Guia BABOK

O objetivo principal do Guia BABOK® é definir a profissão de análise de negócios e fornecer um conjunto de práticas comumente aceitas. Ele ajuda os profissionais a discutir e a definir as habilidades necessárias para efetivamente realizar o trabalho de análise de negócios. O Guia BABOK® também ajuda as pessoas que contratam ou que trabalham com analistas de negócios a entender as habilidades e conhecimentos que devem esperar de um profissional habilitado.

A análise de negócios é uma profissão ampla na qual os analistas de negócios podem realizar trabalhos para muitos tipos diferentes de iniciativas em uma empresa. Os profissionais podem empregar diferentes competências, conhecimentos, habilidades, terminologias e atitudes que eles usam ao executar tarefas de análise de negócios. O Guia BABOK® é um framework comum para todas as perspectivas, descrevendo tarefas de análise de negócios que são executadas para analisar adequadamente uma mudança ou avaliar a necessidade de uma mudança. As tarefas podem variar em forma, ordem ou importância para analistas de negócios individuais ou para várias iniciativas.

As seis áreas de conhecimento do Guia BABOK® (Planejamento e Monitoramento da Análise de Negócios, Elicitação e Colaboração, Gerenciamento do Ciclo de Vida de Requisitos, Análise da Estratégia, Análise de Requisitos e Definição de Design (ARDD), e Avaliação da Solução) descrevem a prática da análise de negócios tal como ela é aplicada dentro dos limites de um projeto ou ao longo da evolução e melhoria contínua da empresa. A imagem a seguir mostra como três das áreas de conhecimento apoiam a entrega de valor de negócio antes, durante e após o ciclo de vida de um projeto.

Figura 1.1.1: Análise de Negócios Além de Projetos

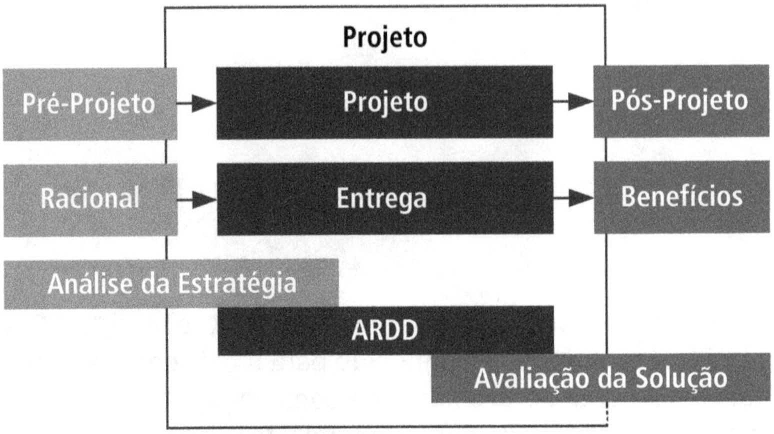

1.2   O que é Análise de Negócios?

A análise de negócios é a prática de habilitar mudanças em uma corporação, definindo necessidades e recomendando soluções que ofereçam valor aos stakeholders. A análise de negócios habilita uma corporação a articular as necessidades e a lógica da mudança, e a desenhar e descrever soluções que possam agregar valor.

A análise de negócios é realizada em uma variedade de iniciativas dentro de uma empresa. As iniciativas podem ser estratégicas, táticas ou operacionais. A análise de negócios pode ser realizada dentro dos limites de um projeto ou durante a evolução e melhoria contínua da corporação. Ela pode ser usada para entender o estado atual, para definir o estado futuro e para determinar as atividades necessárias para se mover do estado atual para o futuro.

A análise de negócios pode ser realizada a partir de um leque diversificado de perspectivas. O Guia BABOK® descreve várias dessas perspectivas: ágil, inteligência de negócios (BI), tecnologia da informação, arquitetura de negócios e gerenciamento de processos de negócios. Uma perspectiva pode ser pensada como uma lente através da qual o profissional de análise de negócios vê suas atividades de trabalho com base no contexto atual. Uma ou várias perspectivas podem se aplicar a uma iniciativa e as perspectivas delineadas no Guia BABOK® não representam todos os contextos para a análise de negócios ou o conjunto completo das disciplinas da análise de negócios.

1.3   Quem é um Analista de Negócios?

Um analista de negócios é qualquer pessoa que realize as tarefas de análise de negócios descritas no Guia BABOK®, independentemente de seu cargo ou função na organização. Os analistas de negócios são responsáveis por descobrir, sintetizar e analisar informações de uma variedade de fontes dentro de uma corporação, incluindo ferramentas, processos, documentação e stakeholders. O analista de negócios é responsável por elicitar as necessidades reais dos stakeholders - o que frequentemente envolve investigar e esclarecer seus desejos expressos - a fim de determinar os problemas e causas fundamentais.

Os analistas de negócios desempenham um papel no alinhamento das soluções projetadas e entregues com as necessidades dos stakeholders. As atividades que os analistas de negócios executam incluem:

- entender problemas e metas da organização;
- analisar necessidades e soluções;
- elaborar estratégias;
- conduzir mudanças;
- facilitar a colaboração dos stakeholders.

Outros cargos comuns para pessoas que realizam análise de negócios incluem:

- arquiteto de negócios
- analista de sistemas de negócio
- analista de dados
- analista corporativo
- consultor de gestão
- analista de processo
- gerente de produto
- dono do produto (Product Owner)
- engenheiro de requisitos
- analista de sistemas.

1.4 Estrutura do Guia BABOK

O conteúdo principal do Guia BABOK® é composto por tarefas de análise de negócios organizadas em áreas de conhecimento. As áreas de conhecimento são uma coleção de tarefas relacionadas logicamente (mas não sequencialmente). Essas tarefas descrevem atividades específicas que realizam o propósito de sua área de conhecimento associada.

Os Principais Conceitos-Chave de Análise de Negócios, Competências Fundamentais, Técnicas e Seções de Perspectivas formam o conteúdo estendido no Guia BABOK® que ajuda a orientar os analistas de negócios a realizar melhor as tarefas de análise de negócios.

- *Conceitos-Chave da Análise de Negócios*: definem os termos principais necessários para entender todos os outros conteúdos, conceitos e ideias dentro do Guia BABOK®.

- *Competências Fundamentais*: fornecem uma descrição dos comportamentos, características, conhecimentos e qualidades pessoais que apoiam a prática efetiva da análise de negócios.

- *Técnicas*: fornecem um meio para executar tarefas de análise de negócios. As técnicas descritas no Guia BABOK® destinam-se a cobrir as técnicas mais comuns e difundidas praticadas dentro da comunidade de análise de negócios.

- *Perspectivas*: descrevem várias visões de análise de negócios. As perspectivas ajudam os analistas de negócios a trabalhar de vários pontos de vista para melhor realizar as tarefas de análise de negócios, dado o contexto da iniciativa.

1.4.1 Conceitos-Chave

O capítulo Conceitos-Chave de Análise de Negócios fornece uma compreensão básica das ideias centrais necessárias para a compreensão do Guia BABOK®.

Este capítulo consiste em:

- Modelo de Conceitos Essenciais da Análise de Negócios (BACCM™)
- Termos-Chave
- Esquema de Classificação de Requisitos
- Stakeholders
- Requisitos e Design

1.4.2   Áreas de Conhecimento

As áreas de conhecimento representam áreas de expertise específicas de análise de negócios que englobam várias tarefas.

As seis áreas de conhecimento são:

Cada área de conhecimento inclui uma representação visual de suas entradas e saídas.

- **_Planejamento e Monitoramento de Análise de Negócios_**: descreve as tarefas que os analistas de negócios realizam para organizar e coordenar os esforços de analistas de negócios e stakeholders. Essas tarefas produzem saídas que são usadas como entradas principais e diretrizes para as outras tarefas ao longo do Guia BABOK®.

- **_Elicitação e Colaboração_**: descreve as tarefas que os analistas de negócios desempenham para preparar e realizar atividades de elicitação e confirmar os resultados obtidos. Também descreve a comunicação com os stakeholders uma vez reunidas as informações de análise de negócios e a colaboração contínua com eles durante as atividades de análise de negócios.

- **_Gerenciamento do Ciclo de Vida de Requisitos_**: descreve as tarefas que os analistas de negócios desempenham para gerenciar e manter as informações de requisitos e designs, desde a concepção até a desativação. Essas tarefas descrevem o estabelecimento de relações significativas entre requisitos e designs relacionados, avaliação, análise e obtenção de consenso sobre as mudanças propostas em requisitos e designs.

- **_Análise de Estratégia_**: descreve o trabalho de análise de negócios que deve ser realizado para colaborar com os stakeholders, a fim de identificar uma necessidade de importância estratégica ou tática (a necessidade do negócio), permitir que a empresa atenda a essa necessidade e alinhar a estratégia resultante para a mudança com estratégias de nível superior e inferior.

- **_Análise de Requisitos e Definição de Design_**: descreve as tarefas que os analistas de negócios realizam para estruturar e organizar requisitos descobertos durante as atividades de elicitação, especificar e modelar requisitos e designs, validar e verificar informações, identificar opções de soluções que atendam às necessidades do negócio e estimar o valor potencial que poderia ser realizado para cada opção de solução. Esta área de conhecimento abrange as atividades incrementais e iterativas que vão desde o conceito inicial e exploração da necessidade até a transformação dessas necessidades em uma solução específica recomendada.

- **Avaliação de Soluções**: descreve as tarefas que os analistas de negócios desempenham para avaliar o desempenho e o valor entregues por uma solução em uso pela empresa, além de recomendar a remoção de barreiras ou restrições que impedem a realização total do valor.

O diagrama a seguir mostra uma relação geral entre as áreas de conhecimento.

Figura 1.4.1: Relações Entre Áreas de Conhecimento

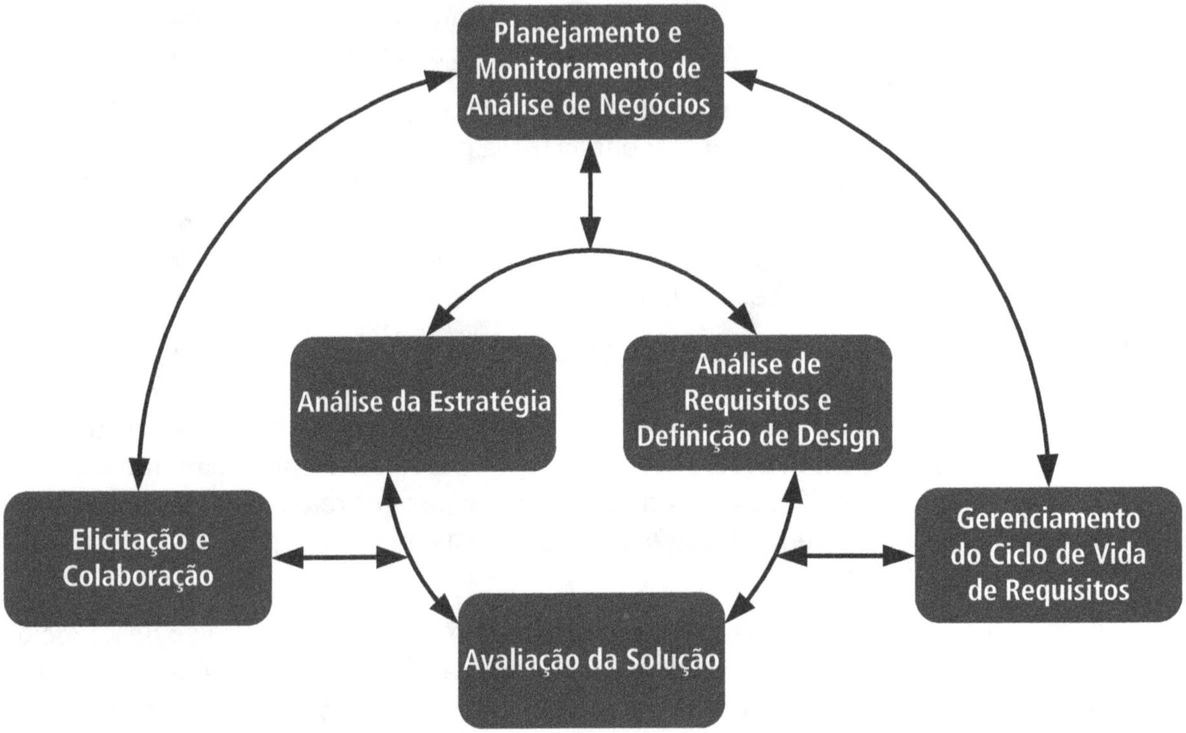

1.4.3   Tarefas

Uma tarefa é uma peça de trabalho discreta que pode ser realizada formal ou informalmente como parte da análise de negócios. O Guia BABOK® define uma lista de tarefas de análise de negócios. A definição de uma determinada tarefa é universalmente aplicável aos esforços de análise de negócios, independente do tipo de iniciativa. Um analista de negócios pode executar outras atividades conforme atribuído por sua organização, mas essas atividades adicionais não são consideradas como parte da profissão de análise de negócios.

As tarefas são agrupadas em áreas de conhecimento. Os analistas de negócios executam tarefas de todas as áreas de conhecimento de forma sequencial, iterativa ou simultânea. O Guia BABOK® não prescreve um processo ou uma ordem em que as tarefas sejam executadas. As tarefas podem ser executadas em qualquer ordem, desde que as entradas necessárias para a tarefa estejam presentes. Uma iniciativa de análise de negócios pode começar com qualquer tarefa, embora prováveis candidatos sejam Analisar o Estado Atual ou Medir o Desempenho da Solução.

Cada tarefa no Guia BABOK® é apresentada no seguinte formato:

- Propósito
- Descrição
- Entradas
- Elementos
- Diretrizes/Ferramentas
- Técnicas
- Stakeholders
- Saídas

.1 Propósito

A seção Propósito fornece uma descrição resumida da razão de um analista de negócios para executar a tarefa e o valor criado através da execução da tarefa.

.2 Descrição

A seção Descrição explica em maior detalhe qual é a tarefa, por que ela é realizada e o que ela deve realizar.

.3 Entradas

A seção Entradas lista os insumos para a tarefa. Entradas são informações consumidas ou transformadas para produzir uma saída e representam as informações necessárias para que uma tarefa seja iniciada. Elas podem ser explicitamente geradas fora do escopo de análise de negócios ou geradas por uma tarefa de análise de negócios. Entradas que são geradas fora dos esforços de análise de negócios são identificadas com o qualificador '(externo)' na lista de entrada.

Não há nenhuma suposição de que a presença de uma entrada significa que o entregável associado esteja completo ou em seu estado final. A entrada só precisa ser suficientemente completa para permitir que o trabalho sucessivo comece. Qualquer número de instâncias de uma entrada pode existir durante o ciclo de vida de uma iniciativa.

A seção Entradas inclui uma representação visual das entradas e saídas, as demais tarefas que utilizam as saídas, bem como as diretrizes e ferramentas listadas na tarefa.

.4 Elementos

A seção Elementos descreve os conceitos principais que são necessários para entender como executar a tarefa. Os elementos não são obrigatórios como parte da execução de uma tarefa e seu uso pode depender da abordagem de análise de negócios.

.5 Diretrizes e Ferramentas

A seção Diretrizes e Ferramentas lista recursos que são necessários para transformar a entrada em uma saída. Uma diretriz fornece instruções ou descrições sobre o porquê ou como executar uma tarefa. Uma ferramenta é algo usado para executar uma tarefa.

Diretrizes e ferramentas podem incluir saídas de outras tarefas.

.6 Técnicas

A seção Técnicas lista as técnicas que podem ser utilizadas para executar a tarefa de análise de negócios.

.7 Stakeholders

A seção Stakeholders é composta por uma lista genérica de stakeholders que provavelmente participarão da execução dessa tarefa ou que serão afetados por ela. O Guia BABOK® não exige que essas funções sejam preenchidas para qualquer iniciativa.

.8 Saídas

A seção Saídas descreve os resultados produzidos pela execução da tarefa. Saídas são criadas, transformadas ou alteradas no estado como resultado da conclusão bem-sucedida de uma tarefa. Uma saída pode ser um entregável ou ser parte de um entregável maior. A forma de uma saída é dependente do tipo de iniciativa em curso, de normas adotadas pela organização e do melhor julgamento do analista de negócios quanto a uma forma adequada de lidar com as necessidades de informação dos principais stakeholders.

Assim como as entradas, uma instância de uma tarefa pode ser concluída sem que uma saída esteja em seu estado final. Tarefas que utilizam uma saída específica não precisam necessariamente esperar por sua conclusão para o trabalho dentro da tarefa ser iniciado.

1.4.4 Competências Fundamentais

As competências fundamentais refletem conhecimentos, habilidades, comportamentos, características e qualidades pessoais que ajudam a desempenhar com sucesso o papel do analista de negócios. Essas competências fundamentais não são exclusivas da profissão de análise de negócios. No entanto, a execução bem-sucedida de tarefas e técnicas é muitas vezes dependente da proficiência em uma ou mais competências fundamentais.

As competências fundamentais têm a seguinte estrutura:

- Propósito
- Definição
- Medidas de Efetividade

.1 Propósito

A seção Propósito descreve por que é benéfico para os analistas de negócios terem essa competência fundamental.

.2 Definição

A seção Definição descreve as habilidades e as expertises especializadas envolvidas na aplicação dessa competência.

.3 Medidas de Efetividade

A seção Medidas de Efetividade descreve como determinar se uma pessoa está demonstrando habilidades nesta competência fundamental.

1.4.5 Técnicas

As técnicas fornecem informações adicionais sobre formas que uma tarefa pode ser executada.

A lista de técnicas incluídas no Guia BABOK® não é exaustiva. Existem múltiplas técnicas que podem ser aplicadas alternativamente ou em conjunto com outras técnicas para realizar uma tarefa. Os analistas de negócios são encorajados a modificar as técnicas existentes ou criar novas para melhor adequar sua situação e os objetivos das tarefas que executam.

As técnicas têm a seguinte estrutura:

- Propósito
- Descrição
- Elementos
- Considerações de Uso

.1 Propósito

A seção Propósito descreve para que a técnica é usada e as circunstâncias sob as quais é mais provável que seja aplicável.

.2 Descrição

A seção Descrição descreve o que é a técnica e como ela é utilizada.

.3 Elementos

A seção Elementos descreve conceitos-chave que são necessários para entender como utilizar a técnica.

.4 Considerações de Uso

A seção Considerações de Uso descreve as condições sob as quais a técnica pode ser mais ou menos efetiva.

1.4.6 Perspectivas

As perspectivas são usadas dentro do trabalho de análise de negócios para fornecer foco a tarefas e técnicas específicas para o contexto da iniciativa. A maioria das iniciativas é susceptível de engajar uma ou mais perspectivas. As perspectivas incluídas no Guia BABOK® são:

- Ágil
- Inteligência de Negócios (BI)
- Tecnologia da Informação
- Arquitetura de Negócios
- Gerenciamento de Processos de Negócios

Essas perspectivas não presumem representar todas as perspectivas possíveis a partir da qual a análise de negócios é praticada. As perspectivas discutidas no Guia BABOK® representam algumas das visões mais comuns da análise de negócios no momento da escrita.

As perspectivas não são mutuamente excludentes, uma vez que uma determinada iniciativa pode empregar mais de uma perspectiva.

As perspectivas têm a seguinte estrutura:

- Escopo de Mudança
- Escopo de Análise de Negócios
- Metodologias, Abordagens e Técnicas
- Competências Fundamentais
- Impacto nas Áreas de Conhecimento

.1 Escopo de Mudança

A seção Escopo de Mudança descreve quais partes da empresa a mudança engloba quando visualizadas nessa perspectiva e em que medida ele impacta tanto os objetivos quanto as operações da empresa. O escopo de mudança também identifica o tipo de problemas solucionados, a natureza das soluções que estão sendo procuradas e a abordagem para entregar essas soluções e medir seu valor.

.2 Escopo de Análise de Negócios

A seção de Escopo de Análise de Negócios descreve os principais stakeholders, incluindo um perfil dos prováveis tipos de patrocinadores, os stakeholders-alvo e o papel do analista de negócios dentro de uma iniciativa. Ele também define prováveis resultados que seriam esperados a partir de trabalhos de análise de negócios nesta perspectiva.

.3 Metodologias, Abordagens e Técnicas

A composição desta seção é exclusiva para cada perspectiva. Em cada caso descreve-se as metodologias, abordagens ou técnicas que são comuns e específicas para a aplicação da análise de negócios na perspectiva. As metodologias e abordagens são formas especializadas de empreender o trabalho de análise de negócios. As técnicas incluídas nesta seção são técnicas que não estão incluídas no capítulo de Técnicas do BABOK® Guia mas são especialmente relevantes para a perspectiva.

Na perspectiva Arquitetura de Negócios, os modelos de referência são listados em vez de metodologias ou abordagens. Na perspectiva Gestão de Processos de Negócios, frameworks são listados em vez de abordagens.

.4 Competências Fundamentais

A seção Competências Fundamentais descreve as competências que são mais prevalentes na perspectiva.

.5 Impacto nas Áreas de Conhecimento

A seção Impacto sobre Áreas de Conhecimento descreve como as áreas de conhecimento são aplicadas ou modificadas. Ele também explica como atividades específicas dentro de uma perspectiva são mapeadas para tarefas no Guia BABOK®.

2 Conceitos-Chave da Análise de Negócios

Os Conceitos-Chave da Análise de Negócios são informações que fornecem uma base para todos os outros conteúdos, conceitos e ideias dentro do Guia BABOK®. Eles proporcionam aos analistas de negócios uma compreensão básica das ideias centrais necessárias para a compreensão e uso do Guia BABOK® em sua prática diária de análise de negócios.

Este capítulo é composto de:

- **Modelo de Conceitos Essenciais da Análise de Negócios (BACCM™)**: define um framework conceitual para a profissão de análise de negócios.

- **Termos-Chave**: fornecem definições de conceitos essenciais que se destacam por sua importância para o Guia BABOK®.

- **Esquema de Classificação de Requisitos**: identifica níveis ou tipos de requisitos que auxiliam o analista de negócios e demais stakeholders na categorização de requisitos.

- **Stakeholders**: define papéis e características de grupos ou indivíduos que participam ou são afetados pelas atividades de análise de negócios em uma mudança.

- **Requisitos e Designs**: descreve a distinção entre - e a importância de - requisitos e designs, e como se relacionam com a análise de negócios.

2.1   O Modelo de Conceitos Essenciais da Análise de Negócios (BACCM™)

O Modelo de Conceitos Essenciais da Análise de Negócios (BACCM™) é um framework conceitual para análise de negócios. Ele engloba o que é a análise de negócios e o que ela significa para aqueles que realizam tarefas de análise de negócios, independentemente da perspectiva, do setor, da metodologia ou do nível na organização. É composto por seis termos que têm um significado comum para todos os analistas de negócios e os ajuda a discutir tanto a análise de negócios quanto suas relações com uma terminologia comum. Cada um desses termos é considerado um conceito essencial.

Os seis conceitos essenciais no BACCM são: Mudança, Necessidade, Solução, Stakeholder, Valor e Contexto. Cada conceito essencial é uma ideia fundamental para a prática da análise de negócios, e todos os conceitos são igualmente importantes e necessários. Cada conceito essencial é definido pelos outros cinco conceitos essenciais e não pode ser totalmente compreendido até que todos os conceitos o sejam. Nenhum conceito isolado possui maior importância ou significado sobre qualquer outro conceito. Esses conceitos são fundamentais para entender o tipo de informação elicitada, analisada ou gerenciada nas tarefas de análise de negócios.

O BACCM pode ser usado para:

- descrever a profissão e o domínio da análise de negócios;

- comunicar sobre análise de negócios com uma terminologia comum;

- avaliar os relacionamentos dos conceitos-chave da análise de negócios;

- realizar uma melhor análise de negócios, avaliando holisticamente as relações entre estes seis conceitos;

- avaliar o impacto desses conceitos e relacionamentos em qualquer ponto durante um esforço de trabalho, a fim de estabelecer tanto uma base quanto um roteiro a seguir.

Tabela 2.1.1: O BACCM

Conceito Essencial	Descrição
Mudança	O ato de transformação em resposta a uma necessidade. A mudança serve para melhorar o desempenho de uma corporação. Essas melhorias são deliberadas e controladas por meio de atividades de análise de negócios.
Necessidade	Um problema ou oportunidade a ser abordado. As necessidades podem causar mudanças, motivando os stakeholders a agir. As mudanças também podem causar necessidades ao reduzir ou aumentar o valor entregue por soluções existentes.
Solução	Uma forma específica de satisfazer uma ou mais necessidades em um contexto. Uma solução satisfaz uma necessidade por meio da resolução de um problema enfrentado pelos stakeholders ou habilitando os stakeholders a aproveitar uma oportunidade.
Stakeholder	Um grupo ou indivíduo com uma relação com a mudança, com a necessidade ou com a solução. Os stakeholders são frequentemente definidos em termos de interesse, impacto e influência sobre a mudança. Os stakeholders são agrupados com base em sua relação com as necessidades, mudanças e soluções.

Tabela 2.1.1: O BACCM (Continued)

Conceito Essencial	Descrição
Valor	O quanto algo vale a pena, sua importância ou utilidade para um stakeholder dentro de um contexto.
	O valor pode ser visto como retornos, ganhos e melhorias potenciais ou realizados. Também é possível haver uma diminuição no valor sob a forma de perdas, riscos e custos.
	O valor pode ser tangível ou intangível. O valor tangível é diretamente mensurável. O valor tangível geralmente tem um componente monetário significativo. O valor intangível é medido indiretamente. O valor intangível muitas vezes tem um componente motivacional significativo, como o da reputação de uma companhia ou moral do funcionário.
	Em alguns casos, o valor pode ser avaliado em termos absolutos, mas em muitos casos é avaliado em termos relativos: uma opção de solução é mais valiosa do que outra, na perspectiva de um determinado conjunto de stakeholders.
Contexto	As circunstâncias que influenciam, são influenciadas e proporcionam compreensão da mudança.
	As mudanças ocorrem dentro de um contexto. O contexto é tudo que é relevante para a mudança que está dentro do ambiente. O contexto pode incluir atitudes, comportamentos, crenças, concorrentes, cultura, demografia, metas, governos, infraestrutura, idiomas, perdas, processos, produtos, projetos, vendas, estações do ano, terminologia, tecnologia, clima e quaisquer outros elementos que atendam à definição.

Os conceitos essenciais podem ser usados por analistas de negócios para considerar a qualidade e completude do trabalho que está sendo feito. Dentro da descrição de cada área de conhecimento, há exemplos de como os conceitos essenciais podem ser usados e/ou aplicados durante as tarefas dentro dessa área de conhecimento. Enquanto planejam ou executam uma tarefa ou técnica, os analistas de negócios podem considerar como cada conceito essencial é tratado, fazendo perguntas como:

- Quais são os tipos de mudanças que estamos fazendo?
- Quais são as necessidades que estamos tentando satisfazer?

- Quais são as soluções que estamos criando ou mudando?

- Quem são os stakeholders envolvidos?

- O que os stakeholders consideram ser valor?

- Quais são os contextos em que nós e a solução estamos?

Se algum dos conceitos essenciais sofrer uma mudança, isso deve nos levar a reavaliar todos os conceitos essenciais e seus relacionamentos para a entrega de valor.

Figura 2.1.1: O BACCM

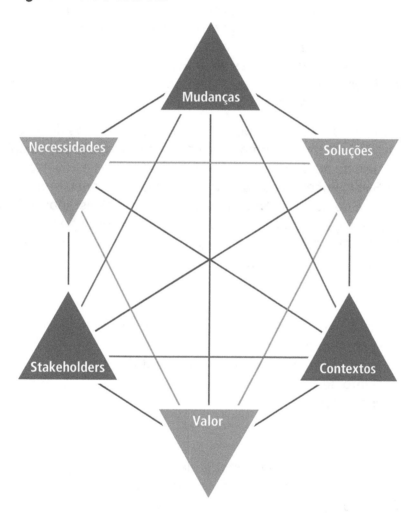

2.2 Termos-Chave

Análise de Negócios

O Guia BABOK® descreve e define a análise de negócios como a prática de habilitar a mudança em uma corporação, definindo necessidades e recomendando soluções que entregam valor aos stakeholders.

Informações de Análise de Negócios

As informações de análise de negócios referem-se aos conjuntos amplos e diversos de informações que os analistas de negócios analisam, transformam e relatam. São informações de qualquer tipo - em qualquer nível de detalhe - que são usadas como entrada ou saída do trabalho da análise de negócios. Exemplos de informações de análise de negócios incluem resultados da elicitação, requisitos, design, opções de solução, escopo da solução e estratégia de mudança.

É essencial expandir o objeto de muitas atividades de análise de negócios de 'requisitos' para 'informações' para garantir que todas as entradas e saídas da análise de negócios estejam sujeitas às tarefas e atividades descritas no Guia BABOK®. Por exemplo, a tarefa "Planejar o gerenciamento de informações de análise de negócios" inclui todos os exemplos listados acima. Se o Guia BABOK® descrevesse 'Planejar o Gerenciamento de Requisitos', excluiria saídas importantes como resultados de elicitação, opções de solução e estratégia de mudança.

Design

Um design é uma representação útil de uma solução. O design se concentra em entender como o valor pode ser percebido a partir de uma solução se ela for construída. A natureza da representação pode ser um documento (ou conjunto de documentos) e pode variar muito dependendo das circunstâncias.

Corporação

Uma corporação é um sistema de uma ou mais organizações e as soluções que elas usam para buscar um conjunto compartilhado de metas comuns. Essas soluções (também conhecidas como capacidades organizacionais) podem ser processos, ferramentas ou informações. Para fins de análise de negócios, os limites da corporação podem ser definidos em relação à mudança e não precisam estar restritos aos limites de uma entidade legal, organização ou unidade organizacional. Uma corporação pode incluir qualquer número de empresas, órgãos do governo ou qualquer outro tipo de organização.

Organização

Um grupo autônomo de pessoas, sob a gestão de um único indivíduo ou conselho, que trabalha em direção a metas e objetivos comuns. As organizações geralmente têm um limite claramente definido e operam de forma contínua, ao contrário de uma iniciativa ou equipe de projeto, que pode ser desfeita assim que seus objetivos forem alcançados.

Plano

Um plano é uma proposta para fazer ou alcançar algo. Os planos descrevem um conjunto de eventos, as dependências entre os eventos, a sequência esperada, o cronograma, os resultados ou saídas, os materiais e recursos necessários e os stakeholders envolvidos.

Requisito

Para mais informações, consulte Requisitos e Designs.

Um requisito é uma representação útil de uma necessidade. Os requisitos focam em entender que tipo de valor pode ser entregue se um requisito for atendido. A natureza da representação pode ser um documento (ou conjunto de documentos), mas pode variar muito dependendo das circunstâncias.

Risco

Risco é o efeito da incerteza sobre o valor de uma mudança, de uma solução ou da corporação. Os analistas de negócios colaboram com outros stakeholders para identificar, avaliar e priorizar riscos, para lidar com esses riscos, alterando a probabilidade das condições ou eventos que levam à incerteza: mitigando as consequências, removendo a fonte do risco, evitando o risco completamente ao decidir não iniciar ou continuar com uma atividade que conduza ao risco, compartilhando o risco com outras partes, ou aceitando ou mesmo aumentando o risco para lidar com uma oportunidade.

2.3   Esquema de Classificação de Requisitos

Para os fins do Guia BABOK®, o seguinte esquema de classificação descreve os requisitos:

- **Requisitos de negócios**: declarações de metas, objetivos e resultados que descrevem por que uma mudança foi iniciada. Podem se aplicar a toda uma corporação, uma área de negócios ou uma iniciativa específica.

- **Requisitos de stakeholders**: descrevem as necessidades dos stakeholders que devem ser atendidas para atingir os requisitos de negócios. Podem servir como uma ponte entre os requisitos de negócios e os da solução.

- **Requisitos da solução**: descrevem as capacidades e as qualidades de uma solução que atenda aos requisitos dos stakeholders. Fornecem o nível apropriado de detalhes para permitir o desenvolvimento e a implementação da solução. Os requisitos da solução podem ser divididos em duas subcategorias:

  - **requisitos funcionais**: descrevem as capacidades que uma solução deve ter em termos do comportamento e das informações que a solução gerenciará;

  - **requisitos não funcionais ou requisitos de qualidade de serviço**: não se relacionam diretamente com o comportamento de funcionalidade da solução, mas sim às condições sob as quais a solução deve permanecer efetiva ou qualidades que uma solução deve ter.

- **Requisitos de transição**: descrevem as capacidades que a solução deve ter e as condições que a solução deve atender para facilitar a transição do estado atual para o estado futuro, mas que não serão necessárias após a conclusão da mudança. Eles se diferenciam de outros tipos de requisitos porque são de natureza temporária. Os requisitos de transição abordam tópicos como conversão de dados, treinamento e continuidade de negócios.

2.4   Stakeholders

Cada tarefa inclui uma lista de stakeholders que provavelmente participarão da execução dessa tarefa ou que serão afetados por ela. Um stakeholder é um indivíduo ou grupo com o qual um analista de negócios provavelmente irá interagir direta ou indiretamente. O Guia BABOK® não exige que esses papéis sejam designados para qualquer iniciativa. Qualquer stakeholder pode ser uma fonte de requisitos, suposições ou restrições.

Esta lista não pretende ser uma lista exaustiva de todas as possíveis classificações dos stakeholders. Alguns exemplos adicionais de pessoas que se encaixam em cada um desses papéis genéricos estão listados nas definições abaixo. Na maioria dos casos, haverá várias funções de stakeholders dentro de cada categoria. Da mesma forma, um único indivíduo pode exercer mais de um papel.

Para os fins do Guia BABOK®, a lista genérica de stakeholders inclui os seguintes papéis:

- analista de negócios
- cliente
- especialista no assunto do domínio
- usuário final
- especialista em implementação de soluções
- suporte operacional
- gerente de projeto
- regulador
- patrocinador
- fornecedor
- testador.

2.4.1   Analista de Negócios

O analista de negócios é intrinsecamente um stakeholder em todas as atividades de análise de negócios. O Guia BABOK® presume que o analista de negócios seja responsável e responda pela execução dessas atividades. Em alguns casos, o analista de negócios também pode ser responsável por realizar atividades que se enquadram na função de outro stakeholder.

2.4.2   Cliente

Um cliente usa ou pode usar produtos ou serviços produzidos pela corporação e pode ter direitos contratuais ou morais que a corporação é obrigada a cumprir.

2.4.3   Especialista no Assunto do Domínio

Um especialista no assunto do domínio é qualquer pessoa com conhecimento profundo de um tópico relevante para a necessidade de negócios ou para o escopo da solução. Esse papel geralmente é preenchido por pessoas que podem ser usuários finais ou pessoas com conhecimento profundo da solução, como gerentes, donos de processos, equipe jurídica, consultores e outros.

2.4.4   Usuário Final

Os usuários finais são stakeholders que interagem diretamente com a solução. Os usuários finais podem incluir todos os participantes em um processo de negócios ou que usam o produto ou a solução.

2.4.5   Especialista em Implementação de Soluções

Um especialista em implementação de soluções é qualquer stakeholder que tenha conhecimento especializado sobre a implementação de um ou mais componentes da solução.

Embora não seja possível definir uma lista de funções de especialistas em implementação de soluções apropriada para todas as iniciativas, algumas das funções mais comuns são: bibliotecário do projeto, gerente de mudanças, gerente de configuração, arquiteto de soluções, desenvolvedor, administrador de banco de dados, arquiteto de informações, analista de usabilidade, instrutor e consultor de mudança organizacional.

2.4.6   Suporte Operacional

O suporte operacional é responsável pelo gerenciamento e manutenção diária de um sistema ou produto.

Embora não seja possível definir uma lista de funções de suporte operacional apropriadas para todas as iniciativas, algumas das funções mais comuns são: analista de operações, analista de produtos, help desk e gerente de release.

2.4.7   Gerente de Projeto

Os gerentes de projeto são responsáveis por gerenciar o trabalho necessário para entregar uma solução que atenda à necessidade do negócio e por garantir que os objetivos do projeto sejam atingidos, equilibrando os fatores do projeto, incluindo escopo, orçamento, cronograma, recursos, qualidade e risco.

Embora não seja possível definir completamente uma lista de funções de gerenciamento de projetos apropriadas para todas as iniciativas, algumas das funções mais comuns são: líder de projeto, líder técnico, gerente de produto e líder de equipe.

2.4.8   Regulador

Os reguladores são responsáveis pela definição e aplicação dos padrões. Os padrões podem ser impostos à solução pelos reguladores através de legislação, padrões de governança corporativa, padrões de auditoria ou padrões definidos por centros de competência organizacionais. Papéis alternativos são governo, órgãos reguladores e auditor.

2.4.9   Patrocinador

Os patrocinadores são responsáveis por iniciar o esforço para definir uma necessidade de negócio e desenvolver uma solução que atenda a essa necessidade. Autorizam o trabalho a ser executado e controlam o orçamento e o escopo da iniciativa. Papéis alternativos são executivos e patrocinadores de projetos.

2.4.10   Fornecedor

Um fornecedor é um stakeholder fora do limite de uma determinada organização ou unidade organizacional. Os fornecedores proveem produtos ou serviços para a organização e podem ter direitos e obrigações contratuais ou morais que devem ser considerados. Papéis alternativos são provedores, vendedores e consultores.

2.4.11   Testador

Os testadores são responsáveis por determinar como verificar se a solução atende aos requisitos definidos pelo analista de negócios, além de conduzir o processo de verificação. Os testadores também buscam garantir que a solução atenda aos padrões de qualidade aplicáveis e que o risco de defeitos ou falhas seja compreendido e minimizado. Um papel alternativo é o analista de garantia da qualidade.

2.5 Requisitos e Designs

Identificar, analisar, validar e gerenciar requisitos têm sido consistentemente reconhecidos como atividades-chave da análise de negócios. No entanto, é importante reconhecer que os analistas de negócios também são responsáveis pela definição de design, em algum nível, em uma iniciativa. O nível de responsabilidade pelo design varia com base na perspectiva em que um analista de negócios está trabalhando.

Os requisitos estão focados na necessidade; designs estão focados na solução. A distinção entre requisitos e designs nem sempre é clara. As mesmas técnicas são usadas para elicitar, modelar e analisar ambos. Um requisito leva a um design que, por sua vez, pode impulsionar a descoberta e a análise de mais requisitos. A mudança de foco é muitas vezes sutil.

A classificação como requisito ou design pode se tornar menos significativa à medida que o trabalho do analista de negócios progride para um maior entendimento e eventual cumprimento da necessidade. As tarefas no Guia BABOK® como Rastrear os Requisitos ou Especificar e Modelar os Requisitos podem referir-se a requisitos, mas a intenção é incluir designs também.

A análise de negócios pode ser complexa e recursiva. Um requisito (ou conjunto de requisitos) pode ser usado para definir um design. Esse design pode então ser usado para obter requisitos adicionais que são usados para definir designs mais detalhados. O analista de negócios pode entregar requisitos e designs para outros stakeholders que podem elaborar mais sobre os designs. Seja o analista de negócios ou algum outro papel que conclua os designs, o analista de negócios frequentemente revisa os designs finais para garantir que se alinhem aos requisitos.

A tabela a seguir fornece alguns exemplos básicos de como as informações podem ser vistas como um requisito ou um design.

Tabela 2.5.1: Requisitos e Design

Requisito	Design
Ver os dados de vendas de seis meses de várias unidades organizacionais em uma única visualização.	Um esboço de um painel de indicadores.
Reduzir o tempo necessário para escolher e embalar um pedido do cliente.	Modelo do processo.
Registrar e acessar o histórico médico de um paciente.	Modelo de tela mostrando campos de dados específicos.

Tabela 2.5.1: Requisitos e Design (Continued)

Requisito	Design
Desenvolver estratégia, metas e objetivos de negócio para um novo negócio.	Modelo de Capacidade de Negócio.
Prover informações em inglês e francês.	Protótipo com texto exibido em inglês e francês.

Os stakeholders podem apresentar uma necessidade ou solução para uma necessidade assumida. Um analista de negócios utiliza atividades encontradas na Elicitação e Colaboração, Análise da Estratégia, Análise de Requisitos e Definição de Design, e Avaliação da Solução para transformar esse pedido em um requisito ou design. Independentemente do foco do stakeholder, a importância do papel do analista de negócios está em continuamente fazer a pergunta "por quê?". Por exemplo, "Por que o requisito ou o design é necessário para prover valor a uma corporação e facilitar a realização das metas e objetivos dessa corporação?"

Figura 2.5.1: Ciclo de Requisitos e Design

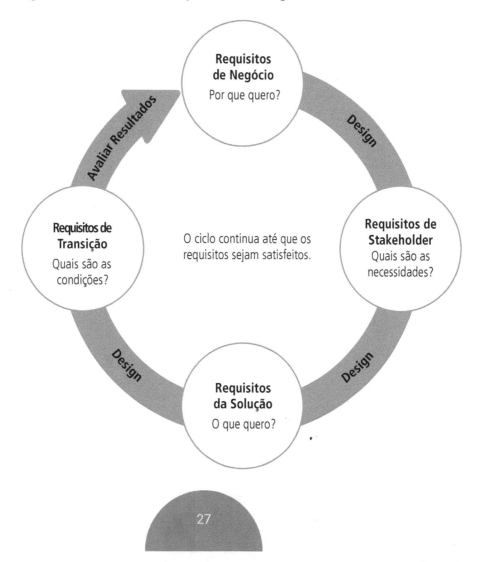

3 Planejamento e Monitoramento de Análise de Negócios

As tarefas da área de conhecimento Planejamento e Monitoramento de Análise de Negócios organizam e coordenam os esforços dos analistas de negócio e stakeholders. Essas tarefas produzem saídas que são usadas como diretrizes fundamentais para as outras tarefas ao longo do Guia BABOK®.

A área de conhecimento de Planejamento e Monitoramento de Análise de Negócios inclui as seguintes tarefas:

- ***Planejar a Abordagem de Análise de Negócios*** descreve o planejamento do trabalho de análise de negócios desde a criação ou seleção de uma metodologia até o planejamento das atividades individuais, tarefas e entregáveis.

- ***Planejar o Engajamento de Stakeholder***: descreve a compreensão de quais stakeholders são relevantes para a mudança, o que os analistas de negócios precisam deles, o que eles precisam dos analistas de negócios e a melhor maneira de colaborar.

- ***Planejar a Governança de Análise de Negócios***: define os componentes da análise de negócios usados para dar suporte à função de governança da organização. Isso ajuda a garantir que as decisões sejam tomadas de forma adequada e consistente, e segue um processo que garante que os tomadores de decisão tenham as informações de que necessitam. Exemplos disso incluem gerenciamento de requisitos, gerenciamento de risco de análise de negócios e alocação de recursos de análise de negócios.

- *Planejar o Gerenciamento de Informações de Análise de Negócios*: define como as informações desenvolvidas pelos analistas de negócios (incluindo requisitos e designs) são capturadas, armazenadas e integradas com outras informações para uso a longo prazo.

- *Identificar Melhorias de Desempenho de Análise de Negócios*: descreve o gerenciamento e o monitoramento de como o trabalho de análise de negócios é realizado para garantir que compromissos sejam atendidos e que aprendizados contínuos e oportunidades de melhoria sejam realizados.

O Modelo de Conceitos Essenciais no Planejamento e Monitoramento de Análise de Negócio

O Modelo de Conceitos Essenciais da Análise de Negócios (BACCM™) descreve as relações entre os seis conceitos essenciais. A tabela a seguir descreve o uso e a aplicação de cada um dos conceitos essenciais dentro do contexto de Planejamento e Monitoramento de Análise de Negócios.

Tabela 3.0.1: O Modelo de Conceitos Essenciais no Planejamento e Monitoramento de Análise de Negócios

Conceito Essencial	Durante o Planejamento e Monitoramento de Análise de Negócios, os analistas de negócios ...
Mudança: o ato de transformação em resposta a uma necessidade.	são responsáveis por determinar como as mudanças nos resultados da análise de negócios serão solicitadas e autorizadas.
Necessidade: um problema ou oportunidade a ser abordado.	escolhem uma abordagem de análise de negócios que forneça análise adequada para a mudança.
Solução: uma forma específica de satisfazer uma ou mais necessidades em um contexto.	avaliam se o desempenho de análise de negócios foi um contribuinte-chave para a implementação bem-sucedida de uma solução.

Tabela 3.0.1: O Modelo de Conceitos Essenciais no Planejamento e Monitoramento de Análise de Negócios (Continued)

Conceito Essencial	Durante o Planejamento e Monitoramento de Análise de Negócios, os analistas de negócios ...
Stakeholder: um grupo ou indivíduo com relação com a mudança, a necessidade ou a solução.	realizam uma análise do stakeholder para garantir que as atividades de planejamento e monitoramento reflitam as necessidades do stakeholder e respondam pelas características do stakeholder.
Valor: o valor, a importância ou a utilidade de algo para um interessado dentro de um contexto.	realizam análise de desempenho para garantir que as atividades de análise de negócios continuem a produzir valor suficiente para os stakeholders.
Contexto: as circunstâncias que influenciam, são influenciadas por, e proporcionam compreensão sobre a mudança.	garantem uma compreensão completa do contexto em análise, a fim de desenvolver uma abordagem eficiente de análise de negócios.

Figura 3.0.1: Diagrama de Entrada/Saída do Planejamento e Monitoramento de Análise de Negócios

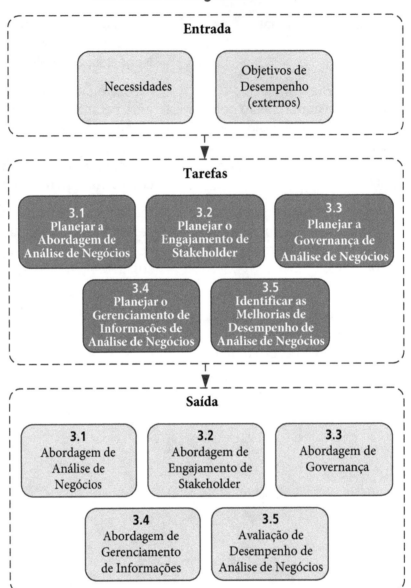

3.1   Planejar a Abordagem de Análise de Negócios

3.1.1   Propósito

O propósito de Planejar a Abordagem de Análise de Negócios é definir um método apropriado para conduzir as atividades de análise de negócios.

3.1.2   Descrição

As abordagens de análise de negócios descrevem o método geral que será seguido ao realizar o trabalho de análise de negócios em uma determinada iniciativa, como e quando as tarefas serão executadas e os entregáveis que serão produzidos.

O analista de negócios pode também identificar um conjunto inicial de técnicas a usar. Esta lista pode mudar à medida que a iniciativa avança e o analista de negócios ganha uma compreensão mais profunda da mudança e de seus stakeholders.

A abordagem de análise de negócios pode ser definida por uma metodologia ou por normas organizacionais. Em algumas organizações, elementos da abordagem de análise de negócios podem ser padronizados e formalizados em um processo de análise de negócios repetível que pode ser alavancado para cada esforço. Mesmo onde uma abordagem padrão existe, ela pode ser adaptada às necessidades de uma iniciativa específica. A adaptação pode ser regida por normas que definem quais abordagens são permitidas, quais elementos desses processos podem ser personalizados e as diretrizes gerais para a seleção de um processo.

Se normas organizacionais não existirem, o analista de negócios trabalha com os stakeholders apropriados para determinar como o trabalho será concluído. Por exemplo, se a mudança for entregue por meio de um projeto, as normas e a abordagem podem ser desenvolvidas durante a fase de planejamento do projeto.

A abordagem de análise de negócios deve:

- alinhar-se com os objetivos gerais da mudança;
- coordenar as tarefas de análise de negócios com as atividades e entregáveis da mudança como um todo;
- incluir tarefas para gerenciar quaisquer riscos que possam reduzir a qualidade dos entregáveis de análise de negócios ou impedir a eficiência da tarefa;
- alavancar abordagens e selecionar técnicas e ferramentas que historicamente funcionaram bem.

3.1.3   Entradas

- *Necessidades*: a abordagem de análise de negócios é moldada pelo problema ou oportunidade enfrentada pela organização. É necessário considerar o que se sabe sobre a necessidade no momento do planejamento, reconhecendo que o entendimento evolui ao longo das atividades de análise de negócios.

Figura 3.1.1: Diagrama de Entrada/Saída do Planejar a Abordagem da Análise de Negócios

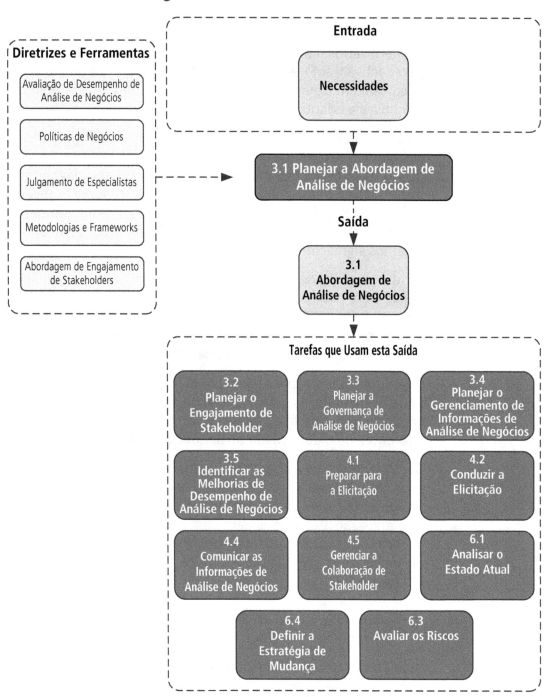

3.1.4   Elementos

.1 Abordagem de Planejamento

Existem vários métodos de planejamento utilizados em diferentes perspectivas, setores e empresas. Muitos métodos de planejamento se encaixam em algum lugar ao longo de um contínuo entre abordagens preditivas e adaptativas.

As abordagens preditivas concentram-se em minimizar a incerteza inicial e assegurar que a solução é definida antes do início da implementação, a fim de maximizar o controle e minimizar o risco. Essas abordagens são muitas vezes preferidas nas situações em que os requisitos podem efetivamente ser definidos antes da implementação, o risco de uma implementação incorreta é inaceitavelmente alto, ou quando o engajamento dos stakeholders apresenta desafios significativos.

As abordagens adaptativas se concentram na entrega rápida do valor de negócio em pequenas iterações, em troca da aceitação de um maior grau de incerteza em relação à entrega total da solução. Essas abordagens tendem a ser preferidas quando se faz uma abordagem exploratória para encontrar a melhor solução ou para a melhoria incremental de uma solução existente.

Diferentes abordagens podem ser utilizadas dentro da mesma iniciativa. Entre outros fatores, o analista de negócios pode considerar os padrões da organização, a tolerância à incerteza e a experiência anterior com abordagens diferentes quando planejar atividades de análise de negócios.

Qualquer que seja a abordagem, o planejamento é uma tarefa essencial para garantir que o valor seja entregue a uma corporação. O planejamento ocorre tipicamente mais de uma vez em uma determinada iniciativa, à medida que os planos são atualizados para lidar com a mudança das condições de negócios e questões recém-levantadas. A abordagem da análise do negócio deve descrever como serão alterados os planos se forem necessárias alterações.

.2 Formalidade e Nível de Detalhamento dos Entregáveis de Análise de Negócios

Quando definir a abordagem de análise de negócios, considere o nível de formalidade que é apropriado para a abordagem e planejamento da iniciativa.

As abordagens preditivas normalmente exigem documentação e representações formais. As informações de análise de negócios podem ser capturadas em um documento formal ou conjunto de representações seguindo templates padronizados. As informações são capturadas em vários níveis de detalhes. O conteúdo e o formato específico das informações de análise de negócios podem variar dependendo das metodologias, processos e templates organizacionais em uso.

Abordagens adaptativas privilegiam a definição de requisitos e designs por meio da interação da equipe e coleta de feedback sobre uma solução que está sendo trabalhada. As representações de requisitos obrigatórios são muitas vezes limitadas a uma lista de requisitos priorizados. Documentação adicional de análise de negócios pode ser criada a critério da equipe e, geralmente, consiste em modelos desenvolvidos para melhorar a compreensão da equipe sobre um problema específico. A documentação formal é frequentemente produzida depois que a solução é implementada para facilitar a transferência de conhecimento.

Outras considerações que podem afetar a abordagem incluem:

- a mudança é complexa e de alto risco;
- a organização está em, ou interage com, setores fortemente regulamentados;
- contratos ou acordos necessitam de formalidade;
- os stakeholders estão geograficamente distribuídos;
- recursos são terceirizados;
- a rotatividade de equipe é alta e/ou os membros da equipe podem ser inexperientes;
- requisitos devem ser formalmente aprovados;
- as informações de análise de negócios devem ser mantidas por longo prazo ou entregues para uso em iniciativas futuras.

Figura 3.1.2: Formalidade e Nível de Detalhamento dos Entregáveis de Análise de Negócios

	Abordagem	
	Preditiva	**Adaptativa**
Definição da Solução	Definida antes da implementação para maximizar o controle e minimizar os riscos.	Definida em iterações para chegar à melhor solução ou melhorar uma solução existente.
Nível de Formali- dade	Formal - A informação é capturada em templates padronizados.	Informal - A informação é coletada através da interação e feedback da equipe.
Atividades	As atividades necessárias para completar as entregas são identificadas primeiro e, depois, divididas em tarefas.	As atividades são divididas em iterações com as entregas e, depois, as tarefas associadas são identificadas.
Cronologia	As tarefas são realizadas em fases específicas.	As tarefas são realizadas de forma iterativa.

.3 Atividades de Análise de Negócios

Uma abordagem de análise de negócios fornece uma descrição dos tipos de atividades que o analista de negócios realizará. Frequentemente as metodologias adotadas pela organização influenciam as atividades que são selecionadas.

A integração das atividades de análise de negócios na abordagem da análise de negócios inclui:

- identificar as atividades requeridas para completar cada entregável e, em seguida, quebrar cada atividade em tarefas;

- dividir o trabalho em iterações, identificar os entregáveis para cada iteração e, em seguida, identificar as atividades e tarefas associadas;

- usar uma iniciativa semelhante anterior como um esboço e aplicar as tarefas e atividades detalhadas exclusivas da iniciativa atual.

.4 Cronograma de Trabalho de Análise de Negócios

Os analistas de negócios determinam quando as tarefas de análise de negócios precisam ser executadas e se o nível de esforço de análise de negócios precisará variar ao longo do tempo. Esse tipo de planejamento inclui determinar se as tarefas de análise de negócios desempenhadas dentro das outras áreas do conhecimento serão realizadas principalmente em fases específicas ou iterativamente ao longo da iniciativa.

O cronograma das atividades de análise de negócios também pode ser afetado:

- pela disponibilidade de recursos;

- pela prioridade e/ou urgência da iniciativa;

- por outras iniciativas simultâneas;

- pelas restrições tais como termos de contrato ou prazos regulamentares.

.5 Complexidade e Risco

A complexidade, o tamanho da mudança e o risco geral do esforço para a organização são considerados ao determinar a abordagem de análise de negócios. À medida que a complexidade e o risco aumentam ou diminuem, a natureza e o escopo do trabalho de análise de negócios podem ser alterados e refletidos na abordagem.

A abordagem também pode ser alterada com base no número de stakeholders ou recursos de análise de negócios envolvidos na iniciativa. À medida que o número de stakeholders aumenta, a abordagem pode ser ajustada para incluir etapas adicionais do processo para melhor gerenciar o trabalho de análise de negócios.

Outros fatores que podem impactar a complexidade incluem:

- tamanho da mudança;

- número de áreas de negócios ou sistemas afetados;

- considerações geográficas e culturais;

- complexidades tecnológicas;

- quaisquer riscos que possam impedir o esforço de análise de negócios.

Fatores que podem impactar o nível de risco de um esforço de análise de negócios incluem:

- nível de experiência do analista de negócios;

- extensão do conhecimento do domínio que o analista de negócios detém;

- nível de experiência que os stakeholders têm na comunicação das suas necessidades;

- atitudes dos stakeholders sobre a mudança e a análise de negócios em geral;

- quantidade de tempo alocado pelos stakeholders às atividades de análise de negócios;

- qualquer framework, metodologia, ferramentas e/ou técnicas pré-selecionados impostos pelas políticas e práticas organizacionais;

- normas culturais da organização.

.6 Aceitação

A abordagem de análise de negócios é revisada e acordada pelos principais stakeholders. Em algumas organizações, o processo de análise de negócios pode ser mais estruturado e exigir que os principais stakeholders assinem a abordagem para garantir que todas as atividades de análise de negócios tenham sido identificadas, as estimativas sejam realistas e os papéis e responsabilidades propostos estejam corretos. Quaisquer questões levantadas pelos stakeholders ao rever a abordagem são documentadas pelo analista de negócios e resoluções são procuradas. Os stakeholders também desempenham um papel na revisão e aceitação de mudanças na abordagem, uma vez que são feitas alterações para acomodar as condições de mudança por toda a iniciativa.

3.1.5   Diretrizes e Ferramentas

- *Avaliação de Desempenho de Análise de Negócios*: fornece os resultados de avaliações anteriores que devem ser revisadas e incorporadas em todas as abordagens de planejamento.

- *Políticas de Negócio*: definem os limites dentro dos quais as decisões devem ser tomadas. Elas podem ser descritas por regulamentos, contratos, acordos, negócios, garantias, certificações ou outras obrigações legais. Essas políticas podem influenciar a abordagem de análise de negócios.

- *Julgamento de especialistas*: usado para determinar a abordagem de análise de negócios ideal. Expertise pode ser fornecida a partir de uma ampla gama de fontes incluindo stakeholders na iniciativa, Centros de Excelência organizacional, consultores ou associações e grupos do setor. Experiências prévias do analista de negócios e de outros stakeholders devem ser consideradas ao selecionar ou modificar uma abordagem.

- *Metodologias e Frameworks*: moldam a abordagem que será utilizada fornecendo métodos, técnicas, procedimentos, conceitos de trabalho e regras. Eles podem precisar ser adaptados para melhor atender às necessidades do desafio de negócios específico.

- *Plano de Engajamento de Stakeholder*: a compreensão dos stakeholders, de suas preocupações e interesses pode influenciar nas decisões tomadas ao determinar a abordagem de análise de negócios.

3.1.6   Técnicas

- **Brainstorming**: usado para identificar possíveis atividades de análise de negócios, técnicas, riscos e outros itens relevantes para ajudar a construir a abordagem de análise de negócios.

- **Business Cases**: usados para entender se elementos do problema ou oportunidade são especialmente sensíveis ao tempo, de alto valor, ou se há alguma incerteza particular em torno de elementos da possível necessidade ou solução.

- **Análise de Documentos**: usada para revisar ativos organizacionais existentes que possam auxiliar no planejamento da abordagem.

- **Estimativa**: usada para determinar quanto tempo pode demorar para realizar atividades de análise de negócios.

- **Análise Financeira**: usada para avaliar como diferentes abordagens (e as opções de entrega suportadas) afetam o valor entregue.

- **Decomposição Funcional**: usada para quebrar processos complexos de análise de negócios ou abordagens em componentes mais viáveis.

- **Entrevistas**: usadas para ajudar a construir o plano com um individuo ou pequeno grupo.

- **Rastreamento de Itens**: usado para rastrear quaisquer problemas levantados durante as atividades de planejamento com stakeholders. Também pode acompanhar os itens relacionados ao risco levantados durante as discussões ao construir a abordagem.

- **Lições Aprendidas**: usadas para identificar a experiência anterior de uma corporação (tanto os sucessos como os fracassos) com o planejamento de abordagem de análise de negócios.

- **Modelagem de Processos**: usada para definir e documentar a abordagem de análise de negócios.

- **Revisões**: usada para validar a abordagem de análise de negócios selecionada com os stakeholders.

- **Análise e Gerenciamento de Riscos**: usados para avaliar riscos, a fim de selecionar a abordagem adequada de análise de negócios.

- **Modelagem de Escopo**: usada para determinar os limites da solução como uma entrada para o planejamento e para a estimativa.

- **Pesquisa ou Questionário**: usados para identificar possíveis atividades de análise de negócios, técnicas, riscos e outros itens relevantes para ajudar a construir a abordagem de análise de negócios.

- **Workshops**: usados para ajudar a construir o plano em uma configuração de equipe.

3.1.7 Stakeholders

- **Especialista no Assunto do Domínio**: pode ser uma fonte de risco quando o seu envolvimento é necessário e a disponibilidade é escassa. A abordagem assumida pode depender da disponibilidade e do nível do seu envolvimento com a iniciativa.

- **Gerente do Projeto**: determina que a abordagem é realista para o planejamento geral e os prazos. A abordagem de análise de negócios deve ser compatível com as outras atividades.

- **Regulador**: pode ser necessário para fornecer aprovação para aspectos da abordagem de análise de negócios ou decisões tomadas na padronização do processo, especialmente em organizações onde o processo de análise de negócios é auditado.

- **Patrocinador**: pode apresentar necessidades e objetivos para a abordagem e assegura que as políticas organizacionais sejam seguidas. A abordagem selecionada pode depender da disponibilidade e do envolvimento com a iniciativa.

3.1.8 Saídas

- **Abordagem de Análise de Negócio**: identifica a abordagem de análise de negócios e as atividades que serão realizadas durante uma iniciativa, incluindo quem executará as atividades, o cronograma e a sequência do trabalho, os entregáveis que serão produzidos e as técnicas de análise de negócios que poderão ser utilizadas. As demais saídas da área de conhecimento Planejamento e Monitoramento de Análise de Negócios podem ser integradas a uma abordagem geral ou ser independentes com base na metodologia, organização e perspectiva.

3.2 Planejar o Engajamento de Stakeholder

3.2.1 Propósito

O propósito de Planejar o Engajamento de Stakeholder é planejar uma abordagem para estabelecer e manter relações de trabalho efetivas com os stakeholders.

3.2.2 Descrição

Planejar o Engajamento de Stakeholder envolve a realização de uma análise minuciosa de stakeholders para identificar todos os stakeholders envolvidos e analisar suas características. Os resultados da análise são então utilizados para definir as melhores abordagens de colaboração e comunicação para a iniciativa e para planejar adequadamente os riscos de stakeholder.

Ao Planejar o Engajamento de Stakeholder, o grau de complexidade pode aumentar desproporcionalmente à medida que aumenta o número de stakeholders envolvidos nas atividades de análise de negócios. Isto é importante porque podem ser necessárias novas ou diferentes técnicas para a gestão de stakeholders quando o compromisso passar da colaboração com alguns stakeholders para dezenas, centenas, ou mesmo milhares de pessoas.

3.2.3 Entradas

- **Necessidades**: compreender a necessidade de negócios e as partes da corporação que ela afeta, ajuda na identificação dos stakeholders. A necessidade pode evoluir à medida que a análise dos stakeholders é realizada.

- **Abordagem de Análise de Negócios**: incorporar a abordagem geral de análise de negócios na análise de stakeholders, na colaboração e nas abordagens de comunicação é necessária para garantir a coerência entre as abordagens.

Figura 3.2.1: Diagrama de Entrada/Saída do Plano de Engajamento de Stakeholder

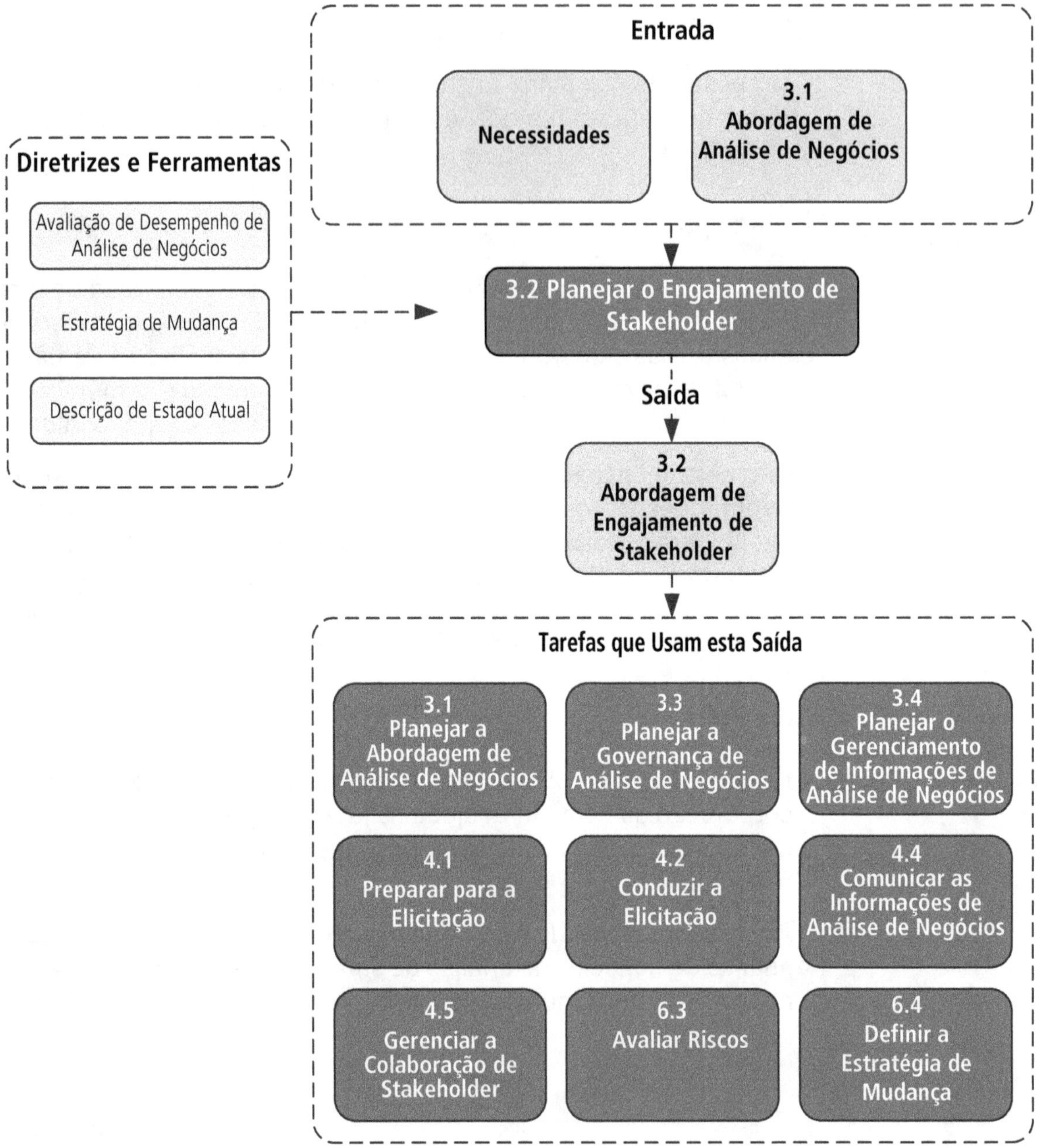

3.2.4   Elementos

.1 Realizar a Análise de Stakeholders

A análise de stakeholders envolve a identificação dos stakeholders (que serão direta ou indiretamente impactados pela mudança) e suas características, além de analisar as informações depois de coletadas. A análise de stakeholders é realizada repetidamente à medida que as atividades de análise de negócios continuam.

Uma lista de stakeholders minuciosa e detalhada garante que os stakeholders não sejam negligenciados. Entender quem são os stakeholders, o impacto das mudanças propostas sobre eles e a influência que eles podem ter sobre a mudança, é vital para entender o que eles precisam, querem e suas expectativas que devem ser satisfeitas por uma solução . Se os stakeholders não forem identificados, o analista de negócios pode perder a descoberta de necessidades críticas. As necessidades de stakeholders descobertas de forma atrasada, muitas vezes, exigirão uma revisão das tarefas de análise de negócios em andamento ou já concluídas. Isso pode resultar em aumento de custos e diminuição da satisfação do stakeholder.

A maneira como os analistas de negócios executam a análise de stakeholders pode variar entre projetos, metodologias e organizações. O organograma de uma companhia e os processos de negócios podem servir como fonte inicial para identificar os stakeholders internos. O patrocinador também pode identificar os stakeholders. Os stakeholders fora da organização podem ser identificados e podem ser descobertos por meio da compreensão de quaisquer contratos existentes que possam estar em vigor, fornecedores antecipados que possam ter um papel baseado em relações existentes com a organização, bem como órgãos regulatórios e governantes que possam influenciar o trabalho. Acionistas, clientes e fornecedores também são considerados ao pesquisar por stakeholders externos.

Funções

Os analistas de negócios identificam as funções dos stakeholders, a fim de entender onde e como os stakeholders irão contribuir para a iniciativa. É importante que o analista de negócios esteja ciente das várias funções que um stakeholder é responsável na organização.

Atitudes

As atitudes dos stakeholders podem impactar positiva ou negativamente uma mudança. Os analistas de negócios identificam as atitudes dos stakeholders a fim de entender completamente o que pode impactar as ações e comportamentos de um stakeholder. Saber como um stakeholder percebe a iniciativa permite ao analista de negócios planejar especificamente sua colaboração e engajamento com esse stakeholder.

Os analistas de negócios analisam as atitudes dos stakeholder sobre:

- as metas de negócio, objetivos da iniciativa e quaisquer soluções propostas;
- a análise de negócios em geral;
- o nível de interesse na mudança;

- o patrocinador;

- os membros da equipe e demais stakeholders;

- a colaboração e uma abordagem baseada em equipe.

Os stakeholders com atitudes positivas podem ser fortes apoiadores e grandes contribuintes. Outros stakeholders podem não ver valor no trabalho, podem entender mal o valor proporcionado ou podem estar preocupados com o efeito que a mudança terá sobre eles. Os stakeholders dos quais se espera que desempenhem papéis-chave e participem intensamente das atividades de análise de negócios, mas que vêem uma mudança de forma negativa, podem exigir abordagens de colaboração que aumentem sua cooperação.

Autoridade de Tomada de Decisão

Os analistas de negócios identificam o nível de autoridade que um stakeholder possui sobre as atividades de análise de negócios, entregáveis e mudanças no trabalho de análise de negócios. Compreender os níveis de autoridade com antecedência elimina a confusão durante o esforço de análise de negócios e garante que o analista de negócios colabore com os stakeholders adequados ao buscar uma decisão a ser tomada ou ao buscar aprovações.

Nível de Poder ou Influência

A compreensão da natureza, estruturas e canais de influência dentro de uma organização pode se revelar inestimável quando se busca construir relacionamentos e confiança. Compreender a influência e a atitude que cada stakeholder poderia ter pode ajudar a desenvolver estratégias para obter a adesão e a colaboração. Os analistas de negócios avaliam o quanto a influência é necessária para implementar uma mudança em comparação com a quantidade de influência que os principais stakeholders podem trazer. Se houver um descompasso entre a influência necessária e a quantidade de influência que o stakeholder tem ou se percebe ter, os analistas de negócios desenvolvem planos e respostas a riscos e outras estratégias que podem ser necessárias para obter o nível de apoio requerido.

.2 Definir a Colaboração de Stakeholder

Garantir a colaboração efetiva com os stakeholders é essencial para manter o seu engajamento nas atividades de análise de negócios. A colaboração pode ser um evento espontâneo. No entanto, muita colaboração é deliberada e planejada, com atividades e resultados específicos determinados com antecedência durante as atividades de planejamento.

O analista de negócios pode planejar diferentes abordagens de colaboração para stakeholders internos e externos, e as abordagens podem diferir por atividade de análise de negócios. O objetivo é selecionar as abordagens que funcionem melhor para atender às necessidades de cada grupo de stakeholders e garantir seu interesse e envolvimento em toda a iniciativa. Algumas considerações ao se planejar a colaboração incluem:

- o momento e frequência da colaboração;
- a localização;
- as ferramentas disponíveis, tais como wikis e comunidades on-line;
- o método de entrega, como presencial ou virtual;
- as preferências dos stakeholders.

As considerações de planejamento podem ser documentadas na forma de um plano de colaboração de stakeholder. Como fatores mudam, os planos podem ser revisitados, ajustes e adaptações podem ser feitos para garantir o engajamento contínuo dos stakeholders.

.3 Necessidades de Comunicação de Stakeholder

O analista de negócios avalia:

- o que precisa ser comunicado;
- qual é o método de entrega adequado (escrito ou verbal);
- qual é o público apropriado;
- quando a comunicação deve ocorrer;
- a frequência de comunicação;
- a localização geográfica dos stakeholders que receberão comunicações;
- o nível de detalhe adequado para a comunicação e stakeholder;
- o nível de formalidade das comunicações.

As considerações de comunicação podem ser documentadas na forma de um plano de comunicação de stakeholder. Os analistas de negócios constroem e revisam planos de comunicação com os stakeholders para garantir que suas exigências e expectativas de comunicação sejam atendidas.

3.2.5   Diretrizes e Ferramentas

- *Avaliação de Desempenho de Análise de Negócios*: fornece resultados de avaliações anteriores que devem ser revisadas e incorporadas.

- *Estratégia de Mudança*: usada para uma melhor avaliação do impacto dos stakeholders e para o desenvolvimento de estratégias mais efetivas de engajamento dos stakeholders.

- *Descrição da Situação Atual*: fornece o contexto dentro do qual o trabalho precisa ser concluído. Estas informações levarão a uma análise mais efetiva dos stakeholders e a uma melhor compreensão do impacto da mudança desejada.

3.2.6 Técnicas

- **Brainstorming**: utilizado para produzir a lista de stakeholders e identificar papéis e responsabilidades do stakeholder.

- **Análise de Regras de Negócio**: usada para identificar stakeholders que foram a fonte das regras de negócio.

- **Análise de Documentos**: usada para revisar os ativos organizacionais existentes que podem auxiliar no planejamento de engajamento de stakeholder.

- **Entrevistas**: usadas para interagir com stakeholders específicos para obter mais informações ou conhecimento sobre grupos de stakeholders.

- **Lições Aprendidas**: usadas para identificar uma experiência anterior da corporação (tanto sucessos quanto fracassos) com o planejamento de engajamento de stakeholders.

- **Mapa mental**: usado para identificar potenciais stakeholders e ajudar a entender as relações entre eles.

- **Modelagem Organizacional**: usada para determinar se as unidades organizacionais ou pessoas listadas têm quaisquer necessidades e interesses únicos que devem ser considerados. Os modelos organizacionais descrevem os papéis e as funções na organização e as formas como os stakeholders interagem, o que pode ajudar a identificar os stakeholders que serão afetados por uma mudança.

- **Modelagem de Processos**: utilizada para categorizar os stakeholders pelos sistemas que apoiam seus processos de negócios.

- **Análise e Gerenciamento de Riscos**: usados para identificar riscos à iniciativa resultantes de atitudes dos stakeholders ou da impossibilidade de participação dos principais stakeholders na iniciativa.

- **Modelagem de Escopo**: usada para desenvolver modelos de escopo para mostrar aos stakeholders que estão fora do escopo da solução, mas ainda assim interagem com ela de alguma forma.

- **Personas, Lista ou Mapa de Stakeholders**: usados para representar o relacionamento dos stakeholders com a solução e uns com os outros.

- **Pesquisa ou Questionário**: usados para identificar características compartilhadas de um grupo de stakeholders.

- **Workshops**: usados para interagir com grupos de stakeholders para obter mais informações sobre grupos de stakeholders.

3.2.7   Stakeholders

- **Clientes**: uma fonte de stakeholders externos.

- **Especialista no Assunto do Domínio**: pode ajudar a identificar os stakeholders e pode ser identificado para cumprir uma ou mais funções na iniciativa.

- **Usuário Final**: uma fonte interna de stakeholders.

- **Gerente de Projeto**: pode ser capaz de identificar e recomendar stakeholders. A responsabilidade pela identificação e gestão de stakeholder pode ser compartilhada com o analista de negócios.

- **Regulador**: pode exigir que representantes ou grupos específicos de stakeholder estejam envolvidos nas atividades de análise de negócios.

- **Patrocinador**: pode determinar que stakeholders específicos se envolvam nas atividades de análise de negócios.

- **Fornecedor**: uma fonte de stakeholders externos.

3.2.8   Saídas

- **Abordagem de Engajamento de Stakeholder**: contém uma lista dos stakeholders, suas características que foram analisadas e uma lista de papéis e responsabilidades para a mudança. Também identifica as abordagens de colaboração e comunicação que o analista de negócios utilizará durante a iniciativa.

3.3 Planejar a Governança de Análise de Negócios

3.3.1 Propósito

O propósito de Planejar a Governança de Análise de Negócios é definir como as decisões são tomadas sobre os requisitos e designs, incluindo revisões, controle de alterações, aprovações e priorização.

3.3.2 Descrição

Os analistas de negócios garantem a existência de um processo de governança e esclarecem quaisquer ambiguidades dentro dele. Um processo de governança identifica os tomadores de decisão, o processo e as informações necessárias para que as decisões sejam tomadas. Um processo de governança descreve como as aprovações e as decisões de priorização são tomadas para os requisitos e designs.

Ao planejar a abordagem de governança, os analistas de negócios identificam:

- como o trabalho de análise de negócios será abordado e priorizado;
- qual é o processo de propor uma alteração na informação sobre análise de negócio;
- quem tem autoridade e responsabilidade para propor mudanças e para participar nas discussões sobre mudanças;
- quem tem a responsabilidade de analisar solicitações de mudança;
- quem tem autoridade para aprovar mudanças;
- como as mudanças serão documentadas e comunicadas.

3.3.3 Entradas

- *Abordagem de Análise de Negócios*: incorporar a abordagem global de análise de negócios na abordagem de governança é necessário para garantir a coerência entre as abordagens.

- *Abordagem de Engajamento de Stakeholder*: identificar os stakeholders e entender suas necessidades de comunicação e colaboração é útil na determinação de sua participação na abordagem de governança. A abordagem de engajamento pode ser atualizada com base na conclusão da abordagem de governança.

Figura 3.3.1: Diagram7 de Entrada/Saída de Planejar a Abordagem de Análise de Negócios

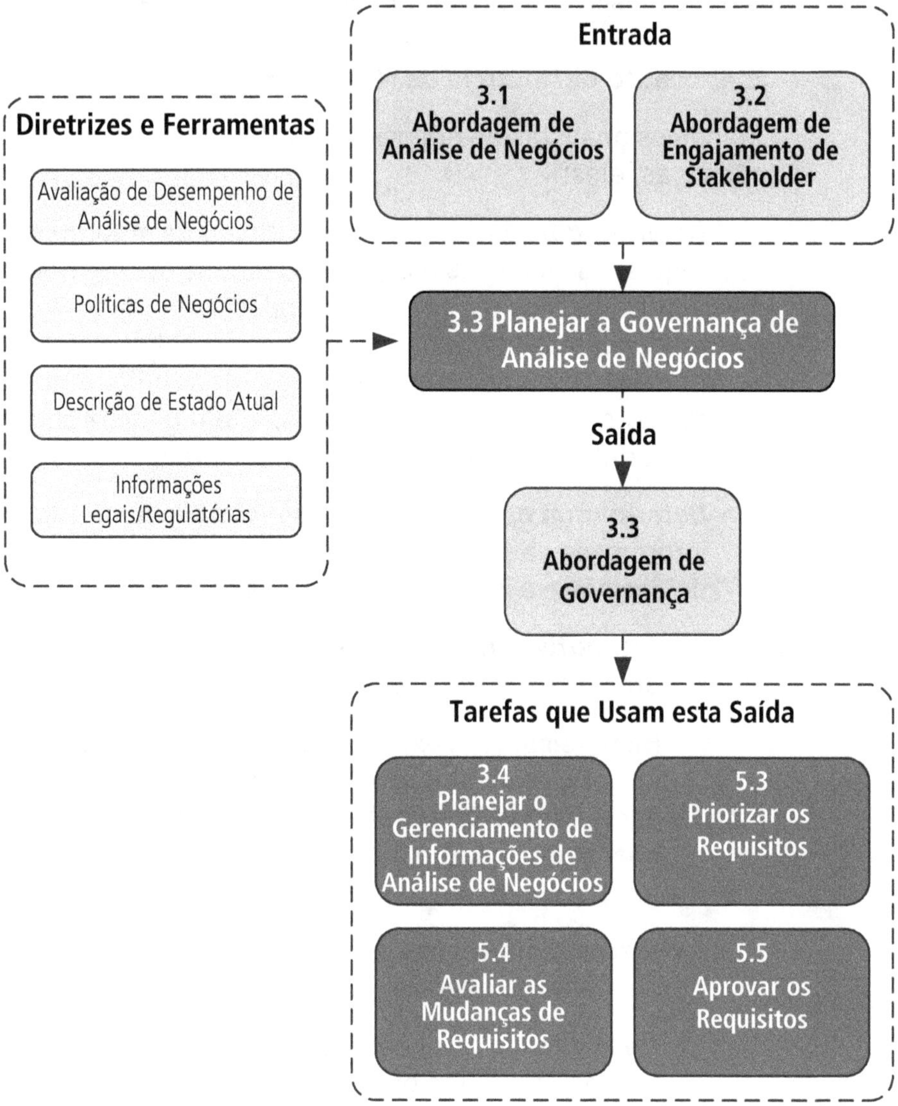

3.3.4   Elementos

.1 Tomada de Decisão

As decisões são tomadas ao longo da iniciativa. Um stakeholder pode desempenhar vários papéis no processo de tomada de decisão, como por exemplo:

- participar nas discussões de tomada de decisão;
- especialista em matéria de assunto (SME - subject matter expert) emprestando experiência e conhecimento ao processo de tomada de decisão;
- revisor de informações;
- aprovador de decisões.

O processo de tomada de decisão define o que acontece quando as equipes não conseguem chegar ao consenso, identificando caminhos de escalada e os principais stakeholders que detêm a autoridade decisória final.

.2 Processo de Controle de Mudanças

Quando os analistas de negócios desenvolvem um processo de controle de mudanças, eles:

- **Determinam o processo de solicitação de mudanças**: especificam quais requisitos e designs o processo de controle de mudanças abrange e determinam se ele se aplica a todas as mudanças ou somente a mudanças de um tamanho, custo ou nível de esforço específico. Esse processo detalha os passos para propor uma mudança, quando mudanças podem ser propostas, quem pode propor mudanças e como os pedidos de mudança são comunicados.

- **Determinam os elementos da solicitação de mudança**: identificam as informações a serem incluídas em uma proposta para apoiar a tomada de decisão e a implementação, caso seja aprovada.

  - **Estimativas de custo e tempo**: para cada área afetada pela mudança proposta, o custo de mudança esperado é estimado.

  - **Benefícios**: uma explicação de como a mudança se alinha com a iniciativa e os objetivos do negócio para mostrar como a mudança agrega valor. Os benefícios considerados incluem tanto benefícios financeiros quanto benefícios táticos como implicações no escopo, tempo, custo, qualidade e recursos.

  - **Riscos**: uma análise de riscos para a iniciativa, a solução ou os objetivos de negócio.

  - **Prioridade**: o nível de importância da mudança em relação a outros fatores, tais como objetivos organizacionais, requisitos de conformidade regulatória e necessidades dos stakeholders.

  - **Curso(s) de ação**: o curso de ação para a mudança inclui uma avaliação dos componentes da solicitação de mudança (custo, tempo, benefícios, riscos e prioridade). É comum identificar vários cursos alternativos, incluindo aqueles recomendados pelo solicitante e por outros stakeholders para que os tomadores de decisão possam fazer uma escolha que melhor atenda às necessidades da iniciativa.

- **Determinar como as mudanças serão priorizadas**: a prioridade da mudança proposta é estabelecida em relação a outros interesses concorrentes dentro da iniciativa atual.

- **Determinar como as mudanças serão documentadas**: os padrões de gerenciamento de configuração e rastreabilidade estabelecem as linhas de base do produto e as práticas de controle de versão que identificam quais linhas de base são afetadas pela mudança.

- **Determinar como as mudanças serão comunicadas**: como as mudanças propostas, as mudanças sob revisão e as alterações aprovadas, recusadas ou adiadas serão comunicadas aos stakeholders.

- **Determinar quem irá realizar a análise de impacto**: especificar quem é responsável por realizar uma análise dos impactos que a mudança proposta terá através da iniciativa.

- **Determinar quem irá autorizar as mudanças**: incluir uma designação de quem pode aprovar mudanças e quais informações de análise de negócio são cobertas por sua autoridade.

.3 Plano de Abordagem de Priorização

Para mais informações, consulte Priorizar os Requisitos.

Prazos, valor esperado, dependências, restrições de recursos, metodologias adotadas e outros fatores influenciam em como os requisitos e designs são priorizados.

Ao planejar o processo de priorização, os analistas de negócios determinam:

- a formalidade e o rigor do processo de priorização;

- os participantes que serão envolvidos na priorização;

- o processo para decidir como a priorização ocorrerá, incluindo quais técnicas de priorização serão utilizadas;

- os critérios a serem utilizados para priorização. Por exemplo, os requisitos podem ser priorizados com base em custo, risco e valor.

A abordagem deve também determinar quais os stakeholders que terão um papel na priorização.

.4 Plano de Aprovações

Uma aprovação formaliza o acordo entre todos os stakeholders que o conteúdo e a apresentação dos requisitos e designs são precisos, adequados e contêm detalhes suficientes para permitir que o progresso contínuo seja executado.

O momento e a frequência das aprovações dependem do tamanho e da complexidade da mudança e dos riscos associados de renunciar ou atrasar uma aprovação.

O analista de negócios deve determinar o tipo de requisitos e designs a serem aprovados, o momento para as aprovações, o processo a seguir para obter aprovação e quem irá aprovar os requisitos e designs.

Ao planejar o processo de aprovação adequado, os analistas de negócios consideram a cultura organizacional e o tipo de informação que está sendo aprovada. Por exemplo, novos sistemas ou processos para setores altamente regulamentados como financeiro, farmacêutico ou de saúde devem exigir revisão frequente, rigorosa e aprovação de especificações muito detalhadas. Para outros tipos de iniciativas, um processo de aprovação menos intensivo pode ser mais adequado e resultar em uma implementação mais rápida.

O planejamento das aprovações também inclui o cronograma de eventos em que as aprovações ocorrerão e como elas serão rastreadas. A disponibilidade, atitude e disposição dos stakeholders determinam a eficiência do processo de aprovação e podem afetar significativamente os prazos de entrega.

3.3.5 Diretrizes e Ferramentas

- *Avaliação de Desempenho de Análise de Negócios*: fornece resultados de avaliações anteriores que devem ser revisadas e incorporadas em todas as abordagens de planejamento.

- *Políticas de Negócio*: definem os limites dentro dos quais as decisões devem ser tomadas. Podem ser descritas por regulamentos, contratos, acordos, garantias, certificações ou outras obrigações legais.

- *Descrição da Situação Atual*: fornece o contexto dentro do qual o trabalho precisa ser concluído. Essas informações podem ajudar a conduzir como tomar melhores decisões.

- *Informações Legais/Regulatórias*: descrevem regras legislativas ou regulamentos que devem ser seguidos, podendo ser utilizados para ajudar a desenvolver um framework que garanta a tomada de decisão de negócios sólidos.

3.3.6 Técnicas

- *Brainstorming*: usado para gerar uma lista inicial de nomes de possíveis stakeholders que podem precisar de papéis de aprovadores no processo de governança definido.

- *Análise de Documentos*: usada para avaliar processos de governança ou templates existentes.

- *Entrevistas*: usadas para identificar possíveis tomadas de decisão, controle de mudanças, aprovação ou abordagens de priorização e participantes, com um indivíduo ou pequeno grupo.

- *Rastreamento de Itens*: usado para rastrear quaisquer questões que surgirem ao planejar uma abordagem de governança.

- *Lições Aprendidas*: usadas para descobrir se iniciativas passadas identificaram experiências valiosas com governança que podem ser aproveitadas em iniciativas atuais ou futuras.

- **Modelagem Organizacional**: utilizada para entender funções/responsabilidades dentro da organização em um esforço para definir uma abordagem de governança que envolva os stakeholders certos.

- **Modelagem de Processos**: usada para documentar o processo ou método para governar a análise de negócios.

- **Revisões**: usadas para revisar o plano de governança proposto com os principais stakeholders.

- **Pesquisa ou Questionário**: usados para identificar possíveis abordagens e participantes de tomada de decisão, controle de mudanças, aprovação ou priorização.

- **Workshops**: usados para identificar possíveis abordagens de tomada de decisão, controle de mudança, aprovação ou priorização, e participantes dentro de uma configuração de equipe.

3.3.7 Stakeholders

- **Especialista no Assunto do Domínio**: pode ser uma possível fonte de uma mudança solicitada ou pode ser identificado como necessário para ser envolvido em discussões de mudança.

- **Gerente de Projeto**: trabalha com o analista de negócios para garantir que a governança geral do projeto se alinhe com a abordagem de governança de análise de negócios.

- **Regulador**: pode impor regras ou regulamentos que precisam ser considerados ao determinar o plano de governança de análise de negócios. Também pode ser uma fonte possível de uma mudança solicitada.

- **Patrocinador**: pode impor seus próprios requisitos sobre como as informações de análise de negócios devem ser gerenciadas. Participa de discussões de mudança e aprova mudanças propostas.

3.3.8 Saídas

- **Abordagem de Governança**: identifica os stakeholders que terão a responsabilidade e autoridade para tomar decisões sobre o trabalho de análise de negócios, incluindo quem será responsável por definir prioridades e quem aprovará mudanças nas informações de análise de negócios. Também define o processo que será utilizado para gerenciar as mudanças de requisito e design em toda a iniciativa.

3.4 Planejar o Gerenciamento de Informações de Análise de Negócios

3.4.1 Propósito

O propósito de Planejar o Gerenciamento de Informações de Análise de Negócios é desenvolver uma abordagem de como as informações de análise de negócios serão armazenadas e acessadas.

3.4.2 Descrição

As informações de análise de negócios são compostas por toda a informação que os analistas de negócios elicitam, criam, compilam e divulgam no curso a realização da análise de negócios. Modelos, instruções de escopo, interesses dos stakeholders, resultados de elicitação, requisitos, designs e opções de solução são apenas alguns exemplos. Isto inclui requisitos e designs, desde histórias de usuários leves até documentos de requisitos formais e protótipos funcionais.

O gerenciamento de informações implica identificar:

- como as informações devem ser organizadas;
- o nível de detalhe em que as informações devem ser capturadas;
- quaisquer relacionamentos entre as informações;
- como as informações podem ser usadas em diversas iniciativas e em toda a corporação;
- como as informações devem ser acessadas e armazenadas;
- características sobre as informações que devem ser mantidas.

O gerenciamento de informações ajuda a garantir que as informações de análise de negócios sejam organizadas de maneira funcional e útil, sejam de fácil acesso ao pessoal adequado e sejam armazenadas pelo tempo que forem necessárias.

3.4.3 Entradas

- *Abordagem de Análise de Negócios*: a incorporação da abordagem geral de análise de negócios na abordagem de gerenciamento de informações é necessária para garantir a consistência entre as abordagens.

- *Abordagem de Governança*: definir como os analistas de negócios gerenciam mudanças em requisitos e designs, como as decisões e aprovações dos entregáveis de análise de negócios serão feitas e como serão definidas as prioridades.

- **Abordagem de Engajamento de Stakeholder**: identificar os stakeholders e entender suas necessidades de comunicação e colaboração é útil na determinação de suas necessidades específicas de gerenciamento de informações.

Figura 3.4.1: Diagrama de Entrada/Saída do Planejar o Gerenciamento de Informações de Análise de Negócios

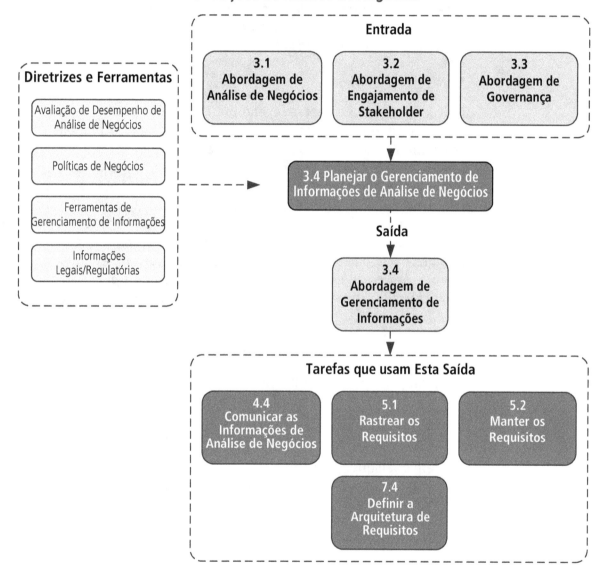

3.4.4   Elementos

.1 Organização de Informações de Análise de Negócios

Os analistas de negócios são responsáveis por organizar as informações de análise de negócios para permitir um acesso e uso eficientes. As informações devem ser bem estruturadas para garantir que não seja difícil localizá-las, identificar conflitos com outras informações, ou quando estão desnecessariamente duplicadas.

O analista de negócios determina qual a melhor forma de estruturar e organizar as informações de análise de negócios no início de uma iniciativa. Isso envolve levar em consideração o tipo e a quantidade de informações a serem coletadas, as necessidades de acesso e uso dos stakeholders, e o tamanho e a complexidade da mudança. As relações entre os tipos de informação devem ser definidas para auxiliar na gestão do efeito de informações novas ou alteradas no futuro.

.2 Nível de Abstração

O nível de abstração descreve a amplitude e a profundidade das informações que estão sendo fornecidas. As representações de informações podem variar de altamente conceitual ou resumidas a muito detalhadas. Ao determinar quanto detalhe cada stakeholder pode requerer à medida que a iniciativa evolui, são consideradas as necessidades dos stakeholders, a complexidade do que está sendo explicado e a importância da mudança. Em vez de apresentar as mesmas informações a todos os stakeholders, os analistas de negócios devem apresentar informações com a amplitude e o nível de detalhes apropriados, com base no papel de cada stakeholder. As informações de análise de negócios relativas a um tópico de importância significativa ou alto nível de risco são frequentemente representadas em maior detalhe.

.3 Abordagem de Rastreabilidade do Plano

A abordagem de rastreabilidade é baseada:

Para mais informações, consulte Rastrear os Requisitos.

- na complexidade do domínio;
- no número de visões de requisitos que serão produzidos;
- em quaisquer riscos relacionados com o requisito, nas normas organizacionais, nos requisitos regulamentares aplicáveis;
- na compreensão dos custos e benefícios envolvidos com o rastreio.

Os analistas de negócios planejam garantir que a abordagem esteja em um nível de detalhe adequado para agregar valor, sem sobrecarga.

.4 Plano de Reuso de Requisitos

O reuso de requisitos pode poupar tempo, esforço e custo para a organização—desde que os requisitos sejam acessíveis e estruturados de uma forma que suporte seu reuso.

Requisitos que são potenciais candidatos para uso a longo prazo são aqueles que uma organização deve cumprir em uma base contínua, tais como:

- requisitos regulatórios

- obrigações contratuais

- padrões de qualidade

- acordos de nível de serviço

- regras de negócio

- processos de negócios

- requisitos descrevendo produtos que a empresa produz.

Os requisitos também podem ser reusados ao descrever recursos ou serviços comuns usados em vários sistemas, processos ou programas.

Para tornar os requisitos úteis além da mudança atual, os analistas de negócios planejam o reuso dos requisitos, identificando a melhor forma de estruturar, armazenar e acessar os requisitos para serem usáveis e acessíveis em futuros esforços de análise de negócios.

Para que os requisitos sejam reusados, eles devem ser claramente nomeados, definidos e armazenados em um repositório que esteja à disposição de outros analistas de negócios.

.5 Armazenamento e Acesso

As informações de análise de negócios podem ser armazenadas de muitas formas. As decisões de armazenamento dependem de muitos fatores como quem deve acessar as informações, quantas vezes elas precisam ser acessadas e quais as condições devem estar presentes para o acesso. Os padrões organizacionais e a disponibilidade de ferramentas também influenciam as decisões de armazenamento e acesso. A abordagem de análise de negócios define como várias ferramentas serão usadas na iniciativa e como as informações serão capturadas e armazenadas dentro dessas ferramentas. As ferramentas podem moldar a seleção de técnicas de análise de negócios, notações a serem utilizadas e a forma como as informações são organizadas.

O repositório pode precisar armazenar outras informações além de requisitos e designs. Deve ser capaz de indicar o status de qualquer informação armazenada e permitir a modificação dessa informação ao longo do tempo.

.6 Atributos de Requisitos

Os atributos de requisitos fornecem informações sobre os requisitos e ajudam no gerenciamento contínuo dos requisitos durante toda a mudança. Eles são planejados e determinados de acordo com os próprios requisitos.

Atributos de requisitos permitem que analistas de negócios associem informações a grupos de requisitos individuais ou relacionados. As informações documentadas pelos atributos ajudam a equipe a fazer trade-offs eficientemente e efetivamente entre os requisitos, identificar os stakeholders afetados por mudanças potenciais e compreender o efeito de uma mudança proposta.

Alguns atributos de requisitos comumente usados incluem:

- **Chave primária**: fornece um identificador único. A chave não é alterada ou reusada se o requisito for movido, alterado ou excluído.

- **Autor**: fornece o nome da pessoa que precisa ser consultada caso o requisito seja considerado ambíguo, pouco claro ou em conflito.

- **Complexidade**: indica quão difícil será implementar o requisito.

- **Propriedade**: indica o indivíduo ou grupo que demanda o requisito ou será o dono do negócio depois que a solução for implementada.

- **Prioridade**: indica importância relativa dos requisitos. Prioridade pode referir-se ao valor relativo de um requisito ou à sequência em que será implementado.

- **Riscos**: identificam eventos incertos que podem impactar os requisitos.

- **Fonte**: identifica a origem do requisito. A fonte é frequentemente consultada se o requisito mudar ou se mais informações sobre o requisito, ou a necessidade que o motivou, tiverem que ser obtidas.

- **Estabilidade**: indica a maturidade da requisito.

- **Status**: indica o estado do requisito, se ele é proposto, aceito, verificado, adiado, cancelado ou implementado.

- **Urgência**: indica quanto tempo o requisito é necessário. Geralmente só é necessário especificar isto separadamente da prioridade quando existe um prazo para a implementação.

3.4.5   Diretrizes e Ferramentas

- *Avaliação de Desempenho de Análise de Negócios*: fornece resultados de avaliações anteriores que devem ser revisadas e incorporadas em todas as abordagens de planejamento.

- *Políticas de Negócio*: definem os limites dentro dos quais as decisões devem ser tomadas. Elas podem ser descritas por regulamentos, contratos, acordos, garantias, certificações ou outras obrigações legais.

- *Ferramentas de Gerenciamento de Informações*: cada organização usa algumas ferramentas para armazenar, recuperar e compartilhar informações de análise de negócios. Estas podem ser tão simples quanto um quadro branco ou tão complexos quanto uma wiki global, ou uma robusta ferramenta de gerenciamento de requisitos.

- *Informações Legais/Regulatórias*: descrevem regras legislativas ou regulamentos que devem ser seguidos e ajudam a determinar como as informações de análise de negócios serão gerenciadas.

3.4.6   Técnicas

- *Brainstorming*: usado para ajudar os stakeholders a descobrir suas necessidades de gerenciamento de informações de análise de negócios.

- *Entrevistas*: usadas para ajudar stakeholders específicos a descobrir suas necessidades de gerenciamento de informações de análise de negócios.

- *Rastreamento de Itens*: usado para acompanhar questões com processos atuais de gerenciamento de informações.

- *Lições Aprendidas*: usadas para criar uma fonte de informações para análise de abordagens para gerenciamento eficiente de informações de análise de negócios.

- *Mapa mental*: usado para identificar e categorizar os tipos de informações que precisam ser gerenciadas.

- *Modelagem de Processos*: usada para documentar o processo ou método para gerenciamento de informações de análise de negócios.

- *Pesquisa ou Questionário*: usados para pedir aos stakeholders para fornecer entrada para definição de gerenciamento de informações de análise de negócios.

- *Workshops*: usados para desvendar as necessidades de gerenciamento de informações de análise de negócios em uma configuração de grupo.

3.4.7   Stakeholders

- *Especialista no Assunto do Domínio*: pode precisar acessar e trabalhar com informações de análise de negócios, e se interessará por uma visão mais específica das informações de análise de negócios que se relacionem com sua área de expertise.

- *Regulador*: poderá definir regras e processos relacionados ao gerenciamento de informações.

- *Patrocinador*: fazer revisões, comentários sobre as informações de análise de negócios e as aprovar.

3.4.8   Saídas

- *Abordagem de Gerenciamento de Informações*: inclui a abordagem definida de como as informações de análise de negócios serão armazenadas, acessadas e utilizadas durante a mudança e depois que a mudança for concluída.

3.5   Identificar Melhorias de Desempenho de Análise de Negócios

3.5.1   Propósito

O propósito de Identificar Melhorias de Desempenho de Análise de Negócios é avaliar o trabalho de análise de negócios e planejar o aprimoramento de processos quando necessário.

3.5.2   Descrição

Para monitorar e melhorar o desempenho, é necessário estabelecer as medidas de desempenho, conduzir a análise de desempenho, relatar os resultados da análise e identificar quaisquer ações preventivas, corretivas ou de desenvolvimento necessárias. A análise de desempenho deve ocorrer ao longo de uma iniciativa. Uma vez identificadas melhorias de desempenho potenciais, elas tornam-se diretrizes para a próxima vez que uma tarefa é executada.

3.5.3   Entradas

- **Abordagem de Análise de Negócios**: identifica os entregáveis de análise de negócios que serão produzidos, atividades que precisarão ser realizadas (inclusive quando serão realizadas e quem estará realizando-as) e técnicas que serão usadas.

- **Objetivos de Desempenho (externo)**: descrevem os resultados de desempenho desejados que uma corporação ou organização espera alcançar.

Figura 3.5.1: Diagrama de Entrada/Saída de Identificar Melhorias de Desempenho de Análise de Negócios

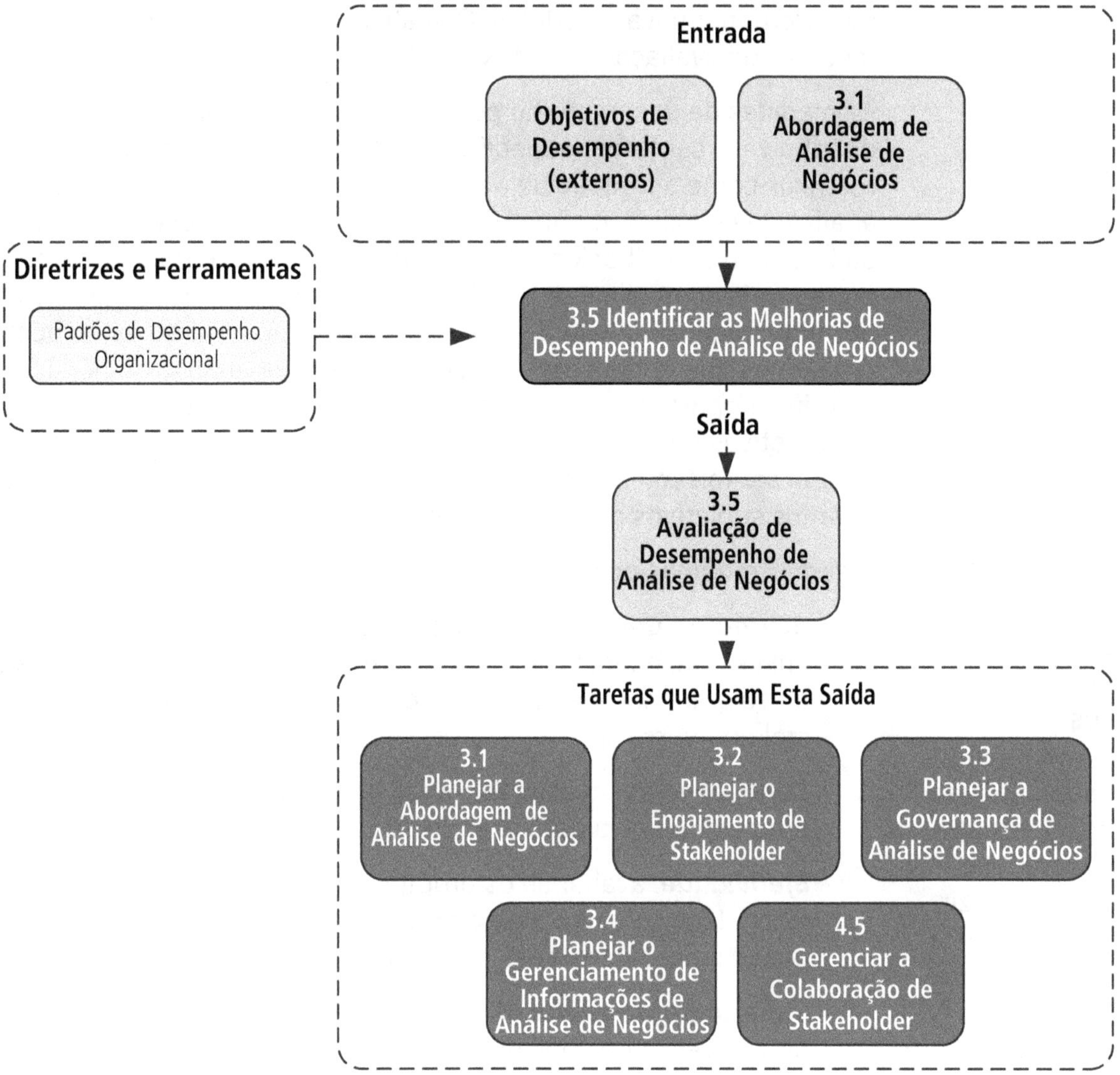

3.5.4 Elementos

.1 Análise de Desempenho

O que constitui um trabalho efetivo de análise de negócios depende do contexto de uma determinada organização ou iniciativa. Os relatórios sobre o desempenho da análise de negócios podem ser informais e verbais, ou podem incluir a documentação formal. Os relatórios sobre desempenho de análise de negócios são projetados e adaptados para atender às necessidades dos diversos tipos de revisores.

.2 Medidas de Avaliação

Se as medidas atuais existirem, o analista de negócios pode potencializá-las ou determinar novas medidas. O analista de negócios também pode elicitar medidas de avaliação dos stakeholders.

As medidas de desempenho podem ser baseadas em datas de entregáveis distribuíveis, conforme especificado no plano de análise de negócios , métricas como a frequência das mudanças nos produtos de trabalho de análise de negócios, o número de ciclos de revisão necessários, a eficiência da tarefa ou o feedback qualitativo do stakeholder e pares referentes aos entregáveis do analista de negócios. As medidas de desempenho adequadas permitem que o analista de negócios determine quando estão ocorrendo problemas que podem afetar o desempenho da análise de negócios ou identificar oportunidades de melhoria. As medidas podem ser tanto quantitativas quanto qualitativas. As medidas qualitativas são subjetivas e podem ser fortemente influenciadas pelas atitudes, percepções e outros critérios subjetivos dos stakeholders.

Todas as métricas de desempenho incentivarão certos comportamentos e desencorajarão outros. Métricas mal escolhidas podem conduzir comportamentos prejudiciais para a corporação como um todo.

Algumas medidas possíveis são:

- **Acurácia e Completude**: determinar se os produtos de trabalho do analista de negócios estavam corretos e relevantes quando entregues, ou se eram necessárias revisões contínuas para obter a aceitação dos stakeholders.

- **Conhecimento**: avaliar se o analista de negócios teve as competências e/ou experiência para executar a tarefa designada.

- **Efetividade**: avaliar se os produtos de trabalho do analista de negócios foram fáceis de usar como entregáveis independentes ou se exigiam uma explicação extensa para serem compreendidos.

- **Suporte Organizacional**: avaliar se havia recursos adequados disponíveis para concluir as atividades de análise de negócios conforme a necessidade.

- **Significância**: considerar o benefício obtido dos produtos de trabalho e avaliar se o custo, o tempo e os investimentos em recursos gastos para produzir os produtos de trabalho foram justificados pelo valor que entregaram.

- **Estratégico**: verificar se os objetivos de negócios foram atingidos, se os problemas foram resolvidos e se melhorias foram alcançadas.

- **Oportunidade**: avaliar se o analista de negócios entregou o trabalho dentro do prazo por parte das expectativas e cronograma dos stakeholders.

.3 Analisar Resultados

O processo de análise de negócios e os entregáveis são comparadas com o conjunto de medidas definidas. A análise pode ser realizada sobre o processo de análise de negócios, os recursos envolvidos e os entregáveis.

O desempenho pode ser determinado do ponto de vista dos stakeholders que são os destinatários do trabalho de análise de negócios. Outras vezes, um gerente de pessoal ou um Centro de Excelência pode determinar e fornecer avaliações. Todos os stakeholders podem ter contribuições para avaliar o valor do trabalho de análise de negócios, mas as organizações podem diferir em termos de quem tem autoridade para estabelecer as metas em relação às quais o desempenho é medido.

.4 Recomendar Ações para Melhoria

Uma vez concluída a análise dos resultados de desempenho, o analista de negócios engaja os stakeholders adequados para identificar as seguintes ações:

- **Preventiva**: reduz a probabilidade de um evento com impacto negativo.
- **Corretivo**: estabelece formas de reduzir o impacto negativo de um evento.
- **Melhoria**: estabelece formas de aumentar a probabilidade ou o impacto de eventos com impacto positivo.

Essas ações são suscetíveis de resultar em mudanças na abordagem de análise de negócios, processos repetidos e ferramentas.

3.5.5   Diretrizes e Ferramentas

- **Padrões de Desempenho Organizacional**: pode incluir métricas de desempenho ou expectativas para o trabalho de análise de negócios encomendado pela organização.

3.5.6   Técnicas

- **Brainstorming**: usado para gerar ideias para oportunidades de melhoria.
- **Entrevistas**: usadas para reunir avaliações de desempenho de análise de negócios.
- **Rastreamento de Itens**: usado para acompanhar questões que ocorrem durante o desempenho da análise de negócios para resolução posterior.
- **Lições Aprendidas**: usadas para identificar mudanças recomendadas para processos de análise de negócios, entregáveis, templates e outros ativos de processo organizacional que podem ser incorporados à iniciativa atual e ao trabalho futuro.

- **Métricas e Indicadores-Chave de Desempenho (KPIs - Key Performance Indicators)**: usados para determinar quais métricas são apropriadas para avaliar o desempenho da análise de negócios e como elas podem ser rastreadas.

- **Observação**: usada para testemunhar o desempenho da análise de negócios.

- **Análise de Processos**: usada para analisar processos de análise de negócios existentes e identificar oportunidades de melhoria.

- **Modelagem de Processos**: usada para definir processos de análise de negócios e entender como melhorar esses processos para reduzir problemas de passagens dos processos, melhorar os tempos de ciclo, ou alterar como o trabalho de análise de negócios é realizado para apoiar melhorias nos processos subsequentes.

- **Revisões**: usadas para identificar mudanças nos processos de análise de negócios e entregáveis que podem ser incorporados em trabalhos futuros.

- **Análise e Gerenciamento de Riscos**: usados para identificar e gerenciar potenciais condições ou eventos que possam impactar o desempenho da análise de negócios.

- **Análise de Causa Raiz**: usada para ajudar a identificar a causa fundamental de falhas ou dificuldades na realização de trabalhos de análise de negócios.

- **Pesquisa ou Questionário**: usados para reunir feedback dos stakeholders sobre sua satisfação com as atividades de análise de negócios e entregáveis.

- **Workshops**: usados para reunir avaliações de desempenho de análise de negócios e gerar ideias para oportunidades de melhoria.

3.5.7   Stakeholders

- **Especialistas no Assunto do Domínio**: devem ser informados sobre as atividades de análise de negócios para configurar as expectativas em relação ao seu envolvimento no trabalho e de obter o seu feedback em relação a possíveis melhorias na abordagem.

- **Gerente de Projeto**: é responsável pelo sucesso de um projeto e deve ser mantido informado sobre o status atual do trabalho de análise de negócios. Se forem identificados problemas potenciais ou oportunidades de melhoria, o gerente de projeto deve ser consultado antes que as mudanças sejam implementadas para avaliar se essas alterações terão impacto no projeto. Eles também podem entregar relatórios de desempenho de análise de negócios para o patrocinador e outros stakeholders.

- *Patrocinador*: pode exigir relatórios sobre o desempenho de análise de negócios para tratar de problemas na medida em que forem identificados. Um gerente de analistas de negócios também pode patrocinar iniciativas para melhorar o desempenho das atividades de análise de negócios.

3.5.8   Saídas

- *Avaliação de Desempenho de Análise de Negócios*: inclui uma comparação de desempenho planejado versus real, identificando a causa raiz de variâncias a partir do desempenho esperado, abordagens propostas para tratar de problemas e outras descobertas para ajudar a entender o desempenho dos processos de análise de negócios.

Elicitação e Colaboração

A área de conhecimento de Elicitação e Colaboração descreve as tarefas que os analistas de negócios realizam para obter informações dos stakeholders e confirmar os resultados. Também descreve a comunicação com os stakeholders quando as informações de análise de negócios estiverem consolidadas.

Elicitação é a extração ou recebimento de informações de stakeholders ou outras fontes. É o principal caminho para descobrir as informações de requisitos e design e pode envolver conversas diretamente com os stakeholders, pesquisas de tópicos, experimentos ou simplesmente obter informações. Colaboração é o ato de duas ou mais pessoas trabalharem juntas em direção a uma meta comum. A área de conhecimento Elicitação e Colaboração descreve como os analistas de negócios identificam e chegam a um acordo sobre o entendimento mútuo de todos os tipos de informações de análise de negócios. O trabalho de elicitação e colaboração nunca é uma "fase" na análise de negócios; em vez disso, é continuamente realizado enquanto o trabalho de análise de negócios está ocorrendo.

A elicitação e colaboração pode ser planejada, não planejada ou ambas. Atividades planejadas como workshops, experimentos e/ou pesquisas podem ser estruturadas e organizadas com antecedência. Atividades não planejadas acontecem na hora, sem aviso prévio, como colaboração ou conversas de última hora ou "just in time". As informações de análise de negócios derivadas de uma atividade não planejada podem exigir uma exploração mais profunda através de uma atividade planejada.

Elicitar informações de análise de negócios não é uma atividade isolada. As informações são obtidas durante a execução de qualquer tarefa que inclua interação com os stakeholders e enquanto o analista de negócios está executando um trabalho analítico independente. A elicitação pode desencadear elicitação adicional de detalhes para preencher lacunas ou aumentar a compreensão.

A área de conhecimento Elicitação e Colaboração é composta pelas seguintes tarefas:

- **Preparar para a Elicitação**: envolve a garantia de que os stakeholders tenham as informações que precisam fornecer e que entendam a natureza das atividades que vão realizar. Também define um conjunto compartilhado de expectativas em relação aos resultados da atividade. A preparação também pode envolver a identificação de fontes de pesquisa, ou a preparação para conduzir um experimento, para ver se uma mudança de processo realmente resulta em uma melhoria.

- **Conduzir a Elicitação**: descreve o trabalho realizado para entender as necessidades dos stakeholders e identificar potenciais soluções que possam atender a essas necessidades. Isso pode envolver interação direta com os stakeholders, fazer pesquisas ou executar experimentos.

- **Confirmar os Resultados da Elicitação**: envolve a garantia de que os stakeholders tenham uma compreensão compartilhada dos resultados da elicitação, que as informações elicitadas sejam registradas adequadamente e que o analista de negócios tenha as informações procuradas a partir de uma atividade de elicitação. Essa tarefa também envolve a comparação das informações recebidas com outras informações para procurar inconsistências ou lacunas.

- **Comunicar as Informações de Análise de Negócios**: fornece aos stakeholders as informações de que precisam, no momento em que precisam. A informação é apresentada de forma útil, usando a terminologia e conceitos corretos.

- **Gerenciar a Colaboração de Stakeholder**: descreve o trabalho com stakeholders para engajá-los no processo geral de análise de negócios e para garantir que o analista de negócios possa entregar os resultados necessários.

O Modelo de Conceitos Essenciais na Elicitação e Colaboração

O Modelo de Conceitos Essenciais da Análise de Negócios (BACCM™) descreve os relacionamentos entre os seis conceitos essenciais.

A tabela a seguir descreve o uso e a aplicação de cada um dos conceitos essenciais dentro do contexto de Elicitação e Colaboração.

Tabela 4.0.1: O Modelo de Conceitos Essenciais na Elicitação e Colaboração

Conceito Essencial	Durante a Elicitação e Colaboração, analistas de negócios ...
Mudança: o ato de transformação em resposta a uma necessidade.	usa uma variedade de técnicas de elicitação para identificar plenamente as características da mudança incluindo os interesses que os stakeholders têm sobre a mudança. A mudança pode determinar os tipos apropriados e a extensão da elicitação e da colaboração.
Necessidade: um problema ou oportunidade a ser abordado.	elicitar, confirmar e comunicar as necessidades e apoiar as informações de análise de negócios. Como a elicitação é iterativa e incremental, a compreensão das necessidades pode evoluir ao longo do tempo.
Solução: uma forma específica de satisfazer uma ou mais necessidades em um contexto.	elicitar, confirmar e comunicar as características necessárias ou desejadas das soluções propostas.
Stakeholder: um grupo ou indivíduo com relação com a mudança, a necessidade ou a solução.	gerenciar a colaboração com os stakeholders que participam do trabalho de análise de negócios. Todos os stakeholders podem participar de diferentes funções e em momentos diferentes durante uma mudança.

Tabela 4.0.1: O Modelo de Conceitos Essenciais na Elicitação e Colaboração

Conceito Essencial	Durante a Elicitação e Colaboração, analistas de negócios ...
Valor: o valor, a importância ou a utilidade de algo para um stakeholder dentro de um contexto.	colabora com os stakeholders para avaliar o valor relativo das informações fornecidas através da elicitação, e aplicar uma variedade de técnicas para confirmar e comunicar esse valor.
Contexto: as circunstâncias que influenciam, são influenciadas e proporcionam compreensão sobre a mudança.	aplica uma variedade de técnicas de elicitação para identificar informações de análise de negócios sobre o contexto que podem afetar a mudança.

Figura 4.0.1: Diagrama de Entrada/Saída de Elicitação e Colaboração

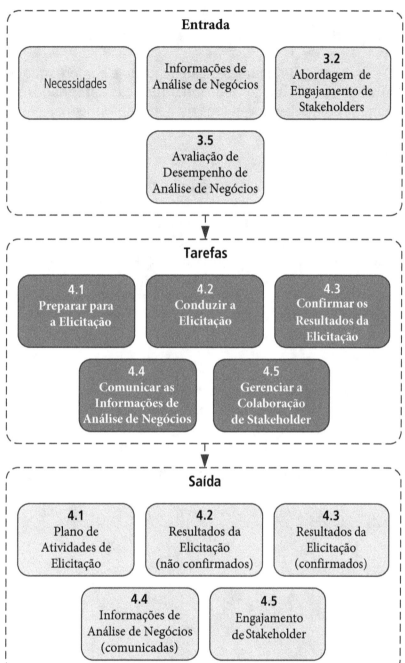

4.1   Preparar para a Elicitação

4.1.1   Propósito

O propósito de Preparar para a Elicitação é compreender o escopo da atividade de elicitação, selecionar técnicas apropriadas e planejar (ou adquirir) materiais e recursos de apoio apropriados.

4.1.2   Descrição

Os analistas de negócios se preparam para a elicitação, definindo os resultados desejados da atividade, considerando os stakeholders envolvidos e as metas da iniciativa. Isto inclui determinar quais produtos de trabalho serão produzidos usando os resultados da elicitação, decidir quais técnicas são mais adequadas para produzir esses resultados, estabelecer a logística da elicitação, identificar quaisquer materiais de apoio necessários e compreender as circunstâncias para estimular a colaboração durante uma atividade de elicitação.

4.1.3   Entradas

* *Necessidades*: orientam a preparação em termos de escopo e finalidade das atividades de elicitação. A elicitação pode ser usada para descobrir as necessidades, mas, para começar, deve haver alguma necessidade — mesmo que ainda não tenha sido totalmente eliciada ou compreendida.

* *Abordagem de Engajamento de Stakeholder*: compreender as necessidades de comunicação e colaboração dos stakeholders ajuda a planejar e a preparar eventos de elicitação adequados e efetivos.

Figura 4.1.1: Diagrama de Entrada/Saída de Preparar para a Elicitação

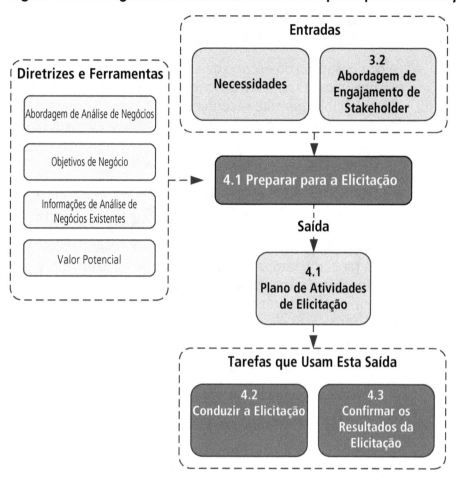

4.1.4   Elementos

.1 Entender o Escopo de Elicitação

Para determinar o tipo de informações de análise de negócios a serem descobertas durante a atividade de elicitação e as técnicas que podem ser usadas, os analistas de negócios consideram:

- domínio do negócio;

- cultura e ambiente corporativos gerais;

- localização dos stakeholders;

- os stakeholders que estão envolvidos e suas dinâmicas de grupo;

- saídas esperadas que as atividades de elicitação alimentarão;

- habilidades do praticante de análise de negócios;

- outras atividades de elicitação planejadas para complementar esta;

- estratégia ou abordagem de solução;

- escopo de solução futura;

- possíveis fontes das informações de análise de negócios que poderão alimentar a atividade de elicitação específica.

A compreensão do escopo da atividade de elicitação permite que os analistas de negócios respondam caso a atividade se desvie do escopo pretendido. Também lhes permite reconhecer se pessoas e materiais não estão disponíveis a tempo, e quando a atividade está completa.

.2 Selecionar as Técnicas de Elicitação

Geralmente, várias técnicas são usadas durante uma atividade de elicitação. As técnicas usadas dependem de restrições de custo e tempo, dos tipos de fontes de informação de análise de negócios e de seu acesso, da cultura da organização e dos resultados desejados. O analista de negócios também pode ter como fator as necessidades dos stakeholders, sua disponibilidade e sua localização (no mesmo local ou dispersos). Escolher as técnicas certas e garantir que cada técnica seja realizada corretamente é extremamente importante para o sucesso da atividade de elicitação. Ao selecionar técnicas de elicitação, os analistas de negócios consideram:

- técnicas comumente usadas em iniciativas semelhantes;

- técnicas especificamente adaptadas à situação;

- as tarefas necessárias para preparar, executar e concluir cada técnica.

Devido à alteração de dinâmicas e situações, o analista de negócios pode ser obrigado a ajustar as seleções iniciais, incorporando técnicas mais adequadas. Uma compreensão minuciosa da variedade de técnicas disponíveis auxilia o analista de negócios na adaptação à mudança de circunstâncias.

.3 Configurar a Logística

A logística é planejada antes de uma atividade de elicitação. A logística para cada atividade de elicitação inclui a identificação de:

- os objetivos da atividade

- participantes e seus papéis

- recursos programados, incluindo pessoas, salas e ferramentas

- locais

- canais de comunicação

- técnicas

- idiomas usados pelos stakeholders (oral e escrito).

A logística também pode envolver a criação de uma agenda caso outros stakeholders estejam envolvidos.

.4 Material de Apoio Seguro

Os analistas de negócios identificam fontes de informações que são necessárias para conduzir a atividade de elicitação. Pode haver uma grande quantidade de informações necessárias para realizar elicitação incluindo pessoas, sistemas, dados históricos, materiais e documentos. Os documentos poderiam incluir documentos existentes do sistema, regras de negócio relevantes, políticas organizacionais, regulamentos e contratos. Os materiais de apoio também podem tomar a forma de saídas de trabalho de análise, tais como versões preliminares de modelos de análise (consulte Especificar e Modelar os Requisitos (p. 175)). Os analistas de negócios adquirem ou desenvolvem os materiais e ferramentas necessários. Planejamento adicional para a elicitação experimental pode ser necessário se forem usadas novas ferramentas, equipamentos ou técnicas.

.5 Preparar os Stakeholders

Os analistas de negócios podem precisar ensinar aos stakeholders como funciona uma técnica de elicitação ou quais informações são necessárias. Pode ser útil explicar uma técnica de elicitação aos stakeholders não envolvidos na atividade para ajudá-los a compreender a validade e a relevância das informações obtidas. Os stakeholders podem não responder ou ser questionados durante uma atividade de elicitação se sentirem que ela não está alinhada com seus objetivos individuais, não entenderem o propósito, ou estiverem confusos sobre o processo. Ao se preparar para a elicitação, o analista de negócios deve assegurar-se de que haja a adesão de todos os stakeholders necessários.

Os analistas de negócios também podem preparar os stakeholders solicitando que eles revejam os materiais de apoio antes da atividade de elicitação, a fim de torná-la o mais efetiva possível. Uma agenda poderia ser fornecida com antecedência para apoiar os stakeholders a virem preparados para a atividade com a mente e as informações necessárias.

Elicitar através de pesquisa ou exploração pode ser uma atividade individual para o analista de negócios e não exigir a preparação de outros stakeholders.

4.1.5   Diretrizes e Ferramentas

- *Abordagem de Análise de Negócios*: estabelece a estratégia geral a ser utilizada para orientar o trabalho de análise de negócios. Isso inclui a metodologia geral, os tipos de stakeholders e como eles devem ser envolvidos, lista de stakeholders, cronograma do trabalho, formato esperado e nível de detalhes de resultados de elicitação, desafios e incertezas identificados.

- **Objetivos de Negócio**: descrevem a direção desejada necessária para alcançar o estado futuro. Eles podem ser usados para planejar e preparar eventos de elicitação, além de desenvolver materiais de apoio.

- **Informações de Análise de Negócios Existentes**: poderão proporcionar uma melhor compreensão dos objetivos da atividade de elicitação e auxiliar na preparação para a elicitação.

- **Valor Potencial**: descreve o valor a ser realizado implementando o estado futuro proposto e pode ser usado para moldar eventos de elicitação.

4.1.6   Técnicas

- **Brainstorming**: usado para identificar e chegar de forma colaborativa a consensos sobre quais fontes de informações de análise de negócios devem ser consultadas e quais técnicas de elicitação podem ser mais efetivas.

- **Mineração de Dados**: usada para identificar informações ou padrões que requerem investigação adicional.

- **Análise de Documentos**: usada para identificar e avaliar fontes candidatas de materiais de apoio.

- **Estimativa**: usada para estimar o tempo e o esforço necessários para a elicitação e o custo associado.

- **Entrevistas**: usadas para identificar interesses sobre a elicitação planejada, e podem ser usadas para buscar autoridade para prosseguir com opções específicas.

- **Mapa mental**: usado para identificar e chegar de forma colaborativa a consensos sobre quais fontes de informações de análise de negócios devem ser consultadas e quais técnicas de elicitação podem ser mais efetivas.

- **Análise e Gerenciamento de Riscos**: usados para identificar, avaliar e gerenciar condições ou situações que possam interromper a elicitação, ou afetar a qualidade e a validade dos resultados de elicitação. Os planos para a elicitação devem ser ajustados para evitar, transferir ou mitigar os riscos mais graves.

- **Personas, Lista ou Mapa de Stakeholders**: usados para determinar quem deve ser consultado enquanto se prepara para a elicitação, quem deve participar do evento, e as funções cabíveis para cada stakeholder.

4.1.7   Stakeholders

- *Especialista no assunto do domínio*: fornece materiais de apoio, bem como orientação sobre quais outras fontes de informações de análise de negócios a consultar. Pode também ajudar a organizar pesquisas, experimentos e elicitação facilitada.

- *Gerente de Projeto*: garante que as pessoas e os recursos adequados estão disponíveis para conduzir a elicitação.

- *Patrocinador*: tem autoridade para aprovar ou negar um evento de elicitação planejada, além de autorizar e exigir a participação de stakeholders específicos.

4.1.8   Saídas

- *Plano de Atividades de Elicitação*: usado para cada atividade de elicitação. Inclui logística, escopo da atividade de elicitação, técnicas selecionadas e materiais de apoio.

4.2   Conduzir a Elicitação

4.2.1   Propósito

O propósito de Conduzir a Elicitação é extrair, explorar e identificar informações relevantes para a mudança.

4.2.2   Descrição

Existem três tipos comuns de elicitação:

- *Colaborativo*: envolve interação direta com os stakeholders e conta com suas experiências, expertise e julgamento.

- *Pesquisa*: envolve sistematicamente descobrir e estudar informações de materiais ou fontes que não são diretamente conhecidas por stakeholders envolvidos na mudança. Os stakeholders ainda podem participar da pesquisa. Pesquisa pode incluir análise de dados históricos para identificar tendências ou resultados passados.

- *Experimentos*: envolvem a identificação de informações que não poderiam ser conhecidas sem algum tipo de teste controlado. Algumas informações não podem ser obtidas de pessoas ou documentos — porque são desconhecidas. Os experimentos podem ajudar a descobrir esse tipo de informação. Os experimentos incluem estudos observacionais, provas de conceito e protótipos.

Uma ou mais técnicas de elicitação podem ser utilizadas para produzir o resultado desejado dentro do escopo da elicitação.

Os stakeholders podem colaborar na elicitação:

- participando e interagindo durante a atividade de elicitação;

- pesquisando, estudando e fornecendo feedback sobre documentos, sistemas, modelos e interfaces.

4.2.3   Entradas

- *Plano de Atividades de Elicitação*: inclui as atividades e técnicas de elicitação planejadas, logística de atividade (por exemplo, data, horário, localização, recursos, agenda), escopo da atividade de elicitação e fontes disponíveis de informações básicas.

Figura 4.2.1: Diagrama de Entrada/Saída de Conduzir a Elicitação

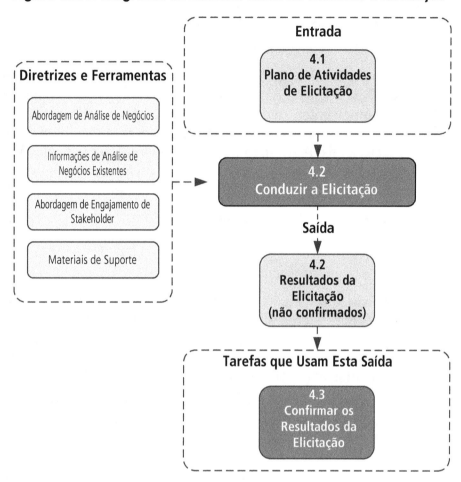

4.2.4   Elementos

.1 Guia de Atividade de Elicitação

A compreensão das representações propostas das informações de análise de negócios, definidas no planejamento, ajuda a garantir que as atividades de elicitação estejam focadas na produção das informações almejadas com o nível de detalhe desejado. Isso se aplica a cada instância de uma atividade de elicitação ao longo de uma mudança e pode variar com base na atividade. Para ajudar a orientar e facilitar a obtenção dos resultados esperados, os analistas de negócios consideram:

- os objetivos de atividade de elicitação e agenda;

- escopo da mudança;

- que formas de resultados a atividade irá gerar;

- que outras representações os resultados de atividade suportarão;

- como a saída se integra ao que já é conhecido;

- quem fornece as informações;

- quem usará as informações;

- como as informações serão usadas.

Embora a maioria deles seja considerada no planejamento da atividade de elicitação (consulte Preparar para a Elicitação (p. 74)), todos eles também são importantes ao realizar a atividade de elicitação, a fim de mantê-la no caminho certo e atingir seu objetivo. Por exemplo, os stakeholders podem ter discussões que estão fora do escopo da atividade ou da mudança e o analista de negócios precisa: reconhecer isso no momento de determinar o próximo passo; reconhecê-lo e continuar, ou orientar a conversa de forma diferente.

O analista de negócios também usa essas informações para determinar quando houve elicitação suficiente, a fim de interromper a atividade.

.2 Capturar os Resultados da Elicitação

A condução da elicitação é frequentemente iterativa e ocorre em uma série de sessões — em paralelo ou em sequência — de acordo com o escopo da atividade de elicitação (consulte Preparar para a Elicitação (p. 74)). Se a atividade de elicitação não for planejada, os resultados são capturados e integrados nos resultados planejados apropriados.

A captura dos resultados da elicitação ajuda a garantir que as informações produzidas durante as atividades de elicitação sejam registradas para posterior referência e uso.

4.2.5 Diretrizes e Ferramentas

- *Abordagem de Análise de Negócios*: influencia como cada atividade de elicitação é realizada, pois, identifica os tipos de resultados que serão necessários com base na abordagem.

- *Informações de Análise de Negócios Existentes*: poderão orientar sobre as questões formuladas durante a elicitação e a abordagem utilizada para a elaboração de informações de diversos stakeholders.

- *Abordagem de Engajamento de Stakeholder*: fornece abordagens de colaboração e comunicação que podem ser efetivas durante a elicitação.

- *Materiais de apoio*: inclui quaisquer materiais para preparar tanto o analista de negócios como os participantes antes da elicitação, assim como quaisquer informações, ferramentas ou equipamentos a serem utilizados durante a elicitação.

4.2.6   Técnicas

- **Benchmarking e Análise de Mercado**: usados como fonte de informações de análise de negócios ao comparar um processo, sistema, produto, serviço ou estrutura específica com alguma linha de base externa, como uma organização similar ou linha de base fornecida por uma associação do setor. A análise de mercado é usada para determinar o que os clientes querem e o que os concorrentes fornecem.

- **Brainstorming**: usado para gerar muitas ideias de um grupo de stakeholders, em um curto período, e para organizar e priorizar essas ideias.

- **Análise de Regras de Negócio**: usada para identificar as regras que regem as decisões em uma organização e que definem, restringem ou habilitam as operações organizacionais.

- **Jogos Colaborativos**: usados para desenvolver uma melhor compreensão de um problema ou para estimular soluções criativas.

- **Modelagem de Conceitos**: usada para identificar termos e ideias fundamentais de importância e definir as relações entre elas.

- **Mineração de Dados**: usadas para identificar informações e padrões relevantes.

- **Modelagem de Dados**: usada para entender os relacionamentos das entidades durante a elicitação.

- **Análise de Documentos**: usada para revisar sistemas existentes, contratos, procedimentos de negócios e políticas, normas e regulamentos.

- **Grupos Focais**: usados para identificar e compreender ideias e atitudes de um grupo.

- **Análise de Interfaces**: usada para compreender a interação, e as características dessa interação, entre duas entidades, tais como dois sistemas, duas organizações, ou duas pessoas, ou papéis.

- **Entrevistas**: usadas para fazer perguntas aos stakeholders para desvendar necessidades, identificar problemas ou descobrir oportunidades.

- **Mapa mental**: usado para gerar muitas ideias de um grupo de stakeholders em um curto período, e para organizar e priorizar essas ideias.

- **Observação**: usada para obter insight sobre como o trabalho é feito atualmente, possivelmente em locais diferentes e em circunstâncias diferentes.

- **Análise de Processos**: usada para entender os processos atuais e para identificar oportunidades de melhoria nesses processos.

- **Modelagem de Processos**: usada para elicitar processos com os stakeholders durante as atividades de elicitação.

- **Prototipagem**: usada para elicitar e validar as necessidades dos stakeholders através de um processo iterativo que cria um modelo de requisitos ou designs.

- **Pesquisa ou Questionário**: usados para obter informações de análise de negócios, incluindo informações sobre clientes, produtos, práticas de trabalho e atitudes, de um grupo de pessoas de forma estruturada, em um período relativamente curto de tempo.

- **Workshops**: usados para elicitar informações de análise de negócios, incluindo informações sobre clientes, produtos, práticas de trabalho e atitudes, de um grupo de pessoas de forma colaborativa e facilitada.

4.2.7   Stakeholders

- **Cliente**: fornecerá valiosas informações de análise de negócios durante a elicitação.

- **Especialista no assunto do domínio**: possui expertise em algum aspecto da situação e pode fornecer as informações de análise de negócios necessárias. Muitas vezes orienta e auxilia o analista de negócios na identificação de fontes de pesquisa apropriadas, e pode ajudar a organizar pesquisas, experimentos e elicitação facilitada.

- **Usuário Final**: o usuário de soluções existentes e futuras que deve participar da elicitação.

- **Especialista em Implementação de Soluções**: desenha e implementa uma solução e oferece expertise especializada, e pode participar da elicitação fazendo perguntas esclarecedoras e oferecendo alternativas.

- **Patrocinador**: autoriza e assegura que os stakeholders que necessitam participar da elicitação estejam envolvidos.

- **Quaisquer stakeholders**: podem ter conhecimento ou experiência relevantes para participar de atividades de elicitação.

4.2.8   Saídas

- **Resultados de Elicitação (não confirmados)** : informações capturadas em um formato específico para a atividade de elicitação.

4.3   Confirmar os Resultados da Elicitação

4.3.1   Propósito

O propósito de Confirmar os Resultados da Elicitação é verificar a exatidão e consistência das informações coletadas durante uma sessão de elicitação com outras informações.

4.3.2   Descrição

As informações elicitadas são confirmadas para identificar quaisquer problemas e resolvê-los antes que os recursos sejam comprometidos com o uso das informações. Esta revisão pode descobrir erros, omissões, conflitos e ambiguidade.

Os resultados da elicitação podem ser comparados com sua fonte e outros resultados da elicitação para garantir a consistência. A colaboração com os stakeholders pode ser necessária para assegurar que suas contribuições sejam capturadas corretamente e que eles concordem com os resultados da elicitação não facilitada. Se a informação não estiver correta, o analista de negócios determina o que está correto, o que pode exigir mais elicitação. O comprometimento de recursos para atividades de análise de negócios com base em resultados de elicitação não confirmados pode significar que as expectativas dos stakeholders não sejam atendidas. Se os resultados forem inconsistentes, talvez seja necessário realizar elicitação adicional para resolver as discrepâncias.

A confirmação dos resultados de elicitação é uma revisão muito menos rigorosa e formal do que ocorre durante a análise.

4.3.3   Entradas

- **_Resultados de Elicitação (não confirmados)_** : informações capturadas em um formato específico para a atividade de elicitação.

Figura 4.3.1: Confirmar os Resultados da Elicitação

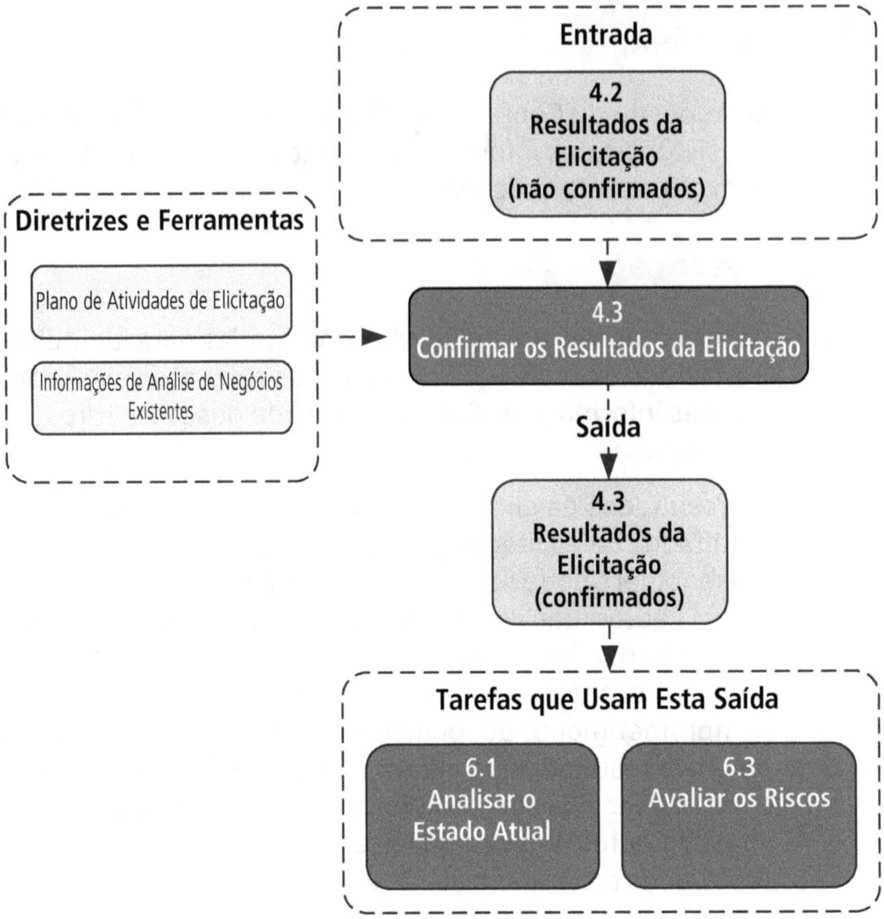

4.3.4 Elementos

.1 Comparar os Resultados da Elicitação Contra as Informações da Fonte

Tarefa Conduzir a Elicitação (p. 80) descreve fontes a partir das quais os resultados da elicitação podem ser derivados, incluindo documentos e conhecimento de stakeholder. O analista de negócios pode liderar reuniões de acompanhamento onde os stakeholders corrigem os resultados da elicitação. Os stakeholders também podem confirmar os resultados da elicitação de forma independente.

.2 Comparar os Resultados da Elicitação Contra Outros Resultados de Elicitação

Os analistas de negócios comparam os resultados coletados através de múltiplas atividades de elicitação para confirmar que as informações estão consistentes e representadas com precisão. Conforme as comparações são feitas, os analistas de negócios identificam variações nos resultados e as resolvem em colaboração com os stakeholders. Também podem ser feitas comparações com dados históricos para confirmar resultados mais recentes de elicitação.

Inconsistências nos resultados da elicitação são frequentemente descobertas quando os analistas de negócios desenvolvem especificações e modelos. Estes modelos podem ser desenvolvidos durante uma atividade de elicitação para melhorar a colaboração.

4.3.5   Diretrizes e Ferramentas

- *Plano de Atividades de Elicitação*: usado para orientar quais fontes alternativas e quais resultados de elicitação devem ser comparados.

- *Informações de Análise de Negócios Existentes*: podem ser usadas para confirmar os resultados das atividades de elicitação ou para desenvolver perguntas adicionais para extrair informações mais detalhadas.

4.3.6   Técnicas

- *Análise de Documentos*: usada para confirmar resultados da elicitação contra informações da fonte ou outros documentos existentes.

- *Entrevistas*: usadas para confirmar as informações da análise de negócios e para confirmar que a integração dessas informações está correta.

- *Revisões*: usadas para confirmar um conjunto de resultados de elicitação. Tais revisões poderiam ser informais ou formais dependendo dos riscos de não ter informações corretas, úteis e relevantes.

- *Workshops*: usados para realizar revisões dos resultados da elicitação redigida utilizando qualquer nível de formalidade. Uma agenda predeterminada, roteiros ou testes de cenário podem ser usados para caminhar através dos resultados da elicitação, e o feedback é solicitado aos participantes e registrado.

4.3.7   Stakeholders

- *Especialistas no Assunto do Domínio*: pessoas com conhecimento substancial, experiência ou expertise sobre as informações de análise de negócios que estão sendo obtidas, ou sobre a mudança ou a solução, ajudam a confirmar que os resultados da elicitação estão corretos e podem ajudar a identificar omissões, inconsistências e conflitos nos resultados da elicitação. Eles também podem confirmar que as informações de análise de negócios corretas foram obtidas.

- *Qualquer stakeholder*: todos os tipos de stakeholders podem precisar participar na confirmação dos resultados da elicitação.

4.3.8   Saídas

- ***Resultados de Elicitação (confirmados)*** : A saída integrada que o analista de negócios e outros stakeholders concordam que reflete corretamente as informações capturadas e confirma que elas são relevantes e úteis como entrada para o trabalho futuro.

4.4   Comunicar as Informações de Análise de Negócios

4.4.1   Propósito

O propósito de Comunicar as Informações de Análise de Negócios é assegurar que os stakeholders tenham uma compreensão compartilhada das informações de análise de negócios.

4.4.2   Descrição

Os analistas de negócios devem comunicar informações apropriadas aos stakeholders no momento certo e em formatos que atendam às suas necessidades. Devem considerar expressar as informações em linguagem, tom e estilo adequados ao público.

A comunicação das informações de análise de negócios é bidirecional e iterativa. Ela envolve a determinação dos destinatários, conteúdo, finalidade, contexto e resultados esperados. Tarefa Planejar o Engajamento de Stakeholder (p. 43) avalia as necessidades de comunicação e planeja mensagens antecipadas.

A comunicação de informações não envolve simplesmente o envio da informação e a suposição que ela foi recebida e compreendida. Os analistas de negócios envolvem os stakeholders para garantir que eles entendam as informações e cheguem a um acordo. O analista de negócios atua em eventuais desentendimentos. O método de entrega das informações pode precisar mudar se os stakeholders não as estiverem recebendo ou entendendo. Diversas formas de comunicação podem ser necessárias para a mesma informação.

4.4.3   Entradas

- *Informações de Análise de Negócios*: qualquer tipo de informação em qualquer nível de detalhe que seja usada como uma entrada ou saída do trabalho de análise de negócios. As informações de análise de negócios se tornam entrada para essa tarefa quando é descoberta a necessidade de comunicar as informações a outros stakeholders.

- *Abordagem de Engajamento de Stakeholder*: descreve grupos de stakeholders, funções e necessidades gerais em relação à comunicação das informações de análise de negócios.

Figura 4.4.1: Diagrama de Entrada/Saída de Comunicar as Informações de Análise de Negócios

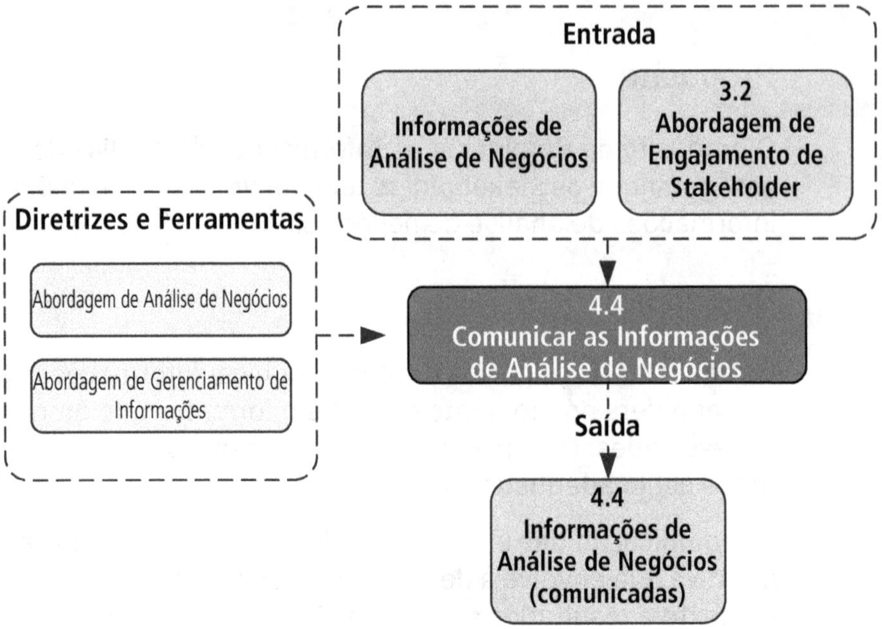

4.4.4 Elementos

.1 Determinar Objetivos e Formato da Comunicação

Os pacotes de informações de análise de negócios podem ser preparados por uma série de razões incluindo — mas não limitadas a — as seguintes:

- comunicar os requisitos e designs aos stakeholders;
- avaliar antecipadamente a qualidade e o planejamento;
- avaliar as possíveis alternativas;
- revisar formalmente e aprovar;
- serem entradas para o design de solução;
- estar em conformidade com as obrigações contratuais e regulamentares;
- manter para o reuso.

O principal objetivo de desenvolver um pacote é transmitir informações de forma clara e em formato utilizável para a continuidade das atividades de mudança. Para ajudar a decidir como apresentar os requisitos, os analistas de negócios fazem os seguintes tipos de perguntas:

- Quem é o público do pacote?
- O que cada tipo de stakeholder entenderá e precisará da comunicação?

- Qual é o estilo preferido de comunicação ou aprendizado de cada stakeholder?

- Quais informações são importantes comunicar?

- A apresentação e o formato do pacote, e as informações contidas no pacote, são apropriados para o tipo de público?

- Como o pacote apoia outras atividades?

- Existe alguma restrição regulatória ou contratual a ser cumprida?

Os formulários possíveis para os pacotes podem incluir:

- *Documentação formal*: geralmente é baseada em um template usado pela organização e pode incluir textos, matrizes ou diagramas. Fornece um registro estável, fácil de usar, de longo prazo da informação.

- *Documentação informal*: pode incluir textos, diagramas ou matrizes utilizados durante uma mudança, mas que não fazem parte de um processo formal da organização.

- *Apresentações*: entregam uma visão geral de alto nível apropriada para a compreensão de metas de uma mudança, funções de uma solução ou informações para apoiar a tomada de decisão.

Considera-se a melhor maneira de combinar e apresentar os materiais para transmitir uma mensagem coesa e efetiva a um ou mais grupos de stakeholders. Os pacotes podem ser armazenados em repositórios on-line ou off-line diferentes, incluindo documentos ou ferramentas.

.2 Comunicar o Pacote de Análise de Negócios

O propósito de Comunicar o Pacote de Análise de Negócios é fornecer aos stakeholders o nível adequado de detalhes sobre a mudança para eles poderem entender as informações que o pacote contém. Os stakeholders têm a oportunidade de revisar o pacote, fazer perguntas sobre as informações e levantar quaisquer interesses ou preocupações que possam ter.

Selecionar a plataforma de comunicação apropriada também é importante. As plataformas de comunicação comuns incluem:

- *Colaboração em grupo*: usada para comunicar o pacote a um grupo de stakeholders relevantes ao mesmo tempo. Permite a discussão imediata sobre as informações e as questões relacionadas.

- *Colaboração individual*: usada para comunicar o pacote a um único stakeholder de cada vez. Pode ser usado para obter uma compreensão individual das informações quando um ambiente de grupo não for viável, mais produtivo, ou produzir os melhores resultados.

- *E-mail ou outros métodos não verbais*: usado para comunicar o pacote quando há um alto nível de maturidade de informação que precisará de pouca ou nenhuma explicação verbal para apoiá-lo.

4.4.5   Diretrizes e Ferramentas

- *Abordagem de Análise de Negócios*: descreve como os vários tipos de informação serão disseminados em vez do que será disseminado. Ela descreve o nível de detalhe e formalidade exigido, frequência das comunicações e como as comunicações poderiam ser afetadas pela quantidade e dispersão geográfica dos stakeholders.

- *Abordagem de Gerenciamento de Informações*: ajuda a determinar como as informações de análise de negócios serão empacotadas e comunicadas aos stakeholders.

4.4.6   Técnicas

- *Entrevistas*: usadas para comunicar individualmente as informações aos stakeholders.

- *Revisões*: usadas para dar aos stakeholders a oportunidade de expressar feedback, solicitar ajustes necessários, compreender as respostas e ações necessárias e concordar ou dar aprovações. As revisões podem ser usadas durante a colaboração em grupo ou individual.

- *Workshops*: usados para proporcionarem aos stakeholders uma oportunidade de expressar feedback e de entender os ajustes, respostas e ações necessárias. Eles também são úteis para obter consenso e conseguir aprovações. Geralmente usado durante a colaboração em grupo.

4.4.7   Stakeholders

- *Usuário Final*: precisa ser comunicado com frequência para estar ciente das informações de análise de negócios relevantes.

- *Cliente*: precisa ser comunicado com frequência para estar ciente das informações de análise de negócios relevantes.

- *Especialista no assunto do domínio*: precisa entender as informações de análise de negócios como parte da confirmação e validação das mesmas durante toda a iniciativa de mudança.

- *Especialista em Implementação de Soluções*: precisa estar atento e compreender as informações de análise de negócios, particularmente requisitos e designs, para fins de implementação.

- *Testador*: precisa estar atento e entender as informações de análise de negócios, particularmente requisitos e designs para fins de teste.

- *Qualquer stakeholder*: todos os tipos de stakeholders provavelmente precisarão ser comunicados em algum momento durante a iniciativa de mudança.

4.4.8   **Saídas**

- ***Informações de Análise de Negócios (comunicadas)***: as informações de análise de negócios são consideradas comunicadas quando os stakeholders alvo tiverem chegado a um entendimento de seu conteúdo e implicações.

4.5 Gerenciar a Colaboração de Stakeholder

4.5.1 Propósito

O propósito de Gerenciar a Colaboração de Stakeholder é incentivar os stakeholders a trabalhar em prol de uma meta comum.

4.5.2 Descrição

O trabalho de análise de negócios se empresta a muitas oportunidades de colaboração entre grupos de stakeholders sobre os produtos de trabalho de análise de negócios. Os stakeholders têm vários graus de influência e autoridade sobre a aprovação dos produtos de trabalho, e são também uma importante fonte de necessidades, restrições e suposições. Na medida em que o trabalho de análise de negócios avança, o analista de negócios identifica os stakeholders, confirma seus papéis e se comunica com eles para garantir que os stakeholders certos participem nos momentos certos e nos papéis apropriados.

Gerenciar a colaboração de stakeholder é uma atividade contínua. Embora o gerenciamento da colaboração de stakeholder comece uma vez que os stakeholders tenham sido identificados e analisados, novos stakeholders podem ser identificados em qualquer ponto durante uma iniciativa. Na medida em que novos stakeholders são identificados, seu papel, influência e relacionamento com a iniciativa são analisados. O papel de cada stakeholder, a responsabilidade, a influência, a atitude e a autoridade podem mudar ao longo do tempo.

Quanto mais significativo o impacto da mudança ou sua visibilidade dentro da organização, mais atenção é direcionada para o gerenciamento de colaboração de stakeholder. Os analistas de negócios gerenciam a colaboração de stakeholder para capitalizar as reações positivas e mitigar, ou evitar, reações negativas. O analista de negócios deve monitorar constantemente e avaliar a atitude de cada stakeholder para determinar se isso pode afetar seu envolvimento nas atividades de análise de negócios.

Relacionamentos pobres com os stakeholders podem ter muitos efeitos prejudiciais na análise de negócios, inclusive:

- falha em fornecer informações de qualidade;
- fortes reações negativas a reveses e obstáculos;
- resistência à mudança;
- falta de apoio e participação no trabalho de análise de negócios;
- informações de análise de negócios sendo ignoradas.

Esses efeitos podem ser modificados em parte por meio de relacionamentos fortes, positivos e baseados em confiança com os stakeholders. Os analistas de negócios gerenciam ativamente os relacionamentos com os stakeholders que:

- prestam serviços ao analista de negócios, incluindo entradas para as tarefas de análise de negócios e outras atividades de apoio;

- dependem de serviços prestados pelo analista de negócios, incluindo saídas de tarefas de análise de negócios;

- participam da execução de tarefas de análise de negócios.

4.5.3   Entradas

- ***Abordagem de Engajamento de Stakeholder***: descreve os tipos de engajamento esperados com os stakeholders e como eles podem precisar ser gerenciados.

- ***Avaliação de Desempenho de Análise de Negócios***: fornece informações-chave sobre a efetividade das tarefas de análise de negócios que estão sendo executadas, incluindo aquelas focadas no engajamento dos stakeholders.

Figura 4.5.1: Diagrama de Entrada/Saída de Gerenciar a Colaboração de Stakeholder

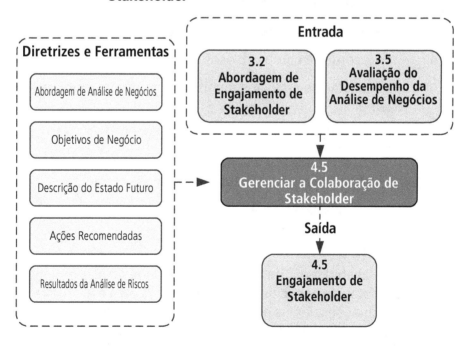

4.5.4   Elementos

.1 Acordo de Ganhos sobre Compromissos

Os stakeholders participam de atividades de análise de negócios que podem exigir compromissos de tempo e recursos. O analista de negócios e os stakeholders identificam e concordam com estes compromissos o mais cedo possível na iniciativa. Os detalhes específicos dos compromissos podem ser comunicados formal ou informalmente, desde que haja uma compreensão explícita das expectativas e dos resultados desejados do compromisso.

Pode haver diálogo e negociação em relação aos termos e condições dos compromissos. A negociação efetiva, a comunicação e as habilidades de resolução de conflitos são importantes para um efetivo gerenciamento de stakeholders (consulte Negociação e Resolução de Conflitos (p. 267)).

.2 Monitorar o Engajamento de Stakeholder

Os analistas de negócios monitoram a participação e o desempenho dos stakeholders para garantir que:

- os especialistas no assunto do domínio (SME) e outros stakeholders participam efetivamente;
- as atitudes e interesses dos stakeholders estão permanecendo constantes ou melhorando;
- os resultados de elicitação são confirmados de maneira oportuna;
- acordos e compromissos são mantidos.

Os analistas de negócios monitoram continuamente os riscos, como por exemplo:

- os stakeholders estão sendo desviados para outros trabalhos;
- as atividades de elicitação não fornecem a qualidade das informações de análise de negócios necessárias;
- aprovações tardias.

.3 Colaboração

Os stakeholders têm maior probabilidade de apoiar a mudança se os analistas de negócios colaborarem com eles e incentivarem o livre fluxo de informações, ideias e inovações. O envolvimento genuíno dos stakeholders requer que todos os envolvidos sintam que são ouvidos, que suas opiniões são importantes e que suas contribuições são reconhecidas. A colaboração envolve comunicação regular, frequente e bidirecional. Os relacionamentos colaborativos ajudam a manter o livre fluxo de informações quando ocorrem obstáculos e contratempos e promovem um esforço compartilhado para resolver problemas e alcançar os resultados desejados.

4.5.5   Diretrizes e Ferramentas

- *Abordagem de Análise de Negócios*: descreve a natureza e o nível de colaboração exigido de cada grupo de stakeholder para realizar atividades de análise de negócios planejadas.

- *Objetivos de Negócio*: descrevem a direção desejada necessária para alcançar o estado futuro. Eles podem ser usados para concentrar os diversos stakeholders em uma visão comum dos resultados de negócio desejados.

- *Descrição da Situação Futura*: define o estado futuro desejado e o valor esperado que ele proporciona, que pode ser usado para focar os diversos stakeholders na meta comum.

- *Ações Recomendadas*: a comunicação do que deve ser feito para melhorar o valor de uma solução pode ajudar a estimular o apoio e concentrar os stakeholders em uma meta comum.

- *Resultados da Análise de Riscos*: os riscos relacionados aos stakeholders precisarão ser tratados para garantir o sucesso das atividades de colaboração dos stakeholders.

4.5.6   Técnicas

- *Jogos Colaborativos*: usados para estimular o trabalho em equipe e a colaboração, envolvendo temporariamente os participantes em uma situação segura e divertida na qual eles podem compartilhar seus conhecimentos e experiências sobre um determinado tópico, identificar suposições ocultas e explorar esse conhecimento de maneiras que podem não ocorrer durante as interações normais.

- *Lições Aprendidas*: usadas para compreender a satisfação ou insatisfação dos stakeholders e oferecer-lhes uma oportunidade de ajudar a melhorar os relacionamentos de trabalho.

- *Análise e Gerenciamento de Riscos*: usados para identificar e gerenciar riscos à medida que se relacionam com o envolvimento, participação e engajamento dos stakeholders.

- *Personas, Lista ou Mapa de Stakeholders*: usados para determinar quem está disponível para participar do trabalho de análise de negócios, mostrar as relações informais entre os stakeholders e entender quais stakeholders devem ser consultados sobre diferentes tipos de informações de análise de negócios.

4.5.7　Stakeholders

- **Todos os stakeholders**: todos os tipos de stakeholders que possam estar envolvidos em colaboração durante a mudança.

4.5.8　Saídas

- **Engajamento de Stakeholder**: disponibilidade dos stakeholders para se envolver em atividades de análise de negócios e interagir com o analista de negócios quando necessário.

5 Gerenciamento do Ciclo de Vida de Requisitos

A área de conhecimento Gerenciamento do Ciclo de Vida de Requisitos descreve as tarefas que os analistas de negócios executam para gerenciar e manter as informações de requisitos e design desde a concepção até sua desativação. Estas tarefas descrevem o estabelecimento de relações significativas entre requisitos e designs relacionados, a avaliação de mudanças nos requisitos e designs quando são propostas mudanças, e a análise e obtenção de consenso sobre as mudanças.

O propósito do gerenciamento do ciclo de vida dos requisitos é assegurar que os negócios, os stakeholders e os requisitos e designs das soluções estejam alinhados entre si e que a solução os implemente. Envolve um nível de controle sobre os requisitos e sobre como os requisitos serão implementados na solução real a ser construída e entregue. Também ajuda a garantir que as informações de análise de negócios estejam disponíveis para uso futuro.

O Ciclo de Vida de Requisitos:

- começa com a representação de uma necessidade de negócios como um requisito;
- continua com o desenvolvimento de uma solução;
- termina quando uma solução e os requisitos que a representam são desativados.

O gerenciamento de requisitos não termina quando uma solução é implementada. Ao longo da vida de uma solução, os requisitos continuam a fornecer valor quando são gerenciados adequadamente.

Dentro da área de conhecimento Gerenciamento do Ciclo de Vida de Requisitos, o conceito de ciclo de vida é separado da metodologia ou processo usado para controlar o trabalho de análise de negócios. O ciclo de vida refere-se à existência de várias fases ou estados pelos quais os requisitos passam como parte de qualquer alteração. Os requisitos podem estar em vários estados ao mesmo tempo.

Os estados listados aqui não se destinam a ser uma listagem abrangente.

Figura 5.0.1: Gerenciamento do Ciclo de Vida de Requisitos

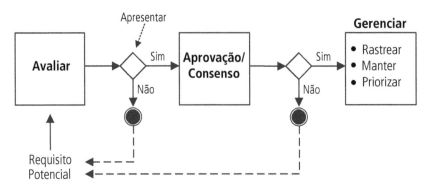

A área de conhecimento Gerenciamento do Ciclo de Vida de Requisitos inclui as seguintes tarefas:

- *Rastrear os Requisitos*: analisa e mantém os relacionamentos entre os requisitos, designs, componentes da solução e outros produtos de trabalho para análise de impacto, cobertura e alocação.

- *Manter os Requisitos*: garante que os requisitos e os designs são precisos e atuais durante todo o ciclo de vida e facilita o reuso onde for apropriado.

- *Priorizar os Requisitos*: avalia o valor, a urgência e os riscos associados a requisitos e designs particulares para garantir que o trabalho de análise e/ou entrega seja feito sobre os mais importantes, em um determinado momento.

- *Avaliar as Mudanças de Requisitos*: avalia os novos e as mudanças de requisitos de stakeholder para determinar se eles precisam ser atendidos dentro do escopo de uma mudança.

- *Aprovar os Requisitos*: trabalha com os stakeholders envolvidos no processo de governança para chegar à aprovação e acordo sobre requisitos e designs.

O Modelo de Conceito Essencial no Gerenciamento do Ciclo de Vida dos Requisitos

O Modelo de Conceitos Essenciais da Análise de Negócios (BACCM™) descreve os relacionamentos entre os seis conceitos essenciais.

A tabela a seguir descreve o uso e a aplicação de cada um dos conceitos essenciais dentro do contexto de Gerenciamento do Ciclo de Vida de Requisitos.

Tabla 5.0.1: O Modelo de Conceitos Essenciais no Gerenciamento do Ciclo de Vida dos Requisitos

Conceito Essencial	Durante a Gerenciamento do Ciclo de Vida de Requisitos, analistas de negócios...
Mudança: o ato de transformação em resposta a uma necessidade.	gerenciam como as mudanças propostas aos requisitos e designs são avaliadas durante uma iniciativa.
Necessidade: um problema ou oportunidade a ser abordado.	rastreiam, priorizam e mantenham os requisitos para garantir que a necessidade seja atendida.
Solução: uma forma específica de satisfazer uma ou mais necessidades em um contexto.	rastreiam os requisitos e designs dos componentes da solução para garantir que a solução satisfaça a necessidade.
Stakeholder: um grupo ou indivíduo com um relacionamento com a mudança, a necessidade, ou a solução.	trabalham em estreita colaboração com os principais stakeholders para manter a compreensão, o acordo e a aprovação de requisitos e designs.
Valor: o valor, a importância ou a utilidade de algo para um stakeholder dentro de um contexto.	mantém os requisitos para reuso a fim de ampliar o valor além da iniciativa atual.
Contexto: as circunstâncias que influenciam, são influenciadas e proporcionam compreensão sobre a mudança.	analisam o contexto para apoiar as atividades de rastreamento e priorização.

Figura 5.0.1: Diagrama de Entrada/Saída do Gerenciamento do Ciclo de Vida de Requisitos

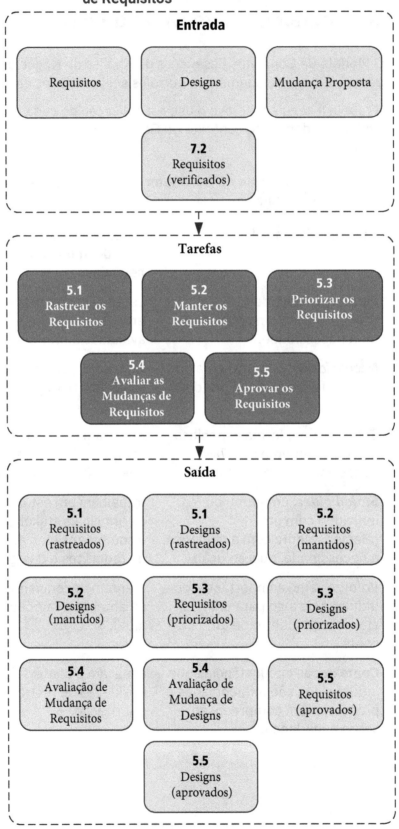

5.1   Rastrear os Requisitos

5.1.1   Propósito

O propósito de Rastear os Requisitos é assegurar que os requisitos e designs em diferentes níveis estejam alinhados entre si e gerenciar os efeitos da mudança em um nível nos requisitos relacionados.

5.1.2   Descrição

A rastreabilidade dos requisitos identifica e documenta a linhagem de cada requisito, incluindo sua rastreabilidade para trás, sua rastreabilidade para frente e seu relacionamento com outros requisitos. A rastreabilidade é usada para ajudar a garantir que a solução esteja em conformidade com os requisitos e para auxiliar no gerenciamento de escopo, mudança, risco, tempo, custo e comunicação. Ela também é usada para detectar funcionalidades ausentes ou para identificar se há funcionalidade implementada que não é suportada por qualquer requisito.

A rastreabilidade permite:

- uma análise de impacto mais rápida e simples;

- a identificação mais confiável de inconsistências e lacunas nos requisitos;

- insights mais profundos sobre o escopo e a complexidade de uma mudança;

- uma avaliação confiável de quais requisitos foram atendidos e quais não foram.

Para mais informações sobre alocação, veja Definir a Arquitetura de Requisitos.

Muitas vezes é difícil representar com precisão as necessidades e soluções sem levar em conta os relacionamentos que existem entre elas. Embora a rastreabilidade seja valiosa, o analista de negócios equilibra o número de tipos de relacionamento com o benefício obtido por representá-los. A rastreabilidade também suporta tanto a alocação de requisitos quanto o planejamento de release, fornecendo uma linha direta de visão desde o requisito até a necessidade expressa.

As imagens a seguir mostram exemplos de representações visuais de rastreabilidade para um processo e para os requisitos de software.

Figura 5.1.1: Rastreabilidade de Processo

Figura 5.1.2: Rastreabilidade de Requisitos de Software

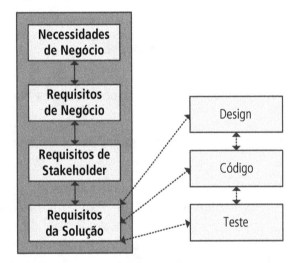

5.1.3   Entradas

- ***Requisitos***: podem ser rastreados a outros requisitos (incluindo metas, objetivos, requisitos de negócio, requisitos de stakeholder, requisitos de solução e requisitos de transição), componentes de solução, visões, regras de negócio e outros produtos de trabalho.

- ***Designs***: podem ser rastreados a outros requisitos, componentes de solução e outros produtos de trabalho.

Figura 5.1.3: Diagrama de Entrada/Saída de Rastrear os Requisitos

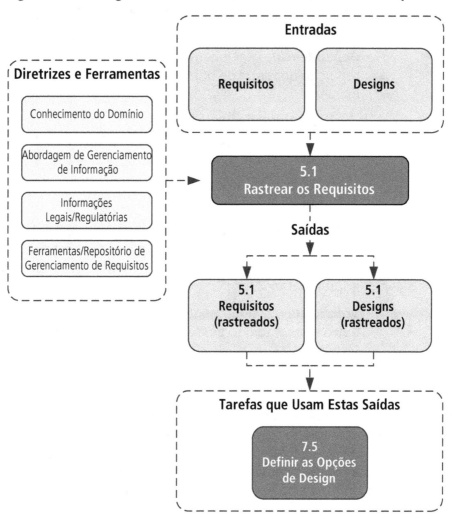

5.1.4   Elementos

.1 Nível de Formalidade

Ao rastrear os requisitos, os analistas de negócios consideram o valor que cada link deve fornecer, bem como a natureza e o uso dos relacionamentos específicos que estão sendo criados.

O esforço para rastrear os requisitos cresce significativamente quando o número de requisitos ou o nível de formalidade aumenta.

.2 Relacionamentos

Há vários tipos de relacionamentos que o analista de negócios considera ao definir a abordagem de rastreabilidade:

- **Derivação**: relacionamento entre dois requisitos, usado quando um requisito é derivado de outro. Esse tipo de relacionamento é apropriado para conectar os requisitos em diferentes níveis de abstração. Por exemplo, um requisito de solução derivado de um requisito de negócio ou de um requisito de stakeholder.

- **Dependência**: relacionamento entre dois requisitos, usado quando um requisito depende de outro. Tipos de relacionamentos de dependência incluem:

  - **Necessidade**: quando apenas faz sentido implementar um determinado requisito se um requisito relacionado também for implementado.

  - **Esforço**: quando um requisito é mais fácil de implementar se um requisito relacionado também for implementado.

- **Satisfação**: relacionamento entre um elemento de implementação e os requisitos que ele está satisfazendo. Por exemplo, o relacionamento entre um requisito funcional e um componente de solução que está implementando-o.

- **Validação**: relacionamento entre um requisito e um caso de teste ou outro elemento que possa determinar se uma solução cumpre o requisito.

.3 Repositório de Rastreabilidade

A rastreabilidade de requisitos é documentada e mantida conforme os métodos identificados pela abordagem de análise de negócios. As ferramentas de gerenciamento de requisitos podem proporcionar benefícios significativos quando há necessidade de rastrear um grande número de requisitos que podem ser considerados incontroláveis com abordagens manuais.

5.1.5   Diretrizes e Ferramentas

- **Conhecimento do Domínio**: conhecimento e expertise no domínio do negócio, necessários para apoiar a rastreabilidade.

- **Abordagem de Gerenciamento de Informações**: proporciona decisões a partir de atividades de planejamento relacionadas à abordagem de rastreabilidade.

- **Informações Legais/Regulatórias**: descrevem regras legislativas ou regulamentos que devem ser seguidos. Estas podem precisar ser consideradas ao definir as regras de rastreabilidade.

- **Ferramentas/Repositórios de Gerenciamento de Requisitos**: usados para armazenar e gerenciar informações de análise de negócios. A ferramenta pode ser tão simples quanto um documento de texto ou tão complexo como uma ferramenta de gerenciamento de requisitos dedicada.

5.1.6   Técnicas

- **Análise de Regras de Negócio**: usada para traçar regras de negócios para requisitos que eles apoiam, ou regras que suportem requisitos.

- **Decomposição Funcional**: usada para dividir o escopo da solução em componentes menores para alocação, bem como para rastrear conceitos de alto nível a conceitos de baixo nível.

- **Modelagem de Processos**: usada para mostrar visualmente o processo do estado futuro, bem como o rastreamento de requisitos para o processo do estado futuro.

- **Modelagem de Escopo**: usada para descrever visualmente o escopo, bem como rastrear os requisitos para a área de escopo que o requisito suporta.

5.1.7   Stakeholders

- **Clientes**: são afetados por como e quando os requisitos são implementados, e podem ter que ser consultados sobre os relacionamentos de rastreabilidade, ou estar de acordo com eles.

- **Especialista no Assunto do Domínio**: pode ter recomendações quanto ao conjunto de requisitos a serem conectados a um componente de solução ou a um release.

- **Usuário Final**: pode exigir relacionamentos de dependência específicos que permitam que certos requisitos sejam implementados ao mesmo tempo ou em uma sequência específica.

- **Especialista em Implementação de Soluções**: a rastreabilidade assegura que a solução que está sendo desenvolvida atenda às necessidades do negócio e traz a consciência das dependências entre os componentes da solução durante a implementação.

- **Suporte Operacional**: documentação de rastreabilidade fornece outra fonte de referência para o suporte ao help desk.

- **Gerente de Projeto**: a rastreabilidade apóia o projeto no gerenciamento de mudança e de escopo.

- **Patrocinador**: é necessário para aprovar os diversos relacionamentos.

- **Fornecedores**: são afetados por como e quando os requisitos são implementados.

- **Testador**: precisa entender como e onde os requisitos são implementados ao criar planos de teste e casos de teste, e pode rastrear os casos de teste até os requisitos.

5.1.8   Saídas

- ***Requisitos (rastreados)***: têm relacionamentos claramente definidos com outros requisitos, componentes da solução ou releases, fases ou iterações, dentro de um escopo da solução, de modo que a cobertura e os efeitos da mudança sejam claramente identificáveis.

- ***Designs (rastreados)***: relacionamentos claramente definidos com outros requisitos, componentes da solução ou releases, fases ou iterações, dentro de um escopo de solução, de modo que a cobertura e os efeitos da mudança sejam claramente identificáveis.

5.2   Manter os Requisitos

5.2.1   Propósito

O propósito de Manter os Requisitos é manter a precisão e consistência dos requisitos durante e além da mudança, durante todo o ciclo de vida dos requisitos, e apoiar o reuso dos requisitos em outras soluções.

5.2.2   Descrição

Um requisito que represente uma necessidade contínua deve ser mantido para garantir que ele permaneça válido ao longo do tempo.

De modo a maximizar os benefícios de manutenção e reuso de requisitos, os requisitos devem ser:

- consistentemente representados;
- revisados e aprovados para manutenção usando um processo padronizado que define os direitos de acesso adequado e garante qualidade;
- facilmente acessíveis e compreensíveis.

5.2.3   Entradas

- *Requisitos*: incluir metas, objetivos, requisitos de negócio, requisitos de stakeholder, requisitos da solução e requisitos de transição. Estes devem ser mantidos durante todo o seu ciclo de vida.
- *Designs*: podem ser mantidos durante todo o seu ciclo de vida, conforme necessário.

Figura 5.2.1: Diagrama de Entrada/Saída de Manter os Requisitos

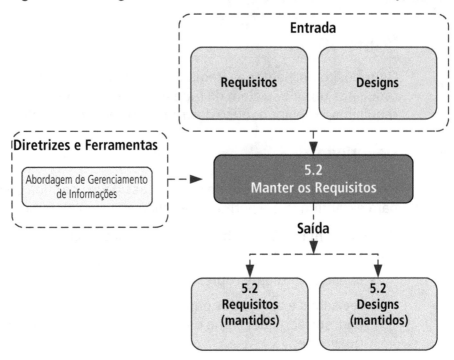

5.2.4   Elementos

.1 Manter os Requisitos

Os requisitos são mantidos para permanecerem corretos e atuais após uma mudança aprovada. Os analistas de negócios são responsáveis por realizar a manutenção para garantir que este nível de precisão seja mantido. Para que os requisitos sejam devidamente mantidos eles devem ser claramente nomeados, definidos e facilmente disponíveis para os stakeholders.

Os analistas de negócios também mantêm os relacionamentos entre os requisitos, conjuntos de requisitos e informações de análise de negócios associadas para garantir que o contexto e a intenção original do requisito sejam preservados. Repositórios com taxonomias aceitas ajudam a estabelecer e manter conexões entre os requisitos mantidos e facilitam a rastreabilidade dos requisitos e dos designs.

.2 Manter os Atributos

Ao mesmo tempo que elicitam os requisitos, os analistas de negócios elicitam os atributos dos requisitos. Informações como a fonte do requisito, prioridade e complexidade ajudam a gerenciar cada requisito ao longo de todo o ciclo de vida. Alguns atributos mudam à medida que o analista de negócios descobre mais informações e realiza uma análise mais aprofundada. Um atributo pode mudar mesmo que o requisito não mude.

.3 Reusar os Requisitos

Há situações em que os requisitos podem ser reusados.

Os requisitos que são candidatos para uso a longo prazo pela organização são identificados, claramente nomeados, definidos e armazenados de uma maneira que os torna facilmente recuperáveis por outros stakeholders. Dependendo do nível de abstração e necessidade pretendida a serem abordados, os requisitos podem ser reusados:

- dentro da iniciativa atual;
- em iniciativas semelhantes;
- em departamentos semelhantes;
- ao longo de toda a organização.

Os requisitos em altos níveis de abstração podem ser escritos com referência limitada a soluções específicas. Requisitos que são representados de forma geral, sem vínculos diretos com uma ferramenta ou estrutura organizacional específica, tendem a ser mais reusáveis. Esses requisitos também estão menos sujeitos à revisão durante uma mudança. Como os requisitos são expressos em mais detalhes, eles tornam-se mais rigidamente associados a uma solução ou opção de solução específica. Referências específicas a aplicações ou departamentos limitam o reuso de requisitos e designs em toda a organização.

Os requisitos que se destinam ao reuso refletem o estado atual da organização. Os stakeholders validam os requisitos propostos para reuso antes que possam ser aceitos em uma mudança.

5.2.5 Diretrizes e Ferramentas

- **Abordagem de Gerenciamento de Informação**: indica como os requisitos serão gerenciados para reuso.

5.2.6 Técnicas

- **Análise de Regras de Negócio**: usada para identificar regras de negócio que podem ser semelhantes em toda a empresa, a fim de facilitar o reuso.

- **Diagramas de Fluxo de Dados**: usados para identificar o fluxo de informação que pode ser semelhante em toda a corporação, a fim de facilitar o reuso.

- **Modelagem de Dados**: usada para identificar a estrutura de dados que pode ser semelhante em toda a empresa, a fim de facilitar o reuso.

- **Análise de Documentos**: usada para analisar a documentação existente sobre uma corporação que pode servir como base para a manutenção e o reuso de requisitos.

- **Decomposição Funcional**: usada para identificar requisitos associados aos componentes e disponíveis para reuso.

- **Modelagem de Processos**: usada para identificar requisitos associados aos processos que podem estar disponíveis para reuso.

- **Casos de Uso e Cenários**: usados para identificar um componente de solução que pode ser usado por mais de uma solução.

- **Histórias de Usuário**: usadas para identificar requisitos associados à história que pode estar disponível para reuso.

5.2.7   Stakeholders

- **Especialista no Assunto do Domínio**: mantem referências de requisitos regularmente para garantir que reflitam com precisão as necessidades declaradas.

- **Especialista em Implementação de Soluções**: usa os requisitos mantidos ao desenvolver os testes de regressão e ao realizar a análise de impacto para um aprimoramento.

- **Suporte Operacional**: os requisitos mantidos provavelmente serão referenciados para confirmar o estado atual.

- **Regulador**: os requisitos mantidos provavelmente serão referenciados para confirmar o cumprimento das normas.

- **Testador**: os requisitos mantidos são utilizados por testadores para auxiliar no plano de teste e criação de caso de teste.

5.2.8   Saídas

- **Requisitos (mantidos)**: definidos uma vez e disponíveis para uso de longo prazo pela organização. Eles podem se tornar ativos do processo organizacional ou serem usados em iniciativas futuras. Em alguns casos, um requisito que não foi aprovado ou implementado pode ser mantido para uma possível iniciativa futura.

- **Designs (mantidos)**: podem ser reusáveis uma vez definido. Como, por exemplo, um componente autocontido que pode ser disponibilizado para possível uso futuro.

5.3   Priorizar os Requisitos

5.3.1   Propósito

O propósito de Priorizar os Requisitos é classificar os requisitos na ordem de importância relativa.

5.3.2   Descrição

A priorização é o ato de ranqueamento de requisitos para determinar sua importância relativa para os stakeholders. Quando um requisito é priorizado, é dada maior ou menor prioridade. A prioridade pode referir-se ao valor relativo de um requisito, ou à sequência em que será implementado. A priorização é um processo contínuo, com prioridades mudando à medida que o contexto se modifica.

As interdependências entre os requisitos são identificadas e podem ser usadas como base para a priorização. A priorização é um exercício crítico que procura assegurar que o valor máximo seja alcançado.

5.3.3   Entradas

- *Requisitos*: quaisquer requisitos em forma de texto, matrizes ou diagramas que estejam prontos para priorizar.

- *Designs*: quaisquer designs em forma de texto, protótipos ou diagramas que estejam prontos para priorizar.

Figura 5.3.1: Diagrama de Entrada/Saída de Priorizar os Requisitos

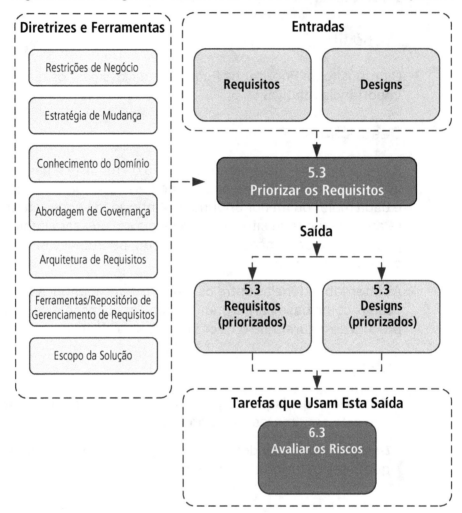

5.3.4   Elementos

.1 Base para a Priorização

A base sobre quais os requisitos são priorizados é acordada pelos stakeholders relevantes, conforme definido na área de conhecimento Planejamento e Monitoramento de Análise de Negócios.

Os fatores típicos que influenciam a priorização incluem:

- *Benefício*: a vantagem que resulta para os stakeholders como resultado da implementação dos requisitos, medido em relação às metas e objetivos para a mudança. O benefício proporcionado pode se referir a uma funcionalidade específica, qualidade desejada, meta estratégica ou objetivo de negócio. Se houver diversos stakeholders, cada grupo pode perceber benefícios de forma diferente. A resolução de conflitos e a negociação podem ser empregadas para chegar a um consenso sobre o benefício geral.

- **Penalidade**: as consequências que resultam da não implementação de um determinado requisito. Isso inclui priorizar requisitos a fim de atender às demandas regulatórias ou políticas impostas à organização, que podem ter precedência sobre outros interesses dos stakeholders. A penalidade também pode referir-se à consequência negativa de não implementar um requisito que melhore a experiência de um cliente.

- **Custo**: o esforço e os recursos necessários para implementar o requisito. Informações sobre custo geralmente são provenientes da equipe de implementação ou do fornecedor. Os clientes podem alterar a prioridade de um requisito após o saberem o custo. O custo é frequentemente usado em conjunto com outros critérios, como análise de custo-benefício.

- **Risco**: a chance de que o requisito não possa entregar o valor potencial, ou não possa ser atendido em absoluto.

- **Dependências**: relacionamentos entre requisitos onde um requisito não pode ser atendido, a menos que o outro requisito seja atendido. Em algumas situações, pode ser possível atingir eficiências, implementando requisitos relacionados ao mesmo tempo. As dependências também podem ser externas à iniciativa, incluindo, mas não se limitando às decisões de outras equipes, aos compromissos de financiamento e à disponibilidade de recursos. As dependências são identificadas como parte da tarefa Rastrear os Requisitos (p. 103).

- **Sensibilidade Temporal**: requisito "de preferência antes" de determinada data, após a qual a implementação do requisito perde valor significativo. Isso inclui cenários de time-to-market, em que o benefício derivado será exponencialmente maior se a funcionalidade for entregue antes da concorrência. Ele também pode se referir à funcionalidade sazonal que só tem valor em uma época específica do ano.

- **Estabilidade**: a probabilidade de que o requisito mude, seja porque requer análise mais aprofundada, ou porque os stakeholders não chegaram a um consenso sobre o mesmo. Se um requisito não for estável, pode ter uma prioridade menor a fim de minimizar o retrabalho e o desperdício de esforços imprevistos.

- **Conformidade Regulatória ou com a Política**: requisitos que devem ser implementados de modo a atender às demandas regulatórias ou políticas impostas à organização, que podem ter precedência sobre outros interesses dos stakeholders.

.2 Desafios da Priorização

A priorização é uma avaliação do valor relativo. Cada stakeholder pode valorizar algo de maneira diferente. Quando isso ocorrer, pode haver conflito entre os stakeholders. Os stakeholders também podem ter dificuldade de caracterizar qualquer exigência como prioridade menor, e isso pode impactar a capacidade de fazer os trade-offs necessários. Além disso, os stakeholders podem (intencionalmente ou não) indicar prioridade para influenciar o resultado para o seu resultado desejado.

Os diferentes tipos de requisitos podem não responder todos aos critérios da mesma forma e podem parecer conflitantes. Pode haver a necessidade dos stakeholders em fazer trade-offs na priorização.

.3 Priorização Contínua

As prioridades podem se deslocar à medida que o contexto evolui e à medida que mais informações se tornam disponíveis. Inicialmente, a priorização é feita em um nível superior de abstração. Como os requisitos são ainda mais refinados, a priorização é feita em um nível mais granular e incorporará bases adicionais para priorização, à medida que se tornam adequadas. A base para a priorização pode ser diferente em várias fases da mudança. Por exemplo, os stakeholders podem inicialmente priorizar com base em benefícios. A equipe de implementação pode então repriorizar os requisitos com base na sequência em que devem ser implementados devido a restrições técnicas. Visto que a equipe de implementação tenha fornecido o custo de cada requisito, os stakeholders podem repriorizar mais uma vez.

5.3.5 Diretrizes e Ferramentas

- *Restrições de Negócio*: os estatutos regulatórios, as obrigações contratuais e as políticas de negócios que possam definir prioridades.

- *Estratégia de Mudança*: fornece informações sobre custos, prazos e realização de valor usados para determinar prioridade de requisitos.

- *Conhecimento do Domínio*: conhecimento e expertise do domínio de negócios necessários para apoiar a priorização.

- *Abordagem de Governança*: esboça a abordagem para a priorização dos requisitos.

- *Arquitetura de Requisitos*: usada para compreender o relacionamento com outros requisitos e produtos de trabalho.

- *Ferramentas/Repositórios de Gerenciamento de Requisitos*: incluir um atributo de requisitos para priorização pode ajudar o analista de negócios a classificar e acessar requisitos por prioridade.

- *Escopo da Solução*: considerado ao priorizar requisitos para garantir o escopo seja gerenciado.

5.3.6   Técnicas

- *Gerenciamento de Backlog*: usado para comparar requisitos a serem priorizados. O backlog pode ser o local onde a priorização é mantida.

- *Business Cases*: usados para avaliar os requisitos em relação às metas e objetivos de negócios identificados para determinar a importância.

- *Análise de Decisão*: usada para identificar requisitos de alto valor.

- *Estimativa*: usada para produzir estimativas para a base de priorização.

- *Análise Financeira*: usada para avaliar o valor financeiro de um conjunto de requisitos e como o tempo de entrega afetará esse valor.

- *Entrevistas*: usadas para obter uma compreensão da base de priorização ou prioridades de um único, ou pequeno grupo de stakeholders.

- *Rastreamento de Itens*: usado para acompanhar questões levantadas pelos stakeholders durante a priorização.

- *Priorização*: usada para facilitar o processo de priorização.

- *Análise e Gerenciamento de Riscos*: usados para entender os riscos para a base de priorização.

- *Workshops*: usados para obter uma compreensão da base de priorização dos stakeholders ou das prioridades em um ambiente de grupo facilitado.

5.3.7   Stakeholders

- *Cliente*: verifica se os requisitos priorizados entregarão valor a partir de uma perspectiva do cliente ou do usuário final. O cliente também pode negociar para ter a priorização alterada com base no valor relativo.

- *Usuário Final*: verifica se os requisitos priorizados entregarão valor a partir de uma perspectiva do cliente ou do usuário final.

- *Especialista em Implementação de Soluções*: dá informações relacionadas às dependências técnicas e pode negociar para que a priorização seja alterada com base em restrições técnicas.

- *Gerente de Projeto*: utiliza a priorização como entrada no plano de projeto e na alocação de requisitos para releases.

- *Regulador*: pode verificar se a priorização é consistente com restrições legais e regulatórias.

- *Patrocinador*: verifica se os requisitos priorizados entregarão valor a partir de uma perspectiva organizacional.

5.3.8   Saídas

- **Requisitos (priorizados)**: requisitos priorizados ou ranqueados estão disponíveis para trabalhos adicionais, assegurando que os requisitos mais valorizados sejam atendidos em primeiro lugar.

- **Designs (priorizados)**: os designs priorizados ou ranqueados estão disponíveis para trabalhos adicionais, assegurando que os designs mais valiosos sejam abordados em primeiro lugar.

5.4   Avaliar as Mudanças de Requisitos

5.4.1   Propósito

O propósito de Avaliar as Mudanças de Requisitos é avaliar as implicações das mudanças propostas aos requisitos e designs.

5.4.2   Descrição

A tarefa de Avaliar Mudanças de Requisitos é realizada à medida que novas necessidades ou possíveis soluções são identificadas. Estas podem, ou não, se alinhar à estratégia de mudança e/ou escopo da solução. A avaliação deve ser realizada para determinar se uma mudança proposta aumentará o valor da solução, e se sim, qual ação deve ser tomada.

Os analistas de negócios avaliam o efeito potencial da mudança para o valor de solução, e se as mudanças propostas introduzem conflitos com outros requisitos ou aumentam o nível de risco. Os analistas de negócios também garantem que cada mudança proposta pode ser rastreada para uma necessidade.

Ao avaliar as mudanças, os analistas de negócios consideram se cada mudança proposta:

- alinha-se com a estratégia geral;

- afeta o valor entregue ao negócio ou aos grupos de stakeholders;

- impacta o prazo de entrega ou os recursos necessários para entregar o valor;

- altera quaisquer riscos, oportunidades ou restrições associadas à iniciativa geral.

Os resultados da avaliação devem apoiar a tomada de decisão e as abordagens de controle de mudança definidas pela tarefa Planejar a Governança de Análise de Negócios (p. 50).

5.4.3   Entradas

- **Mudança Proposta**: pode ser identificada a qualquer momento e tem impacto em qualquer aspecto do trabalho de análise de negócios ou de entregáveis concluídos até o momento. Há muitos gatilhos para uma mudança proposta, incluindo mudanças na estratégia de negócios, stakeholders, requisitos legais ou mudanças regulatórias.

- **Requisitos**: podem precisar ser avaliados para identificar o impacto de uma modificação proposta.

- **Designs**: podem precisar ser avaliados para identificar o impacto de uma modificação proposta.

Figura 5.4.1: Diagrama de Entrada/Saída de Avaliar a Mudança de Requisitos

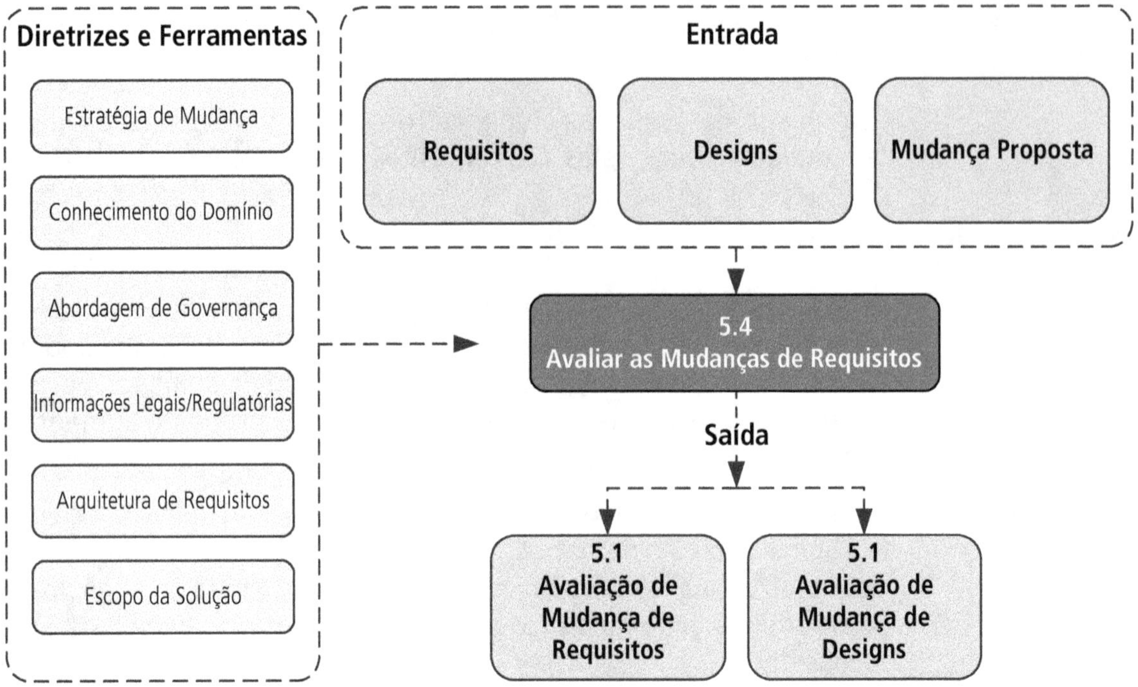

5.4.4   Elementos

.1 Formalidade de Avaliação

Os analistas de negócios determinarão a formalidade do processo de avaliação com base nas informações disponíveis, a importância aparente da mudança e o processo de governança. Muitas das mudanças propostas podem ser rejeitadas ou não consideradas, antes que qualquer aprovação formal seja necessária. Uma abordagem preditiva pode indicar uma avaliação mais formal das mudanças propostas. Nas abordagens preditivas, o impacto de cada mudança pode ser disruptivo; a mudança pode potencialmente gerar um retrabalho substancial de tarefas e atividades concluídas em atividades anteriores. Uma abordagem adaptativa pode exigir menos formalidade na avaliação das mudanças propostas. Embora possa haver retrabalho necessário como resultado de cada mudança, abordagens adaptativas tentam minimizar o impacto das mudanças, utilizando técnicas de implementação iterativas e incrementais. Essa ideia de evolução contínua pode reduzir a necessidade de avaliação de impacto formal.

.2 Análise de impacto

A análise de impacto é realizada para avaliar ou estimar o efeito de uma mudança. A rastreabilidade é uma ferramenta útil para realizar análise de impacto. Quando um requisito muda, seus relacionamentos com outros requisitos ou componentes da solução podem ser revisados. Cada requisito ou componente relacionado pode também exigir uma mudança para suportar o novo requisito.

Ao considerar mudanças ou adições aos requisitos existentes, os analistas de negócios avaliam o impacto da mudança proposta considerando:

- **Benefício**: o benefício que será obtido com a aceitação da mudança.

- **Custo**: o custo total para implementar a mudança, incluindo o custo para fazer a mudança, o custo do retrabalho associado e os custos de oportunidade, como o número de outros recursos que podem precisar ser sacrificados ou adiados caso a mudança seja aprovada.

- **Impacto**: o número de clientes ou processos de negócios afetados se a mudança for aceita.

- **Planejamento**: o impacto para os compromissos de entrega existentes se a mudança for aprovada.

- **Urgência**: o nível de importância, incluindo os fatores que impulsionam a necessidade, tais como as questões regulatórias ou de segurança.

.3 Resolução de Impacto

Dependendo da abordagem planejada, vários stakeholders (incluindo o analista de negócios) podem estar autorizados a aprovar, negar ou adiar a mudança proposta. Todos os impactos e resoluções resultantes da análise de mudanças devem ser documentados e comunicados a todos os stakeholders. Como as decisões e as mudanças serão tomadas e comunicadas através de uma iniciativa é determinado pela tarefa Planejar a Governança de Análise de Negócios (p. 50).

5.4.5   Diretrizes e Ferramentas

- **Estratégia de Mudança**: descreve o propósito e a direção para mudanças, estabelece o contexto para a mudança e identifica os componentes críticos para a mudança.

- **Conhecimento do Domínio**: conhecimento e expertise no domínio de negócio são necessários para avaliar as mudanças de requisitos propostas.

- **Abordagem de Governança**: fornece orientação a respeito dos processos de controle de mudança e tomada de decisão, bem como os papéis dos stakeholders dentro deste processo.

- **Informações Legais/Regulatórias**: descrevem regras legislativas ou regulamentos que devem ser seguidos. Estes podem impactar os requisitos e devem ser considerados ao fazer alterações.

- **Arquitetura de Requisitos**: requisitos podem estar relacionados entre si, portanto o analista de negócios examina e analisa os relacionamentos de requisitos para determinar quais requisitos serão impactados por uma mudança de requisitos solicitada.

* *Escopo da Solução*: deve ser considerado ao avaliar mudanças para entender completamente o impacto de uma mudança proposta.

5.4.6   Técnicas

* *Business Cases*: usados para justificar uma mudança proposta.

* *Análise de Regras de Negócio*: usada para avaliar mudanças em políticas de negócios, regras de negócios e desenvolver orientação revisada.

* *Análise de Decisão*: usada para facilitar o processo de avaliação da mudança.

* *Análise de Documentos*: usada para analisar quaisquer documentos existentes que facilitem a compreensão do impacto da mudança.

* *Estimativa*: usada para determinar o tamanho da mudança.

* *Análise Financeira*: usada para estimar as consequências financeiras de uma mudança proposta.

* *Análise de Interfaces*: usada para ajudar os analistas de negócios a identificar interfaces que podem ser afetadas pela mudança.

* *Entrevistas*: usadas para obter uma compreensão do impacto sobre a organização ou seus ativos a partir de um único stakeholder ou pequeno grupo deles.

* *Rastreamento de Itens*: usado para rastrear quaisquer questões ou conflitos descobertos durante a análise de impacto.

* *Análise e Gerenciamento de Riscos*: usados para determinar o nível de risco associado à mudança.

* *Workshops*: usados para obter uma compreensão do impacto ou para resolver mudanças em uma configuração de grupo.

5.4.7   Stakeholders

* *Cliente*: fornece feedback relacionado ao impacto que a mudança terá sobre o valor.

* *Especialista no Assunto do Domínio*: possui expertise em algum aspecto da situação e pode fornecer insight sobre como a mudança impactará a organização e o valor.

* *Usuário Final*: usa a solução ou é um componente da solução e pode oferecer informações sobre o impacto da mudança em suas atividades.

- *Suporte Operacional*: fornece informações tanto sobre sua capacidade de apoiar a operação da solução quanto sobre sua necessidade de compreender a natureza da mudança na solução para poder apoiá-la.

- *Gerente de Projeto*: revisa a avaliação da mudança de requisitos para determinar se é necessário um trabalho adicional do projeto para uma implementação bem-sucedida da solução.

- *Regulador*: as mudanças provavelmente serão referenciadas por auditores para confirmar o cumprimento dos padrões.

- *Patrocinador*: responsável pelo escopo da solução e pode fornecer insight para ser utilizado ao avaliar a mudança.

- *Testador*: consultado para estabelecer impacto das alterações propostas.

5.4.8   Saídas

- *Avaliação de Mudança de Requisitos*: a recomendação de aprovar, modificar ou negar uma proposta de alteração aos requisitos.

- *Avaliação de Alteração de Designs*: a recomendação de aprovar, modificar ou negar uma alteração proposta a um ou mais componentes de design.

5.5   Aprovar os Requisitos

5.5.1   Propósito

O propósito de Aprovar os Requisitos é obter o acordo e a aprovação de requisitos e designs para o trabalho de análise de negócios continuar e/ou a construção da solução prosseguir.

5.5.2   Descrição

Os analistas de negócios são responsáveis por garantir a comunicação clara de requisitos, designs e outras informações de análise de negócios para os principais stakeholders responsáveis pela aprovação dessas informações.

A aprovação de requisitos e designs pode ser formal ou informal. Abordagens preditivas tipicamente realizam aprovações no final da fase ou durante as reuniões de controle de mudanças planejadas. As abordagens adaptativas normalmente aprovam os requisitos somente quando a construção e implementação de uma solução que atenda aos requisitos pode começar. Os analistas de negócios trabalham com os principais stakeholders para obter consenso sobre os requisitos novos e alterados, comunicar o resultado das discussões e acompanhar e gerenciar a aprovação.

5.5.3   Entradas

- *Requisitos (verificados)*: um conjunto de requisitos que foram verificados como sendo de qualidade suficiente para serem usados como um corpo de trabalho confiável para especificação e desenvolvimento posterior.
- *Designs*: um conjunto de designs que foram determinados como prontos para serem usados para especificação e desenvolvimento posterior.

Figura 5.5.1: Diagrama de Entrada/Saída de Aprovar os Requisitos

Uma vez aprovado um requisito, ele é um produto de trabalho de análise de negócios finalizado, e será implementado.

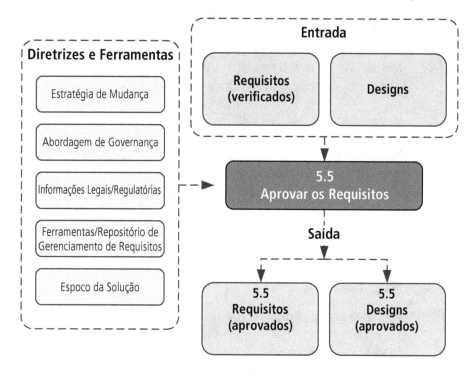

5.5.4   Elementos

.1 Entender os Papéis do Stakeholder

O processo de aprovação é definido pela tarefa Planejar a Governança de Análise de Negócios (p. 50). Parte da definição do processo de aprovação é entender os papéis dos stakeholders e os níveis de autoridade. Os analistas de negócios são responsáveis por obter as aprovações dos stakeholders e são obrigados a entender quem detém a responsabilidade de tomar decisões e quem possui autoridade para aprovar toda a iniciativa. Os analistas de negócios também consideram quaisquer stakeholders influentes que devem ser consultados ou informados sobre os requisitos. Poucos stakeholders podem ter autoridade para aprovar ou negar mudanças, mas muitos stakeholders podem ser capazes de influenciar essas decisões.

.2 Gerenciamento de Conflito e Problemas

Para manter o suporte do stakeholder para a solução, o consenso entre os stakeholders é geralmente obtido antes de solicitar a aprovação de requisitos. A abordagem para determinar como assegurar decisões e resolver conflitos através de uma iniciativa está planejada na tarefa Planejar a Governança de Análise de Negócios (p. 50).

Os grupos de stakeholders frequentemente têm pontos de vista variados e prioridades conflitantes. Um conflito pode surgir entre os stakeholders como resultado de diferentes interpretações dos requisitos ou designs e valores conflitantes colocados sobre eles. O analista de negócios facilita a comunicação entre os stakeholders em áreas de conflito para que cada grupo tenha uma melhor apreciação das necessidades dos outros. A resolução de conflitos e o gerenciamento de problemas podem ocorrer com bastante frequência, já que o analista de negócios está revendo requisitos e designs com o objetivo de garantir a aprovação.

.3 Obter o Consenso

Os analistas de negócios são responsáveis por garantir que os stakeholders com autoridade de aprovação entendam e aceitem os requisitos. A aprovação pode confirmar que os stakeholders acreditam que será criado valor suficiente para que a organização justifique o investimento em uma solução. Os analistas de negócios obtêm aprovação analisando os requisitos ou mudanças de requisitos com os indivíduos ou grupos responsáveis, solicitando que eles aprovem, indicando seu acordo com a solução ou designs descritos.

Utilizando os métodos e meios estabelecidos nas tarefas Planejar a Governança de Análise de Negócios (p. 50) e Comunicar as Informações de Análise de Negócios (p. 89) os analistas de negócios apresentam os requisitos aos stakeholders para a aprovação. Os analistas de negócios facilitam este processo de aprovação, abordando quaisquer questões ou fornecendo informações adicionais quando solicitados.

O acordo completo pode não ser necessário para uma mudança bem-sucedida, mas se houver falta de acordo, os riscos associados devem ser identificados e gerenciados de acordo.

.4 Rastrear e Comunicar a Aprovação

O analista de negócios registra decisões de aprovação, possivelmente em ferramentas de manutenção e rastreamento de requisitos. Para comunicar o status dos requisitos, é necessário manter registros precisos do status de aprovação atual. Os stakeholders devem ser capazes de determinar quais requisitos e designs estão atualmente aprovados e em linha para implementação. Pode haver valor na manutenção de um histórico de auditoria de mudanças nos requisitos: o que foi alterado, quem fez a mudança, a razão da mudança e quando foi feita.

5.5.5　Diretrizes e Ferramentas

- *Estratégia de Mudança*: fornece informações que auxiliam no gerenciamento do consenso dos stakeholders em relação às necessidades de todos os stakeholders.

- *Abordagem de Governança*: identifica os stakeholders que têm autoridade e responsabilidade para aprovar as informações de análise de negócios, e explica quando tais aprovações ocorrerão e como elas se alinharão às políticas organizacionais.

- **Informações Legais/Regulatórias**: descrevem regras legislativas ou regulamentos que devem ser seguidos. Elas podem ter impacto no processo de aprovação de requisitos e designs.

- **Ferramentas/Repositório de Gerenciamento de Requisitos**: ferramenta para registrar aprovações de requisitos.

- **Escopo da Solução**: deve ser considerado ao aprovar os requisitos para avaliar com precisão o alinhamento e a completude.

5.5.6   Técnicas

- **Critérios de Aceitação e de Avaliação**: usados para definir critérios de aprovação.

- **Análise de Decisão**: usada para resolver os problemas e obter o acordo.

- **Rastreamento de Itens**: usado para rastrear as questões identificadas durante o processo de acordo.

- **Revisões**: usadas para avaliar os requisitos.

- **Workshops**: usados para facilitar a obtenção de aprovação.

5.5.7   Stakeholders

- **Cliente**: poderá desempenhar um papel ativo na revisão e aprovação de requisitos e designs para garantir que as necessidades serão atendidas.

- **Especialista no Assunto do Domínio**: pode estar envolvido na revisão e aprovação de requisitos e designs conforme definido pelos papéis de stakeholders e designação de responsabilidades.

- **Usuário Final**: pessoas que usam a solução, ou que são um componente de solução, e podem estar envolvidas na revisão, validação e priorização de requisitos e designs, conforme definido pelos papéis dos stakeholders e designação de responsabilidades.

- **Suporte Operacional**: responsável por garantir que os requisitos e designs tenham suporte dentro das restrições impostas pelos padrões tecnológicos e planos de capacidade organizacional. O pessoal de suporte operacional pode ter um papel na revisão e aprovação de requisitos.

- **Gerente de Projeto**: responsável pela identificação e gerenciamento de riscos associados com o design da solução, desenvolvimento, entrega, implementação, operação e sustentação. O gerente de projeto pode gerenciar as atividades do plano do projeto pertinentes à revisão e/ou aprovação.

- **Regulador**: parte externa ou interna que é responsável por fornecer opiniões sobre a relação entre requisitos estabelecidos e regulamentos específicos, seja formalmente em uma auditoria, ou informalmente como insumos para as tarefas de gerenciamento do ciclo de vida de requisitos.

- **Patrocinador**: responsável pela revisão e aprovação do business case, solução ou escopo do produto, além de todos os requisitos e designs.

- **Testador**: responsáveis por garantir que padrões de garantia de qualidade sejam viáveis nas informações de análise de negócios. Por exemplo, os requisitos têm a característica de serem testáveis.

5.5.8   Saídas

- **Requisitos (aprovados)**: requisitos que são acordados pelos stakeholders e estão prontos para uso em esforços subsequentes de análise de negócios.

- **Designs (aprovados)**: designs que são acordados por stakeholders e estão prontos para uso em análises de negócios subsequentes ou esforços de desenvolvimento de soluções.

6 Análise da Estratégia

A estratégia define a maneira mais efetiva de aplicar os recursos de uma empresa para atingir um conjunto desejado de metas e objetivos. As estratégias podem existir para toda a empresa, para uma divisão, departamento ou região, e para um produto, projeto ou iteração.

A área de conhecimento Análise da Estratégia descreve o trabalho de análise de negócios que deve ser realizado para colaborar com os stakeholders para identificar uma necessidade de importância estratégica ou tática (a necessidade do negócio), habilitar a corporação a abordar essa necessidade e alinhar a estratégia resultante para a mudança com estratégias de nível superior e inferior.

A análise da estratégia se concentra na definição dos estados futuro e de transição necessários para atender à necessidade de negócio, e o trabalho necessário é definido tanto para essa necessidade quanto para o escopo do espaço de solução. Abrange o pensamento estratégico na análise de negócios, bem como a descoberta ou a idealização de possíveis soluções que permitirão à corporação criar maior valor aos stakeholders e/ou capturar mais valor para si.

A análise da estratégia fornece contexto para análise de requisitos e definição de design para uma determinada mudança. A análise da estratégia deve ser realizada quando uma necessidade do negócio é identificada. Isso permite que os stakeholders determinem se devem ou não responder a essa necessidade. A análise da estratégia é uma atividade contínua que avalia qualquer mudança nessa necessidade, em seu contexto, ou qualquer nova informação que possa indicar que um ajuste na estratégia de mudança pode ser necessário.

A imagem a seguir ilustra o espectro de valor à medida que as atividades de análise de negócios progridem do fornecimento de valor potencial para o valor real.

Figura 6.0.1: Espectro do Valor da Análise de Negócios

Ao executar a análise da estratégia, os analistas de negócios devem considerar o contexto no qual estão trabalhando e quão previsível é a gama de resultados possíveis. Quando uma mudança tiver um resultado previsível, o estado futuro e os possíveis estados de transição podem ser claramente definidos e uma estratégia clara pode ser planejada. Se o resultado de uma mudança for difícil de prever, a estratégia pode precisar se concentrar mais na mitigação de riscos, testando suposições e mudando de rumo até que uma estratégia que consiga atingir as metas de negócio possa ser identificada ou até que a iniciativa tenha terminado. Essas tarefas podem ser realizadas em qualquer ordem, embora sejam frequentemente realizadas de forma simultânea, pois a estratégia deve ser moldada pelo que realmente é possível.

Uma estratégia pode ser capturada num plano estratégico, numa visão de produto, num business case, num roadmap de produto ou em outros artefatos.

A área de conhecimento Análise da Estratégia inclui as seguintes tarefas:

- ***Analisar o Estado Atual***: compreende a necessidade do negócio e como ela se relaciona com a maneira como a corporação funciona hoje. Define uma linha de base e contexto para a mudança.

- ***Definir o Estado Futuro***: define metas e objetivos que demonstrarão que a necessidade do negócio foi satisfeita e define quais as partes da empresa precisam mudar, a fim de atender a essas metas e objetivos.

- ***Avaliar os Riscos***: reconhece as incertezas em torno da mudança, considera o efeito que essas incertezas podem ter sobre a capacidade de gerar valor através de uma mudança e recomenda ações para lidar com os riscos quando apropriado.

- **Definir a Estratégia da Mudança**: realiza uma análise de gap entre estado atual e estado futuro, avalia opções para alcançar o estado futuro e recomenda a abordagem de maior valor ao atingir o estado futuro, incluindo quaisquer estados de transição que possam ser necessários ao longo do caminho.

O Modelo de Conceitos Essenciais na Análise da Estratégia

O Modelo de Conceitos Essenciais da Análise de Negócios (BACCM™) descreve o relacionamento entre os seis conceitos essenciais. A tabela a seguir descreve o uso e a aplicação de cada um dos conceitos essenciais dentro do contexto da Análise da Estratégia.

Tabela 6.0.1: O Modelo de Conceitos Essenciais na Análise da Estratégia

Conceito Essencial	Durante Análise da Estratégia, analistas de negócios...
Mudança: o ato de transformação em resposta a uma necessidade.	definir o estado futuro e desenvolver uma estratégia de mudança para alcançar esse estado.
Necessidade: um problema ou oportunidade a ser abordado.	identificar necessidades dentro do estado atual e priorizar as necessidades para determinar o estado futuro desejado.
Solução: uma forma específica de satisfazer uma ou mais necessidades em um contexto.	definir o escopo de uma solução como parte do desenvolvimento de uma estratégia de mudança.
Stakeholder: um grupo ou indivíduo com relação com a mudança, a necessidade ou a solução.	colaborar com os stakeholders para entender as necessidades de negócio e para desenvolver uma estratégia de mudança e de estado futuro que atenderá essas necessidades.

Tabla 6.0.1: O Modelo de Conceitos Essenciais na Análise da Estratégia

Conceito Essencial	Durante Análise da Estratégia, analistas de negócios...
Valor: o valor, a importância ou a utilidade de algo para um interessado dentro de um contexto.	examinar o valor potencial da solução para determinar se justifica uma mudança.
Contexto: as circunstâncias que influenciam, que são influenciadas por e que proporcionam compreensão sobre a mudança.	considerar o contexto da empresa no desenvolvimento de uma estratégia de mudança.

Figura 6.0.1: Diagrama de Entrada/Saída da Análise da Estratégia

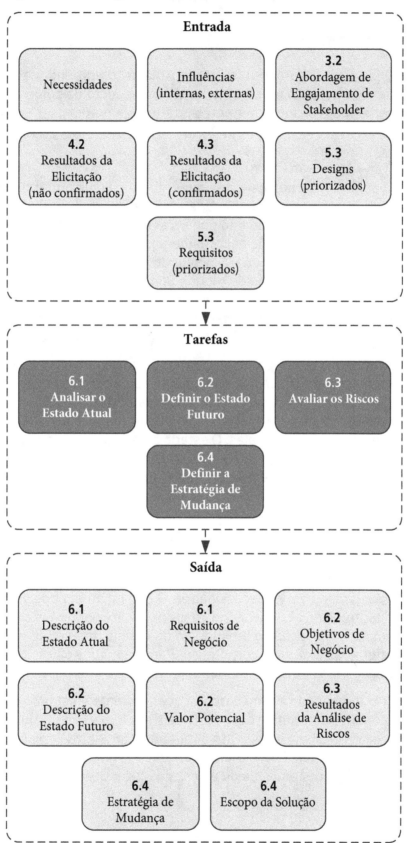

6.1   Analisar o Estado Atual

6.1.1   Propósito

O propósito de Analisar o Estado Atual é compreender as razões pelas quais uma corporação precisa mudar algum aspecto de como ela funciona e o que seria direta ou indiretamente afetado pela mudança.

6.1.2   Descrição

O ponto de partida para qualquer mudança é um entendimento do por quê a mudança é necessária. A mudança potencial é desencadeada por problemas ou oportunidades que não podem ser resolvidos sem alterar o estado atual. Os analistas de negócios trabalham para ajudar os stakholders a viabilizar mudanças, explorando e articulando as necessidades de negócio que impulsionam o desejo de mudar. Sem as necessidades de negócio claramente entendidas, é impossível desenvolver uma estratégia coerente, e a iniciativa de mudança resultante é quase certo que será impulsionada por uma mistura de demandas conflitantes dos stakeholders.

As mudanças sempre ocorrem em um contexto de stakeholders, processos, tecnologia e políticas existentes que constituem o estado atual da empresa. Os analistas de negócio examinam o estado atual no contexto da necessidade de negócio para entender o que pode influenciar as mudanças propostas e o que será afetado por elas. O estado atual é explorado em detalhes suficientes para validar a necessidade de uma mudança e/ou a estratégia de mudança. É necessário compreender o estado atual da corporação antes da mudança para identificar o que será preciso mudar para alcançar um estado futuro desejado e como os efeitos da mudança serão avaliados.

O escopo do estado atual descreve as importantes características existentes do ambiente. Os limites do escopo do estado atual são determinados pelos componentes da corporação e seu ambiente, à medida que eles se relacionam com as necessidades. O estado atual pode ser descrito em diferentes níveis, desde toda a empresa até pequenos componentes de uma solução. A criação de um modelo do estado atual pode exigir a colaboração interna ou externa à corporação. Para pequenos esforços, o escopo pode ser apenas um pequeno componente de uma corporação.

O estado atual de uma corporação raramente é estático enquanto uma mudança está sendo desenvolvida e implementada. Influenciadores internos e externos, bem como outras mudanças organizacionais podem afetar o estado atual de forma a forçar alterações no estado futuro desejado, na estratégia de mudança ou nos requisitos e designs.

6.1.3   Entradas

- *Resultados de Elicitação*: usados para definir e compreender o estado atual.

- *Necessidades*: o problema ou oportunidade enfrentado por uma corporação, ou organização frequentemente lança um trabalho de análise do negócio para melhor compreender essas necessidades.

Figura 6.1.1: Diagrama de Entrada/Saída de Analisar o Estado Atual

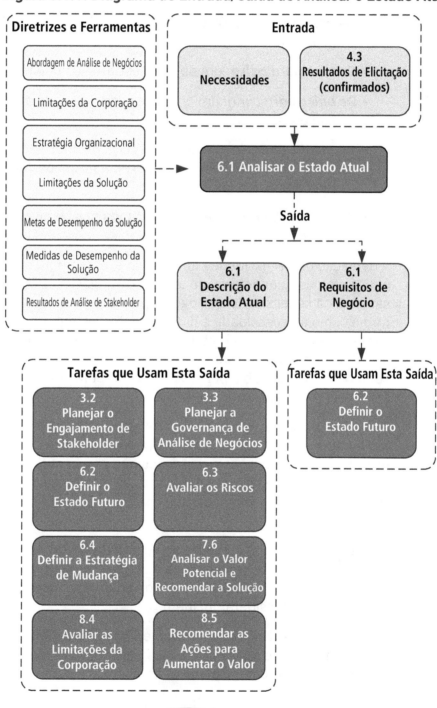

6.1.4   Elementos

.1 Necessidades de Negócio

As necessidades de negócio são os problemas e oportunidades de importância estratégica enfrentados pela corporação. Um problema encontrado na organização, como uma reclamação do cliente, uma perda de receita ou uma nova oportunidade de mercado, geralmente desencadeia a análise de uma necessidade de negócio.

Uma necessidade de negócio pode ser identificada em muitos níveis diferentes da corporação:

- **Do topo para baixo**: um objetivo estratégico que precisa ser alcançado.

- **De baixo para cima**: um problema com o estado atual de um processo, função ou sistema.

- **Da média gerência**: um gestor precisa de informações adicionais para tomar decisões sólidas ou deve executar funções adicionais para atender aos objetivos de negócio.

- **De direcionadores externos**: demanda dos clientes ou concorrência no mercado.

A definição de necessidades de negócio é, com frequência, a etapa mais crítica em qualquer esforço de análise de negócios. Uma solução deve satisfazer a necessidade de negócio para ser considerada bem-sucedida. A forma como a necessidade é definida determina quais soluções alternativas serão consideradas, quais stakeholders serão consultados e quais abordagens de solução serão avaliadas. As necessidades de negócio são sempre expressas sob a perspectiva da corporação e não a de um stakeholder específico.

As necessidades de negócio são muitas vezes identificadas ou expressas juntamente com uma solução presumida. O analista de negócios deve questionar as suposições e restrições que geralmente estão ocultas na declaração da questão para garantir que o problema correto esteja sendo resolvido e que seja considerada a mais ampla gama possível de soluções alternativas.

Uma solução para um conjunto de necessidades de negócio deve ter o potencial de gerar benefícios para a corporação ou seus stakeholders, ou evitar perdas que de outra forma ocorreriam. Os fatores que o analista de negócios pode considerar incluem:

- impactos adversos que o problema está causando dentro da organização e quantificar esses impactos (por exemplo, receita potencial perdida, ineficiências, clientes insatisfeitos, baixa moral dos funcionários);

- benefícios esperados de qualquer solução potencial (por exemplo, aumento da receita, redução de custos, aumento da participação no mercado);

- a rapidez com que o problema poderia ser potencialmente resolvido ou a oportunidade poderia ser aproveitada, e o custo de não fazer nada;

- a fonte fundamental do problema.

As necessidades de negócio irão direcionar a análise geral do estado atual. Embora não seja necessário detalhar totalmente todos os aspectos do estado atual antes de desenvolver a estratégia de mudança, essa exploração muitas vezes irá descobrir causas fundamentais mais profundas do problema ou a oportunidade que desencadeou a investigação (que se tornam, então, necessidades de negócio adicionais).

.2 Estrutura Organizacional e Cultura

A estrutura organizacional define as relações formais entre as pessoas que trabalham na corporação. Embora os canais de comunicação e relacionamentos não estejam limitados a essa estrutura, eles são fortemente influenciados por ela, e a estrutura de reporte pode ajudar ou limitar uma mudança potencial.

A cultura organizacional são as crenças, os valores e as normas compartilhadas pelos membros de uma organização. Estas crenças impulsionam as ações tomadas por uma organização. Os analistas de negócio realizam uma avaliação cultural para:

- identificar se mudanças culturais são necessárias para atingir melhor os objetivos;

- identificar se os stakholders entendem o racional para o estado atual da corporação e o valor entregue por ele;

- verificar se os stakeholders vêem o estado atual como satisfatório ou se é necessária uma mudança.

.3 Capacidades e Processos

Capacidades e processos descrevem as atividades que uma organização executa. Eles também incluem o conhecimento que a corporação tem, os produtos e serviços que oferece, as funções que suporta e os métodos que utiliza para tomar decisões. As capacidades ou processos principais descrevem as funções essenciais da corporação que a diferencia das outras. Eles são medidos por indicadores de desempenho que podem ser usados para avaliar os benefícios de uma mudança.

Os analistas de negócio podem usar:

- Uma visão centrada na capacidade da corporação ao procurar soluções inovadoras que combinem as capacidades existentes para produzir um novo resultado. Uma visão baseada em capacidade é útil nessa situação porque os recursos são geralmente organizados em uma hierarquia funcional com relacionamentos com outras capacidades, facilitando a identificação de eventuais gaps.

- Uma visão centrada no processo da empresa ao procurar formas de melhorar o desempenho das atividades atuais. Uma visão baseada em processos é útil nesta situação porque os processos são organizados em um modelo ponta a ponta em toda a corporação para oferecer valor aos seus clientes, tornando mais fácil garantir que uma mudança de fato aumente o desempenho.

.4 Tecnologia e Infraestrutura

Os sistemas de informação usados pela corporação apoiam as pessoas na execução de processos, na tomada de decisões e nas interações com fornecedores e clientes. A infraestrutura descreve o ambiente da corporação com respeito aos componentes e capacidades físicas. A infraestrutura pode incluir componentes como hardware de computador, instalações físicas e logística, bem como sua operação e manutenção.

.5 Políticas

As políticas definem o alcance da tomada de decisão em diferentes níveis de uma organização. Elas geralmente abordam operações rotineiras em vez de mudanças estratégicas. Elas garantem que as decisões sejam tomadas corretamente, orientam a equipe sobre comportamentos e ações permitidas e apropriadas, apóiam a governança e determinam quando e como novos recursos podem ser adquiridos. A identificação de políticas relevantes pode moldar o escopo do espaço da solução e pode ser uma restrição para os tipos de ação que podem ser executadas.

.6 Arquitetura de Negócios

Nenhuma parte do estado atual deve ser avaliada em total isolamento do resto. Os analistas de negócio devem entender como todos esses elementos do estado atual se encaixam e apoiam uns aos outros, a fim de recomendar mudanças que serão efetivas. A arquitetura de negócios existente normalmente atende a uma variedade de necessidades de negócios e de stakeholders. Se essas necessidades não forem reconhecidas ou não continuarem a ser atendidas por uma transição proposta ou estado futuro, as mudanças provavelmente resultarão em perda de valor.

.7 Ativos Internos

Os analistas de negócios identificam os ativos corporativos usados no estado atual. Os recursos podem ser tangíveis ou intangíveis, como recursos financeiros, patentes, reputação e nomes de marcas.

.8 Influenciadores Externos

Há influências externas sobre a corporação que não participam de uma mudança, mas podem apresentar restrições, dependências ou motivações sobre o estado atual.

As fontes de influência externa incluem:

- **Estrutura do Setor**: os setores individuais têm formas distintas de criação de valor dentro desse setor. Trata-se de um influenciador particularmente importante se uma mudança proposta implica entrar em um novo setor.

- **Competidores**: a natureza e a intensidade dos concorrentes entre corporações dentro de um setor podem ser significativas. A entrada de um novo concorrente pode também mudar a natureza do setor ou aumentar a concorrência.

- **Clientes**: o tamanho e a natureza dos segmentos de clientes existentes e potenciais podem exercer influências tais como poder de negociação e um grau de sensibilidade ao preço. Por outro lado, o surgimento de novas formas alternativas de atender às necessidades dos clientes pode levar a corporação a agregar mais valor.

- **Fornecedores**: a variedade e diversidade de fornecedores pode ser um influenciador, assim como o poder que os fornecedores têm sobre seus clientes.

- **Ambiente Político e Regulatório**: muitas vezes há influência do impacto atual e potencial das leis e regulamentos sobre o setor.

- **Tecnologia**: o potencial de aumento da produtividade das recentes e esperadas inovações tecnológicas pode influenciar a necessidade.

- **Fatores Macroeconômicos**: as restrições e oportunidades presentes no ambiente macroeconômico existente e esperado (por exemplo, negócio, desemprego ou inflação) podem influenciar a necessidade.

Algumas dessas fontes podem usar terminologia diferente, com base no fato da empresa ser uma corporação com fins lucrativos, uma corporação sem fins lucrativos, ou uma agência governamental. Por exemplo, um país não tem clientes; tem cidadãos.

6.1.5 Diretrizes e Ferramentas

- **Abordagem de Análise de Negócios**: orienta como o analista de negócios realiza uma análise do estado atual.

- **Limitações da Corporação**: usada para entender os desafios que existem dentro da corporação.

- **Estratégia Organizacional**: uma organização terá um conjunto de metas e objetivos que orienta as operações, estabelece a direção e fornece uma visão para o estado futuro. Isso pode ser implicita ou explicitamente declarado.

- **Limitações da Solução**: usadas para entender o estado atual e os desafios das soluções existentes.

- **Metas de Desempenho da Solução**: medem o desempenho atual de uma corporação ou solução, e servem como uma linha de base para a definição de metas do estado futuro e a melhoria da medição.

- **Medidas de Desempenho da Solução**: descrevem o desempenho real das soluções existentes.

- **Resultados da Análise de Stakeholders**: os stakeholders de toda a organização contribuirão para uma compreensão e análise do estado atual.

6.1.6 Técnicas

- **Benchmarking e Análise de Mercado**: fornecem um entendimento de onde há oportunidades de melhoria no estado atual. Frameworks específicos que podem ser úteis incluem Análise das 5 Forças, PEST, STEEP, CATWOE e outros.

- **Análise de Capacidades de Negócio**: identifica gaps e as prioriza em relação ao valor e ao risco.

- **Business Model Canvas**: proporciona uma compreensão da proposta de valor que a corporação satisfaz a seus clientes, os fatores críticos na entrega desse valor e os fluxos de custo e receita resultantes. Útil para compreender o contexto de qualquer mudança e identificar os problemas e oportunidades que podem ter o impacto mais significativo.

- **Business Cases**: usados para capturar informações sobre a necessidade e oportunidade de negócios.

- **Modelagem de Conceitos**: usada para capturar termos e conceitos fundamentais no domínio do negócio e definir as relações entre eles.

- **Mineração de Dados**: usada para obter informações sobre o desempenho da corporação.

- **Análise de Documentos**: analisa qualquer documentação existente sobre o estado atual, incluindo (mas não se limitando a) documentos criados durante a implementação de uma solução, manuais de treinamento, relatórios de questões, informações de concorrentes, acordos com fornecedores, benchmarks do setor publicados, tendências tecnológicas publicadas e métricas de desempenho.

- **Análise Financeira**: usada para conhecer a rentabilidade do estado atual e a capacidade financeira para realizar mudanças.

- **Grupos Focais**: solicitam o feedback dos clientes ou usuários finais sobre o estado atual.

- **Decomposição Funcional**: decompõe sistemas complexos ou relacionamentos no estado atual.

- **Entrevistas**: facilitam o diálogo com os stakeholders para compreender o estado atual e quaisquer necessidades que evoluam a partir do estado atual.

- **Rastreamento de Itens**: rastreia e gerencia as questões descobertas sobre o estado atual.

- **Lições Aprendidas**: habilitam a avaliação de falhas e oportunidades de melhoria em iniciativas passadas, o que pode impulsionar uma necessidade de negócio de melhoria de processos.

- **Métricas e Indicadores-Chave de Desempenho (KPIs - Key Performance Indicators)**: avaliam o desempenho do estado atual de uma corporação.

- **Mapa mental**: usado para explorar aspectos relevantes do estado atual e entender melhor os fatores relevantes que afetam a necessidade do negócio.

- **Observação**: pode proporcionar oportunidades para insights das necessidades dentro do estado atual que não tenham sido identificadas anteriormente por um stakeholder.

- **Modelagem Organizacional**: descreve as funções, responsabilidades e estruturas de comunicação que existem no estado atual da organização.

- **Análise de Processos**: identifica oportunidades para melhorar o estado atual.

- **Modelagem de Processos**: descreve como o trabalho ocorre dentro da solução atual.

- **Análise e Gerenciamento de Riscos**: identificam riscos do estado atual.

- **Análise de Causa Raiz**: fornece uma compreensão das causas fundamentais de quaisquer problemas no estado atual para esclarecer melhor uma necessidade.

- **Modelagem de Escopo**: ajuda a definir os limites na descrição do estado atual.

- **Pesquisa ou Questionário**: auxilia na compreensão do estado atual de um grande, variado ou heterogêneo grupo de stakeholders.

- **Análise SWOT**: avalia os pontos fortes, fracos, oportunidades e ameaças do estado atual da organização.

- **Avaliação de Fornecedores**: determina se algum fornecedor que faz parte do estado atual está cumprindo adequadamente os compromissos, ou se alguma mudança é necessária.

- **Workshops**: engajam os stakeholders a descrever de forma colaborativa o estado atual e suas necessidades.

6.1.7   Stakeholders

- **Cliente**: faz uso da solução existente e pode ter sugestões sobre questões para a solução atual.

- **Especialista no Assunto do Domínio**: tem expertise em algum aspecto do estado atual.

- **Usuário Final**: usa diretamente uma solução e pode ter informações sobre problemas com uma solução atual.

- **Especialista em Implementação de Soluções**: tem expertise em algum aspecto do estado atual.

- **Suporte Operacional**: diretamente envolvido no apoio às operações da organização e fornece informações sobre a sua capacidade de apoiar o funcionamento de uma solução existente, bem como quaisquer questões conhecidas.

- **Gerente de Projeto**: pode usar informações sobre o estado atual como entrada para o planejamento.

- **Regulador**: pode informar interpretações de regulamentos relevantes que se aplicam ao estado atual na forma de políticas de negócio, regras de negócio, procedimentos, ou responsabilidades do papel. O regulador pode ter uma contribuição única para a avaliação operacional, já que pode haver novas leis e regulamentos a serem cumpridos.

- **Patrocinador**: pode ter o contexto para o desempenho de soluções existentes.

- **Fornecedor**: pode ser um influenciador externo do estado atual.

- **Testador**: capaz de fornecer informações sobre questões com quaisquer soluções existentes.

6.1.8   Saídas

- ***Descrição do Estado Atual***: o contexto do escopo da corporação, capacidades, recursos, desempenho, cultura, dependências, infraestrutura, influências externas e relações significativas entre estes elementos.

- ***Requisitos de Negócio***: o problema, oportunidade ou restrição que é definida com base em um entendimento do estado atual.

6.2 Definir o Estado Futuro

6.2.1 Propósito

O propósito de Definir o Estado Futuro é determinar o conjunto de condições necessárias para atender à necessidade de negócio.

6.2.2 Descrição

Toda mudança intencional deve incluir uma definição de sucesso. Os analistas de negócios trabalham para garantir que o estado futuro da corporação seja bem definido, que seja alcançável com os recursos disponíveis e que os principais stakeholders tenham uma visão consensual compartilhada do resultado. Como na análise do estado atual, o propósito da análise do estado futuro não é criar uma descrição abrangente do resultado num nível de detalhe que apoiará diretamente a implementação. O estado futuro será definido em um nível de detalhe que:

- permite identificar e avaliar estratégias concorrentes para alcançar o estado futuro;
- provê uma definição clara dos resultados que irão satisfazer as necessidades do negócio;
- detalha o escopo do espaço da solução;
- permite que o valor associado ao estado futuro seja avaliado;
- habilita a obtenção de consenso entre os principais stakeholders.

A descrição do estado futuro pode incluir qualquer contexto sobre o estado futuro proposto. Descreve os componentes novos, removidos e modificados da corporação. Pode incluir mudanças nos limites da própria organização, como a entrada em um novo mercado ou a realização de uma fusão ou aquisição. O estado futuro também pode ser simples mudanças nos componentes existentes de uma organização, como a mudança de uma etapa de um processo ou a remoção de uma funcionalidade de uma aplicação existente. A mudança pode ser necessária para qualquer componente da corporação, incluindo (mas não se limitando a):

- processos de negócio;
- funções;
- linhas de negócios;
- estruturas da organização;
- competências da equipe;
- conhecimento e habilidades;
- treinamento;

- instalações;

- ferramentas de desktop;

- instalações da organização;

- dados e informações;

- sistemas de aplicação;

- infraestrutura de tecnologia.

As descrições podem incluir modelos visuais e textos para mostrar claramente os limites e detalhes do escopo. As relações relevantes entre entidades são identificadas e descritas. O esforço necessário para descrever o estado futuro varia dependendo da natureza da mudança. Os resultados esperados a partir de uma mudança podem incluir métricas específicas ou resultados vagamente definidos. Descrever o estado futuro permite aos stakeholders compreender o valor potencial que pode ser realizado a partir de uma solução, que pode ser usada como parte do processo de tomada de decisão sobre a estratégia de mudança. Em ambientes onde as mudanças geram resultados e entrega de valor previsíveis, e onde há muitas mudanças possíveis que podem aumentar o valor, o objetivo da análise do estado futuro é reunir informações suficientes para fazer as melhores escolhas possíveis entre as opções potenciais.

6.2.3   Entradas

- *Requisitos de Negócio*: os problemas, oportunidades ou restrições que o estado futuro irá enfrentar.

Figura 6.2.1: Diagrama de Entrada/Saída de Definir o Estado Futuro

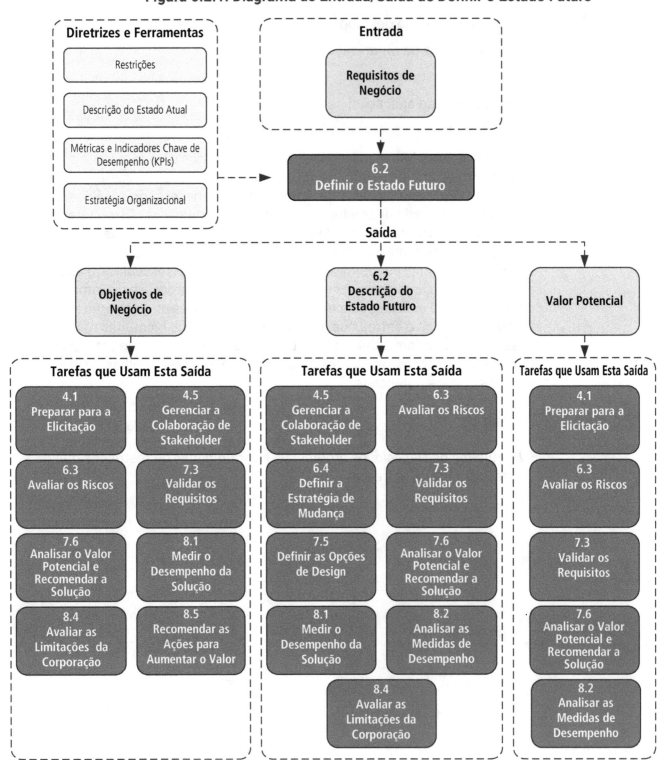

6.2.4   Elementos

.1 Metas e Objetivos de Negócios

Um estado futuro pode ser descrito em termos de objetivos ou metas de negócio, para orientar o desenvolvimento da estratégia de mudança e identificar o valor potencial. As metas e objetivos de negócio descrevem os fins que a organização está buscando atingir. As metas e objetivos podem estar relacionados a mudanças que a organização quer realizar, ou às condições atuais que deseja manter.

As metas são declarações de longo prazo, contínuas e qualitativas de um estado ou condição que a organização está procurando estabelecer e manter. Exemplos de metas de negócios incluem:

- Criar uma nova capacidade, como um novo produto ou serviço, lidar com uma desvantagem competitiva, ou criar uma nova vantagem competitiva.

- Melhorar a receita aumentando as vendas ou reduzindo os custos.

- Aumentar a satisfação do cliente.

- Aumentar a satisfação do funcionário.

- Cumprir novos regulamentos.

- Melhorar a segurança.

- Reduzir o tempo para entregar um produto ou serviço.

As metas de alto nível podem ser subdivididas para decompor a estratégia geral em áreas que podem levar a resultados desejados, tais como maior satisfação do cliente, excelência operacional e/ou crescimento do negócio. Por exemplo, uma meta pode ser "aumentar o número de clientes de alta renda" e depois ser aperfeiçoada em uma meta de "aumentar o número de clientes de alta renda na faixa etária de 30–45 anos em 30% dentro de 6 meses".

Na medida que as metas são analisadas, elas são convertidas em objetivos mais descritivos, granulares e específicos, e conectadas a medidas que permitem avaliar conclusivamente se o objetivo foi alcançado. Objetivos que são mensuráveis permitem às equipes saber se as necessidades foram atendidas e se uma mudança foi efetiva. A definição de objetivos mensuráveis é frequentemente crítica para justificar a conclusão da mudança e pode ser um componente chave para um business case para a mudança. Um teste comum para avaliar os objetivos é garantir que eles sejam SMART:

- **S**pecífico: descreve algo que tenha um resultado observável;

- **M**ensurável: acompanha e mede o resultado;

- **A**tingível: testa a viabilidade do esforço;

- *R*elevante: alinhado com a visão, a missão e os objetivos da corporação;

- *T*empo-limite: define um prazo que seja consistente com a necessidade.

.2 Escopo do Espaço da Solução

Devem ser tomadas decisões sobre a gama de soluções que serão consideradas para atender às metas e objetivos de negócio. O escopo do espaço da solução define que tipos de opções serão considerados ao investigar possíveis soluções, incluindo mudanças na estrutura ou cultura organizacional, capacidades e processos, tecnologia e infraestrutura, políticas, produtos ou serviços, ou mesmo a criação ou mudança de relacionamentos com organizações atualmente fora do escopo da corporação estendida. As soluções em cada uma dessas áreas geralmente requerem expertise específicas tanto da análise de negócios quanto da equipe de entrega. A análise para isso pode acontecer em diferentes níveis na corporação e o escopo do espaço de solução não está necessariamente relacionado com o tamanho da mudança. Mesmo uma pequena mudança pode exigir olhar para os objetivos de negócios em nível corporativo para garantir o alinhamento.

Se vários estados futuros puderem atender às necessidades, metas e objetivos do negócio, será necessário determinar quais serão considerados. Esta decisão é tipicamente baseada no valor a ser entregue aos stakeholders e requer um entendimento de possíveis estratégias de mudança. As considerações críticas para a decisão são dependentes dos objetivos gerais da corporação, mas envolverá uma compreensão do valor quantitativo e qualitativo de cada opção, o tempo necessário para atingir cada estado futuro, e o custo de oportunidade para a corporação.

.3 Restrições

As restrições descrevem aspectos do estado atual, aspectos do estado futuro planejado que não podem ser alterados pela solução, ou elementos obrigatórios do design. Eles devem ser cuidadosamente examinados para garantir que sejam precisos e justificados.

As restrições podem refletir qualquer um dos seguintes fatores:

- restrições orçamentárias;

- restrições de tempo;

- tecnologia;

- infraestrutura;

- políticas;

- limites sobre o número de recursos disponíveis;

- restrições com base nas competências da equipe e dos stakeholders;
- um requisito para que certos stakeholders não sejam afetados pela implementação da solução;
- conformidade com os regulamentos;
- qualquer outra restrição.

.4 Estrutura e Cultura Organizacional

As relações de trabalho formais e informais que existem dentro da corporação podem precisar mudar para facilitar o estado futuro desejado. Mudanças nos canais de comunicação podem incentivar as equipes a trabalharem mais próximas umas das outras e facilitar o alinhamento de metas e objetivos. Elementos da estrutura e da cultura organizacional podem precisar mudar para apoiar o estado futuro. A descrição dos componentes do estado futuro fornece um insight dos conflitos, do impacto e dos limites potenciais.

.5 Capacidades e Processos

Identificar novos tipos de atividades ou mudanças na forma como as atividades serão executadas para realizar o estado futuro. Serão necessários recursos e processos novos ou alterados para fornecer novos produtos ou serviços, para cumprir com novas regulamentações ou para melhorar o desempenho da corporação.

.6 Tecnologia e Infraestrutura

Se a tecnologia e a infraestrutura atuais forem insuficientes para atender à necessidade do negócio, o analista de negócios identifica as mudanças necessárias para o estado futuro desejado.

A tecnologia existente pode impor restrições técnicas ao desenho da solução. Estas podem incluir linguagens de desenvolvimento, plataformas de hardware e software, e software aplicativo que deve ser utilizado. Restrições técnicas também podem descrever restrições tais como utilização de recursos, tamanho e tempo das mensagens, tamanho do software, número e tamanho máximo de arquivos, registros e elementos de dados. As restrições técnicas incluem quaisquer padrões de arquitetura de TI que devem ser seguidos.

.7 Políticas

Se as políticas atuais são insuficientes para atender à necessidade do negócio, o analista de negócios identifica as mudanças necessárias para o estado futuro desejado.

As políticas são uma fonte comum de restrições sobre uma solução ou sobre o espaço de solução. As políticas de negócio podem determinar quais soluções podem ser implementadas, dados certos níveis de aprovação, o processo para obter a aprovação e os critérios necessários que uma solução proposta deve satisfazer para receber financiamento. Em algumas instâncias, uma mudança para uma política existente pode abrir soluções alternativas que, de outra forma, não seriam consideradas.

.8 Arquitetura de Negócios

Os elementos de qualquer estado futuro devem apoiar-se efetivamente uns aos outros e todos contribuir para alcançar as metas e objetivos de negócio. Além disso, eles devem ser integrados ao estado futuro geral desejado da corporação como um todo, e apoiar aquele estado futuro.

.9 Ativos Internos

A análise dos recursos pode indicar que os recursos existentes precisam ser ampliados ou requerem maiores capacidades, ou que novos recursos precisam ser desenvolvidos. Ao analisar os recursos, os analistas de negócios examinam os recursos necessários para manter o estado atual e implementar a estratégia de mudança, e determinam quais recursos podem ser utilizados como parte de um estado futuro desejado. A avaliação dos recursos existentes e necessários é considerada ao realizar uma análise de viabilidade sobre possíveis abordagens de solução para a estratégia de mudança.

.10 Identificar Suposições

A maioria das estratégias é baseada em um conjunto de suposições que determinarão se a estratégia pode ou não ser bem-sucedida, particularmente quando se opera em um ambiente altamente incerto. Muitas vezes será difícil ou impossível provar que a entrega de uma nova capacidade atenderá a uma necessidade de negócio, mesmo nos casos em que pareça razoável supor que a nova capacidade terá o efeito desejado. Estas suposições devem ser identificadas e claramente compreendidas, para que decisões apropriadas possam ser tomadas se a suposição mais tarde se mostrar inválida. Estratégias de mudança em ambientes incertos podem ser estruturadas a fim de testar essas suposições o mais cedo possível para apoiar um redirecionamento ou término da iniciativa.

.11 Valor Potencial

O cumprimento dos objetivos de negócio sozinho não justifica a transição para um estado futuro; o valor potencial deve ser avaliado para ver se ele é suficiente para justificar uma mudança.

Ao definir o estado futuro, os analistas de negócios identificam o valor potencial da solução. O valor potencial do estado futuro é o benefício líquido da solução depois que os custos operacionais são contabilizados. Uma mudança deve resultar em maior valor para a corporação do que seria alcançado se nenhuma ação fosse tomada. Entretanto, é possível que o estado futuro represente uma redução de valor em relação ao estado atual para alguns stakeholders ou mesmo para a corporação como um todo. Novos regulamentos ou aumento da concorrência, por exemplo, podem precisar ser tratados para que a corporação permaneça em operação, mas podem ainda diminuir o valor total capturado.

Ao determinar o estado futuro, os analistas de negócios consideram o aumento ou diminuição do valor potencial:

- oportunidades externas reveladas na avaliação de influências externas;

- pontos fortes desconhecidos de novos parceiros;

- novas tecnologias ou conhecimentos;

- perda potencial de um concorrente no mercado;

- adoção obrigatória de um componente de mudança.

Os analistas de negócios identificam as oportunidades específicas para potenciais alterações de valor, bem como a probabilidade desses aumentos para os componentes individuais da alteração proposta. Os analistas de negócios estimam um valor potencial total agregando todas as oportunidades.

O valor potencial, incluindo os detalhes dos benefícios e custos esperados e o resultado provável se nenhuma mudança for feita, é um componente-chave na elaboração de um business case para a mudança. Relacionar as descrições de valor potencial com as medidas de valor real que estão sendo alcançadas atualmente permite aos stakeholders compreender a mudança esperada no valor. Na maioria dos casos, o estado futuro não abordará todas as oportunidades de melhoria. Quaisquer oportunidades não abordadas podem permanecer válidas após a implementação da solução e devem ser anotadas para análise futura em outras mudanças.

Além do valor potencial do estado futuro, essa análise deve considerar o nível aceitável de investimento para atingir o estado futuro. Enquanto o investimento real vai depender da estratégia de mudança, essa informação orienta a seleção de possíveis estratégias.

6.2.5   Diretrizes e Ferramentas

- *Descrição do Estado Atual*: fornece o contexto dentro do qual o trabalho precisa ser concluído. Costuma ser usado como ponto de partida para o estado futuro.

- *Métricas e Indicadores-Chave de Desempenho (KPIs - Key Performance Indicators)*: os principais indicadores de desempenho e métricas que serão utilizados para determinar se o estado futuro desejado foi alcançado.

- **Estratégia Organizacional**: descreve o caminho, o método ou a abordagem que uma corporação ou organização usará para atingir o seu estado futuro desejado. Isso pode ser implicitamente ou explicitamente declarado.

6.2.6   Técnicas

- **Critérios de Aceitação e de Avaliação**: usados para identificar o que pode tornar o estado futuro aceitável e/ou como as opções podem ser avaliadas.

- **Balanced Scorecard**: usado para estabelecer metas para medição do estado futuro.

- **Benchmarking e Análise de Mercado**: usados para tomar decisões sobre os objetivos do estado futuro do negócio.

- **Brainstorming**: usado para apresentar colaborativamente ideias para o estado futuro.

- **Análise de Capacidades de Negócio**: usada para priorizar as lacunas de capacidade em relação ao valor e ao risco.

- **Business Cases**: usados para capturar os resultados desejados da iniciativa de mudança.

- **Business Model Canvas**: usado para planejar a estratégia para a corporação, mapeando a infraestrutura necessária, a base de clientes-alvo, a estrutura de custos financeiros e os fluxos de receitas necessários para cumprir a proposta de valor aos clientes no estado futuro desejado.

- **Análise de Decisão**: usada para comparar as diferentes opções de estado futuro e entender qual é a melhor escolha.

- **Modelagem de Decisão**: usada para modelar decisões complexas em relação às opções de estado futuro.

- **Análise Financeira**: usada para estimar os potenciais retornos financeiros a serem entregues pelo estado futuro proposto.

- **Decomposição Funcional**: usada para quebrar sistemas complexos dentro do estado futuro para melhor compreensão.

- **Entrevistas**: usadas para falar com os stakeholders para compreender o estado futuro desejado, as necessidades que eles querem abordar e quais os objetivos de negócio desejados que eles querem atingir.

- **Lições Aprendidas**: usadas para determinar quais oportunidades de melhoria serão abordadas e como o estado atual pode ser aprimorado.

- **Métricas e Indicadores-Chave de Desempenho (KPIs - Key Performance Indicators)**: usados para determinar quando a organização conseguiu atingir os objetivos do negócio.

- **Mapa mental**: usado para desenvolver ideias para o estado futuro e compreender as relações entre elas.

- **Modelagem Organizacional**: usada para descrever os papéis, responsabilidades e estruturas de reporte que existiriam dentro do estado futuro da organização.

- **Modelagem de Processos**: usada para descrever como o trabalho ocorreria no estado futuro.

- **Prototipagem**: usada para modelar opções de estado futuro e também pode ajudar a determinar o valor potencial.

- **Modelagem de Escopo**: usada para definir os limites da corporação no estado futuro.

- **Pesquisa ou Questionário**: usados para compreender o estado futuro desejado pelos stakeholders, que necessidades eles querem abordar e que objetivos de negócio eles querem atingir.

- **Análise SWOT**: usada para avaliar os pontos fortes, fracos, oportunidades e ameaças que podem ser explorados ou mitigados pelo estado futuro.

- **Avaliação de Fornecedores**: usada para avaliar o valor potencial oferecido por diferentes opções de solução de fornecedores.

- **Workshops**: usados para trabalhar com os stakeholders para descrever de forma colaborativa o estado futuro.

6.2.7   Stakeholders

- **Cliente**: pode ser compradores ou consumidores-alvo em um estado futuro que podem, ou não, estar prontos ou aptos a consumir um novo estado.

- **Especialista no Assunto do Domínio**: fornece insight sobre o estado atual e potenciais estados futuro.

- **Usuário Final**: que se espera usar, ou ser um componente de uma solução que implemente o estado futuro.

- **Especialista em Implementação de Soluções**: provê informações sobre a viabilidade de alcançar o estado futuro.

- **Suporte Operacional**: diretamente envolvido no apoio às operações da corporação e provê informações sobre sua capacidade de apoiar a operação de um estado futuro proposto.

- **Gerente de Projeto**: pode ter sugestões sobre o que é um estado futuro desejado razoável e gerenciável.

- **Regulador**: assegura que as leis, regulamentos ou regras sejam observadas no estado futuro desejado. As interpretações de regulamentos relevantes devem ser incluídas na descrição do estado futuro na forma de políticas de negócio, regras de negócio, procedimentos ou responsabilidades de papéis.

- **Patrocinador**: ajuda a determinar quais necessidades de negócio abordar e define os objetivos de negócio que um estado futuro irá alcançar. Autoriza e garante financiamento para apoiar a mudança na direção do estado futuro.

- **Fornecedor**: pode ajudar a definir o estado futuro se eles estiverem apoiando a entrega da mudança ou entregando qualquer parte da operação do estado futuro.

- **Avaliador**: responsável por garantir que um estado futuro previsto possa ser suficientemente testado e possa ajudar a estabelecer um nível de qualidade adequado ao alvo.

6.2.8   Saídas

- **Objetivos de Negócio**: a direção desejada que o negócio pretende seguir para alcançar o estado futuro.

- **Descrição do Estado Futuro**: a descrição do estado futuro inclui os limites dos componentes novos, removidos e modificados propostos para a corporação e o valor potencial esperado do estado futuro. A descrição pode incluir as capacidades, políticas, recursos, dependências, infraestrutura, influências externas e relações futuras desejados entre cada elemento.

- **Valor Potencial**: o valor que pode ser realizado com a implementação do estado futuro proposto.

6.3 Avaliar os Riscos

6.3.1 Propósito

O propósito de Avaliar os Riscos é compreender as consequências indesejáveis das forças internas e externas sobre a corporação durante a transição ou uma vez atingido o estado futuro. Uma compreensão do impacto potencial dessas forças pode ser usada para fazer uma recomendação sobre um curso de ação.

6.3.2 Descrição

Avaliar os riscos inclui a análise e o gerenciamento de tais riscos. Os riscos podem estar relacionados com o estado atual, um estado futuro desejado, uma mudança em si, uma estratégia de mudança ou quaisquer tarefas desempenhadas pela corporação.

Os riscos são analisados para:

- possíveis consequências se o risco ocorrer;

- impacto dessas consequências;

- probabilidade do risco;

- momento ou período que o risco pode ocorrer.

O agrupamento dos riscos é usado como uma entrada para selecionar ou coordenar uma estratégia de mudança. Uma avaliação de risco pode incluir escolher aceitar um risco se o esforço necessário para modificá-lo ou o nível de risco supera a perda provável. Se os riscos são entendidos e a mudança prossegue, então os riscos podem ser gerenciados para minimizar seu impacto geral sobre o valor.

Importante Uma série de métodos inclui o "risco positivo" como forma de gerenciar oportunidades. Embora a definição formal de risco no Guia BABOK® não se oponha a esse uso, 'oportunidades' são capturadas como necessidades (e gerenciadas adequadamente), e o risco é usado para eventos incertos que podem produzir resultados negativos.

6.3.3 Entradas

- *Objetivos de Negócio*: descrevem a direção desejada necessária para alcançar o estado futuro pode ser usada para identificar e discutir riscos potenciais.

- *Resultados de Elicitação (confirmados)* : uma compreensão do que os diversos stakeholders percebem como riscos para a materialização do estado futuro desejado.

- **Influências**: fatores dentro da empresa (internos) e fatores fora da empresa (externos) que terão impacto na realização do estado futuro desejado.

- **Valor Potencial**: descrever o valor a ser percebido através da implementação do estado futuro proposto provê um referencial contra o qual os riscos podem ser avaliados.

- **Requisitos (priorizados)**: dependendo de sua prioridade, os requisitos influenciarão os riscos a serem definidos e entendidos como parte da realização da solução.

Figura 6.3.1: Diagrama de Entrada/Saída de Avaliar os Riscos

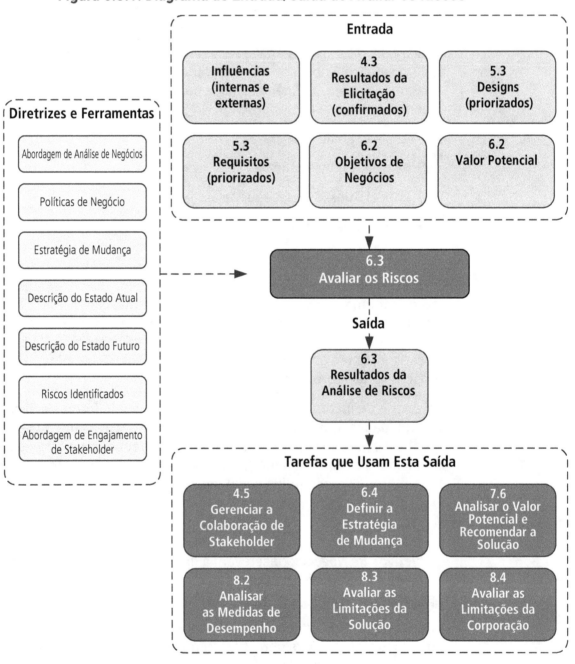

6.3.4   Elementos

.1   Variáveis

Ao avaliar um risco, haverá incerteza sobre a probabilidade dele ocorrer e o impacto, caso ocorra. Os analistas de negócio colaboram com o stakeholders para avaliar riscos com base no entendimento atual. Mesmo quando não é possível saber tudo o que ocorrerá como resultado de uma determinada estratégia de mudança, ainda é possível estimar o impacto de eventos ou condições desconhecidas, ou incertas que ocorram. Os analistas de negócio consideram outros contextos históricos a partir de situações semelhantes para avaliar riscos. As lições aprendidas com as mudanças passadas e o julgamento especializado de stakeholders ajudam os analistas de negócios a orientar a equipe na decisão do impacto e da probabilidade de riscos para a mudança atual.

.2   Restrições, Suposições e Dependências

As restrições, suposições e dependências podem ser analisadas para os riscos e, às vezes, devem ser gerenciadas como riscos em si. Se a restrição, suposição ou dependência estiver relacionada a um aspecto de uma mudança, ela pode ser reafirmada como um risco ao identificar o evento ou condição e consequências que poderiam ocorrer por causa da restrição, suposição ou dependência.

.3   Impacto negativo para o valor

Os riscos são expressos como condições que aumentam a probabilidade ou a gravidade de um impacto negativo para o valor. Os analistas de negócio identificam claramente e expressam cada risco e estimam sua probabilidade e impacto para determinar o nível de risco. Os analistas de negócios estimam um nível de risco total a partir do conjunto agregado de riscos, indicando o impacto potencial geral para os riscos que estão sendo avaliados. Em alguns casos o nível de risco geral pode ser quantificado em termos financeiros ou em uma quantidade de tempo, esforço ou outras medidas.

.4   Tolerância ao Risco

Quanta incerteza um stakeholder ou uma corporação está disposta a assumir em troca de valor potencial é chamada de tolerância ao risco.

Em geral, há três maneiras amplas de descrever atitude em direção ao risco:

- *Aversão ao risco*: Uma relutância em aceitar muita incerteza; pode haver uma preferência em evitar um curso de ação que carrega um nível de risco muito alto, ou em investir mais (e portanto aceitar um valor potencial mais baixo) para reduzir os riscos.

- *Neutralidade*: algum nível de risco é aceitável desde que o curso de ação não resulte em perda mesmo que os riscos ocorram.

157

- *Apetite ao risco*: Vontade de aceitar ou até mesmo assumir mais risco em troca de um valor potencial mais elevado.

Um indivíduo ou organização pode apresentar tolerâncias de risco diferentes em momentos diferentes. Se houver baixa tolerância para o risco, pode haver mais esforço em estratégias para evitar, transferir ou mitigar tais riscos. Se a tolerância ao risco for elevada é provável que mais riscos sejam aceitos. Geralmente, os riscos de nível mais alto são tratados não importando o nível de tolerância ao risco.

.5 Recomendação

Com base na análise de riscos, os analistas de negócio recomendam um curso de ação. Os analistas de negócio trabalham com os stakeholders para entender o nível de risco geral e sua tolerância ao risco.

A recomendação geralmente se encaixa em uma das seguintes categorias:

- perseguir os benefícios de uma mudança independentemente do risco;
- perseguir os benefícios de uma mudança enquanto investe em redução do risco (probabilidade e/ou impacto);
- buscar formas de aumentar os benefícios de uma mudança para superar o risco;
- identificar maneiras de gerenciar e otimizar oportunidades;
- não perseguir os benefícios de uma mudança.

Se a mudança prosseguir com os riscos, os stakeholders devem ser identificados para monitorar os riscos e as consequências, caso o evento de risco ocorra. O risco pode alterar o estado atual da corporação e exigir revisão da estratégia de mudança. Um plano de ação neste caso deve ser desenvolvido antes que o risco se materialize.

6.3.5   Diretrizes e Ferramentas

- *Abordagem de Análise de Negócios*: orienta como o analista de negócio analisa os riscos.

- *Políticas de Negócio*: definem os limites dentro dos quais as decisões devem ser tomadas. Estes podem determinar ou administrar aspectos do gerenciamento de risco.

- *Estratégia de Mudança*: fornece o plano de transição do estado atual para o estado futuro e alcança os resultados de negócio desejados. Esta abordagem deve ser avaliada para compreender os riscos associados à mudança.

- *Descrição do Estado Atual*: fornece o contexto dentro do qual o trabalho precisa ser concluído. Pode ser usado para determinar riscos associados ao estado atual.

- **Descrição do Estado Futuro**: determina riscos associados ao estado futuro.

- **Riscos Identificados**: podem ser usados como ponto de partida para uma avaliação de risco mais completa. Estes podem vir de Resultados de Análise de Risco, de atividades de elicitação, de experiência anterior de análise de negócio ou com base em opinião de especialistas.

- **Abordagem de Engajamento de Stakeholder**: ajuda a identificar o potencial impacto das forças internas e externas, compreendendo os stakeholders e os grupos de stakeholders.

6.3.6   Técnicas

- **Brainstorming**: usado para identificar, de forma colaborativa, riscos potenciais para avaliação.

- **Business Cases**: usados para captar riscos associados às alternativas de estratégias de mudança.

- **Análise de Decisão**: usada para avaliar problemas.

- **Análise de Documentos**: usada para analisar os documentos existentes para riscos potenciais, restrições, suposições e dependências.

- **Análise Financeira**: usada para entender o potencial efeito de riscos sobre o valor financeiro da solução.

- **Entrevistas**: usadas para entender o que os stakeholders pensam que podem ser riscos e os vários fatores desses riscos.

- **Lições Aprendidas**: usadas como base de questões passadas que podem ser riscos.

- **Mapa mental**: usado para identificar e categorizar riscos potenciais e entender seus relacionamentos.

- **Análise e Gerenciamento de Riscos**: usados para identificar e gerenciar riscos.

- **Análise de Causa Raiz**: usada para identificar e tratar o problema fundamental que cria um risco.

- **Pesquisa ou Questionário**: usados para entender o que os stakeholders pensam que podem ser riscos e os vários fatores desses riscos.

- **Workshops**: usados para entender o que os stakeholders pensam que podem ser riscos e os vários fatores desses riscos.

6.3.7 Stakeholders

- **Especialista no Assunto do Domínio**: provê insumos para a avaliação de risco com base em seus conhecimentos de preparação requeridos em sua área de expertise.

- **Especialista em Implementação de Soluções**: provê insumos para a avaliação de risco com base em seus conhecimentos de preparação requeridos em sua área de expertise.

- **Suporte Operacional**: apoia as operações da corporação e pode identificar prováveis riscos e seus impactos.

- **Gerente de Projeto**: ajuda a avaliar o risco e é o principal responsável pelo gerenciamento e mitigação do risco para o projeto.

- **Regulador**: identifica quaisquer riscos associados à aderência às leis, regulamentos ou regras.

- **Patrocinador**: precisa entender riscos como parte da autorização e do financiamento da mudança.

- **Fornecedor**: pode haver risco associado ao uso de um fornecedor.

- **Testador**: identifica riscos na estratégia de mudança a partir de uma perspectiva de validação ou verificação.

6.3.8 Saídas

Resultados da Análise de Risco: uma compreensão dos riscos associados à obtenção do estado futuro e as estratégias de mitigação que serão usadas para evitar, reduzir o impacto ou reduzir a probabilidade de ocorrência dos riscos.

6.4 Definição da Estratégia de Mudança

6.4.1 Propósito

O propósito da Definição da Estratégia de Mudança é desenvolver e avaliar abordagens alternativas para a mudança e então selecionar a abordagem recomendada.

6.4.2 Descrição

Desenvolver uma estratégia de mudança é mais simples quando o estado atual e o estado futuro já estão definidos porque proporcionam algum contexto para a mudança.

A estratégia de mudança descreve claramente a natureza da mudança em termos de:

- contexto da mudança;
- alternativas de estratégias de mudança identificadas;
- justificativa do porquê uma determinada estratégia de mudança é a melhor abordagem;
- investimento e recursos necessários para trabalhar em direção ao estado futuro;
- como a empresa irá perceber valor após a entrega da solução;
- principais stakeholders na mudança;
- estados de transição ao longo do caminho.

A representação adequada de uma estratégia de mudança depende da perspectiva da equipe de mudança e de seus stakeholders. A estratégia de mudança pode ser apresentada como parte de um business case, uma Declaração de Trabalho (SOW), um plano estratégico da corporação ou em outros formatos.

Definir uma estratégia de mudança geralmente envolve a identificação de várias estratégias e, finalmente, selecionar a estratégia mais adequada para a situação. As estratégias de mudança podem inicialmente atingir apenas partes de um estado futuro e, portanto, incluir apenas alguns componentes de uma solução completa. Para cada estado de transição ao longo do caminho para atingir o estado futuro, a estratégia de mudança deve esclarecer quais partes da solução estão concluídas e quais não estão, assim como quais partes do valor podem ser percebidas e quais não podem.

6.4.3   Entradas

- *Descrição do Estado Atual*: fornece contexto sobre o estado atual e inclui avaliações de influências internas e externas para a corporação em consideração.

- *Descrição do Estado Futuro*: proporciona um contexto sobre o estado futuro desejado.

- *Resultados da Análise de Riscos*: descreve riscos identificados e a exposição de cada risco.

- *Abordagem de Engajamento de Stakeholder*: pode ajudar a identificar as atividades relacionadas à mudança que precisam ser incluídas como parte da estratégia de mudança a partir da compreensão das necessidades de comunicação e colaboração dos stakeholders.

Figura 6.4.1: Diagrama de Entrada/Saída de Definir a Estratégia de Mudança

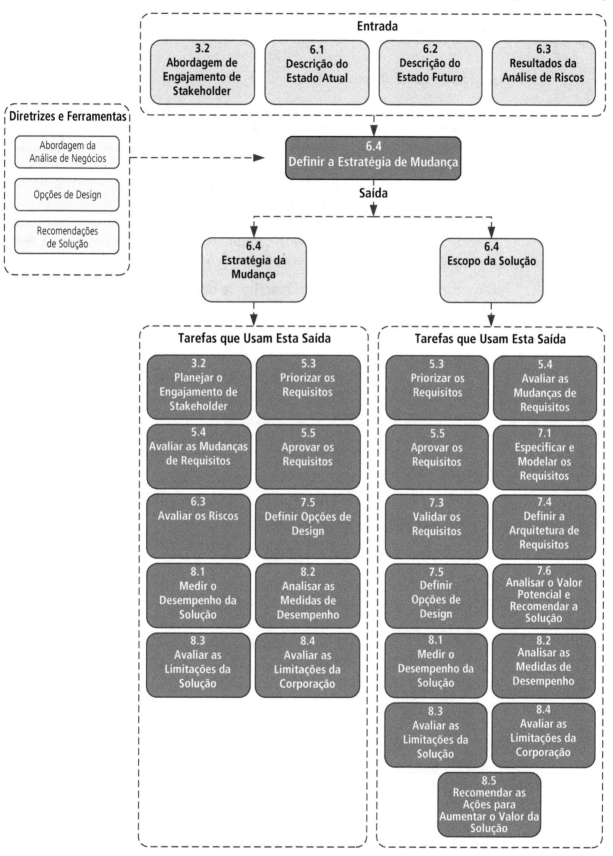

6.4.4   Elementos

.1 Escopo da Solução

A solução é o resultado de uma mudança que permite uma corporação satisfazer uma necessidade. Múltiplas opções de solução podem ser avaliadas e, como parte de uma estratégia de mudança, a abordagem de melhor solução é justificada e selecionada. O escopo da solução define os limites da solução e é descrito em detalhes suficientes para permitir que os stakeholders entendam quais novas capacidades a mudança irá entregar. Ele também descreve como a solução proposta habilita as metas do estado futuro. O escopo da solução pode evoluir ao longo de uma iniciativa à medida que mais informações são descobertas.

O escopo da solução pode ser descrito de maneiras diferentes, incluindo o uso de:

- capacidade;
- tecnologia;
- regras de negócio;
- decisões de negócios;
- dados;
- processos;
- recursos;
- conhecimento e habilidades;
- modelos e descrições de mercados;
- funções;
- locais;
- redes de trabalho;
- estruturas organizacionais;
- fluxos de trabalho;
- eventos;
- sequência;
- motivações;
- lógica de negócios.

O escopo da solução também pode incluir descrições de componentes de solução fora do escopo para fornecer clareza.

.2 Análise de Gap

Uma análise de gap identifica a diferença entre as capacidades do estado atual e futuro. Para realizar análise de gap, o estado atual e o estado futuro devem estar definidos. Usar as mesmas técnicas para descrever os estados atual e futuro auxilia na análise de gap, uma vez que simplifica a comparação.

A análise de gap pode ajudar a identificar os gaps que impedem a corporação de satisfazer às necessidades e atingir as metas. Ela pode ser usada para determinar se a corporação pode satisfazer suas necessidades usando sua estrutura, recursos, capacidades e tecnologia existentes. Se a corporação puder satisfazer sua necessidade com as capacidades do estado atual, então a mudança provavelmente será relativamente pequena ou pode não haver qualquer mudança. Em qualquer outro caso, é necessária uma estratégia de mudança para criar as capacidades em falta ou melhorar as capacidades existentes. As capacidades analisadas em uma análise de gap podem incluir:

- processos;
- funções;
- linhas de negócios;
- estruturas organizacionais;
- competências da equipe;
- conhecimento e habilidades;
- treinamento;
- instalações;
- locais;
- dados e informações;
- sistemas de aplicação;
- infraestrutura de tecnologia.

Os gaps precisarão ser abordados na transição e nos estados futuros.

.3 Avaliação da Prontidão Corporativa

Os analistas de negócio analisam a corporação para avaliar sua capacidade de fazer a mudança e de sustentar a mudança no estado futuro. A avaliação de prontidão considera a capacidade da corporação não apenas de fazer a mudança, mas de usar e sustentar a solução, e obter valor a partir da solução. A avaliação considera também fatores como a prontidão cultural dos stakeholders e a prontidão operacional na realização da mudança, o cronograma desde quando a mudança é implementada até quando o valor pode ser obtido, e os recursos disponíveis para apoiar o esforço de mudança.

.4 Estratégia de Mudança

Uma estratégia de mudança é um plano de alto nível, de atividades e eventos essenciais que serão usados para transformar a corporação do estado atual para o estado futuro. As estratégias de mudança podem ser uma iniciativa singular composta de pequenas mudanças que podem ser estruturadas como um conjunto ou sequência de projetos, ou como vários esforços de melhoria contínua. Cada elemento de mudança pode não abordar completamente a necessidade, portanto, várias mudanças podem ser necessárias.

Durante o curso do desenvolvimento de uma estratégia de mudança, várias opções são identificadas, exploradas e descritas em detalhes suficientes para determinar quais opções são viáveis. As alternativas podem ser identificadas através de especialistas em brainstorming e consultoria de especialista no assunto (SME). As fontes de ideias podem incluir ideias históricas, mudanças históricas, estratégias de outros mercados e abordagens dos concorrentes.

Uma estratégia de mudança preferida é selecionada a partir deste conjunto de opções e desenvolvida em mais detalhes. A estratégia de mudança preferida deve ser selecionada considerando:

- prontidão organizacional para fazer a mudança;
- grandes custos e investimentos necessários para fazer a mudança;
- cronograma para fazer a mudança;
- alinhamento aos objetivos do negócio;
- cronograma para obter valor;
- custos de oportunidade da estratégia de mudança.

Os analistas de negócio podem desenvolver um business case para cada estratégia de mudança potencial para apoiar a tomada de decisão. O custo de oportunidade de cada estratégia de mudança também precisa ser considerado. Custo de oportunidade refere-se aos benefícios que poderiam ter sido alcançados através da seleção de uma estratégia de mudança alternativa. As opções consideradas e rejeitadas são um componente importante da estratégia final, proporcionando aos stakeholders uma compreensão dos prós e contras de várias abordagens para fazer a mudança.

Ao definir a estratégia de mudança, o investimento para fazer a mudança para o estado futuro também é considerado. Os benefícios líquidos de um estado futuro podem ser bem altos, mas se o investimento for muito elevado ("simplesmente não podem pagar a mudança") a corporação pode ignorar a oportunidade e investir em outra coisa.

O valor potencial, incluindo os detalhes do benefício e custos esperados, são componentes fundamentais para fazer um business case para a mudança.

Relacionar descrições de valor potencial a medidas de valor real atualmente alcançadas possibilita que os stakeholders entendam a mudança esperada no valor. Enquanto toda mudança facilitada pelos analistas de negócios tem por objetivo aumentar o valor, algumas mudanças diminuem o valor em áreas de uma corporação, ao mesmo tempo em que aumentam o valor em outras.

.5 Estados de Transição e Planejamento de Releases

Em muitos casos, o estado futuro precisará ser alcançado com o tempo e não através de uma única mudança, o que significa que a corporação terá que operar em um ou mais estados de transição. O planejamento de release se preocupa em determinar quais requisitos devem ser incluídos em cada release, fase ou iteração da mudança. Os analistas de negócios ajudam a facilitar as discussões de planejamento de release para ajudar os stakeholders a tomar decisões. Há muitos fatores que orientam essas decisões, tais como o orçamento geral, prazos ou restrições de tempo, restrições de recursos, cronogramas de treinamento e a habilidade do negócio de absorver as mudanças dentro de um prazo definido. Pode haver restrições organizacionais ou políticas que devem ser seguidas em qualquer implementação. Os analistas de negócios ajudam a planejar o momento da implementação para causar a mínima interrupção nas atividades de negócio e a garantir que todas as partes compreendam o impacto para a organização.

6.4.5 Diretrizes e Ferramentas

- **Abordagem de Análise de Negócios**: orienta como o analista de negócios define uma estratégia de mudança.

- **Opções de Design**: descreve várias formas de satisfazer as necessidades de negócio. Cada opção virá com seu próprio conjunto de desafios de mudança e a estratégia de mudança será impactada pela opção selecionada, bem como pela abordagem de mudança específica que será usada.

- **Recomendações de Solução**: ajudam o analista de negócios a determinar os tipos de mudanças para a organização, ao identificar as possíveis soluções que podem

6.4.6 Técnicas

- **Balanced Scorecard**: usado para definir as métricas que serão usadas para avaliar a efetividade da estratégia de mudança.

- **Benchmarking e Análise de Mercado**: usados para tomar decisões sobre qual estratégia de mudança é apropriada.

- **Brainstorming**: usado para gerar de forma colaborativa ideias para estratégias de mudança.

- **Análise de Capacidades de Negócio**: usada para priorizar os gaps de capacidade em relação ao valor e ao risco.

- **Business Cases**: usados para capturar informações sobre a estratégia de mudança recomendada e outras estratégias potenciais avaliadas, mas não recomendadas.

- **Business Model Canvas**: usado para definir as mudanças necessárias na infraestrutura atual, base de clientes e estrutura financeira da organização, para alcançar o valor potencial.

- **Análise de Decisão**: usada para comparar diferentes estratégias de mudança e escolher a que é mais adequada.

- **Estimativa**: usada para determinar prazos para atividades dentro da estratégia de mudança.

- **Análise Financeira**: usada para compreender o valor potencial associado a uma estratégia de mudança e avaliar estratégias em relação a metas estabelecidas para o retorno dos investimentos.

- **Grupos Focais**: usados para reunir clientes ou usuários finais para solicitar seus pareceres sobre a solução e a estratégia de mudança.

- **Decomposição Funcional**: usada para quebrar os componentes da solução em partes ao desenvolver uma estratégia de mudança.

- **Entrevistas**: usadas para conversar com os stakeholders a fim de descrever completamente o escopo de solução e o escopo de mudança, além de entender suas sugestões para uma estratégia de mudança.

- **Lições Aprendidas**: usadas para entender o que deu errado em mudanças passadas a fim de melhorar essa estratégia de mudança.

- **Mapa mental**: usado para desenvolver e explorar ideias para estratégias de mudança.

- **Modelagem Organizacional**: usada para descrever as funções, as responsabilidades e as estruturas de reporte que são necessárias durante a mudança e fazem parte do escopo da solução.

- **Modelagem de Processos**: usada para descrever como o trabalho ocorreria no escopo da solução ou durante a mudança.

- **Modelagem de Escopo**: usada para definir os limites no escopo da solução e descrições do escopo da mudança.

- **Análise SWOT**: usada para tomar decisões sobre qual estratégia de mudança é apropriada.

- **Avaliação de Fornecedores**: usada para determinar se algum fornecedor faz parte da estratégia de mudança, seja para implementar a mudança ou para fazer parte da solução.

- **Workshops**: usados no trabalho com os stakholders para desenvolver colaborativamente estratégias de mudança.

6.4.7   Stakeholders

- **Cliente**: pode estar comprando ou consumindo a solução que resulta da mudança. Os clientes também podem se envolver em uma mudança como avaliadores ou membros de grupo focal, cujas contribuições são consideradas na avaliação da prontidão corporativa.

- **Especialista no Assunto do Domínio**: tem expertise em algum aspecto da mudança.

- **Usuário Final**: usa uma solução, é um componente da solução, ou é um usuário temporário durante a mudança. Os usuários finais podem ser clientes ou pessoas que trabalham dentro da corporação passando por uma mudança. Os usuários podem estar envolvidos em uma mudança como avaliadores ou membros de grupo focal, cuja contribuição é considerada na avaliação da prontidão corporativa.

- **Especialista em Implementação de Soluções**: tem expertise em algum aspecto da mudança.

- **Suporte Operacional**: envolvido diretamente no apoio às operações da corporação, além de fornecer informações sobre a sua habilidade de apoiar o funcionamento de uma solução durante e após uma mudança.

- **Gerente de Projeto**: responsável por gerenciar a mudança e planejar as atividades detalhadas para completar uma mudança. Em um projeto, o gerente de projeto é responsável pelo escopo do projeto que abrange todo o trabalho a ser executado pela equipe do projeto.

- **Regulador**: garante o cumprimento de leis, regulamentos ou regras durante e na conclusão da mudança. O regulador pode ter uma contribuição única para a avaliação da prontidão corporativa, pois pode haver leis e regulamentos que devem ser cumpridos antes ou como resultado de uma mudança planejada ou concluída.

- **Patrocinador**: autoriza e assegura o financiamento para a entrega da solução e defende a mudança.

- **Fornecedor**: pode ajudar a implementar a mudança ou fazer parte da solução uma vez que a mudança seja concluída.

- **Avaliador**: responsável por garantir que a mudança funcionará dentro dos parâmetros aceitáveis, alcançará o resultado desejado e entregará soluções que atendam a um nível adequado de qualidade. O avaliador é frequentemente envolvido na validação de componentes de uma solução para a qual os resultados serão incluídos em uma avaliação da prontidão corporativa.

6.4.8 Saídas

- **Estratégia da Mudança**: a abordagem que a organização seguirá para orientar a mudança.

- **Escopo da Solução**: o escopo da solução que será alcançado por meio da execução da estratégia da mudança.

7 Análise de Requisitos e Definição de Design

A área de conhecimento Análise de Requisitos e Definição de Design descreve as tarefas que os analistas de negócios executam para estruturar e organizar os requisitos descobertos durante as atividades de elicitação, especificar e modelar requisitos e designs, validar e verificar informações, identificar alternativas de soluções que atendam às necessidades de negócio e estimar o valor potencial que poderia ser realizado para cada alternativa de solução. Esta área de conhecimento abrange as atividades incrementais e iterativas que vão desde o conceito inicial e exploração da necessidade até a transformação dessas necessidades em uma solução específica recomendada.

Para mais informações, consulte Requisitos e Designs.

Ambos, requisitos e designs, são ferramentas importantes usadas pelos analistas de negócios para definir e orientar a mudança. A principal diferença entre requisitos e designs está em como eles são usados e por quem. Os designs de uma pessoa podem ser os requisitos de outra pessoa. Requisitos e designs podem ser de alto nível ou muito detalhados, com base no que é apropriado para aqueles que consomem a informação.

O papel do analista de negócios na modelagem de necessidades, requisitos, designs e soluções é fundamental na condução de uma análise completa e na comunicação com outros stakeholders. A forma, o nível de detalhe e o que está sendo modelado dependem do contexto, do público e do propósito.

Analistas de negócios analisam o valor potencial de requisitos e designs. Em colaboração com especialistas em implementação de soluções, os analistas de negócios definem alternativas de soluções que podem ser avaliadas para recomendar a melhor opção de solução que atenda à necessidade e agregue mais valor.

A imagem a seguir ilustra o espectro de valor à medida que as atividades de análise de negócios progridem desde o valor potencial até a entrega do valor real.

Figura 7.0.1: Espectro do Valor da Análise de Negócios

A área de conhecimento Análise de Requisitos e Definição de Design inclui as seguintes tarefas:

- *Especificar e Modelar os Requisitos*: descreve um conjunto de requisitos ou designs em detalhes utilizando técnicas analíticas.

- *Verificar os Requisitos*: garante que um conjunto de requisitos ou designs foi desenvolvido em detalhes suficiente para ser usável por um determinado stakeholder, é internamente consistente, e é de alta qualidade.

- *Validar os Requisitos*: garante que um conjunto de requisitos ou designs entrega valor de negócio e suporta as metas e objetivos da organização.

- *Definir a Arquitetura de Requisitos*: estrutura todos os requisitos e designs para que eles suportem o propósito geral do negócio para uma mudança e para que trabalhem efetivamente como um todo coeso.

- *Definir as Opções de Solução*: identifica, explora e descreve diferentes formas possíveis de atender a necessidade.

- *Analisar o Valor Potencial e Recomendar a Solução*: avalia o valor de negócio associado a uma solução em potencial e compara diferentes opções, incluindo trade-offs, para identificar e recomendar a opção de solução que entrega o maior valor geral.

O Modelo de Conceitos Essenciais na Análise de Requisitos e Definição de Design

O Modelo de Conceitos Essenciais da Análise de Negócios (BACCM™) descreve as relações entre os seis conceitos essenciais. A tabela a seguir descreve o uso e a aplicação de cada um dos conceitos essenciais dentro do contexto da Análise de Requisitos e Definição de Design.

Tabela 7.0.1: O Modelo de Conceitos Essenciais na Análise de Requisitos e Definição de Design

Conceito Essencial	Durante Análise de Requisitos e Definição de Design, analistas de negócios...
Mudança: o ato de transformação em resposta a uma necessidade.	transformam os resultados da elicitação em requisitos e designs para definir a mudança.
Necessidade: um problema ou oportunidade a ser abordado.	analisam as necessidades para recomendar uma solução que atenda às necessidades.
Solução: uma forma específica de satisfazer uma ou mais necessidades em um contexto.	definem alternativas de solução e recomendam a que tem mais probabilidade de atender à necessidade e que tem mais valor.
Stakeholder: um grupo ou indivíduo com uma relação com a mudança, com a necessidade ou com a solução.	adaptam os requisitos e os designs para que sejam compreensíveis e utilizáveis para cada grupo de stakeholders.
Valor: o valor, a importância ou a utilidade de algo para um stakeholder dentro de um contexto.	analisam e quantificam o valor potencial das alternativas de solução.
Contexto: as circunstâncias que influenciam, são influenciadas e proporcionam compreensão da mudança.	modelam e descrevem o contexto em formatos que são compreensíveis e utilizáveis por todos os stakeholders.

Figura 7.0.1: Diagrama de Entrada/Saída da Análise de Requisitos e Definição de Design

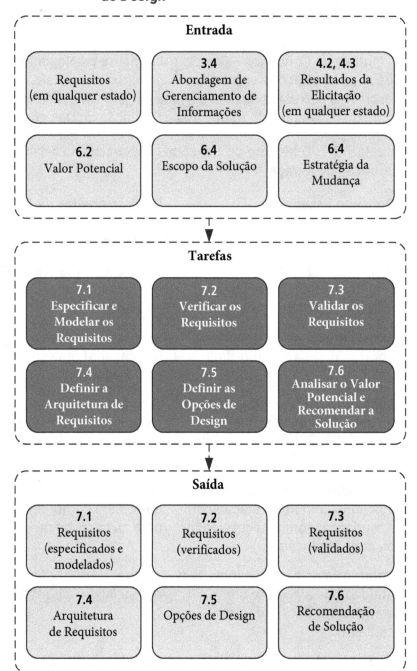

7.1   Especificar e Modelar os Requisitos

7.1.1   Propósito

O propósito de Especificar e Modelar os Requisitos é analisar, sintetizar e refinar os resultados da elicitação em requisitos e designs.

7.1.2   Descrição

Especificar e Modelar os Requisitos descreve as práticas para a análise dos resultados de elicitação e para a criação de representações desses resultados. Quando o foco da atividade de especificação e modelagem está na compreensão da necessidade, as saídas são referidas como requisitos. Quando o foco da atividade de especificação e modelagem está em uma solução, as saídas são referidas como designs.

Importante   Em muitos ambientes de TI, a palavra 'design' é usada especificamente para designs técnicos criados por desenvolvedores de software, arquitetos de dados e outros especialistas em implementação de soluções. Todos os entregáveis de negócios são referidos como "requisitos".

Além dos modelos utilizados para representar os requisitos, essa tarefa também inclui a captura de informações sobre atributos ou metadados dos requisitos. As atividades de especificação e modelagem se relacionam com todos os tipos de requisitos.

7.1.3   Entradas

- **Resultados de Elicitação (em qualquer estado)**: a modelagem pode começar com qualquer resultado de elicitação e pode levar à necessidade de mais elicitação para esclarecer ou ampliar os requisitos. Elicitação e modelagem podem ocorrer de forma sequencial, iterativa ou concorrente.

Figura 7.1.1: Diagrama de Entrada/Saída de Especificar e Modelar os Requisitos

Entrada

Diretrizes e Ferramentas

Padrões/Notações de Modelagem

Ferramentas de Modelagem

Arquitetura de Requisitos

Ferramentas de Gerenciamento do Ciclo de Vida de Requisitos

Escopo da Solução

**4.2, 4.3
Resultados da Elicitação
(em qualquer estado)**

**7.1
Especificar e Modelar os Requisitos**

Saída

**7.1
Requisitos
(especificados e modelados)**

Tarefas que Usam Esta Saída

**7.2
Verificar os Requisitos**

**7.3
Validar os Requisitos**

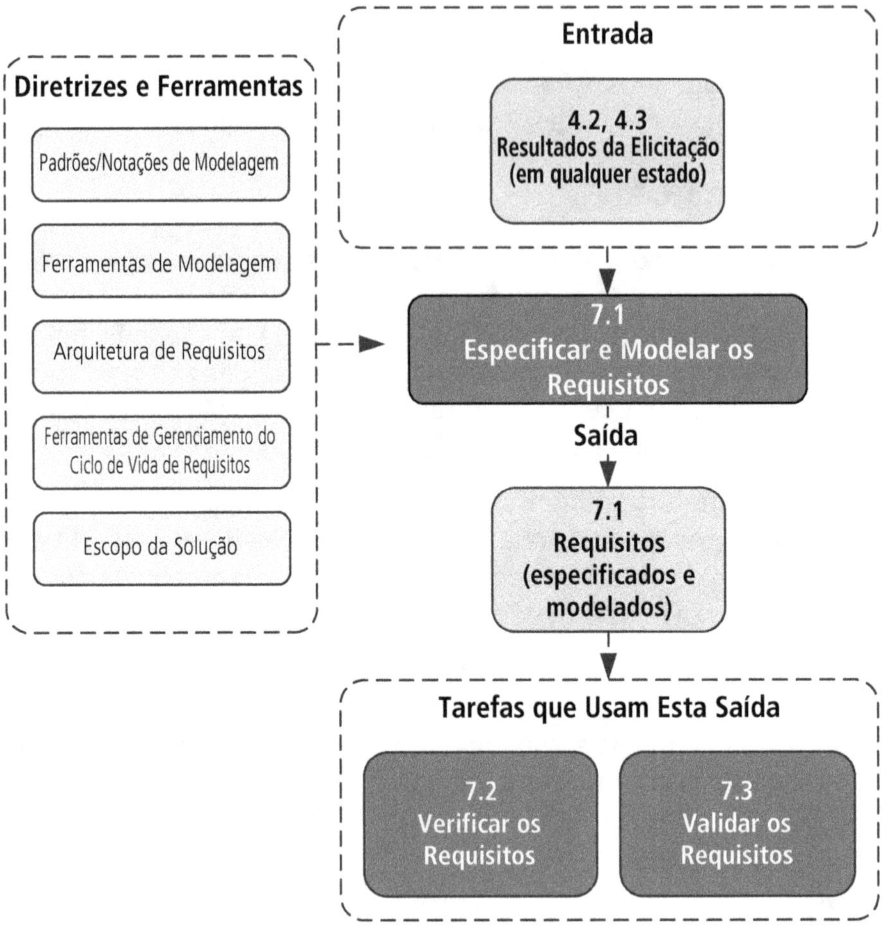

7.1.4   Elementos

.1 Modelar Requisitos

Um modelo é uma forma descritiva e visual para transmitir informações a um público específico, para apoiar a análise, a comunicação e o entendimento. Os modelos também podem ser usados para confirmar conhecimento, identificar lacunas de informações que o analista de negócios pode ter e identificar informações duplicadas.

Os analistas de negócios escolhem a partir de um, ou mais, dos formatos de modelagem a seguir:

- **Matrizes**: uma matriz é usada quando o analista de negócios está modelando um requisito ou conjunto de requisitos que tem uma estrutura complexa, mas uniforme, que pode ser dividida em elementos que se aplicam a cada entrada na tabela. As matrizes podem ser usadas para dicionários de dados, rastreabilidade de requisitos ou para análise de gap. As matrizes também são usadas para priorizar requisitos e registrar outros atributos e metadados de requisitos.

- **Diagramas**: um diagrama é uma representação visual, muitas vezes pictórica, de um requisito ou conjunto de requisitos. Um diagrama é especialmente útil para retratar a complexidade de uma maneira que seria difícil de fazer com palavras. Os diagramas também podem ser usados para definir limites para domínios de negócios, para categorizar e criar hierarquias de itens, além de mostrar componentes de objetos como dados e seus relacionamentos.

Usando um ou mais dos formatos de modelo, os analistas de negócios determinam categorias específicas e modelos específicos dentro de categorias a serem utilizados. As categorias de modelo podem incluir:

- **Pessoas e Papéis**: modelos representam organizações, grupos de pessoas, papéis e suas relações dentro de uma corporação e para uma solução. As técnicas usadas para representar pessoas e seus papéis incluem Modelagem Organizacional, Matriz de Papéis e Permissões e Personas, Lista ou Mapa de Stakeholders.

- **Razão**: modelos representam o "porquê" de uma mudança. As técnicas usadas para representar a lógica incluem Modelagem de Decisão, Modelagem de Escopo, Business Model Canvas, Análise de Causa Raiz e Análise de Regras de Negócio.

- **Fluxo de Atividade**: modelos representam uma sequência de ações, eventos ou um curso que pode ser tomado. As técnicas utilizadas para representar os fluxos de atividade incluem Modelagem de Processos, Casos de Uso e Cenários e Histórias de Usuário.

- **Capacidade**: modelos se concentram nas características ou funções de uma corporação ou de uma solução. As técnicas usadas para representar as capacidades incluem Análise de Capacidades de Negócio, Decomposição Funcional e Prototipagem.

- **Dados e Informações**: modelos representam as características e a troca de informações dentro de uma corporação ou de uma solução. As técnicas usadas para representar dados e informações incluem Dicionário de Dados, Diagramas de Fluxo de Dados, Modelagem de Dados, Glossário, Modelagem de Estados e Análise de Interfaces.

Os analistas de negócios devem usar qualquer combinação de modelos mais adequados para atender às necessidades dos stakeholders em um determinado contexto. Cada técnica de modelagem tem pontos fortes e fracos e oferece insights únicos do domínio do negócio.

.2 Analisar Requisitos

As informações de análise de negócios são decompostas em componentes para examinar mais detalhadamente:

- qualquer coisa que deve mudar para atender a necessidade do negócio;
- qualquer coisa que deve se manter como está para atender a necessidade do negócio;
- componentes ausentes;
- componentes desnecessários;
- quaisquer restrições ou suposições que impactem os componentes.

O nível de decomposição necessário e o nível de detalhamento a ser especificado variam dependendo do conhecimento e da compreensão dos stakeholders, do potencial para mal-entendidos ou má comunicação, das normas organizacionais e das obrigações contratuais ou regulatórias, entre outros fatores.

A análise fornece uma base para a discussão chegar a uma conclusão sobre as opções de solução.

.3 Representar Requisitos e Atributos

Os analistas de negócios identificam informações para requisitos e seus atributos como parte dos resultados de elicitação. Os requisitos devem ser explicitamente representados e devem incluir detalhes suficientes para que apresentem as características dos requisitos e a qualidade dos designs (veja Verificar os Requisitos (p. 182)). Vários atributos podem ser especificados para cada requisito ou conjunto de requisitos. Estes atributos são selecionados ao planejar o gerenciamento de informações (veja Planejar o Gerenciamento de Informações de Análise de Negócios (p. 56)).

Como parte da especificação de requisitos, também podem ser categorizados de acordo com o esquema descrito na tarefa Esquema de Classificação de Requisitos (p. 22). Tipicamente os resultados de elicitação contêm informações de diferentes tipos, por isso é natural esperar que diferentes tipos de requisitos possam ser especificados ao mesmo tempo. A categorização dos requisitos pode ajudar a garantir que os requisitos sejam totalmente compreendidos, um conjunto de qualquer tipo está completo, e que há rastreabilidade adequada entre os tipos.

.4 Implementar os Níveis Adequados de Abstração

O nível de abstração de um requisito varia com base no tipo de requisito e audiência para o requisito. Nem todos os stakeholders exigem ou encontram valor no conjunto completo de requisitos e modelos. Pode ser apropriado produzir pontos de vista diferentes de requisitos para representar a mesma necessidade para diferentes stakeholders. Os analistas de negócios tomam um cuidado especial para manter o significado e a intenção dos requisitos em todas as representações.

A abordagem de análise de negócios também pode influenciar o nível de abstração e escolha dos modelos utilizados ao definir os requisitos.

7.1.5   Diretrizes e Ferramentas

- *Notações/Padrões de Modelagem*: permitem que os requisitos e os designs sejam precisamente especificados, como for apropriado ao público e para a finalidade dos modelos. Os templates-padrão e a sintaxe ajudam a garantir que as informações certas sobre os requisitos sejam fornecidas.

- *Ferramentas de Modelagem*: produtos de software que facilitam o desenho e o armazenamento de matrizes e diagramas para representar requisitos. Essa funcionalidade pode ou não fazer parte de ferramentas de gerenciamento do ciclo de vida de requisitos.

- *Arquitetura de Requisitos*: os requisitos e as inter-relações entre eles podem ser usados para garantir que os modelos sejam completos e consistentes.

- *Ferramentas de Gerenciamento do Ciclo de Vida de Requisitos*: produtos de software que facilitam a gravação, a organização, o armazenamento e o compartilhamento de requisitos e de designs.

- *Escopo da Solução*: as fronteiras da solução estabelecem os limites para os modelos de requisitos e designs.

7.1.6   Técnicas

- *Critérios de Aceitação e de Avaliação*: usados para representar os critérios de aceitação e de avaliação dos requisitos.

- *Análise de Capacidades de Negócio*: usada para representar características ou funções de uma corporação.

- *Business Model Canvas*: usado para descrever a razão de ser dos requisitos.

- *Análise de Regras de Negócio*: usada para analisar regras de negócio para que possam ser especificadas e modeladas juntamente com os requisitos.

- *Modelagem de Conceitos*: usada para definir termos e relações relevantes para a mudança e para a corporação.

- *Dicionário de Dados*: usado para registrar detalhes sobre os dados envolvidos na mudança. Os detalhes podem incluir definições, relacionamentos com outros dados, origem, formato e uso.

- *Diagramas de Fluxo de Dados*: usados para visualizar os requisitos de fluxo de dados.

- **Modelagem de Dados**: usada para modelar requisitos para mostrar como os dados serão usados para atender às necessidades de informações dos stakeholders.

- **Modelagem de Decisão**: usada para representar decisões em um modelo para mostrar os elementos de tomada de decisão exigidos.

- **Decomposição Funcional**: usada para modelar requisitos para identificar as partes constituintes de uma função de negócio complexa como um todo.

- **Glossário**: usado para registrar o significado de termos de negócio relevantes durante a análise dos requisitos.

- **Análise de Interfaces**: usada para modelar requisitos para identificar e validar entradas e saídas da solução que está sendo modelada.

- **Análise de Requisitos Não Funcionais**: usada para definir e analisar a qualidade dos atributos de serviço.

- **Modelagem Organizacional**: usada para permitir que analistas de negócios modelem os papéis, as responsabilidades e as comunicações dentro de uma organização.

- **Modelagem de Processos**: usada para mostrar as etapas ou atividades que são executadas na organização, ou que devem ser realizadas para atender à mudança desejada.

- **Prototipagem**: usada para ajudar os stakeholders a visualizar a aparência e as capacidades de uma solução planejada.

- **Matriz de Papéis e Permissões**: usados para especificar e modelar os requisitos relacionados à separação de funções entre usuários e interfaces externas na utilização de uma solução.

- **Análise de Causa Raiz**: usada para modelar as causas raízes de um problema como parte de uma base lógica.

- **Modelagem de Escopo**: usada para mostrar visualmente um limite de escopo.

- **Diagramas de Sequência**: usados para especificar e modelar requisitos para mostrar como os processos operam e interagem uns com os outros, e em que ordem.

- **Personas, Lista ou Mapa de Stakeholders**: usados para identificar os stakeholders e suas características.

- **Modelagem de Estados**: usada para especificar os diferentes estados de uma parte da solução ao longo de um ciclo de vida, em termos dos eventos que ocorrem.

- **Casos de Uso e Cenários**: usados para modelar o comportamento desejado de uma solução, mostrando as interações do usuário com a solução, para atingir um objetivo específico ou realizar uma determinada tarefa.

- **Histórias de Usuário**: usadas para especificar requisitos como uma breve instrução sobre o que as pessoas fazem ou precisam fazer ao usar a solução.

7.1.7   Stakeholders

- **Qualquer stakeholder**: os analistas de negócios podem optar por realizar esta tarefa eles mesmos e, em seguida, empacotar os requisitos e comunicar separadamente aos stakeholders para sua revisão e aprovação, ou podem optar por convidar alguns ou todos os stakeholders a participar desta tarefa.

7.1.8   Saídas

- **Requisitos (especificados e modelados)**: qualquer combinação de requisitos e/ou designs em forma de texto, matrizes e diagramas.

7.2   Verificar os Requisitos

7.2.1   Propósito

O propósito de Verificar os Requisitos é garantir que as especificações e modelos de requisitos e designs atendam aos padrões de qualidade e sejam utilizáveis para o propósito que servem.

7.2.2   Descrição

A verificação de requisitos garante que os requisitos e designs foram definidos corretamente. A verificação dos requisitos consiste em uma verificação pelo analista de negócios e pelos principais stakeholders para determinar se os requisitos e designs estão prontos para validação, e fornece as informações necessárias para o trabalho posterior a ser realizado.

Uma especificação de alta qualidade é bem escrita e facilmente compreendida por seu público-alvo. Um modelo de alta qualidade segue os padrões formais ou informais de notação e representa efetivamente a realidade.

A característica de qualidade mais importante dos requisitos e designs é a adequação ao uso. Eles devem atender às necessidades dos stakeholders que os usarão para um determinado propósito. A qualidade é, em última instância, determinada pelos stakeholders.

7.2.3   Entradas

- **_Requisitos (especificados e modelados)_**: qualquer requisito, design ou conjunto destes pode ser verificado para assegurar que o texto esteja bem estruturado e que as matrizes e notações de modelagem foram usadas corretamente.

Figura 7.2.1: Diagrama de Entrada/Saída de Verificar os Requisitos

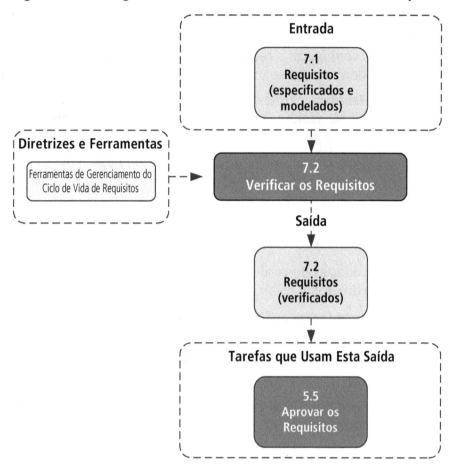

7.2.4   Elementos

.1 Características da Qualidade dos Requisitos e Designs

Embora a qualidade seja determinada, em última instância, pelas necessidades dos stakeholders que irão usar os requisitos ou os designs, os requisitos de qualidade aceitáveis apresentam muitas das seguintes características:

- **Atômico**: autocontido e capaz de ser compreendido independentemente de outros requisitos ou designs.

- **Completo**: o suficiente para orientar o trabalho futuro e no nível apropriado de detalhes para que o trabalho continue. O nível de completude exigido difere com base na perspectiva ou metodologia, assim como o ponto do ciclo de vida em que o requisito está sendo examinado ou representado.

- **Consistente**: alinhado com as necessidades dos stakeholders identificadas e não conflitante com outros requisitos.

- **Conciso**: não contém qualquer conteúdo estranho ou desnecessário.

- **Viável**: razoável e possível dentro do risco, cronograma e orçamento acordados, ou considerado viável o suficiente para investigar mais a fundo através de experimentos ou protótipos.

- **Inequívoco**: o requisito deve ser claramente declarado de modo a deixar claro se uma solução atende ou não à necessidade associada.

- **Testável**: capaz de verificar se o requisito ou o design foi cumprido. Os níveis aceitáveis de verificação do cumprimento dependem do nível de abstração do requisito ou do design.

- **Priorizado**: ranqueado, agrupado ou negociado em termos de importância e valor contra todos os demais requisitos.

- **Compreensível**: representado usando terminologia comum ao público.

.2 Atividades de Verificação

As atividades de verificação são tipicamente executadas iterativamente ao longo do processo de análise de requisitos.

As atividades de verificação incluem:

- verificar a conformidade com os padrões organizacionais de desempenho para análise de negócios, tais como usar as ferramentas e métodos certos;

- verificar o uso correto de notação de modelagem, templates ou formulários;

- verificar a completude de cada modelo;

- comparar cada modelo em relação a outros modelos relevantes, verificar elementos que são mencionados em um modelo mas que estão ausentes em outros modelos e verificar se os elementos são referenciados de forma consistente;

- assegurar que a terminologia utilizada para expressar o requisito seja compreensível para os stakeholders e consistente com o uso desses termos dentro da organização;

- adicionar exemplos onde apropriado para esclarecimento.

.3 Checklists

Os checklists são usados para controle de qualidade ao verificar requisitos e designs. Os checklists podem incluir um conjunto padrão de elementos de qualidade que os analistas de negócios utilizam para verificar os requisitos, ou podem ser especificamente desenvolvidos para capturar questões de interesse. O objetivo de um checklist é assegurar que os itens determinados como importantes sejam incluídos nos entregáveis finais dos requisitos, ou que as etapas necessárias para o processo de verificação sejam seguidas.

7.2.5   Diretrizes e Ferramentas

- *Ferramentas de Gerenciamento do Ciclo de Vida de Requisitos*: algumas ferramentas possuem funcionalidade para verificar questões relacionadas a muitas das características, como atômico, inequívoco e priorizado.

7.2.6   Técnicas

- *Critérios de Aceitação e de Avaliação*: usados para garantir que os requisitos estejam claramente definidos para elaborar um conjunto de testes que possam provar que os requisitos foram cumpridos.

- *Rastreamento de Itens*: usado para garantir que quaisquer problemas ou questões identificados durante a verificação sejam gerenciados e resolvidos.

- *Métricas e Indicadores-Chave de Desempenho (KPIs - Key Performance Indicators)*: usados para identificar como avaliar a qualidade dos requisitos.

- *Revisões*: usada para inspecionar a documentação de requisitos para identificar os requisitos que não estão com a qualidade aceitável.

7.2.7   Stakeholders

- *Todos os stakeholders*: o analista de negócios, em conjunto com os especialistas no assunto do domínio e especialistas em implementação de soluções, tem a responsabilidade principal de determinar que esta tarefa foi concluída. Outros stakeholders podem descobrir requisitos problemáticos durante a comunicação dos requisitos. Por isso, todos os stakeholders poderiam ser envolvidos nesta tarefa.

7.2.8   Saídas

- *Requisitos (verificados)*: um conjunto de requisitos ou designs que tenham qualidade suficiente para serem usados como base em trabalhos futuros.

7.3   Validar os Requisitos

7.3.1   Propósito

O propósito de Validar os Requisitos é garantir que todos os requisitos e designs estejam alinhados aos requisitos de negócio e suportem a entrega de valor necessário.

7.3.2   Descrição

A validação de requisitos é um processo contínuo para garantir que os requisitos de stakeholder, da solução e de transição se alinhem aos requisitos de negócio e que os designs satisfaçam os requisitos.

É valioso para os analistas de negócios, ao validar os requisitos, compreender como é o estado futuro desejado pelos stakeholders após suas necessidades terem sido atendidas. O objetivo geral de implementar os requisitos é alcançar o estado futuro desejado pelos stakeholders. Em muitos casos, os stakeholders têm necessidades e expectativas diferentes, conflitantes, que podem ser expostas através do processo de validação.

7.3.3   Entradas

- *Requisitos (especificados e modelados)*: quaisquer tipos de requisitos e designs podem ser validados. As atividades de validação podem começar antes que os requisitos sejam completamente verificados. No entanto, as atividades de validação não podem ser concluídas antes que os requisitos sejam completamente verificados.

Figura 7.3.1: Diagrama de Entrada/Saída de Validar os Requisitos

7.3.4   Elementos

.1 Identificar as Suposições

Se uma organização está lançando um produto ou serviço sem precedentes, pode ser necessário fazer suposições sobre a resposta dos clientes ou stakeholders, já que não há experiências anteriores similares nas quais se possa confiar. Em outros casos, pode ser difícil ou impossível provar que um determinado problema deriva de uma causa raiz identificada. Os stakeholders podem ter presumido que certos benefícios resultarão da implementação de um requisito. Essas suposições são identificadas e definidas para que os riscos associados possam ser gerenciados.

.2 Definir os Critérios de Avaliação Mensuráveis

Embora os benefícios esperados sejam definidos como parte do estado futuro, os critérios de medição e avaliação específicos podem não ter sido incluídos. Os analistas de negócios definem os critérios de avaliação que serão usados para avaliar o quanto a mudança foi bem-sucedida após a implementação da solução. As métricas de linha de base podem ser estabelecidas com base no estado atual. As métricas alvo podem ser desenvolvidas para refletir a realização dos objetivos de negócio ou alguma outra medida de sucesso.

.3 Avaliar o Alinhamento com Escopo de Solução

Um requisito pode ser benéfico para um stakeholder e, mesmo assim, não ser uma parte desejável de uma solução. Um requisito que não proporciona benefício a um stakeholder é um forte candidato à eliminação. Quando os requisitos não estão alinhados, o estado futuro deve ser reavaliado e o escopo da solução deve ser alterado, ou o requisito deve ser removido do escopo da solução.

Se um design não puder ser validado para dar suporte a um requisito, pode haver um requisito ausente ou mal compreendido, ou o design deve ser alterado.

7.3.5   Diretrizes e Ferramentas

- **Objetivos de Negócio**: garantir que os requisitos entreguem os benefícios de negócio desejados.

- **Descrição da Situação Futura**: ajuda a garantir que os requisitos que fazem parte do escopo da solução realmente ajudem a atingir o estado futuro desejado.

- **Valor Potencial**: pode ser usado como referência contra o qual o valor entregue pelos requisitos pode ser avaliado.

- **Escopo da Solução**: garante que os requisitos que proporcionam benefícios estejam dentro do escopo da solução desejada.

7.3.6   Técnicas

- **Critérios de Aceitação e de Avaliação**: usados para definir as métricas de qualidade que devem ser cumpridas para conseguir a aceitação de um stakeholder.

- **Análise de Documentos**: usada para identificar necessidades de negócio previamente documentadas, para validar requisitos.

- **Análise Financeira**: usada para definir os benefícios financeiros associados aos requisitos.

- **Rastreamento de Itens**: usado para garantir que quaisquer problemas ou questões identificados durante a validação sejam gerenciados e resolvidos.

- **Métricas e Indicadores-Chave de Desempenho (KPIs - Key Performance Indicators)**: usados para selecionar medidas de desempenho adequadas para uma solução, componente de solução ou requisito.

- **Revisões**: usada para confirmar se o stakeholder concorda ou não que suas necessidades estão atendidas.

- **Análise e Gerenciamento de Riscos**: usados para identificar possíveis cenários que alterariam o benefício entregue por um requisito.

7.3.7   Stakeholders

- **Todos os stakeholders**: o analista de negócios, em conjunto com o cliente, usuários finais e patrocinadores, tem a responsabilidade principal de determinar se os requisitos estão ou não validados. Outros stakeholders podem descobrir requisitos problemáticos durante a comunicação dos requisitos. Por isso, praticamente todos os stakeholders do projeto estão envolvidos nesta tarefa.

7.3.8   Saídas

- **Requisitos (validados)**: Os requisitos e designs validados são aqueles cujos benefícios aos stakeholders podem ser demonstrados e que se alinham com as metas e objetivos de negócio da mudança. Se um requisito ou design não puder ser validado, ele não beneficia a organização, não se enquadra no escopo da solução ou ambos.

7.4   Definir a Arquitetura de Requisitos

7.4.1   Propósito

O propósito de Definir a Arquitetura de Requisitos é garantir que os requisitos se apoiem coletivamente um ao outro para atingir plenamente os objetivos.

7.4.2   Descrição

A arquitetura de requisitos é a estrutura de todos os requisitos de uma mudança. Uma arquitetura de requisitos se encaixa nos modelos e especificações individuais para garantir que todos os requisitos formem um todo único que apoie os objetivos gerais do negócio e produza um resultado útil para os stakeholders.

Os analistas de negócios usam uma arquitetura de requisitos para:

- compreender quais modelos são apropriados para o domínio, para o escopo da solução e para o público;

- organizar requisitos em estruturas relevantes para diferentes stakeholders;

- ilustrar como os requisitos e os modelos interagem e se relacionam entre si, e mostrar como as partes se encaixam em um todo significativo;

- garantir que os requisitos trabalhem em conjunto para atingir os objetivos gerais;

- tomar as decisões de trade-off sobre requisitos enquanto se considera os objetivos gerais.

A arquitetura de requisitos não tem como objetivo demonstrar a rastreabilidade, mas sim mostrar como os elementos funcionam em harmonia uns com os outros para suportar os requisitos de negócio e para estruturá-los de várias formas para alinhar os pontos de vista de diferentes stakeholders. A rastreabilidade muitas vezes é usada como o mecanismo para representar e gerenciar esses relacionamentos (veja Rastrear os Requisitos (p. 103)). A rastreabilidade prova que cada requisito está conectado a um objetivo e mostra como um objetivo foi atingido. A rastreabilidade não prova que a solução é um todo coeso que funcionará.

7.4.3   Entradas

- ***Abordagem de Gerenciamento de Informações***: define como as informações de análise de negócios (incluindo requisitos e modelos) serão armazenadas e acessadas.

- ***Requisitos (qualquer estado)***: cada requisito deve ser declarado uma vez, e somente uma vez, incorporado à arquitetura de requisitos para que todo o conjunto possa ser avaliado e para que esteja completo.

- ***Escopo da Solução***: deve ser considerado para garantir que a arquitetura de requisitos esteja alinhada com os limites da solução desejada.

Figura 7.4.1: Diagrama de Entrada/Saída de Definir a Arquitetura de Requisitos

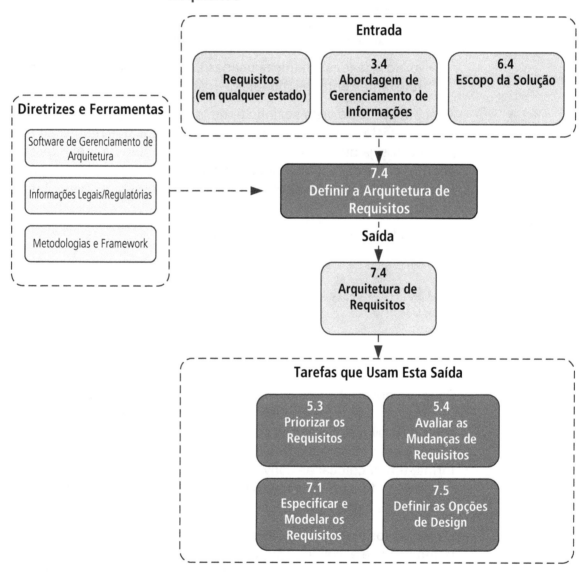

7.4.4   Elementos

.1 Pontos de Vista e Visões de Requisitos

Um ponto de vista é um conjunto de convenções que definem como os requisitos serão representados, como essas representações serão organizadas, e como elas serão relacionadas. Os pontos de vista fornecem templates para abordar os interesses de grupos específicos de stakeholders.

Os pontos de vista de requisitos frequentemente incluem normas e diretrizes para:

- os tipos de modelo utilizados para os requisitos;
- os atributos que são incluídos e consistentemente usados em diferentes modelos;
- as notações de modelo que são usadas;
- as abordagens analíticas usadas para identificar e manter relações relevantes entre os modelos.

Nenhum ponto de vista sozinho pode formar uma arquitetura inteira. Cada ponto de vista é mais forte para alguns aspectos dos requisitos e mais fraco para outros, já que diferentes grupos de stakeholders têm interesses diferentes. Tentar colocar muitas informações em qualquer ponto de vista vai torná-lo complexo demais e degradar o seu propósito. Exemplos de pontos de vista incluem:

- Modelos de processo de negócio
- Modelos de dados e informações
- Interações de usuário, incluindo casos de uso e/ou experiência de usuário
- Auditoria e segurança
- Modelos de negócio.

Cada um desses pontos de vista tem diferentes notações de modelos e técnicas, e cada um é importante para garantir uma solução final coesa. A solução provavelmente não seria um sucesso se o analista de negócios olhasse apenas para o ponto de vista do processo de negócio. Da mesma forma, tentar colocar as convenções de muitos pontos de vista em um único ponto de vista o tornaria muito difícil para análise e conteria informações irrelevantes para grupos específicos de stakeholders.

Os requisitos e os designs reais para uma determinada solução a partir de um ponto de vista escolhido são referidos como uma visão. Uma coleção de visões compõe a arquitetura de requisitos para uma solução específica. Os analistas de negócios alinham, coordenam e estruturam os requisitos em visões significativas para os diversos stakeholders. Este conjunto de visões complementares e coordenadas fornece uma base para avaliar a integralidade e a coerência dos requisitos.

Em resumo, os pontos de vista contam aos analistas de negócios quais informações devem fornecer para cada grupo de stakeholders para endereçar seus interesses, enquanto as visões descrevem os requisitos e designs reais que são produzidos.

.2 Template de Arquiteturas

Um framework arquitetônico é uma coleção de pontos de vista que é padrão em uma indústria, setor ou organização. Os analistas de negócios podem tratar frameworks como templates predefinidos para começar a partir da definição de sua arquitetura. Da mesma forma, o framework pode ser preenchido com informações específicas do domínio para formar uma coleção de visões, que é um template ainda mais útil, para construir uma arquitetura, se for precisa, pois as informações já estão preenchidas nela.

.3 Completude

Uma arquitetura ajuda a garantir que um conjunto de requisitos está completo. Todo o conjunto de requisitos deve ser capaz de ser compreendido pela plateia de maneira que se possa determinar que o conjunto é coeso e conta uma história completa. Não devem faltar requisitos no conjunto, ser incoerentes ou contraditórios uns com os outros. A arquitetura de requisitos deve levar em conta quaisquer dependências entre requisitos que possam impedir que os objetivos sejam alcançados.

A estruturação de requisitos de acordo com diferentes pontos de vista ajuda a garantir essa completude. Iterações de elicitação, especificação e atividades de análise podem ajudar a identificar lacunas.

.4 Relacionar e Verificar os Relacionamentos de Requisitos

Os requisitos podem estar relacionados uns com os outros de várias maneiras ao definir a arquitetura de requisitos. Os analistas de negócios examinam e analisam os requisitos para definir as relações entre eles. A representação dessas relações é proporcionada pelo rastreamento de requisitos (veja Rastrear os Requisitos (p. 103)).

Os analistas de negócios examinam cada relacionamento para garantir que as relações satisfazem os seguintes critérios de qualidade:

- *Definido*: há um relacionamento e o tipo do relacionamento é descrito.

- *Necessário*: o relacionamento é necessário para compreender os requisitos de forma holística.

- *Correto*: os elementos têm o relacionamento descrito.

- **Inequívoco**: não há relacionamentos que conecte elementos de duas maneiras diferentes e conflitantes.

- **Consistente**: Os relacionamentos são descritos da mesma forma, utilizando o mesmo conjunto de descrições padrão definidas nos pontos de vista.

.5 Arquitetura de Informações de Análise de Negócios

A estrutura das informações de análise de negócios também é uma arquitetura de informação. Este tipo de arquitetura é definido como parte da tarefa Planejar o Gerenciamento de Informações de Análise de Negócios (p. 56). A arquitetura de informação é um componente da arquitetura de requisitos porque descreve como se relacionam todas as informações de análise de negócios para uma mudança. Define relacionamentos para tipos de informações como requisitos, designs, tipos de modelos e resultados de elicitação. A compreensão deste tipo de estrutura de informação ajuda a garantir que o pacote total de requisitos está completo, verificando se os relacionamentos estão completos. É útil começar a definir esta arquitetura antes de estabelecer a infraestrutura, como ferramentas de gerenciamento do ciclo de vida de requisitos, software de gerenciamento de arquitetura ou repositórios de documentação.

7.4.5   Diretrizes e Ferramentas

- **Software de Gerenciamento de Arquitetura**: o software de modelagem pode ajudar a gerenciar o volume, a complexidade e as versões dos relacionamentos dentro da arquitetura de requisitos.

- **Informações Legais/Regulatórias**: descrevem regras legislativas ou regulamentos que devem ser seguidos. Eles podem impactar na arquitetura de requisitos ou em suas saídas. Adicionalmente, restrições contratuais ou baseadas em padrões podem também precisar ser consideradas.

- **Metodologias e Frameworks**: um conjunto predeterminado de modelos e relações entre os modelos a serem usados para representar diferentes pontos de vista.

7.4.6   Técnicas

- **Modelagem de Dados**: utilizada para descrever a estrutura de requisitos conforme se relaciona com dados.

- **Decomposição Funcional**: usada para decompor uma unidade organizacional, o escopo do produto ou outros elementos em suas partes componentes.

- **Entrevistas**: utilizadas para definir a estrutura de requisitos de forma colaborativa.

- **Modelagem Organizacional**: usada para entender as várias unidades organizacionais, stakeholders e suas relações que podem ajudar a definir pontos de vista relevantes.

- **Modelagem de Escopo**: usada para identificar os elementos e limites da arquitetura de requisitos.

- **Workshops**: usados para definir a estrutura de requisitos de forma colaborativa.

7.4.7   Stakeholders

- **Especialista no Assunto do Domínio, Especialista em Implementação de Soluções, Gerente de Projeto, Patrocinador, Testador**: poderá auxiliar na definição e confirmação da arquitetura de requisitos.

- **Qualquer stakeholder**: poderá também usar a arquitetura de requisitos para avaliar a completude dos requisitos.

7.4.8   Saídas

- **Arquitetura de Requisitos**: os requisitos e os inter-relacionamentos entre eles, assim como qualquer informação contextual que seja registrada.

7.5   Definir as Opções de Design

7.5.1   Propósito

O propósito de Definir as Opções de Design é definir a abordagem de solução, identificar oportunidades para melhorar o negócio, alocar requisitos em todos os componentes da solução e representar opções de design que atingem o estado futuro desejado.

7.5.2   Descrição

Ao desenhar uma solução, pode haver uma ou mais opções de design identificadas. Cada opção de design representa uma forma de satisfazer um conjunto de requisitos. As opções de design existem em um nível mais baixo do que a estratégia de mudança e são táticas em vez de estratégicas. Conforme uma solução é desenvolvida, os trade-offs táticos podem precisar ser feitos entre alternativas de design. Os analistas de negócios devem avaliar o efeito que esses trade-offs terão sobre a entrega de valor aos stakeholders. Conforme as iniciativas progridem e os requisitos evoluem, as opções de design também evoluem.

7.5.3   Entradas

- *Estratégia de Mudança*: descreve a abordagem que será seguida para a transição para o estado futuro. Isso pode ter algum impacto nas decisões de design em termos do que é viável ou possível.

- *Requisitos (validados/priorizados)*: apenas os requisitos validados são considerados em opções de design. Conhecer as prioridades dos requisitos ajuda na sugestão de opções de design razoáveis. Os requisitos com as prioridades mais altas podem merecer mais peso na escolha dos componentes da solução para melhor atendê-los, em comparação com os requisitos de prioridade mais baixa.

- *Arquitetura de Requisitos*: o conjunto completo de requisitos e seus relacionamentos é importante para a definição de opções de design que possam abordar o conjunto holístico de requisitos.

Figura 7.5.1: Diagrama de Entrada/Saída de Definir as Opções de Design

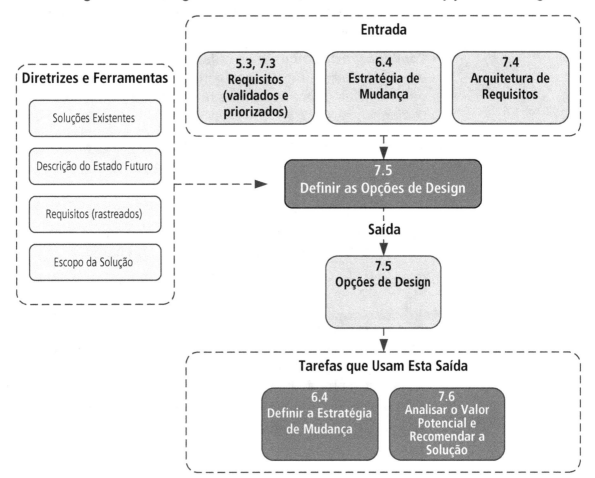

7.5.4   Elementos

.1 Definir as Abordagens de Solução

A abordagem de solução descreve se os componentes de solução serão criados ou comprados, ou alguma combinação de ambos. Os analistas de negócios avaliam os méritos das abordagens de solução para cada opção de design.

As abordagens de solução incluem:

- *Criar*: os componentes da solução são montados, construídos ou desenvolvidos por especialistas como resposta direta a um conjunto de requisitos. Os requisitos e as opções de design têm detalhes suficientes para se tomar uma decisão sobre qual solução construir. Esta opção inclui modificar uma solução existente.

- *Comprar*: os componentes da solução são selecionados a partir de um conjunto de ofertas que preenchem os requisitos. Os requisitos e as opções de design têm detalhes suficientes para fazer uma recomendação sobre qual solução comprar. Essas ofertas são geralmente produtos ou serviços de propriedade de terceiros e mantidos por eles.

- **Combinação de ambas**: nem todas as opções de design se enquadrarão estritamente em uma das categorias acima. As opções de design podem incluir uma combinação tanto de criação como de compra de componentes.

Em todos esses tipos de abordagens, a integração proposta dos componentes também é considerada dentro da opção de design.

.2 Identificar as Oportunidades de Melhoria

Ao propor opções de design, uma série de oportunidades para melhorar o funcionamento do negócio pode ocorrer e são comparadas.

Alguns exemplos comuns de oportunidades incluem:

- **Aumentar a Eficiência**: automatizar ou simplificar o trabalho que as pessoas realizam por meio de reengenharia ou compartilhamento de processos, mudança de responsabilidades, ou terceirização. A automação também pode aumentar a consistência do comportamento, reduzindo a probabilidade de diferentes stakeholders desempenharem a mesma função em modelos distintamente diferentes.

- **Melhorar o Acesso às Informações**: fornecer maiores quantidades de informações às equipes que fazem a interface direta ou indiretamente com os clientes, reduzindo assim a necessidade de especialistas.

- **Identificar as Capacidades Adicionais**: destacar capacidades que têm o potencial de fornecer valor futuro e podem ser suportadas pela solução. Estas capacidades podem não ser necessariamente de valor imediato para a organização (por exemplo, um aplicativo de software com características que a organização prevê utilizar no futuro).

.3 Alocação de Requisitos

Alocação de requisitos é o processo de designação de requisitos para os componentes de solução e releases para melhor atingir os objetivos. A alocação é apoiada avaliando os trade-offs entre alternativas a fim de maximizar os benefícios e minimizar os custos. O valor de uma solução pode variar dependendo de como os requisitos são implementados e quando a solução se torna disponível para os stakeholders. O objetivo da alocação é maximizar esse valor.

Os requisitos podem ser alocados entre unidades organizacionais, funções de trabalho, componentes da solução ou releases de uma solução. A alocação de requisitos geralmente começa quando uma abordagem de solução foi determinada e continua até que todos os requisitos válidos sejam alocados. A alocação geralmente continua através do design e implementação de uma solução.

.4 Descrever as Opções de Design

As opções de design são investigadas e desenvolvidas enquanto se considera o estado futuro desejado, e para garantir que a opção de design é válida. As medidas de desempenho da solução são definidas para cada opção de design.

Uma opção de design geralmente consiste em muitos componentes de design, cada um descrito por um elemento de design. Elementos de design podem descrever:

- políticas de negócios e regras de negócio;

- processos de negócios a serem executados e gerenciados;

- pessoas que operam e mantêm a solução, incluindo suas funções de trabalho e responsabilidades;

- decisões de negócios operacionais a serem tomadas;

- aplicativos de software e componentes de aplicativos utilizados na solução;

- estruturas organizacionais, incluindo interações entre a organização, seus clientes e seus fornecedores.

7.5.5   Diretrizes e Ferramentas

- *Soluções existentes*: produtos ou serviços existentes, muitas vezes de terceiros, que são considerados como um componente de uma opção de design.

- *Descrição da Situação Futura*: identifica o estado desejado da corporação de que as opções de design farão parte e ajuda a garantir que as opções de design sejam viáveis.

- *Requisitos (rastreados)*: definem as opções de design que melhor preenchem os requisitos conhecidos.

- *Escopo de Solução*: define os limites ao selecionar as opções de design viáveis.

7.5.6   Técnicas

- *Benchmarking e Análise de Mercado*: usados para identificar e analisar as soluções existentes e as tendências de mercado.

- *Brainstorming*: usado para ajudar a identificar oportunidades de melhoria e opções de design.

- **Análise de Documentos**: usada para fornecer as informações necessárias para descrever as opções de design e elementos de design.

- **Entrevistas**: usadas para ajudar a identificar oportunidades de melhoria e opções de design.

- **Lições Aprendidas**: usadas para ajudar a identificar oportunidades de melhoria.

- **Mapa mental**: usado para identificar e explorar possíveis opções de design.

- **Análise de Causa Raiz**: usada para compreender a causa fundamental dos problemas que estão sendo tratados na mudança para propor soluções para resolvê-los.

- **Pesquisa ou Questionário**: usados para ajudar a identificar as oportunidades de melhoria e as opções de design.

- **Avaliação de Fornecedores**: usada para juntar a avaliação de uma solução de terceiros com uma avaliação de fornecedor para garantir que a solução seja viável e todas as partes serão capazes de desenvolver e manter uma relação de trabalho saudável.

- **Workshops**: usados para ajudar a identificar as oportunidades de melhoria e as opções de design.

7.5.7   Stakeholders

- **Especialista no Assunto do Domínio**: proporciona a expertise dentro do negócio para fornecer informações e feedback ao avaliar alternativas de solução, particularmente para os benefícios potenciais de uma solução.

- **Especialista em Implementação de Soluções**: usa sua expertise em termos das opções de design que estão sendo consideradas para fornecer a entrada necessária sobre as restrições de uma solução e seus custos.

- **Suporte Operacional**: pode ajudar a avaliar a dificuldade e os custos da integração de soluções propostas com os processos e sistemas existentes.

- **Gerente de Projeto**: planeja e gerencia o processo de definição de solução, incluindo o escopo de solução e quaisquer riscos associados às soluções propostas.

- **Fornecedor**: proporciona informações sobre a funcionalidade associada a uma determinada opção de design.

7.5.8   Saídas

- **Opções de Design**: várias vias descritas para satisfazer uma ou mais necessidades em um contexto. Elas podem incluir abordagem de solução, oportunidades potenciais de melhoria proporcionadas pela opção e os componentes que definem a opção.

7.6   Analisar o Valor Potencial e Recomendar a Solução

7.6.1   Propósito

O propósito de Analisar o Valor Potencial e Recomendar a Solução é estimar o valor potencial de cada opção de design e estabelecer qual é a mais adequada para atender os requisitos da corporação.

7.6.2   Descrição

Analisar o Valor Potencial e Recomendar a Solução descreve como estimar e modelar o valor potencial entregue por um conjunto de requisitos, designs ou opções de design. O valor potencial é analisado muitas vezes ao longo de uma mudança. Essa análise pode ser um evento planejado, ou pode ser desencadeada por uma modificação no contexto ou escopo da mudança. A análise do valor potencial inclui a consideração de que há incerteza nas estimativas. Valor pode ser descrito em termos financeiros, de reputação ou até mesmo de impacto no mercado. Qualquer mudança pode incluir uma mistura de aumentos e diminuições no valor.

As opções de design são avaliadas comparando o valor potencial de cada opção com as outras opções. Cada opção tem uma mistura de vantagens e desvantagens a considerar. Dependendo das razões para a mudança, pode não haver nenhuma melhor opção para recomendar, ou pode haver uma clara melhor escolha. Em alguns casos isto significa que a melhor opção pode ser começar a trabalhar com mais de uma opção de design, talvez para desenvolver provas de conceito, e então medir o desempenho de cada uma delas. Em outras instâncias, todos os designs propostos podem ser rejeitados e pode ser necessária mais análise para definir um design adequado. Também é possível que a melhor recomendação seja não fazer nada.

7.6.3   Entradas

- **Valor Potencial**: pode ser usado como referência contra a qual o valor entregue por um design pode ser avaliado.

- **Opções de Design**: precisam ser avaliadas e comparadas umas com as outras para recomendar uma opção para a solução.

Figura 7.6.1: Diagrama de Entrada/Saída de Analisar o Valor Potencial e Recomendar a Solução

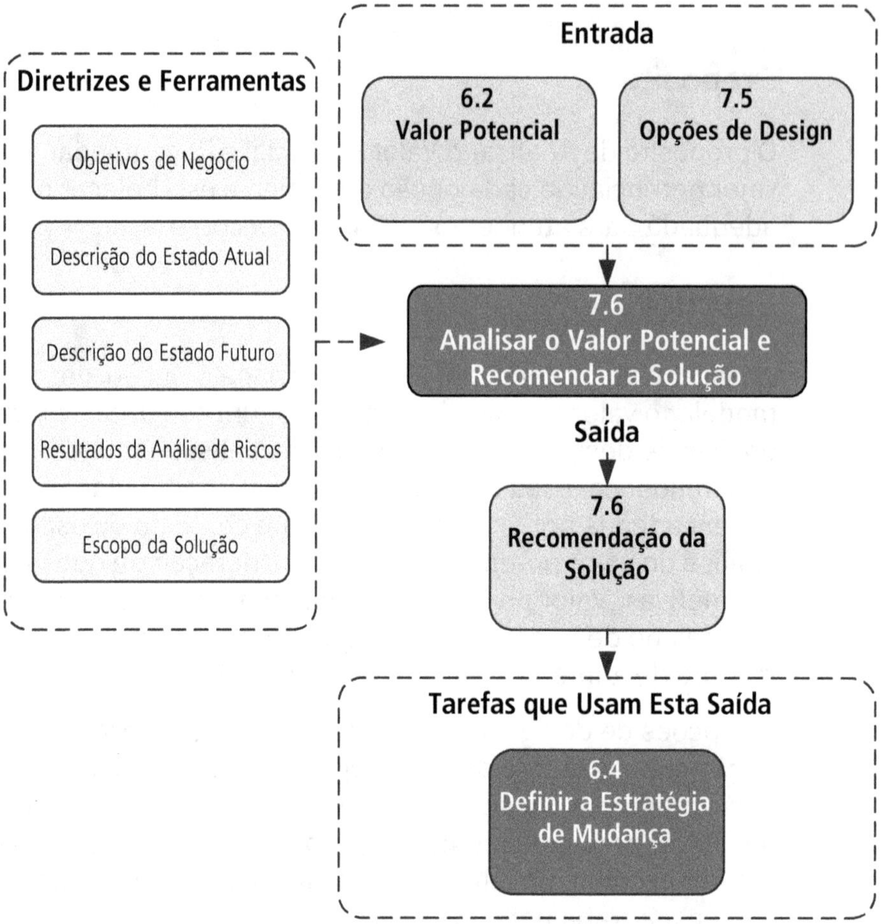

7.6.4   Elementos

.1 Benefícios Esperados

Os benefícios esperados descrevem o valor positivo que uma solução destina-se a entregar aos stakeholders. O valor pode incluir benefícios, redução de risco, conformidade com políticas e regulamentos de negócio, uma melhor experiência do usuário, ou qualquer outro resultado positivo. Os benefícios são determinados com base na análise do benefício que os stakeholders desejam e o benefício que é possível atingir. Os benefícios esperados podem ser calculados no nível de uma requisito ou conjunto de requisitos, considerando para quanto de um objetivo de negócio global o conjunto de requisitos contribui se cumprido. O benefício total esperado é o benefício líquido de todos os requisitos que uma determinada opção de design aborda. Os benefícios são muitas vezes realizados ao longo de um período de tempo.

.2 Custos Esperados

Os custos esperados incluem qualquer valor potencial negativo associado a uma solução, incluindo o custo para adquirir a solução, quaisquer efeitos negativos que ela possa ter sobre os stakeholders, e o custo para mantê-la ao longo do tempo.

Os custos esperados podem incluir:

- cronograma
- esforço
- custos operacionais
- custos de compra e/ou de implementação
- custos de manutenção
- recursos físicos
- recursos de informação
- recursos humanos.

Os custos esperados para uma opção de design consideram os custos acumulativos dos componentes de design.

Os analistas de negócios também consideram o custo de oportunidade ao estimar o custo esperado de uma mudança. Os custos de oportunidade são resultados alternativos que poderiam ter sido alcançados se os recursos, tempo e fundos dedicados a uma opção de design tivessem sido alocados para outra opção de design. O custo de oportunidade de qualquer opção de design é igual ao valor da melhor alternativa não selecionada.

.3 Determinar Valor

O valor potencial de uma solução para um stakeholder é baseado nos benefícios entregues por essa solução e os custos associados. O valor pode ser positivo (se os benefícios excederem os custos) ou negativos (se os custos excederem os benefícios).

Os analistas de negócios consideram o valor potencial a partir dos pontos de vista dos stakeholders. O valor para a corporação é quase sempre mais importante do que o valor para qualquer grupo de stakeholders individuais. Pode haver aumento de valor para um conjunto de stakeholders e diminuição de valor para outro conjunto, mas um aumento geral positivo de valor para a corporação como um todo justifica que se prossiga com a mudança.

Valor potencial é valor incerto. Há sempre eventos ou condições que se ocorrerem, poderão aumentar ou diminuir o valor real. Muitas mudanças são propostas em termos de benefícios intangíveis ou incertos, enquanto os custos são descritos como tangíveis, absolutos, e podem crescer. Quando os benefícios são descritos como intangíveis e custos expressos como tangíveis, pode ser difícil para os tomadores de decisão compararem suas opções. Os analistas de negócios definem uma estimativa completa dos efeitos monetários e orientados por propósitos de uma mudança proposta, considerando os custos tangíveis e intangíveis juntamente com os benefícios tangíveis e intangíveis. A estimativa de custos e benefícios deve levar em conta o grau de incerteza que se mantém no momento em que as estimativas são feitas.

.4 Avaliar Opções de Design e Recomendar a Solução

Cada opção de design é avaliada com base no valor potencial que se espera entregar. Em qualquer ponto da análise das opções de design, pode tornar-se necessário reavaliar a alocação inicial de elementos de design entre os componentes. As razões para a reavaliação incluem melhor compreensão do custo para implementar cada componente e para determinar quais alocações têm a melhor relação custo-benefício.

Como os custos e o esforço são compreendidos para cada componente de solução, os analistas de negócios avaliam cada opção de design para garantir que ela represente os trade-offs mais efetivos. Há vários fatores a considerar:

- **Recursos disponíveis**: pode haver limitações relativas à quantidade de requisitos que podem ser implementados com base nos recursos alocados. Em algumas instâncias, um caso de negócio pode ser desenvolvido para justificar investimento adicional.
- **Restrições na Solução**: requisitos regulamentares ou decisões de negócios podem exigir que determinados requisitos sejam tratados manualmente ou automaticamente, ou que certos requisitos sejam priorizados acima de todos os outros.
- **Dependências entre requisitos**: algumas capacidades podem, por si só, fornecer um valor limitado à organização, mas precisam ser entregues para suportar outros requisitos de alto valor.

Outras considerações podem incluir relações com fornecedores propostos, dependências de outras iniciativas, cultura corporativa e fluxo de caixa suficiente para investimento.

Os analistas de negócios recomendam a opção ou opções consideradas como a solução mais valiosa para atender a necessidade. É possível que nenhuma das opções de design valha a pena e a melhor recomendação é não fazer nada.

7.6.5   Diretrizes e Ferramentas

- **Objetivos de Negócio**: utilizados para calcular o benefício esperado.
- **Descrição da Situação Atual**: fornece o contexto dentro do qual o trabalho precisa ser concluído. Ele pode ser usado para identificar e ajudar a quantificar o valor a ser entregue a partir de uma solução em potencial.

- **Descrição da Situação Futura**: descreve o estado futuro desejado em que a solução fará parte, para garantir que as opções de design sejam apropriadas.

- **Resultados da Análise de Riscos**: o valor potencial das opções de design inclui uma avaliação do nível de risco associado às opções de design ou à iniciativa.

- **Escopo da Solução**: define o escopo da solução que está sendo entregue para que possa ser feita uma avaliação relevante que esteja dentro dos limites do escopo.

7.6.6   Técnicas

- **Critérios de Aceitação e de Avaliação**: usados para expressar requisitos sob a forma de critérios de aceitação para torná-los mais úteis ao avaliar as soluções propostas e determinar se uma solução atende às necessidades de negócio definidas.

- **Gerenciamento de Backlog**: usado para sequenciar o valor potencial.

- **Brainstorming**: usado para identificar potenciais benefícios dos requisitos de forma colaborativa.

- **Business Cases**: usados para avaliar recomendações contra metas e objetivos de negócios.

- **Business Model Canvas**: usado como ferramenta para ajudar a entender a estratégia e as iniciativas.

- **Análise de Decisão**: usada para apoiar a avaliação e o ranking de opções de design.

- **Estimativa**: usada para prever os custos e os esforços de cumprimento dos requisitos como um passo para estimar o seu valor.

- **Análise Financeira**: usada para avaliar o retorno financeiro de diferentes opções e escolher o melhor retorno possível sobre o investimento.

- **Grupos Focais**: usados para obter a contribuição dos stakeholders sobre quais opções de design melhor atendem aos requisitos e para avaliar as expectativas de valor de um grupo pequeno e específico de stakeholders.

- **Entrevistas**: usadas para obter entrada de stakeholders sobre quais opções de design melhor atendem aos requisitos, além de avaliar as expectativas de valor dos stakeholders individuais.

- **Métricas e Indicadores-Chave de Desempenho (KPIs - Key Performance Indicators)**: usados para criar e avaliar as medições utilizadas na definição de valor.

- **Análise e Gerenciamento de Riscos**: usados para identificar e gerenciar os riscos que poderiam afetar o valor potencial dos requisitos.

- *Pesquisa ou Questionário*: usados para obter informações dos stakeholders sobre quais opções de design melhor atendem aos requisitos, e para identificar as expectativas de valor dos stakeholders

- *Análise SWOT*: usada para identificar áreas de força e fraqueza que impactarão o valor das soluções.

- *Workshops*: usados para obter entrada de stakeholders sobre quais opções de design melhor atendem aos requisitos e para avaliar as expectativas de valor dos stakeholders.

7.6.7 Stakeholders

- *Cliente*: representa os segmentos de mercado afetados pelos requisitos e soluções, e estará envolvido na análise do benefício desses requisitos e custos das opções de design.

- *Especialista no Assunto do Domínio*: poderá ser chamado pelo seu conhecimento de domínio para auxiliar na análise de valor e benefícios potenciais, particularmente para aqueles requisitos onde são mais difíceis de identificar.

- *Usuário Final*: fornece um insight sobre o valor potencial da mudança.

- *Especialista em Implementação de Soluções*: poderá ser chamado pela sua expertise na implementação das opções de design, a fim de identificar potenciais custos e riscos.

- *Gerente de Projeto*: gerencia o processo de seleção para que, ao efetivar a mudança, esteja ciente de impactos potenciais sobre os que apoiam a mudança, incluindo os riscos associados à mudança.

- *Regulador*: pode estar envolvido em avaliação de risco relacionado a órgãos reguladores externos ou condicionar restrições aos benefícios potenciais.

- *Patrocinador*: aprova a despesa de recursos para compra ou desenvolvimento de uma solução e aprova a recomendação final. O patrocinador vai querer ser mantido informado sobre eventuais alterações em valor potencial ou risco, bem como o custo de oportunidade resultante, já que ele pode preferir outro curso de ação.

7.6.8 Saídas

- *Recomendação de Solução*: identifica a solução sugerida, mais adequada, baseada em uma avaliação de todas as opções de design definido. A solução recomendada deve maximizar o valor fornecido à corporação.

8 Avaliação da Solução

A área de conhecimento Avaliação da Solução descreve as tarefas que os analistas de negócios realizam para avaliar o desempenho e o valor entregue por uma solução em uso pela corporação, e para recomendar a remoção de barreiras ou restrições que impedem a plena realização do valor.

Embora possa haver algumas semelhanças com as atividades realizadas em Análise da Estratégia, ou Análise de Requisitos e Definição de Design, uma importante distinção entre a área de conhecimento Avaliação da Solução e outras áreas de conhecimento é a existência de uma solução real. Pode ser apenas uma solução parcial, mas a solução ou componente da solução já foi implementado e está operando de alguma forma. Tarefas de Avaliação da Solução que apóiam a realização de benefícios podem ocorrer antes de uma mudança ser iniciada, enquanto o valor atual é avaliado, ou após uma solução ter sido implementada.

As tarefas de Avaliação da Solução podem ser executadas em componentes da solução em vários estágios de desenvolvimento:

- *Protótipos ou Provas de Conceito*: em funcionamento, mas em versões limitadas de uma solução que demonstram o valor.

- *Piloto ou releases Beta*: implementações ou versões limitadas de uma solução usada para resolver problemas e entender quão bem ela realmente entrega valor antes de liberar totalmente a solução.

- **Releases operacionais**: versões completas de uma solução parcial ou completa utilizada para atingir objetivos de negócio, executar um processo, ou alcançar um resultado desejado.

A Avaliação da Solução descreve tarefas que analisam o valor real a ser entregue, identifica limitações que podem estar impedindo a realização de valor e faz recomendações para aumentar o valor da solução. Pode incluir qualquer combinação de avaliações de desempenho, testes e experimentos, e pode combinar avaliações de valor tanto objetivas quanto subjetivas. A Avaliação da Solução geralmente se concentra em um componente de uma corporação e não em toda a corporação.

A imagem a seguir ilustra o espectro de valor à medida que as atividades de análise de negócios progridem do fornecimento de valor potencial para o valor real.

Figura 8.0.1: Espectro do Valor da Análise de Negócios

A área de conhecimento Avaliação da Solução inclui as seguintes tarefas:

- **Medir o Desempenho da Solução**: determina a maneira mais apropriada de avaliar o desempenho de uma solução, incluindo como ela se alinha com as metas e objetivos da corporação, e realiza a avaliação.

- **Analisar as Medidas de Desempenho**: examina as informações relativas ao desempenho de uma solução para compreender o valor que ela proporciona à corporação e aos stakeholders, e determina se ela está atendendo às atuais necessidades de negócio.

- **Avaliar Limitações da Solução**: investiga questões dentro do escopo de uma solução que possam impedir que ela atenda às atuais necessidades de negócio.

- **Avaliar Limitações da Corporação**: investiga questões fora do escopo de uma solução que podem estar impedindo a corporação de perceber o valor total que uma solução é capaz de fornecer.

- **Recomendar Ações para Aumentar o Valor da Solução**: identifica e define ações que a corporação pode adotar para aumentar o valor que pode ser entregue por uma solução.

O Modelo de Conceitos Essenciais na Avaliação da Solução

O Modelo de Conceitos Essenciais da Análise de Negócios (BACCM™) descreve as relações entre os seis conceitos essenciais. A tabela a seguir descreve a utilização e aplicação de cada um dos conceitos essenciais dentro do contexto da Avaliação da Solução.

Tabela 8.0.1: : O Modelo de Conceitos Essenciais na Avaliação da Solução

Conceito Essencial	Durante a Avaliação de Soluções, analistas de negócios...
Mudança: o ato de transformação em resposta a uma necessidade.	recomendar uma mudança em uma solução ou na corporação, para realizar o valor potencial de uma solução.
Necessidade: um problema ou oportunidade a ser endereçado.	avaliar como uma solução ou componente da solução está satisfazendo a necessidade.
Solução: uma forma específica de satisfazer uma ou mais necessidades em um contexto.	avaliar o desempenho da solução, examinar se ela está entregando o valor potencial e analisar por que o valor pode não estar sendo realizado pela solução ou componente da solução.
Stakeholder: um grupo ou indivíduo com um relacionamento com a mudança, com a necessidade ou com a solução.	obter informações dos stakeholders sobre o desempenho da solução e entrega de valor.
Valor: o valor, importância ou utilidade de algo para um stakeholder dentro de um contexto.	determinar se a solução está entregando o valor potencial e examinar por que valor pode não estar sendo realizado.
Contexto: as circunstâncias que influenciam, são influenciadas e proporcionam compreensão da mudança.	considerar o contexto na determinação de medidas de desempenho da solução e quaisquer limitações dentro do contexto que possam impedir que o valor seja realizado.

Figura 8.0.1: Diagrama de Entrada/Saída da Avaliação da Solução

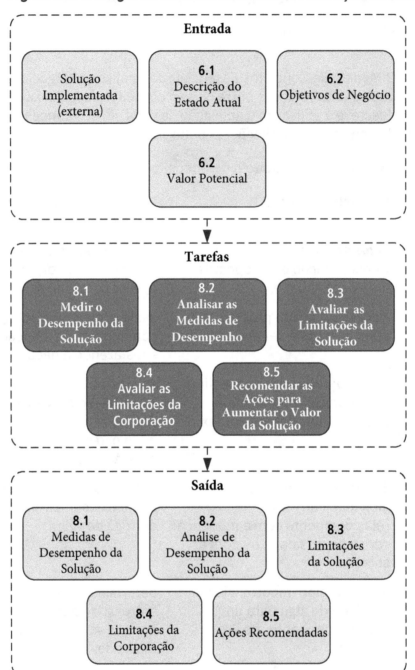

8.1   Medir o Desempenho da Solução

8.1.1   Propósito

O propósito de Medir o Desempenho da Solução é definir medidas de desempenho e utilizar os dados coletados para avaliar a efetividade de uma solução em relação ao valor que ela traz.

8.1.2   Descrição

As medidas de desempenho determinam o valor de uma solução recém implantada ou existente. As medidas utilizadas dependem da própria solução, do contexto e de como a organização define valor. Quando as soluções não têm medidas de desempenho incorporadas, o analista de negócios trabalha com os stakeholders para determinar e coletar as medidas que melhor refletirão o desempenho de uma solução. O desempenho pode ser avaliado através de indicadores-chave de desempenho (KPIs) alinhados com medidas, metas e objetivos corporativos para um projeto, metas de desempenho de processo ou testes para um aplicativo de software.

8.1.3   Entradas

- *Objetivos de Negócio*: os resultados mensuráveis que a corporação quer alcançar. Proporciona um benchmark contra o qual o desempenho da solução pode ser avaliado.

- *Solução Implementada (externa)*: uma solução (ou componente de uma solução) que exista em alguma forma. Pode ser uma solução operacional, um protótipo, um piloto ou uma solução beta.

Figura 8.1.1: Diagrama de Entrada/Saída da Medida de Desempenho da Solução

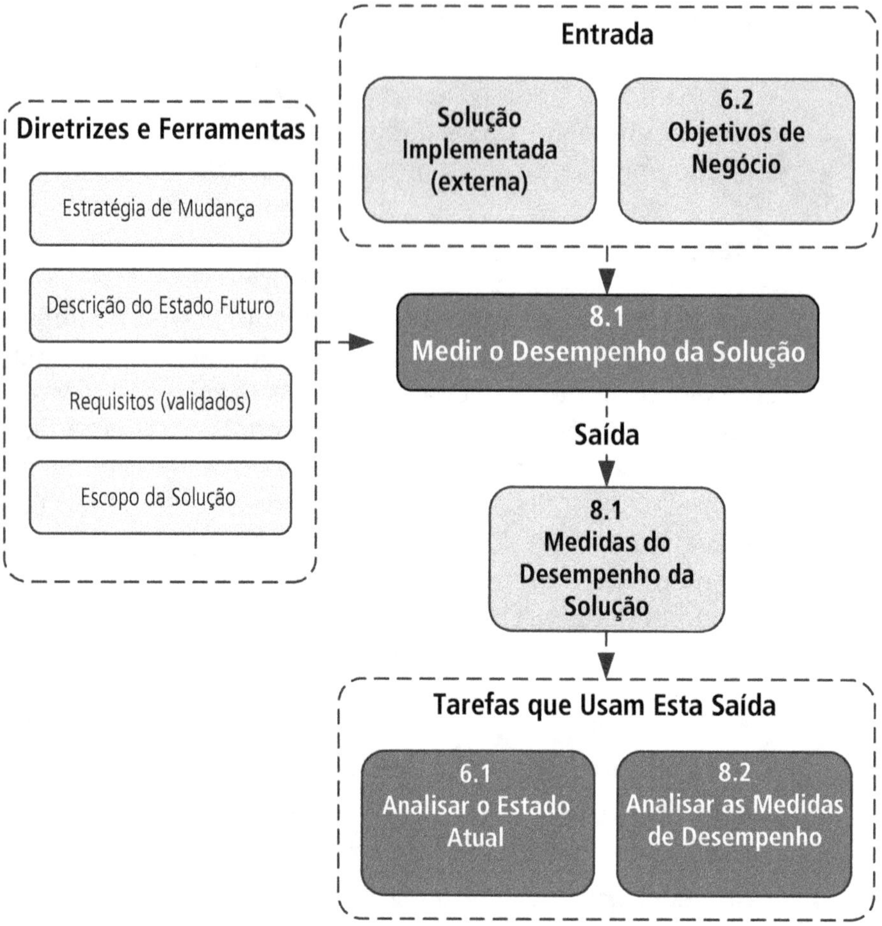

8.1.4   Elementos

.1 Definir as Medidas de Desempenho da Solução

Ao medir o desempenho da solução, os analistas de negócios determinam se as medidas atuais existem, ou se os métodos para capturá-las estão em vigor. Os analistas de negócios garantem que quaisquer medidas de desempenho existentes sejam precisas, relevantes e elicitam quaisquer medidas de desempenho adicionais identificadas pelos stakeholders.

As metas, objetivos e processos de negócio são fontes comuns de medidas. Medidas de desempenho podem ser influenciadas ou impostas por terceiros, tais como fornecedores de soluções, órgãos governamentais ou outras organizações reguladoras. O tipo e a natureza das medições são considerados ao escolher o método de elicitação. As medidas de desempenho da solução podem ser quantitativas, qualitativas ou ambas, dependendo do valor que está sendo medido.

- **Medidas Quantitativas**: são numéricas, contáveis, ou finitas, geralmente envolvendo montantes, quantidades ou proporções.

- **Medidas Qualitativas**: são subjetivas e podem incluir atitudes, percepções e qualquer outra resposta subjetiva. Clientes, usuários e outros envolvidos na operação de uma solução têm a percepção de quão bem a solução está satisfazendo a necessidade.

.2 Validar as Medidas de Desempenho

Validar as medidas de desempenho ajuda a garantir que a avaliação de desempenho da solução seja útil. Os analistas de negócios validam as medidas de desempenho e quaisquer critérios de influência com os stakeholders. Medidas específicas de desempenho devem alinhar-se a quaisquer medidas de nível superior que existam dentro do contexto que afete a solução. As decisões sobre quais medidas são usadas para avaliar o desempenho da solução geralmente são tomadas pelo patrocinador, mas podem ser tomadas por qualquer stakeholder com autoridade decisória.

.3 Coletar as Medidas de Desempenho

Ao definir as medidas de desempenho, os analistas de negócios podem empregar conceitos básicos de amostragem estatística.

Ao coletar medidas de desempenho, os analistas de negócios consideram:

- **Volume ou Tamanho da Amostra**: é selecionado um volume ou tamanho de amostra apropriado para a iniciativa. Um tamanho de amostra muito pequeno pode distorcer os resultados e levar a conclusões imprecisas. Tamanhos de amostra maiores podem ser mais desejáveis, mas podem não ser práticos de se obter.

- **Frequência e Cronologia**: a frequência e a cronologia nas quais as medições são feitas podem ter um efeito sobre o resultado.

- **Atualização**: as medições realizadas mais recentemente tendem a ser mais representativas do que os dados mais antigos.

Usando medidas qualitativas, os analistas de negócios podem facilitar as discussões para estimar o valor realizado por uma solução. Os stakeholders conhecedores da operação e uso da solução chegam a um consenso baseado em fatos e suposições razoáveis, conforme percebidos por eles.

8.1.5   Diretrizes e Ferramentas

- *Estratégia de Mudança*: a estratégia de mudança usada ou em uso para implementar o valor potencial.

- *Descrição da Situação Futura*: limites dos componentes propostos novos, removidos ou modificados da empresa, e o valor potencial esperado do estado futuro.

- *Requisitos (validados)*: um conjunto de requisitos que foram analisados e avaliados para determinar seu valor.

- *Escopo da Solução*: os limites de solução para medir e avaliar.

8.1.6   Técnicas

- *Critérios de Aceitação e de Avaliação*: usados para definir o desempenho aceitável da solução.

- *Benchmarking e Análise de Mercado*: usados para definir medidas e seus níveis aceitáveis.

- *Business Cases*: usados para definir objetivos de negócios e medidas de desempenho para uma solução proposta.

- *Mineração de Dados*: usada para coletar e analisar grandes quantidades de dados relativos ao desempenho da solução.

- *Análise de Decisão*: usada para ajudar os stakeholders a decidir sobre formas adequadas de medir o desempenho da solução e níveis aceitáveis de desempenho.

- *Grupos Focais*: usados para fornecer avaliações subjetivas, insights e impressões sobre o desempenho de uma solução.

- *Métricas e Indicadores-Chave de Desempenho (KPIs - Key Performance Indicators)*: utilizados para medir o desempenho da solução.

- *Análise de Requisitos Não Funcionais*: utilizado para definir características esperadas de uma solução.

- *Observação*: utilizada tanto para fornecer feedback sobre percepções de desempenho de solução ou para conciliar resultados contraditórios.

- *Prototipagem*: usada para simular uma nova solução para que as medidas de desempenho possam ser determinadas e coletadas.

- *Pesquisa ou Questionário*: usados para reunir opiniões e atitudes sobre o desempenho da solução. Pesquisas e questionários podem ser efetivos quando grupos grandes ou díspares precisam ser pesquisados.

- *Casos de Uso e Cenários*: usados para definir os resultados esperados de uma solução.

- **Avaliação de Fornecedores**: usada para avaliar qual das medidas de desempenho do fornecedor devem ser incluídas na avaliação de desempenho da solução.

8.1.7   Stakeholders

- **Cliente**: poderá ser consultado para fornecer feedback sobre o desempenho da solução.

- **Especialista no assunto do domínio**: uma pessoa familiarizada com o domínio que pode ser consultada para fornecer medições potenciais.

- **Usuário Final**: contribui para o valor real realizado pela solução em termos do desempenho da solução. Eles podem ser consultados para fornecer revisões e feedbacks sobre áreas como carga de trabalho e satisfação com o trabalho.

- **Gerente do Projeto**: responsável por gerenciar o planejamento e as tarefas para realizar a mensuração da solução. Para soluções já em operação, esse papel pode não ser necessário.

- **Patrocinador**: responsável por aprovar as medidas utilizadas para determinar o desempenho da solução. Também pode proporcionar expectativas de desempenho.

- **Regulador**: um grupo externo ou interno que possa ditar ou prescrever restrições e diretrizes que devem ser incorporadas nas medidas de desempenho de solução.

8.1.8   Saídas

- **Medidas de Desempenho da Solução**: medidas que fornecem informações sobre quão bem está o desempenho da solução ou potencialmente poderia estar.

8.2   Analisar as Medidas de Desempenho

8.2.1   Propósito

O propósito de Analisar as Medidas de Desempenho é fornecer insights sobre o desempenho de uma solução em relação ao valor que ela traz.

8.2.2   Descrição

As medidas coletadas na tarefa Medir o Desempenho da Solução (p. 211) muitas vezes requerem interpretação e síntese para derivar significado e serem acionáveis. As próprias medidas de desempenho raramente desencadeiam uma decisão sobre o valor de uma solução.

A fim de analisar de forma significativa as medidas de desempenho, os analistas de negócios exigem uma compreensão profunda do valor potencial que os stakeholders esperam alcançar com a solução. Para auxiliar na análise, são consideradas variáveis como as metas e objetivos da corporação, os indicadores-chave de desempenho (KPIs), o nível de risco da solução, a tolerância ao risco de ambos os stakeholders e a corporação, e outros alvos declarados.

8.2.3   Entradas

- *Valor Potencial*: descreve o valor que pode ser realizado com a implementação do estado futuro proposto. Pode ser usado como um benchmark contra o qual o desempenho da solução pode ser avaliado.
- *Medidas de Desempenho da Solução*: medem e fornecem informações sobre quão bem está o desempenho da solução ou potencialmente poderia estar.

Figura 8.2.1: Diagrama de Entrada/Saída de Analisar as Medidas de Desempenho

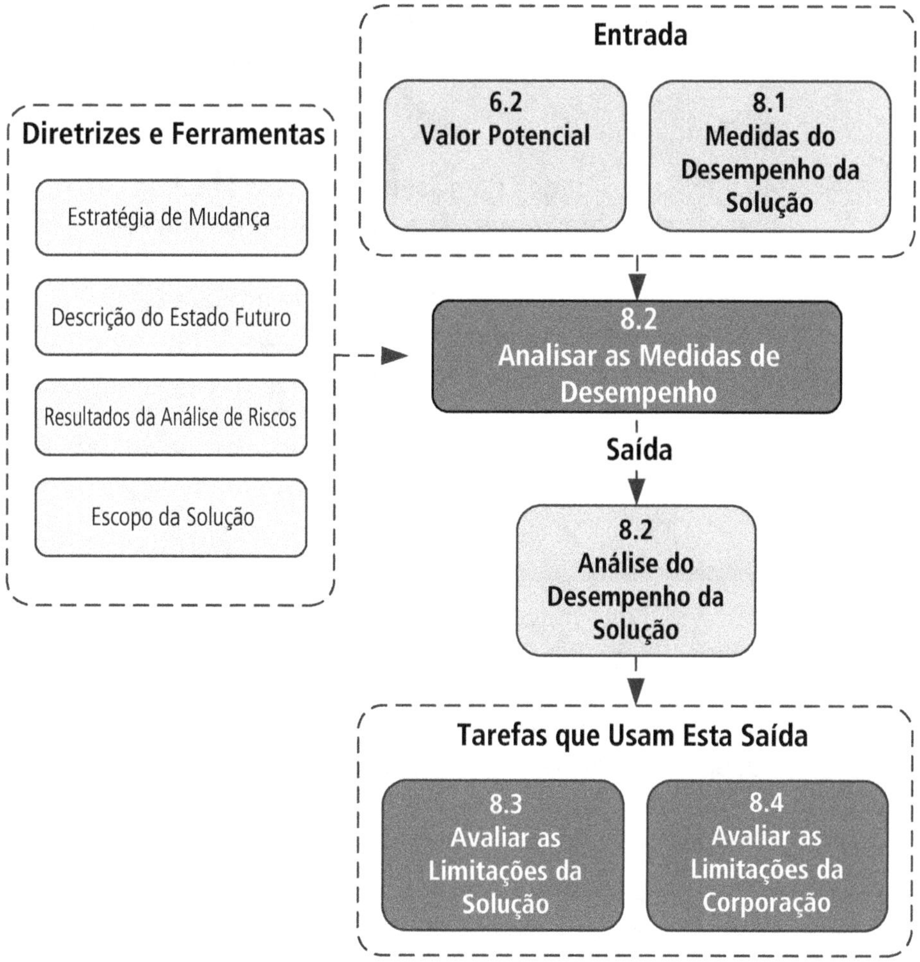

8.2.4   Elementos

.1 Desempenho da Solução versus Valor Desejado

Os analistas de negócios examinam as medidas previamente coletadas a fim de avaliar sua capacidade de ajudar os stakeholders a entender o valor da solução. Uma solução pode ser de alto desempenho, como um sistema eficiente de processamento de transações on-line, mas contribui com um valor inferior ao esperado (ou comparado com o que contribuiu no passado). Por outro lado, uma solução de baixo desempenho, mas potencialmente valiosa, como um processo principal que é ineficiente, pode ser aprimorada para aumentar o seu nível de desempenho. Se as medidas não forem suficientes para ajudar os stakeholders a determinar valor de solução, os analistas de negócios coletam mais medições ou tratam a falta de medidas como um risco de solução.

.2 Riscos

As medidas de desempenho podem desvendar novos riscos para o desempenho da solução e para a corporação. Esses riscos são identificados e gerenciados como quaisquer outros riscos.

.3 Tendências

Ao analisar os dados de desempenho, os analistas de negócios consideram o período de tempo em que os dados foram coletados para se protegerem contra anomalias e tendências distorcidas. Uma amostra suficientemente grande, durante um período de tempo adequado, fornecerá uma descrição precisa do desempenho da solução sobre a qual tomar decisões e se proteger contra sinais falsos trazidos por dados incompletos. Quaisquer tendências pronunciadas e repetidas, tais como um aumento notável de erros em determinados momentos ou uma mudança na velocidade do processo quando o volume é aumentado, são notadas.

.4 Precisão

A precisão das medidas de desempenho é essencial para a validade de sua análise. Os analistas de negócios testam e analisam os dados coletados pelas medidas de desempenho para garantir sua precisão. Para serem considerados precisos e confiáveis, os resultados das medidas de desempenho devem ser reprodutíveis e repetíveis.

.5 Variações de Desempenho

A diferença entre desempenho esperado e real representa uma variação que é considerada ao analisar o desempenho da solução. A análise de causa raiz pode ser necessária para determinar as causas fundamentais de variâncias significativas dentro de uma solução. Recomendações de como melhorar o desempenho e reduzir quaisquer variâncias são feitas na tarefa Recomendar Ações para Aumentar o Valor da Solução (p. 232).

8.2.5   Diretrizes e Ferramentas

* *Estratégia de Mudança*: a estratégia de mudança que foi usada ou está em uso para implementar o valor potencial.

* *Descrição da Situação Futura*: limites dos componentes novos, modificados ou removidos da corporação e o valor potencial esperado a partir do estado futuro.

* *Resultados da Análise de Riscos*: o nível global de risco e a abordagem planejada para modificar os riscos individuais.

* *Escopo da Solução*: os limites de solução para medir e avaliar.

8.2.6 Técnicas

- **Critérios de Aceitação e de Avaliação**: utilizados para definir o desempenho de solução aceitável por meio de critérios de aceitação. O grau de variância a partir desses critérios irá orientar a análise desse desempenho.

- **Benchmarking e Análise de Mercado**: usados para observar os resultados de outras organizações que empregam soluções semelhantes ao avaliar riscos, tendências e variâncias.

- **Mineração de Dados**: usada para coletar dados relativos ao desempenho, tendências, questões comuns e variâncias de níveis de desempenho esperados e compreender padrões e significado nesses dados.

- **Entrevistas**: usadas para determinar o valor esperado de uma solução e sua percepção de desempenho a partir de uma perspectiva individual ou de pequeno grupo.

- **Métricas e Indicadores-Chave de Desempenho (KPIs - Key Performance Indicators)**: usados para analisar o desempenho da solução, especialmente ao julgar quão bem uma solução contribui para atingir os objetivos.

- **Observação**: usada para observar uma solução em ação, caso os dados coletados não forneçam conclusões definitivas.

- **Análise e Gerenciamento de Riscos**: usados para identificar, analisar, desenvolver planos para modificar os riscos e gerenciar os riscos continuamente.

- **Análise de Causa Raiz**: usada para determinar a causa fundamental da variância de desempenho.

- **Pesquisa ou Questionário**: usados para determinar o valor esperado de uma solução e sua percepção de desempenho.

8.2.7 Stakeholders

- **Especialista no assunto do domínio**: pode identificar riscos e fornecer insights sobre dados para análise do desempenho da solução.

- **Gerente do Projeto**: dentro de um projeto, é responsável pela gestão geral de riscos e que possa participar de análise de risco para soluções novas ou alteradas.

- **Patrocinador**: pode identificar riscos, fornecer insights sobre dados e o valor potencial de uma solução. Eles vão tomar decisões sobre o significado do desempenho, esperado versus real, da solução.

8.2.8   Saídas

- ***Análise de Desempenho da Solução***: resultados da análise de medições coletadas e recomendações para solucionar lacunas de desempenho e alavancar oportunidades para melhorar o valor.

8.3   Avaliar as Limitações da Solução

8.3.1   Propósito

O propósito de Avaliar as Limitações de Solução é determinar os fatores internos à solução que restringem a realização do valor total.

8.3.2   Descrição

A avaliação das limitações da solução identifica as causas raízes para soluções e componentes de solução de baixo desempenho e inefetivos.

Avaliar as Limitações da Solução está intimamente conectada à tarefa Avaliar Limitações da Corporação (p. 226). Essas tarefas podem ser executadas simultaneamente. Se a solução não tiver cumprido o seu valor potencial, os analistas de negócios determinam quais os fatores, internos e externos à solução, estão limitando valor. Esta tarefa centra-se na avaliação desses fatores internos à solução.

Esta avaliação pode ser realizada em qualquer ponto durante o ciclo de vida da solução. Pode ocorrer em um componente da solução durante seu desenvolvimento, em uma solução concluída antes da implementação completa, ou em uma solução existente que esteja atualmente funcionando em uma organização. Independentemente do momento, as atividades de avaliação são semelhantes e envolvem as mesmas considerações.

8.3.3   Entradas

- **Solução Implementada (externa)**: uma solução que existe. A solução pode ou não estar em uso operacional; pode ser um protótipo. A solução deve ser utilizada de alguma forma para ser avaliada.

- **Análise de Desempenho da Solução**: resultados da análise de medições coletadas e recomendações para resolver lacunas de desempenho e alavancar oportunidades para melhorar o valor.

Figura 8.3.1: Avaliar Diagrama de Entrada/Saída de Limitações

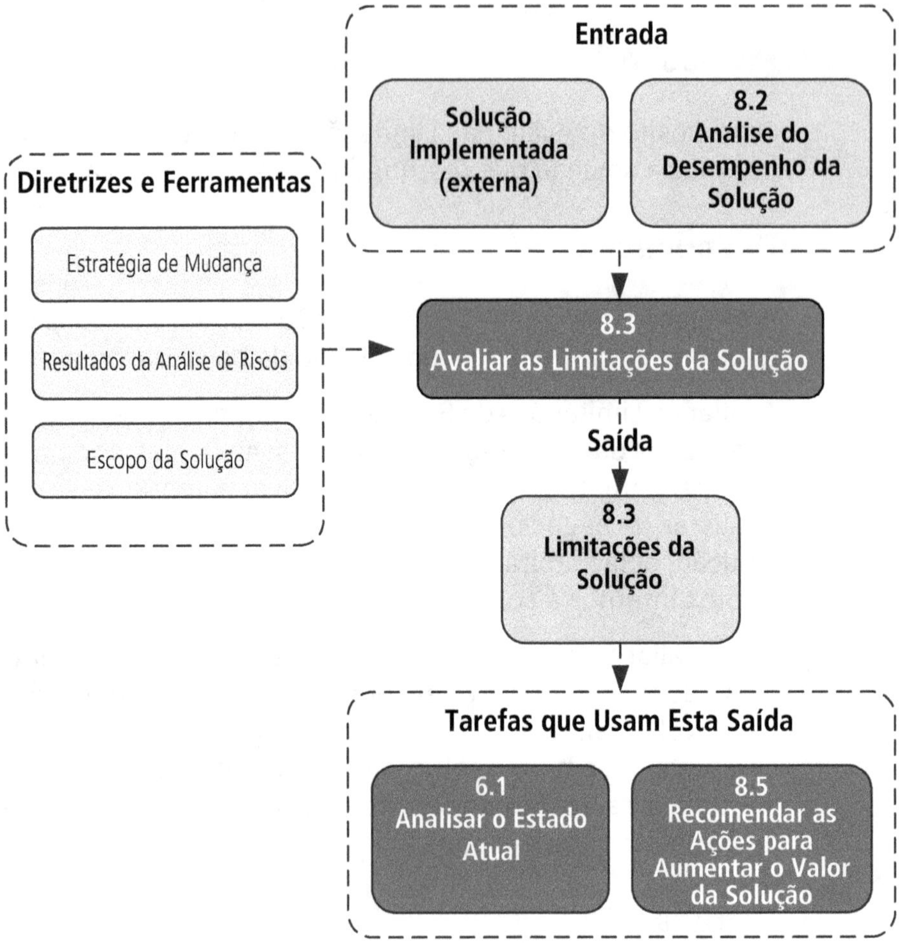

8.3.4   Elementos

.1   Identificar Dependências do Componente de Solução Interna

As soluções muitas vezes possuem dependências internas que limitam o desempenho de toda a solução ao desempenho do componente menos efetivo. A avaliação do desempenho geral da solução, ou de seus componentes, é realizada nas tarefas Medir o Desempenho da Solução (p. 211) e Analisar as Medidas de Desempenho (p. 216). Os analistas de negócios identificam os componentes da solução que têm dependências sobre outros componentes da solução e, então, determinam se há algo sobre essas dependências ou outros componentes que limitam o desempenho da solução e a realização de valor.

.2 Investigar Problemas de Solução

Quando é determinado que a solução está consistentemente ou repetidamente produzindo saídas inefetivas, a análise de problemas é realizada a fim de identificar a origem do problema.

Os analistas de negócios identificam problemas em uma solução ou componente de solução, examinando instâncias em que as saídas da solução estão abaixo de um nível aceitável de qualidade ou onde o valor potencial não está sendo realizado. Os problemas podem ser indicados por uma incapacidade de atender a um objetivo declarado, objetivo ou exigência, ou pode ser uma falha na realização de um benefício projetado durante as tarefas Definição da Estratégia de Mudança ou Recomendar Ações para Aumentar o Valor da Solução.

.3 Avaliação de impacto

Os analistas de negócios revisam problemas identificados a fim de avaliar o efeito que podem ter sobre o funcionamento da organização ou sobre a capacidade da solução de entregar o seu valor potencial. Isto requer a determinação da gravidade do problema, a probabilidade da reincidência do problema, o impacto sobre as operações do negócio e a capacidade do negócio de absorver o impacto. Os analistas de negócios identificam quais problemas devem ser resolvidos, quais podem ser mitigado por meio de outras atividades ou abordagens e quais podem ser aceitos.

Outras atividades ou abordagens podem incluir medidas de controle de qualidade adicionais, processos de negócios novos ou ajustados ou suporte adicional para exceções ao resultado desejado.

Além de problemas identificados, analistas de negócios avaliam riscos para a solução e potenciais limitações da solução. Essa avaliação de risco é específica para a solução e suas limitações.

8.3.5 Diretrizes e Ferramentas

- **Estratégia de Mudança**: a estratégia de mudança utilizada ou em uso para implementar o valor potencial.

- **Resultados da Análise de riscos**: o nível global de risco e a abordagem planejada para modificar os riscos individuais.

- **Escopo da Solução**: os limites de solução para medir e avaliar.

8.3.6   Técnicas

- **Critérios de Aceitação e de Avaliação**: utilizados tanto para indicar o nível em que os critérios de aceitação são atendidos ou antecipados para serem atendidos pela solução e para identificar quaisquer critérios que não sejam atendidos pela solução.

- **Benchmarking e Análise de Mercado**: usados para avaliar se outras organizações estão experimentando os mesmos desafios de solução e, se possível, determinar como eles estão abordando-a.

- **Análise de Regras de Negócio**: utilizada para ilustrar as regras de negócios atuais e as mudanças necessárias para alcançar o valor potencial da mudança.

- **Mineração de Dados**: usada para identificar fatores que limitam o desempenho da solução.

- **Análise de Decisão**: usada para ilustrar as atuais decisões de negócios e as mudanças necessárias para alcançar o valor potencial da mudança.

- **Entrevistas**: usadas para ajudar a realizar análise de problemas.

- **Rastreamento de Itens**: usado para registrar e gerenciar questões de stakeholders relacionadas com o motivo pelo qual a solução não está atendendo o valor potencial.

- **Lições Aprendidas**: usadas para determinar o que pode ser aprendido a partir da concepção, definição e construção da solução para ter potencialmente impactado sua capacidade de entrega de valor.

- **Análise e Gerenciamento de Riscos**: usados para identificar, analisar e gerenciar riscos, uma vez que se relacionam com a solução e suas potenciais limitações que podem impedir a realização de valor potencial.

- **Análise de Causa Raiz**: usada para identificar e compreender a combinação de fatores e suas causas fundamentais que levaram a solução a ser incapaz de entregar seu valor potencial.

- **Pesquisa ou Questionário**: usados para ajudar a realizar análise de problemas.

8.3.7   Stakeholders

- **Cliente**: acaba por ser afetado por uma solução e, portanto, tem uma perspectiva importante sobre o seu valor. Um cliente pode ser consultado para fornecer revisões e feedbacks.

- **Especialista no assunto do domínio**: fornece entrada em como a solução deve executar e identifica limitações potenciais para a realização de valor.

- **Usuário Final**: utiliza a solução, ou é um componente da solução e, portanto, contribui para o valor real realizado pela solução em termos de desempenho de solução. Um usuário final pode ser consultado para fornecer revisões e feedback sobre áreas como carga de trabalho e satisfação do trabalho.

- **Regulador**: uma pessoa cuja organização precisa ser consultada sobre o valor planejado e potencial de uma solução, uma vez que essa organização pode restringir a solução, o grau em que se percebe o valor real ou quando o valor real é realizado.

- **Patrocinador**: responsável pela aprovação do valor potencial da solução, por fornecer recursos para desenvolver, implementar e apoiar a solução, e para direcionar os recursos corporativos para utilizar a solução. O patrocinador também é responsável por aprovar uma mudança para o valor potencial.

- **Testador**: responsável por identificar problemas de solução durante a construção e a implementação; não é frequentemente utilizado na avaliação de uma solução existente fora de uma mudança.

8.3.8   Saídas

- **Limitações da Solução**: uma descrição das limitações atuais da solução incluindo restrições e defeitos.

8.4 Avaliar Limitações da Corporação

8.4.1 Propósito

O propósito de Avaliar as Limitações da Corporação é determinar como os fatores externos à solução estão restringindo a realização de valor.

8.4.2 Descrição

As soluções podem operar através de várias organizações dentro de uma corporação e, portanto, ter muitas interações e interdependências. As soluções também podem depender de fatores ambientais que são externos à empresa. As limitações da corporação podem incluir fatores tais como cultura, operações, componentes técnicos, interesses dos stakeholders ou estruturas de comunicação.

A avaliação das limitações da corporação identifica as causas raízes e descreve como os fatores da corporação limitam a realização do valor.

Esta avaliação pode ser realizada em qualquer ponto durante o ciclo de vida da solução. Pode ocorrer em um componente de solução durante seu desenvolvimento ou em uma solução completa antes da implementação total. Também pode ocorrer em uma solução existente que esteja funcionando atualmente dentro de uma organização. Independentemente do momento, as atividades de avaliação são semelhantes e exigem as mesmas habilidades.

8.4.3 Entradas

- **Descrição da Situação Atual**: o atual ambiente interno da solução, incluindo os fatores ambientais, culturais e internos que influenciam as limitações da solução.

- **Solução Implementada (ou Construída) (externa)**: uma solução que existe. A solução pode ou não estar em uso operacional; pode ser um protótipo. A solução deve ser utilizada de alguma forma para ser avaliada.

- **Análise de Desempenho da Solução**: resultados da análise das medições coletadas e recomendações para resolver lacunas de desempenho e alavancar oportunidades para aumentar o valor.

Figura 8.4.1: Diagrama de Entrada/Saída de Avaliar as Limitações da Corporação

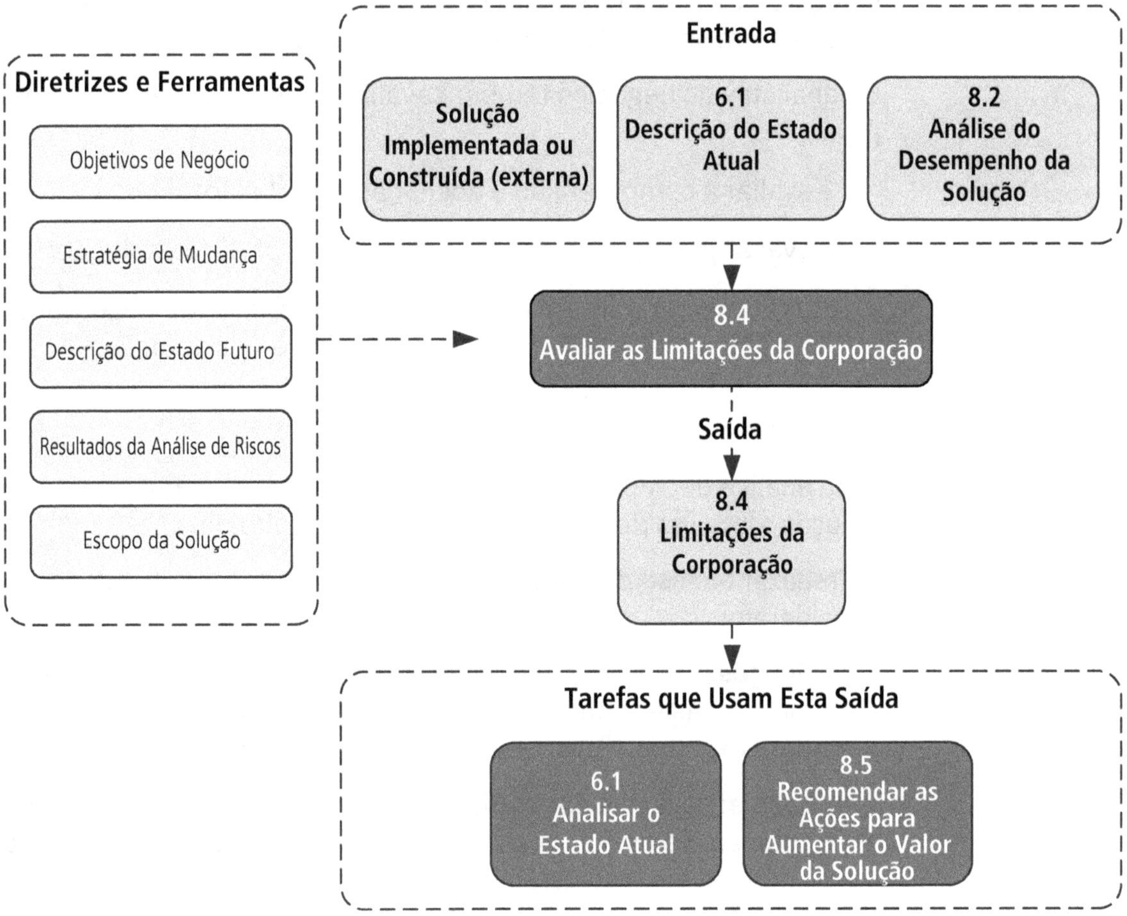

8.4.4 Elementos

.1 Avaliação da Cultura Corporativa

A cultura corporativa é definida como as crenças, valores e normas profundamente enraizados compartilhados pelos membros de uma corporação. Embora essas crenças e valores possam não ser diretamente visíveis, eles impulsionam as ações tomadas por uma corporação.

Os analistas de negócios realizam avaliações da cultura para:

- identificar se os stakeholders entendem ou não as razões pelas quais uma solução existe;

- verificar se os stakeholders encaram ou não a solução como algo benéfico e se apoiam na mudança;

- determinar se e quais mudanças culturais são necessárias para melhor realizar o valor a partir de uma solução.

A avaliação da cultura corporativa avalia a medida em que a cultura pode aceitar uma solução. Se forem necessários ajustes culturais para apoiar a solução, a avaliação é usada para julgar a capacidade e a disposição da empresa em se adaptar a essas mudanças culturais.

Os analistas de negócios também avaliam os stakholders internos e externos para:

- avaliar a compreensão e aceitação da solução;

- avaliar percepção de valor e benefício a partir da solução;

- determinar quais atividades de comunicação são necessárias para garantir a conscientização e compreensão da solução.

.2 Análise de Impacto de Stakeholders

Uma análise de impacto de stakeholders fornece insight sobre como a solução afeta um determinado grupo de stakeholders.

Ao realizar análise de impacto de stakeholders, os analistas de negócios consideram:

- **Funções**: os processos em que o stakeholder utiliza a solução, que incluem as entradas que ele fornece ao processo, como utiliza a solução para executar o processo, e o que ele recebe do processo.

- **Locais**: os locais geográficos dos stakeholders interagindo com a solução. Se os stakeholders estiverem em locais díspares, pode impactar seu uso da solução e a capacidade de perceber o valor da solução.

- **Interesses**: as questões, os riscos e os interesses globais que os stakeholders têm com a solução. Isso pode incluir o uso da solução, as percepções do valor da solução e o impacto que a solução tem sobre a capacidade de um stakeholder em desempenhar funções necessárias.

.3 Mudanças de Estrutura Organizacional

Há ocasiões em que analistas de negócios avaliam como a estrutura da organização é impactada por uma solução.

O uso de uma solução e a capacidade de adotar uma mudança podem ser ativadas ou bloqueadas por relacionamentos formais e informais entre os stakeholders. A estrutura de comunicação pode ser muito complexa ou muito simples para permitir que uma solução tenha um desempenho de forma efetiva. Avaliar se a hierarquia organizacional suporta a solução é uma atividade fundamental. Na ocasião, relacionamentos informais dentro de uma organização, sejam alianças, amizades ou matrizes-reportagens, impactam a capacidade de uma solução para entregar valor potencial. Os analistas de negócios consideram esses relacionamentos informais, além da estrutura formal.

.4 Avaliação Operacional

A avaliação operacional é realizada para determinar se uma corporação é capaz de se adaptar ou utilizar de forma efetiva uma solução. Isso identifica quais processos e ferramentas dentro da corporação estão adequadamente equipados para se beneficiar da solução, e se ativos suficientes e adequados estão em vigor para apoiá-la.

Ao realizar uma avaliação operacional, os analistas de negócios consideram:

- políticas e procedimentos;
- capacidades e processos que habilitam outras capacidades;
- necessidades de habilidades e formação;
- práticas de recursos humanos;
- tolerância ao risco e abordagens de gestão;
- ferramentas e tecnologia que apoiam uma solução.

8.4.5   Diretrizes e Ferramentas

- **Objetivos de Negócio**: são considerados ao medir e determinar o desempenho da solução.

- **Estratégia de Mudança**: a estratégia de mudança usada, ou em uso, para implementar o valor potencial.

- **Descrições de Estados Futuros**: limites dos componentes novos, removidos ou modificados da corporação, bem como o valor potencial esperado a partir do estado futuro.

- **Resultados da Análise de Riscos**: o nível global de risco e a abordagem planejada para modificar os riscos individuais.

- **Escopo da Solução**: os limites de solução para medir e avaliar.

8.4.6   Técnicas

- **Benchmarking e Análise de Mercado**: usados para identificar soluções e interações corporativas existentes.

- **Brainstorming**: usado para identificar lacunas organizacionais ou interesses dos stakeholders.

- **Mineração de Dados**: usada para identificar fatores que limitam o desempenho da solução.

- **Análise de Decisão**: usada para auxiliar na tomada de uma decisão otimizada em condições de incerteza e pode ser usada na avaliação para tomar decisões sobre lacunas funcionais, técnicas ou processuais.

- **Análise de Documentos**: usada para ganhar a compreensão da cultura, das operações e da estrutura da organização.

- **Entrevistas**: usadas para identificar lacunas organizacionais ou interesses dos stakeholders.

- **Rastreamento de Itens**: usado para garantir que as questões não sejam negligenciadas ou perdidas e que as questões identificadas pela avaliação sejam resolvidas.

- **Lições Aprendidas**: usadas para analisar iniciativas anteriores e as interações corporativas com as soluções.

- **Observação**: usada para testemunhar as interações corporativas e de solução para identificar impactos.

- **Modelagem Organizacional**: usada para assegurar a identificação de quaisquer mudanças necessárias na estrutura organizacional que possam ter que ser abordadas.

- **Análise de Processos**: utilizada para identificar possíveis oportunidades para melhorar o desempenho.

- **Modelagem de Processos**: utilizada para ilustrar os processos de negócios atuais e / ou mudanças que devem ser feitas para se atingir o valor potencial da solução.

- **Análise e Gerenciamento de Riscos**: usados para considerar riscos nas áreas de tecnologia (se os recursos tecnológicos selecionados proporcionam a funcionalidade necessária), financeira (se os custos podem exceder os níveis que tornam a mudança resgatável) e de negócio (se a organização será capaz de fazer as mudanças necessárias para atingir o valor potencial da solução).

- **Matriz de Papéis e Permissões**: usada para determinar papéis e permissões associadas aos stakeholders, assim como a estabilidade dos usuários finais.

- **Análise de Causa Raiz**: usada para determinar se a causa fundamental pode estar relacionada com as limitações da corporação.

- **Pesquisa ou Questionário**: usados para identificar lacunas organizacionais ou interesses dos stakeholders.

- **Análise SWOT**: usada para demonstrar como uma mudança ajudará a organização a maximizar os pontos fortes e minimizar as fraquezas, além de avaliar estratégias desenvolvidas para responder a questões identificadas.

- **Workshops**: usados para identificar lacunas organizacionais ou interesses dos stakeholders.

8.4.7   Stakeholders

- **Cliente**: pessoas que compram ou consomem diretamente a solução e que podem interagir com a organização no uso da solução.

- **Especialista no assunto do domínio**: proporciona informações sobre como a organização interage com a solução e identifica possíveis limitações.

- **Usuário Final**: pessoas que utilizam uma solução ou que são um componente da solução. Os usuários podem ser clientes ou pessoas que trabalham na organização.

- **Regulador**: uma ou muitas entidades governamentais ou profissionais que garantam o cumprimento de leis, regulamentos ou regras; podem ter uma contribuição única para a avaliação organizacional, uma vez que os regulamentos relevantes devem ser incluídos nos requisitos. Pode haver leis e regulamentos que devem ser cumpridos antes (ou como resultado) de uma mudança planejada ou implementada.

- **Patrocinador**: autoriza e assegura o financiamento para a entrega de uma solução, e defende a ação para resolver os problemas identificados na avaliação organizacional.

8.4.8   Saídas

- **Limitações da Corporação**: uma descrição das limitações atuais da corporação incluindo como o desempenho da solução está impactando a corporação.

8.5   Recomendar Ações para Aumentar o Valor da Solução

8.5.1   Propósito

O propósito de Recomendar Ações para Aumentar o Valor de Solução é entender os fatores que criam diferenças entre valor potencial e valor real e recomendar um curso de ação para alinhá-los.

8.5.2   Descrição

As várias tarefas da área de conhecimento Avaliação da Solução ajudam a medir, analisar e determinar as causas do desempenho inaceitável da solução. A tarefa Recomendar Ações para Aumentar o Valor da Solução (p. 232), concentra-se em compreender o agregado das avaliações realizadas e identificar alternativas e ações para melhorar o desempenho da solução e aumentar a realização do valor.

As recomendações geralmente identificam como uma solução deve ser substituída, desativada ou aprimorada. Podem também considerar efeitos a longo prazo e contribuições da solução aos stakeholders. Eles podem incluir recomendações para adequar a organização de modo a permitir o máximo desempenho da solução e a realização de valor.

8.5.3   Entradas

- *Limitações da Corporação*: uma descrição das limitações atuais da corporação, incluindo como o desempenho da solução está impactando a corporação.

- *Limitações da Solução*: uma descrição das limitações atuais da solução, incluindo restrições e defeitos.

Figura 8.5.1: Diagrama de Entrada/Saída de Recomendar Ações para Aumentar o Valor da Solução

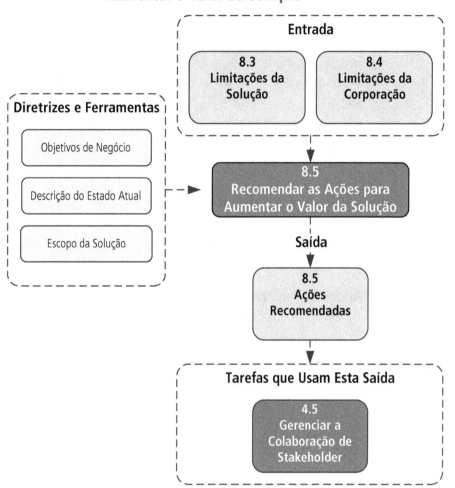

8.5.4   Elementos

.1 Ajustar Medidas de Desempenho da Solução

Em alguns casos, o desempenho da solução é considerado aceitável, mas pode não apoiar o cumprimento das metas e objetivos de negócio. Pode ser necessário um esforço de análise para identificar e definir medidas mais adequadas.

.2 Recomendações

Embora as recomendações muitas vezes descrevam maneiras de aumentar o desempenho da solução, isso nem sempre é o caso. Dependendo do motivo do desempenho inferior ao esperado, pode ser razoável não tomar nenhuma ação, ajustar fatores que são externos à solução, ou redefinir as expectativas para a solução.

Alguns exemplos comuns de recomendações que um analista de negócios pode fazer incluem:

- **Não fazer nada**: geralmente é recomendado quando o valor de uma mudança é baixo em relação ao esforço necessário para fazer a mudança, ou quando os riscos de mudança superam significativamente os riscos de permanecer no estado atual. Também pode ser impossível fazer uma mudança com os recursos disponíveis ou no prazo estipulado.

- **Mudança Organizacional**: é um processo para gerenciar atitudes, percepções e participação na mudança relacionada com a solução. O gerenciamento de mudanças organizacionais geralmente se refere a um processo e conjunto de ferramentas para gerenciamento de mudanças em um nível organizacional. O analista de negócios pode ajudar a desenvolver recomendações para mudanças na estrutura organizacional ou no pessoal, pois as funções de trabalho podem mudar significativamente como resultado do trabalho automatizado. Novas informações podem ser disponibilizadas aos stakeholders e novas habilidades podem ser necessárias para operar a solução.

    - automatizar ou simplificar o trabalho que as pessoas executam. Tarefas relativamente simples são as principais candidatas à automação. Adicionalmente, as atividades de trabalho e as regras de negócios podem ser revisadas e analisadas para determinar oportunidades de reengenharia, mudanças de responsabilidades e terceirização.

    - melhorar o acesso às informações. A mudança pode proporcionar maiores quantidades de informações e melhorar a qualidade da informação às equipes e tomadores de decisão.

- **Reduzir Complexidade de Interfaces**: as interfaces são necessárias sempre que o trabalho é transferido entre sistemas ou entre pessoas. A redução da sua complexidade pode melhorar a compreensão.

- **Eliminar Redundância**: diferentes grupos de stakeholders podem ter necessidades comuns que podem ser atendidas com uma solução única, reduzindo o custo de implementação.

- **Evitar Desperdícios**: o objetivo de evitar desperdícios é remover completamente aquelas atividades que não agregam valor e minimizar aquelas atividades que não contribuem diretamente para o produto final.

- **Identificar as Capacidades Adicionais**: as opções de solução podem oferecer capacidades à organização acima e além das identificadas nos requisitos. Em muitos casos, estas capacidades não são de valor imediato para a organização, mas têm o potencial de fornecer valor futuro, pois a solução pode apoiar o rápido desenvolvimento ou implementação dessas capacidades se elas forem necessárias (por exemplo, um aplicativo de software pode ter características que a organização antecipa usar no futuro).

- **Desativar a Solução**: pode ser necessário considerar a substituição de uma solução ou componente de solução. Isto pode ocorrer porque a tecnologia chegou ao fim de sua vida útil, os serviços estão sendo contratados ou terceirizados, ou a solução não está cumprindo as metas para as quais foi criada.

- Alguns fatores adicionais que podem impactar a decisão em relação à substituição ou à desativação de uma solução incluem:

   - **custo contínuo versus investimento inicial**: é comum que a solução existente tenha custos crescentes ao longo do tempo, enquanto que as alternativas têm um custo de investimento mais elevado, mas menores custos de manutenção.

   - **custo de oportunidade** : representa o valor potencial que poderia ser realizado por meio de cursos alternativos de ação.

   - **necessidade**: a maioria dos componentes de solução tem uma expectativa de vida limitada (devido à obsolescência, alteração das condições de mercado e outras causas). Depois de um determinado ponto do ciclo de vida tornar-se-á impraticável ou impossível manter o componente existente.

   - **custo irrecuperável**: retrata o dinheiro e o esforço já comprometidos com uma iniciativa. O impacto psicológico dos custos irrecuperáveis pode tornar difícil aos stakeholders avaliarem objetivamente a lógica da substituição ou eliminação, pois eles podem se sentir relutantes em "desperdiçar" o esforço ou o dinheiro já investido. Como esse investimento não pode ser recuperado, ele é efetivamente irrelevante ao considerar a ação futura. As decisões devem basear-se no investimento futuro necessário e nos benefícios futuros que podem ser obtidos.

8.5.5   Diretrizes e Ferramentas

- **Objetivos de Negócio**: são considerados na avaliação, medição e determinação do desempenho da solução.

- **Descrição da Situação Atual**: fornece o contexto dentro do qual o trabalho precisa ser concluído. Ele pode ser usado para avaliar alternativas e entender melhor o potencial aumento de valor que poderia ser entregue. Também pode ajudar a destacar as consequências não intencionais de alternativas que, de outra forma, poderiam permanecer sem ser detectadas.

- **Escopo da Solução**: os limites de solução para medir e avaliar.

8.5.6   Técnicas

- *Mineração de Dados*: usada para gerar estimativas preditivas de desempenho da solução.

- *Análise de Decisão*: usada para determinar o impacto da atuação em qualquer um dos problemas de valor ou desempenho em potencial.

- *Análise Financeira*: usada para avaliar os custos e benefícios potenciais de uma mudança.

- *Grupos Focais*: usados para determinar se as medidas de desempenho da solução precisam ser ajustadas e usadas para identificar potenciais oportunidades para melhorar o desempenho.

- *Modelagem Organizacional*: usada para demonstrar potencial mudança na estrutura da organização.

- *Priorização*: usada para identificar valor relativo de diferentes ações para melhorar o desempenho da solução.

- *Análise de Processos*: usada para identificar oportunidades em processos relacionados.

- *Análise e Gerenciamento de Riscos*: usados para avaliar resultados diferentes em condições específicas.

- *Pesquisa ou Questionário*: usados para reunir feedback de uma grande variedade de stakeholders para determinar se o valor foi atendido ou excedido, se as métricas são ainda válidas ou relevantes no contexto atual, e quais ações podem ser tomadas para melhorar a solução.

8.5.7   Stakeholders

- *Cliente*: pessoas que compram ou consomem diretamente a solução e que podem interagir com a organização no uso da solução.

- *Especialista no assunto do domínio*: proporciona informações sobre como mudar a solução e/ou a organização a fim de aumentar o valor.

- *Usuário Final*: pessoas que utilizam uma solução ou que são um componente da solução. Os usuários poderiam ser clientes ou pessoas que trabalham na organização.

- *Regulador*: uma ou muitas entidades governamentais ou profissionais que garantem a adesão a leis, regulamentos ou regras. Os regulamentos pertinentes devem ser incluídos nos requisitos.

- *Patrocinador*: autoriza e garante financiamento para implementação de quaisquer ações recomendadas.

8.5.8   **Saídas**

- ***Ações Recomendadas***: recomendação do que deve ser feito para melhorar o valor da solução dentro da empresa.

9 Competências Fundamentais

O capítulo Competências Fundamentais fornece uma descrição dos comportamentos, características, conhecimentos e qualidades pessoais que apoiam a prática de análise de negócios.

As competências fundamentais descritas aqui não são exclusivas da análise de negócios. Elas são descritas aqui para garantir que os leitores estejam cientes da gama de habilidades fundamentais necessárias e fornecer uma base para que eles investiguem ainda mais as habilidades e conhecimentos que possibilitarão que sejam analistas de negócios realizados e adaptáveis.

Essas competências estão agrupadas em seis categorias:

- Pensamento Analítico e Resolução de Problemas;
- Características Comportamentais;
- Conhecimento de Negócio;
- Habilidades de Comunicação;
- Habilidades de Interação;
- Ferramentas e Tecnologia.

Cada competência fundamental é definida com um propósito, definição e medidas de efetividade.

9.1 Pensamento Analítico e Resolução de Problemas

O pensamento analítico e as habilidades de resolução de problemas são necessários para que os analistas de negócios analisem problemas e oportunidades de forma efetiva, identifiquem quais mudanças podem entregar o maior valor e trabalhem com os stakeholders para entender o impacto dessas mudanças.

Os analistas de negócios utilizam o pensamento analítico, assimilando rapidamente vários tipos de informação (por exemplo, diagramas, interesses dos stakeholders, feedback do cliente, esquemas, guias de usuário e planilhas), e identificando quais são relevantes. Os analistas de negócios devem ser capazes de escolher rapidamente métodos efetivos e adaptáveis para aprender e analisar os meios de comunicação, audiências, tipos de problemas e ambientes à medida que cada um é encontrado.

Os analistas de negócios utilizam o pensamento analítico e a resolução de problemas, enquanto facilitam a compreensão das situações, o valor das mudanças propostas e outras ideias complexas.

Possuir uma sólida compreensão das competências essenciais do pensamento analítico e da resolução de problemas permite que os analistas de negócios identifiquem as melhores maneiras de apresentar as informações aos seus stakeholders. Por exemplo, alguns conceitos são mais facilmente compreendidos quando apresentados em diagramas e gráficos informativos em vez de parágrafos de texto. Ter esse entendimento auxilia os analistas de negócios ao planejar sua abordagem de análise de negócios e possibilita comunicar as informações de análise de negócios de uma maneira adequada ao material que está sendo transmitido para seu público.

As competências essenciais do Pensamento Analítico e Resolução de Problemas incluem:

- Pensamento Criativo,
- Tomada de Decisão,
- Aprendizagem,
- Resolução de Problemas,
- Pensamento Sistêmico,
- Pensamento Conceitual, e
- Pensamento Visual.

9.1.1 Pensamento Criativo

.1 Propósito

Pensar criativamente e ajudar os outros a aplicar o pensamento criativo ajuda os analistas de negócios a serem efetivos na geração de novas ideias, abordagens e alternativas para a resolução de problemas e oportunidades.

.2 Definição

O pensamento criativo envolve gerar novas ideias e conceitos, bem como encontrar associações novas ou diferentes entre ideias e conceitos existentes. Ele ajuda a superar abordagens rígidas para resolução de problemas através do questionamento de abordagens convencionais e encorajando novas ideias e inovações que sejam apropriadas à situação. O pensamento criativo pode envolver a combinação, modificação e reaplicação de conceitos ou ideias existentes. Os analistas de negócios podem ser efetivos na promoção do pensamento criativo nos outros identificando e propondo alternativas, e fazendo perguntas e desafiando suposições.

.3 Medidas de Efetividade

As medidas de pensamento criativo efetivo incluem:

- geração e consideração produtiva de novas ideias;
- exploração de conceitos e ideias que são novos;
- exploração de mudanças nos conceitos e ideias existentes;
- geração de criatividade para si mesmo e para os outros;
- aplicação de novas ideias para resolver problemas existentes.

9.1.2 Tomada de Decisão

.1 Propósito

Os analistas de negócios devem ser efetivos na compreensão dos critérios envolvidos na tomada de uma decisão e na assistência aos outros para tomar melhores decisões.

.2 Definição

Quando um analista de negócios ou um grupo de stakeholders se depara com a necessidade de selecionar uma opção a partir de um conjunto de alternativas, uma decisão deve ser tomada sobre qual é a mais vantajosa para os stakeholders e para a corporação. Determinar isso envolve reunir as informações relevantes para a decisão, analisar as informações relevantes, fazer comparações e trade-offs entre opções similares e diferentes, e identificar a opção mais desejada. Os analistas de negócios documentam decisões (e o raciocínio apoiando essas decisões) para usá-las como referência no caso de uma decisão similar ser necessária no futuro ou se eles forem obrigados a explicar por que uma decisão foi tomada.

.3 Medidas de Efetividade

As medidas de tomada de decisão efetiva incluem:

- stakeholders adequados, representados no processo de tomada de decisão;
- o entendimento dos stakeholders do processo de tomada de decisão e o raciocínio por trás da decisão;
- os prós e os contras de todas as opções disponíveis claramente comunicados aos stakeholders;
- a decisão reduzida ou a incerteza eliminada, e que qualquer incerteza remanescente é aceita;
- a decisão tomada abordando a necessidade ou a oportunidade em mãos e representando o melhor interesse de todos os stakeholders;
- o entendimento dos stakeholders de todas as condições, meio ambiente e medidas nas quais a decisão será tomada;
- uma decisão tomada.

9.1.3 Aprendizagem

.1 Propósito

A capacidade de absorver rapidamente novos e diferentes tipos de informação e também de modificar e adaptar o conhecimento existente permite que os analistas de negócios trabalhem de forma efetiva em ambientes de rápida mudança e evolução.

.2 Definição

A aprendizagem é o processo de ganhar conhecimento ou habilidades. A aprendizagem sobre um domínio passa por um conjunto de estágios, desde a aquisição inicial e aprendizagem de fatos brutos, passando pela compreensão de seu significado, a aplicação do conhecimento no trabalho do dia a dia, e, finalmente, a análise, a síntese e a avaliação. Os analistas de negócios devem ser capazes de descrever seu nível de compreensão do domínio do negócio e ser capazes de aplicar esse nível de compreensão para determinar quais atividades de análise precisam ser desempenhadas em uma determinada situação. Uma vez que o aprendizado sobre um domínio chegou ao ponto em que a análise está completa, os analistas de negócios devem ser capazes de sintetizar as informações para identificar oportunidades para criar novas soluções e avaliar essas soluções para garantir que elas sejam efetivas.

O aprendizado é melhorado quando a técnica de aprendizagem é selecionada com base nos resultados de aprendizagem necessários.

As técnicas de aprendizagem a considerar incluem:

- **Visual**: aprendizagem através da apresentação de figuras, fotografias, diagramas, modelos e vídeos;

- **Audiovisual**: aprendizagem através de linguagem verbal e escrita e texto;

- **Cinestésico**: aprender fazendo.

A maioria das pessoas experimenta compreensão mais rápida e retenção mais duradoura de informações quando mais de uma técnica de aprendizagem é usada.

.3 Medidas de Efetividade

As medidas de aprendizagem efetiva incluem:

- a compreensão de que a aprendizagem é um processo para todos os stakeholders;

- a aprendizagem dos conceitos apresentados e, em seguida, demonstração da compreensão sobre os mesmos;

- a demonstração da capacidade de aplicar conceitos a novas áreas ou relacionamentos;

- a rápida absorção de novos fatos, ideias, conceitos e opiniões;

- apresentar efetivamente novos fatos, ideias, conceitos e opiniões aos outros.

9.1.4   Resolução de Problemas

.1 Propósito

Os analistas de negócios definem e resolvem problemas a fim de garantir que a causa raiz real de um problema seja compreendida por todos os stakeholders e que as opções de solução abordem essa causa raiz.

.2 Definição

A definição de um problema envolve garantir que a natureza do problema e quaisquer questões básicas sejam claramente compreendidas por todos os stakeholders. Os pontos de vista dos stakeholders são articulados e abordados para compreender quaisquer conflitos entre as metas e objetivos de diferentes grupos de stakeholders. Suposições são identificadas e validadas. Os objetivos que serão atendidos uma vez que o problema seja resolvido são claramente especificados e soluções alternativas são consideradas e possivelmente desenvolvidas. As alternativas são mensuradas contra os objetivos para determinar qual possível solução é a melhor, além de identificar o valor e os trade-offs que podem existir entre soluções.

.3 Medidas de Efetividade

As medidas de resolução efetiva de problemas incluem:

- a confiança dos participantes no processo de resolução de problemas;
- as soluções selecionadas atendem aos objetivos definidos e resolvem a causa raiz do problema;
- as novas opções de solução podem ser avaliadas efetivamente utilizando o framework de resolução de problemas;
- processo de solução de problemas evitando a tomada de decisões com base em suposições inválidas, noções preconcebidas ou outras armadilhas que possam causar a seleção de uma solução abaixo da ideal.

9.1.5 Pensamento Sistêmico

.1 Propósito

Entender como as pessoas, os processos e a tecnologia dentro de uma organização interagem permite que analistas de negócios entendam a empresa de um ponto de vista holístico.

.2 Definição

A teoria dos sistemas e o pensamento sistêmico sugerem que um sistema como um todo tem propriedades, comportamentos e características que emergem da interação dos componentes desse sistema. Esses fatores não são previsíveis a partir de um entendimento apenas dos componentes. Por exemplo, só porque um analista de negócios sabe que um cliente pode devolver um item que ele comprou não dá ao analista de negócios a imagem completa. O analista deve analisar o impacto que o retorno tem em tais itens como inventário, finanças e treinamento de balconista de loja. No contexto da teoria dos sistemas, o termo sistema inclui as pessoas envolvidas, as interações entre elas, as forças externas que afetam o seu comportamento, e todos os outros elementos e fatores relevantes.

.3 Medidas de Efetividade

As medidas de uso efetivo do pensamento sistêmico incluem:

- comunicar como uma mudança para um componente afeta o sistema como um todo;

- comunicar como uma mudança para um sistema afeta o ambiente em que se encontra;

- comunicar como os sistemas se adaptam às pressões e mudanças internas e / ou externas.

9.1.6   Pensamento Conceitual

.1 Propósito

Os analistas de negócios rotineiramente recebem grandes quantidades de informações detalhadas e potencialmente díspares. Eles aplicam habilidades de pensamento conceitual para encontrar maneiras de entender como essa informação se encaixa em um contexto mais amplo e quais detalhes são importantes, e para conectar informações aparentemente abstratas.

.2 Definição

O pensamento conceitual trata da compreensão da conexão entre contextos, soluções, necessidades, mudanças, stakeholders e valor abstratamente e no contexto ampliado. Ele envolve a compreensão e conexão de informações e padrões que podem não estar obviamente relacionados. O pensamento conceitual envolve a compreensão de onde os detalhes se encaixam em um contexto maior. Envolve o uso de experiências passadas, conhecimento, criatividade, intuição e pensamento abstrato para gerar alternativas, opções e ideias que não são facilmente definidas ou relacionadas.

O pensamento conceitual em análise de negócios trata especificamente da conexão de fatores não facilmente definidos para o problema ou oportunidade essenciais, modelos ou frameworks que ajudam os stakeholders a entender e facilitar a si mesmos e a outros através da mudança. É necessário conectar informações díspares a partir de uma infinidade de stakeholders, objetivos, riscos, detalhes e outros fatores. Com essas informações são geradas opções e alternativas para uma solução que comunica essa informação aos outros, enquanto incentiva que eles gerem ideias próprias.

.3 Medidas de Efetividade

As medidas de pensamento conceitual efetivo incluem:

- conectar informações díspares e agir para entender melhor a relação;

- confirmar a confiança e a compreensão do conceito que está sendo comunicado com os stakeholders;

- formulação de conceitos abstratos utilizando uma combinação de informação e incerteza;

- desenhar sobre experiências passadas para entender a situação.

9.1.7   Pensamento Visual

.1 Propósito

A capacidade de comunicar conceitos e modelos complexos em representações visuais compreensíveis permite aos analistas de negócios engajar os stakeholders e ajudá-los a entender os conceitos que estão sendo apresentados.

.2 Definição

As habilidades de pensamento visual permitem que os analistas de negócios criem representações gráficas dos conceitos ou sistemas que estão sendo discutidos. A meta dessas representações gráficas é permitir que os stakeholders possam entender facilmente os conceitos que estão sendo apresentados e, em seguida, fornecer informações. O pensamento visual requer que o analista faça abstrações e, em seguida, encontre dispositivos gráficos adequados para representá-las.

O pensamento visual representa a visualização e criação de conceitos visuais simples, gráficos, modelos, diagramas e construções para transmitir e integrar informações não visuais. Na realização de análise de negócios, grandes quantidades de informações e conexões complexas entre contextos, stakeholders, necessidades, soluções, mudanças e valor são comunicadas. Os recursos visuais representam essas informações e suas complexidades, permitindo que os stakeholders e o público aprendam com mais rapidez, processem as informações e conectem pontos de cada um de seus contextos.

O pensamento visual também permite que o público se engaje e conecte conceitos de forma mais rápida e livre ao seu contexto, assim como compreenda e aprecie mais claramente os contextos dos outros.

.3 Medidas de Efetividade

As medidas de pensamento visual efetivo incluem:

- informações complexas comunicadas em um modelo visual que é compreensível pelos stakeholders;

- recursos visuais que permitem comparações, localização de padrões e mapeamento de ideias com os participantes;

- aumento da produtividade devido ao aumento da aprendizagem, memória rápida e acompanhamento através de visuais efetivos;

- stakeholders engajados em um nível mais profundo do que com apenas o texto;

- o entendimento dos stakeholders de informações críticas que poderiam ter sido perdidas se apresentadas apenas em conteúdo textual.

9.2   Características Comportamentais

As características comportamentais não são exclusivas da análise de negócios mas foram identificadas como algo que aumenta a efetividade pessoal, na prática de análise de negócios. Essas características existem na essência de todo o conjunto de habilidades do analista de negócios. Cada uma das características comportamentais descritas aqui pode impactar o resultado dos esforços praticados pelo profissional.

As competências essenciais das características comportamentais concentram-se nas competências e comportamentos que permitem a um analista de negócios ganhar a confiança e o respeito dos stakeholders. Os analistas de negócios fazem isso atuando consistentemente de maneira ética, completando tarefas no prazo e de acordo com as expectativas, entregando resultados de qualidade e demonstrando adaptabilidade às necessidades e circunstâncias mutáveis.

As competências essenciais das Características Comportamentais incluem:

- Ética;
- Responsabilização Pessoal (Accountability);
- Confiabilidade;
- Organização e Gerenciamento do Tempo;
- Adaptabilidade.

9.2.1   Ética

.1 Propósito

Comportar-se eticamente e pensar em impactos éticos em outros permite que os analistas de negócios ganhem o respeito dos stakeholders. A capacidade de reconhecer quando uma solução ou requisito proposto pode representar dificuldades éticas a uma organização ou aos seus stakeholders é uma consideração importante que os analistas de negócios podem utilizar para ajudar a reduzir a exposição ao risco.

.2 Definição

A ética requer um entendimento e foco na equidade, consideração e comportamento moral através de atividades de análise de negócios e relacionamentos. O comportamento ético inclui a consideração do impacto que uma solução proposta pode ter em todos os grupos de stakeholders e o trabalho para garantir que esses grupos sejam tratados da forma mais justa possível. O tratamento justo não exige que o resultado seja benéfico para um determinado grupo de stakeholders, mas exige que os stakeholders afetados entendam as razões das decisões. A conscientização sobre questões éticas permite que os analistas de negócios identifiquem quando os dilemas éticos ocorrem e recomendem resoluções para esses dilemas.

.3 Medidas de Efetividade

As medidas de comportamento ético efetivo incluem:

- rápida identificação e resolução de dilemas éticos;
- feedback dos stakeholders confirmando sentir que as decisões e ações são transparentes e justas;
- decisões tomadas considerando os interesses de todos os stakeholders;
- raciocínio para decisões claramente articulado e compreendido;
- divulgação imediata e completa de potenciais conflitos de interesse;
- honestidade em relação às próprias capacidades, ao desempenho do próprio trabalho e à aceitação da responsabilidade por falhas ou erros.

9.2.2   Responsabilização Pessoal (Accountability)

.1 Propósito

A responsabilização pessoal (Accountability) é importante para um analista de negócios porque garante que as tarefas de análise de negócios sejam concluídas no tempo e de acordo com as expectativas dos colegas e stakeholders. Ela habilita o analista de negócios a estabelecer credibilidade, assegurando que os esforços de análise de negócios atendam às necessidades do negócio.

.2 Descrição

A responsabilização pessoal (Accountability) inclui efetivamente planejar o trabalho de análise de negócios para atingir metas e objetivos, e garantir que o valor entregue esteja alinhado às necessidades de negócios. Envolve perseguir todas as pistas e pontas soltas para satisfazer plenamente as necessidades dos stakeholders. O acompanhamento e a conclusão total das tarefas de análise de negócios produzem soluções completas, precisas e relevantes, rastreáveis a uma necessidade. Os analistas de negócios assumem a responsabilidade de identificar e escalar riscos e questões. Eles também garantem que os tomadores de decisão tenham as informações adequadas para avaliar o impacto.

.3 Medidas de Efetividade

As medidas de responsabilização (accountability) pessoal efetiva incluem:

- esforço de trabalho planejado e facilmente articulado aos outros;

- trabalho concluído conforme planejado ou replanejado com raciocínio e tempo de execução suficientes;

- status de ambos os trabalhos planejados e não planejados conhecidos;

- stakeholders com a sensação de que o trabalho está organizado;

- riscos e questões identificados e devidamente tratados;

- requisitos completamente rastreáveis entregues dentro do prazo e as necessidades dos stakeholders atendidas.

9.2.3 Confiabilidade

.1 Propósito

Ganhar a confiança dos stakeholders ajuda os analistas de negócios a obter informações de análise de negócios sobre questões sensíveis e os habilita a ajudar os stakeholders a ter confiança de que as recomendações deles serão avaliadas de forma adequada e justa.

.2 Descrição

A confiabilidade é a percepção de que alguém é digno de confiança. Um analista de negócios ao ser considerado confiável pode compensar o medo natural da mudança vivido por muitos stakeholders.

Vários fatores podem contribuir para que alguém seja considerado digno de confiança:

- concluir intencional e consistentemente as tarefas e entregáveis no prazo, dentro do orçamento, e alcançar os resultados esperados para que os colegas e os stakeholders considerem o comportamento do analista de negócios confiável e diligente;

- apresentar uma atitude consistente de confiança, para que os colegas e os stakeholders considerem o comportamento do analista de negócios como forte;

- agir de forma honesta e direta, abordando imediatamente os conflitos e interesses, para que os colegas e os stakeholders considerem a moral do analista de negócios como sendo honesta e transparente;

- manutenção de um cronograma consistente durante um longo período de tempo para que colegas e stakeholders considerem a disponibilidade do analista de negócios previsível e confiável.

.3 Medidas de Efetividade

As medidas de confiabilidade efetiva incluem:

- os stakeholders envolverem o analista de negócios em discussões e tomadas de decisão;

- os stakeholders trazerem questões e interesses para o analista de negócios;

- os stakeholders estarem dispostos a discutir tópicos difíceis ou polêmicos com o analista de negócios;

- os stakeholders não culparem o analista de negócios quando os problemas ocorrem;

- os stakeholders respeitarem as ideias e as indicações do analista de negócios;

- os stakeholders responderem às indicações do analista de negócios com feedback positivo.

9.2.4 Organização e Gerenciamento do Tempo

.1 Propósito

As habilidades de organização e gerenciamento de tempo ajudam os analistas de negócios a executar tarefas efetivamente e usar o tempo de trabalho de forma eficiente.

.2 Descrição

A organização e o gerenciamento de tempo envolvem a capacidade de priorizar tarefas, executá-las de forma eficiente e gerenciar efetivamente o tempo. Os analistas de negócios estão constantemente adquirindo e acumulando quantidades significativas de informações, e essas informações devem ser organizadas e armazenadas de maneira eficiente para que possam ser usadas e reusadas em uma data posterior. Os analistas de negócios também devem ser capazes de diferenciar informações importantes que devem ser retidas de informações menos importantes.

O gerenciamento efetivo de tempo requer a capacidade de priorizar tarefas e prazos.

As técnicas de organização incluem o estabelecimento de metas de curto e longo prazo, planos de ação, priorização de tarefas e utilização de um checklist. As técnicas para o gerenciamento efetivo de tempo incluem o estabelecimento de limites de tempo em tarefas não críticas, concentrando mais tempo em tarefas de alto risco e prioritárias, deixando de lado o tempo de foco e gerenciamento de interrupções potenciais.

.3 Medidas de Efetividade

As medidas de organização e gerenciamento efetivos de tempo incluem:

- a capacidade de produzir entregáveis em tempo hábil;

- os stakeholders sentirem que o analista de negócios se concentra nas tarefas corretas no momento certo;

- o cronograma de esforço de trabalho e prazos ser gerenciado e comunicado aos stakeholders;

- os stakeholders sentirem que seu tempo nas reuniões e na leitura das comunicações é bem gasto;

- a preparação completa para reuniões, entrevistas e workshops de requisitos;

- informações relevantes de análise de negócios capturadas, organizadas e documentadas;

- o cumprimento do cronograma do projeto e o cumprimento dos prazos;

- fornecimento de informações precisas, minuciosas e concisas de maneira lógica que seja entendida pelos stakeholders;

- manutenção de informações atualizadas sobre o status de cada item de trabalho e todos os trabalhos pendentes.

9.2.5 Adaptabilidade

.1 Propósito

Os analistas de negócios frequentemente trabalham em ambientes em rápida mudança e com uma variedade de stakeholders. Eles ajustam seu estilo comportamental e método de abordagem para aumentar sua efetividade ao interagir com diferentes stakeholders, organizações e situações.

.2 Definição

Adaptabilidade é a capacidade de alterar técnicas, estilo, métodos e abordagem. Demonstrando vontade de interagir e completar tarefas de uma maneira preferível pelos stakeholders, os analistas de negócios podem maximizar a qualidade do serviço prestado e ajudar mais eficientemente a organização a alcançar suas metas e objetivos. Ter a curiosidade de aprender o que os outros precisam e possuir a coragem de tentar um comportamento diferente é adaptar-se às situações e ao contexto.

Os analistas de negócios às vezes têm que modificar a forma como eles interagem com os stakeholders, tais como a forma como conduzem entrevistas ou a forma como facilitam os workshops. Diferentes stakeholders têm diferentes níveis de conforto com as técnicas que estão no kit de ferramentas de análise de negócios. Alguns stakeholders são mais visuais e respodem melhor a informações que são representadas visualmente em modelos, diagramas e figuras. Outros stakeholders são mais verbais e preferem descrições textuais. Ser capaz de determinar quais técnicas funcionarão e quais não, e então adaptar-se de acordo, aumenta a probabilidade de uma interação bem-sucedida.

No caso das metas e dos objetivos da organização mudarem, os analistas de negócios respondem aceitando as mudanças e adaptando-se ao novo direcionamento. Da mesma forma, quando as circunstâncias surgem ou problemas não previstos ocorrem, os analistas de negócios se adaptam alterando seus planos e identificando opções que podem ser usadas para entregar valor máximo. O analista de negócios se adapta quando o negócio ou o stakeholder precisa de mudanças, ou quando o contexto da meta ou do objetivo muda. Quando a própria necessidade muda, o analista de negócios se adapta alterando os planos e a abordagem, para garantir que o valor seja fornecido e entregue como parte da solução.

.3 Medidas de Efetividade

As medidas de adaptabilidade efetiva incluem:

- demonstrar a coragem de agir de forma diferente dos outros;

- adaptação à mudança de condições e ambientes;

- valorizar e considerar outros pontos de vista e abordagens;

- demonstrar uma atitude positiva diante da ambiguidade e da mudança;

- demonstrar disposição para aprender novos métodos, procedimentos ou técnicas a fim de atingir metas e objetivos;

- mudar o comportamento para ser capaz de desempenhar efetivamente em condições de mudança ou pouco claras;

- adquirir e aplicar novas informações e habilidades para enfrentar novos desafios;

- aceitar ter mudanças feitas em tarefas, papéis e designações de projetos conforme as realidades organizacionais mudem;

- alterar o estilo interpessoal para indivíduos e grupos altamente diversos em uma gama de situações;

- avaliar o que funcionou, o que não funcionou, e o que poderá ser feito diferente da próxima vez.

9.3   Conhecimento de Negócio

O conhecimento de negócio é necessário para que o analista de negócios tenha um desempenho efetivamente dentro de seu negócio, setor, organização, solução e metodologia. O conhecimento de negócio permite ao analista de negócios compreender melhor os conceitos abrangentes que regem a estrutura, os benefícios e o valor da situação em relação a uma mudança ou a uma necessidade.

As competências fundamentais de Conhecimento de Negócio incluem:

- Perspicácia de Negócios,
- Conhecimento do Setor,
- Conhecimento da Organização,
- Conhecimento da Solução, e
- Conhecimento da Metodologia.

9.3.1   Perspicácia de Negócios

.1 Propósito

A análise de negócios requer uma compreensão dos princípios de negócios fundamentais e das melhores práticas a fim de garantir que elas são consideradas à medida em que as soluções são revisadas.

.2 Descrição

A perspicácia de negócio é a capacidade de entender as necessidades de negócio utilizando experiência e conhecimento obtidos de outras situações. As organizações frequentemente compartilham práticas semelhantes, como requisitos legais e regulatórios, finanças, logística, vendas, marketing, gestão da cadeia de suprimentos, recursos humanos e tecnologia. A perspicácia de negócio é a capacidade de compreender e aplicar o conhecimento baseado nesses pontos em comum dentro de situações distintas.

Compreender como outras organizações têm resolvido desafios pode ser útil ao buscar possíveis soluções. Estar consciente das experiências ou desafios encontrados no passado pode auxiliar um analista de negócios na determinação de quais informações podem ser aplicáveis à situação atual. Os fatores que podem causar diferenças nas práticas podem incluir o setor, a localização, o tamanho da organização, a cultura e a maturidade da organização.

.3 Medidas de Efetividade

Medidas de perspicácia de negócio efetiva incluem:

- demonstrar a capacidade de reconhecer potenciais limitações e oportunidades;

- demonstrar a capacidade de reconhecer quando as alterações em uma situação podem exigir uma mudança na direção de uma iniciativa ou esforço;

- compreender os riscos envolvidos e a capacidade de tomar decisões sobre o gerenciamento de riscos;

- demonstrar a capacidade de reconhecer uma oportunidade de diminuir despesas e aumentar os lucros;

- compreender as opções disponíveis para lidar com as mudanças emergentes na situação.

9.3.2   Conhecimento do Setor

.1 Propósito

O conhecimento do setor fornece ao analista de negócios um entendimento das práticas e atividades atuais dentro de um setor e processos semelhantes entre setores.

.2 Descrição

O conhecimento do setor é um entendimento de:

- tendências atuais
- forças de mercado
- direcionadores de mercado
- processos-chave
- serviços
- produtos
- definições
- segmentos de clientes
- fornecedores
- práticas
- regulamentos
- outros fatores que impactam ou são impactados pelo setor e setores relacionados.

O conhecimento do setor é também um entendimento de como uma empresa se posiciona dentro de um setor, seus impactos e dependências em relação ao mercado e aos recursos humanos.

Ao desenvolver conhecimento sobre um determinado setor, concorrente ou empresa, o seguinte conjunto de perguntas pode oferecer orientação:

- Quem são os principais líderes do setor?
- Quais organizações promovem ou regulamentam o setor?
- Quais são os benefícios de estar envolvido com essas organizações?
- Quem está criando releases publicitários, participando de convenções, e entregando materiais de marketing?
- Quais são as comparações de produtos e serviços?
- Quais são os projetos de indicadores de satisfação/projetos de benchmarking aplicáveis?
- Quais são os fornecedores, práticas, equipamentos e ferramentas utilizados por cada empresa, e por que os utilizam?
- Quais são os potenciais impactos do clima, distúrbios políticos ou desastres naturais?
- Quem são os clientes-alvo e eles são os mesmos para a concorrência?
- O que impacta os ciclos sazonais para produção, marketing e vendas? Será que ele impacta a equipe ou requer mudanças nos processos?

.3 Medidas de Efetividade

As medidas de conhecimento do setor efetivo incluem:

- estar ciente das atividades tanto dentro da corporação como do setor mais amplo;
- ter conhecimento de grandes concorrentes e parceiros;
- a capacidade de identificar as principais tendências que moldam o setor;
- estar familiarizado com os maiores segmentos de clientes;
- ter conhecimento de produtos e tipos de produtos comuns;
- ter conhecimento de fontes de informação sobre o setor, incluindo organizações comerciais ou periódicos relevantes;
- compreensão dos termos específicos do setor, padrões, processos e metodologias;
- compreensão do ambiente regulatório do setor.

9.3.3   Conhecimento da Organização

.1 Propósito

O conhecimento da organização proporciona um entendimento da estrutura de gestão e arquitetura de negócios da empresa.

.2 Definição

O conhecimento de organização inclui um entendimento de como a corporação gera lucros, realiza seus objetivos, sua estrutura organizacional, as relações que existem entre as unidades de negócios e as pessoas que ocupam posições-chave dos stakeholders. O conhecimento da organização também inclui a compreensão dos canais de comunicação formais e informais da organização, bem como uma conscientização da política interna que influenciam a tomada de decisões.

.3 Medidas de Efetividade

As medidas de conhecimento de organização efetivo incluem:

- a capacidade de agir de acordo com os canais informais e formais de comunicações e de autoridade;
- compreensão da terminologia ou jargão utilizado na organização;
- compreensão dos produtos ou serviços oferecidos pela organização;
- a capacidade de identificar especialistas (SMEs - Subject Matter Experts) na organização;
- a capacidade de navegar os relacionamentos e políticas organizacionais.

9.3.4   Conhecimento da Solução

.1 Propósito

O conhecimento da solução permite aos analistas de negócios alavancar sua compreensão dos departamentos, ambientes ou tecnologia existentes para identificar eficientemente os meios mais efetivos de implementar uma mudança.

.2 Definição

Quando o esforço de análise de negócios envolve melhorar uma solução existente, os analistas de negócios aplicam o conhecimento e a experiência do trabalho anterior sobre a solução. A familiaridade com a gama de soluções ou fornecedores disponíveis comercialmente pode auxiliar na identificação de possíveis alternativas. O analista de negócios pode alavancar o conhecimento obtido a partir de experiências prévias para agilizar a descoberta de potenciais mudanças por meio de elicitação ou análise aprofundada.

.3 Medidas de Efetividade

As medidas de conhecimento da solução efetivo incluem:

- tempo reduzido ou custo para implementar uma mudança necessária;
- tempo reduzido em análise de requisitos e/ou design da solução;
- compreender quando uma mudança maior é, ou não é, justificada com base em benefício para o negócio;
- compreender como as capacidades adicionais presentes, mas não utilizadas no momento, podem ser implantadas para fornecer valor.

9.3.5 Conhecimento da Metodologia

.1 Propósito

A compreensão das metodologias utilizadas pela organização fornece ao analista de negócios informações relativas ao contexto, dependências, oportunidades e restrições utilizadas ao desenvolver uma abordagem de análise de negócios.

.2 Descrição

As metodologias determinam o momento (grandes passos ou pequenos incrementos), a abordagem, o papel dos envolvidos, o nível de risco aceitável e outros aspectos de como uma mudança é abordada e gerenciada. As organizações adotam ou criam suas próprias metodologias para se adequar a níveis variados de cultura, maturidade, adaptabilidade, risco, incerteza e governança.

O conhecimento em relação a uma variedade de metodologias permite que o analista de negócios se adapte rapidamente e atue em novos ambientes.

.3 Medidas de Efetividade

As medidas de conhecimento de metodologia efetivo incluem:

- a capacidade de se adaptar às mudanças nas metodologias;
- a vontade de usar ou aprender uma nova metodologia;
- a integração bem-sucedida de tarefas e técnicas de análise de negócios para apoiar a metodologia atual;
- a familiaridade com os termos, ferramentas e técnicas prescritos por uma metodologia;
- a capacidade de desempenhar múltiplas funções dentro das atividades prescritas por uma metodologia.

9.4   Habilidades de Comunicação

Comunicação é o ato de um emissor transmitir informações a um receptor em um método que entrega o significado que o emissor pretendia. As habilidades de escuta ativa ajudam a aprofundar a compreensão e a confiança entre o emissor e o receptor. A comunicação efetiva beneficia todos os stakeholders.

A comunicação pode ser realizada utilizando uma variedade de métodos de entrega: verbal, não verbal, físico e escrito. A maioria dos métodos de comunicação lida com palavras, enquanto alguns métodos lidam com movimentos e expressões. Palavras, gestos e frases podem ter significados diferentes para indivíduos diferentes. A comunicação efetiva envolve tanto o emissor quanto o receptor possuindo o mesmo entendimento das informações que estão sendo comunicadas. Um glossário compartilhado de termos e objetivos claros são ferramentas efetivas para evitar mal-entendidos e as complicações resultantes.

A comunicação efetiva inclui a adaptação de estilos e técnicas de comunicação no nível de conhecimento e estilos de comunicação dos receptores. Os comunicadores efetivos entendem como o tom, a linguagem corporal e o contexto mudam o significado das palavras. Obter uma compreensão dos termos e conceitos (antes da troca) pode proporcionar benefícios frutíferos.

Planejar a comunicação efetiva inclui o emissor rever as informações que são conhecidas sobre o receptor. As diferenças entre o emissor e o receptor, como língua nativa, cultura, motivações, prioridades, comunicação, aprendizagem e estilos de pensamento podem pedir métodos de comunicação específicos. Cada peça de informação deve ser cuidadosamente elaborada e agrupada para garantir que seja clara e compreendida.

Ao planejar a comunicação de informações, as seguintes considerações podem ser úteis:

- considerar o que o receptor sabe ou não sabe;

- estruturar as informações de forma lógica, compreensível;

- determinar como melhor apresentar as informações para transmitir os significados pretendidos (por exemplo, usando apoios visuais, gráficos, diagramas ou marcadores);

- entender as expectativas dos receptores.

As competências fundamentais das Habilidades de Comunicação incluem:

- Comunicação Verbal;

- Comunicação Não Verbal;

- Comunicação Escrita;

- Escuta .

9.4.1   Comunicação Verbal

.1 Propósito

Os analistas de negócios usam a comunicação verbal para transmitir ideias, conceitos, fatos e opiniões a uma variedade de stakeholders.

.2 Descrição

A comunicação verbal usa palavras faladas para transmitir informações do emissor ao receptor. As habilidades de comunicação verbal são usadas para expressar informações de análise de negócios, ideias, conceitos, fatos e opiniões. Ela permite a transferência eficiente de informações, incluindo as emocionais e outras pistas não verbais. Pode ser comparada com a comunicação escrita e não verbal.

A comunicação verbal trata especificamente da escolha das palavras e do tom de voz do emissor. Quando o receptor é capaz de ver o emissor, a comunicação não verbal do emissor impacta o significado da mensagem que está sendo entendida pelo receptor. Quando o emissor é capaz de ver o receptor, o receptor está fornecendo uma resposta e tanto o emissor quanto o receptor estão engajados em um diálogo, mesmo que o receptor possa não estar falando verbalmente. O monitoramento da comunicação não verbal do receptor permite que o emissor considere adaptar a mensagem para o receptor.

Compreender o tom da comunicação e de como ela pode influenciar positiva ou negativamente o ouvinte permite que o analista de negócios se comunique verbalmente de forma mais efetiva. As habilidades de comunicação verbal efetiva incluem a capacidade de fazer com que o significado que alguém quer comunicar seja entendido. O emissor deve fazer a comunicação verbal com a escuta ativa para garantir que as informações apresentadas estejam sendo compreendidas pelo receptor.

.3 Medidas de Efetividade

As medidas de comunicação verbal efetiva incluem:

- reformular conceitos para garantir que todos os stakeholders entendam claramente as mesmas informações;

- auxiliar as conversas para alcançar conclusões produtivas;

- entregar apresentações efetivas, desenhando e posicionando conteúdo e objetivos de forma apropriada;

- comunicar os pontos importantes de uma questão de maneira calma e racional, e apresentar opções de solução.

9.4.2   Comunicação Não Verbal

.1 Propósito

As habilidades de comunicação não verbal permitem o envio e recebimento efetivos de mensagens através — mas não limitado a — movimento de corpo, postura, expressões faciais, gestos e contato visual.

.2 Definição

A comunicação é tipicamente dirigida às palavras que são escritas ou faladas. Na comunicação não verbal, no entanto, acredita-se transmitir muito mais significado do que apenas palavras. Humores, atitudes e sentimentos impactam o movimento corporal e as expressões faciais. A comunicação não verbal começa imediatamente quando uma pessoa é capaz de ver outra. O uso efetivo de habilidades de comunicação não verbal pode tornar um comportamento confiável, confiante e capacitado. Estar ciente da comunicação não verbal proporciona a oportunidade de tomar ciência e abordar os sentimentos de outros que não são expressos verbalmente.

Observar gestos ou expressões pode não fornecer um entendimento completo da mensagem que está sendo expressa por essas pistas não verbais. Essas pistas são indicadores dos sentimentos e intenção do comunicador. Por exemplo, quando uma comunicação não verbal de um stakeholder não está de acordo com sua mensagem verbal, o analista de negócios pode querer explorar ainda mais a conversa para descobrir a origem dessa discordância.

.3 Medidas de Efetividade

As medidas de comunicação não verbal efetiva incluem:

- estar ciente da linguagem corporal em outros, mas não presumir um entendimento completo através da comunicação não verbal;
- consciência intencional da comunicação não verbal pessoal;
- melhorar a confiança e a comunicação como resultado da comunicação não verbal;
- abordar e resolver efetivamente situações em que a comunicação não verbal de um stakeholder não esteja de acordo com sua mensagem verbal.

9.4.3 Comunicação Escrita

.1 Propósito

Os analistas de negócios usam a comunicação escrita para transmitir ideias, conceitos, fatos e opiniões para a variedade de stakeholders.

.2 Definição

A comunicação escrita é a prática do uso de textos, símbolos, modelos (formais ou informais) e esboços para transmitir e compartilhar informações. Uma compreensão do público é benéfica para usar efetivamente a comunicação escrita. Apresentar informações e ideias requer a seleção das palavras corretas para que o público entenda o significado pretendido. A comunicação escrita tem o desafio adicional de apresentar informações em um momento ou lugar distante do tempo e do lugar em que foi criada.

A comunicação escrita efetiva requer um amplo vocabulário, forte compreensão da gramática e do estilo, e uma compreensão dos termos que serão entendidos pela audiência. A comunicação escrita tem o potencial de transmitir uma grande quantidade de informações; no entanto, transmitir informações de forma efetiva é uma habilidade que deve ser desenvolvida.

.3 Medidas de Efetividade

As medidas de comunicação escrita efetiva incluem:

- ajustar o estilo de escrita para as necessidades da audiência;
- uso adequado da gramática e do estilo;
- escolher palavras que a audiência entenderá o significado pretendido;
- capacidade do leitor de parafrasear e descrever o conteúdo da comunicação escrita.

9.4.4   Escuta

.1 Propósito

A escuta efetiva permite que o analista de negócios compreenda com precisão informações que são comunicadas verbalmente.

.2 Definição

Escutar é o processo de não apenas ouvir palavras, mas entender o seu significado no contexto. Ao expor as habilidades de escuta efetiva, os analistas de negócios não só têm uma maior oportunidade de compreender com precisão o que está sendo comunicado, mas também de demonstrar que pensam que aquilo que o orador está dizendo é importante.

A escuta ativa envolve tanto a escuta quanto a interpretação do que a outra pessoa está tentando comunicar além das palavras usadas a fim de entender a essência da mensagem. A escuta ativa inclui resumir e repetir o que foi declarado em termos diferentes, a fim de garantir que tanto o ouvinte quanto o palestrante tenham o mesmo entendimento.

.3 Medidas de Efetividade

As medidas de escuta efetiva incluem:

- dar atenção total ao orador;

- reconhecer o apresentador com incentivo verbal ou não verbal;

- fornecer feedback para a pessoa ou o grupo que está falando para garantir que haja um entendimento;

- usar habilidades de escuta ativa, adiando o julgamento e respondendo adequadamente.

9.5   Habilidades de Interação

As habilidades de interação são representadas pela capacidade do analista de negócios de se relacionar, cooperar e se comunicar com diferentes tipos de pessoas, incluindo executivos, patrocinadores, colegas, membros da equipe, desenvolvedores, fornecedores, profissionais de aprendizagem e desenvolvimento, usuários finais, clientes e especialistas no assunto (SMEs).

Os analistas de negócios estão posicionados de forma única para facilitar a comunicação dos stakeholders, prover liderança, incentivar a compreensão do valor da solução e promover o apoio dos stakeholders às mudanças propostas.

As competências fundamentais das habilidades de interação incluem:

- Facilitação;
- Liderança e Influência;
- Trabalho em Equipe;
- Negociação e Resolução de Conflitos;
- Ensino.

9.5.1   Facilitação

.1   Propósito

Os analistas de negócios facilitam as interações entre os stakeholders para ajudá-los a tomar uma decisão, resolver um problema, trocar ideias e informações ou chegar a um acordo em relação à prioridade e à natureza dos requisitos. O analista de negócios pode também facilitar as interações entre os stakeholders para fins de negociação e resolução de conflitos (como discutido em Negociação e Resolução de Conflitos).

.2   Definição

A facilitação é a habilidade de moderar discussões em um grupo a fim de possibilitar que todos os participantes articulem efetivamente suas opiniões sobre um tema em discussão e para garantir que os participantes da discussão sejam capazes de reconhecer e apreciar os pontos de vista divergentes que são articulados.

.3   Medidas de Efetividade

As medidas de facilitação efetiva incluem:

- deixar claro aos participantes que o facilitador é um terceiro para o processo e não um tomador de decisão nem o dono do tópico;
- encorajar a participação de todos os participantes;

- permanecer neutro e não tomar partido, mas, ao mesmo tempo, ser imparcial e intervir quando necessário para fazer sugestões e oferecer insights;

- estabelecer regras básicas como estar aberto a sugestões, construir sobre o que existe, não descartar ideias e permitir que outros falem e se expressem;

- garantir que os participantes em uma discussão entendam corretamente as posições de cada um;

- utilizar habilidades de gerenciamento de reuniões e ferramentas para manter discussões focadas e organizadas;

- impedir que discussões sejam desviadas para tópicos irrelevantes;

- compreender e considerar todos os interesses, motivações e objetivos das partes.

9.5.2 Liderança e Influência

.1 Propósito

Os analistas de negócios usam habilidades de liderança e influência ao orientar os stakeholders durante a investigação de informações de análise de negócios e opções de solução. Eles constroem consenso e encorajam apoio e a colaboração dos stakeholders durante a mudança.

.2 Definição

Liderança e influência envolvem motivar pessoas a agir de maneiras que lhes permitam trabalhar em conjunto para alcançar metas e objetivos compartilhados. Compreender os motivos individuais, as necessidades e as capacidades de cada stakeholder e como esses podem ser efetivamente canalizados auxilia os analistas de negócios no alcance dos objetivos compartilhados da organização. A responsabilidade do analista de negócios em definir, analisar e comunicar informações de análise de negócios proporciona oportunidades para liderança e influência, quer haja ou não pessoas formalmente reportando-se ao analista de negócios.

.3 Medidas de Efetividade

As medidas de liderança e influência efetivas incluem:

- resistência reduzida à mudanças necessárias;

- articulação de uma visão clara e inspiradora de um estado futuro desejado;

- sucesso em inspirar outros a transformar visão em ação;

- influência sobre os stakeholders para compreender os interesses mútuos;

- uso efetivo de técnicas de colaboração para influenciar os outros;

- influenciar os stakeholders a considerar objetivos mais amplos além das motivações pessoais;

- reenquadrar questões para que perspectivas alternativas possam ser compreendidas e acomodadas para influenciar os stakeholders em direção a objetivos compartilhados.

9.5.3 Trabalho em Equipe

.1 Propósito

As habilidades de trabalho em equipe permitem que os analistas de negócios trabalhem produtivamente com os membros da equipe, stakeholders e quaisquer outros parceiros investidos, para que as soluções possam ser efetivamente desenvolvidas e implementadas.

.2 Definição

Os analistas de negócios muitas vezes trabalham como parte de uma equipe com outros analistas de negócios, gerentes de projetos, stakeholders e especialista no assunto (SME). Relacionamentos com pessoas nesses papéis são uma parte crítica do sucesso de qualquer projeto ou empreendimento. É importante para o analista de negócios entender como uma equipe é formada e como ela funciona. Também é crucial reconhecer a dinâmica da equipe e como eles desempenham um papel à medida que a equipe avança em várias etapas de um projeto. Conhecer e se adaptar a como e quando uma equipe está progredindo através de um ciclo de vida de um projeto pode diminuir as influências negativas que impactam uma equipe.

A construção e a manutenção da confiança dos colegas de equipe contribui para a integridade da equipe como um todo e ajuda a equipe a desempenhar em sua capacidade máxima. Quando os membros da equipe adotam ativamente um ambiente para dinâmicas de equipe positivas e confiantes, decisões difíceis e desafios tornam-se menos complicados.

Conflito em equipes é comum. Se bem conduzida, a resolução de conflitos pode beneficiar a equipe. Resolver conflito exige que a equipe se concentre em examinar as posições, suposições, observações e expectativas de todos os membros da equipe. Trabalhar tais problemas pode ter o efeito benéfico de fortalecer a base da análise e da solução.

.3 Medidas de Efetividade

As medidas de trabalho em equipe efetivo incluem:

- fomentar um ambiente de trabalho colaborativo;

- resolver efetivamente os conflitos;

- desenvolver a confiança entre os membros da equipe;

- apoio entre a equipe buscando os altos padrões compartilhados de realização;

- promover um senso compartilhado de propriedade dos objetivos da equipe.

9.5.4 Negociação e Resolução de Conflitos

.1 Propósito

Os analistas de negócios ocasionalmente mediam negociações entre os stakeholders a fim de alcançar um entendimento comum ou um acordo. Durante esse processo, os analistas de negócios ajudam a resolver conflitos e diferenças de opinião com a intenção de manter e fortalecer as relações de trabalho entre os stakeholders e membros da equipe.

.2 Definição

A negociação e a resolução de conflitos envolvem discussões mediadoras entre os participantes a fim de ajudá-los a reconhecer que há opiniões divergentes sobre o tema, resolver as diferenças e chegar a conclusões que tenham o acordo de todos os participantes. A negociação e a resolução de conflitos bem-sucedidas incluem a identificação dos interesses ocultos das partes, distinguindo esses interesses de suas posições declaradas e ajudando as partes a identificar soluções que satisfaçam aqueles interesses ocultos. O analista de negócios realiza isso ao mesmo tempo em que garante que o resultado da resolução se alinha com a solução geral e as necessidades de negócio.

.3 Medidas de Efetividade

As medidas de negociação e resolução de conflitos efetivas incluem:

- uma abordagem planejada para garantir que a negociação leve em conta o tom de voz, a atitude demonstrada, os métodos utilizados, e o interesse com os sentimentos e necessidades do outro lado;

- a capacidade de reconhecer que as necessidades das partes não são sempre opostas e que muitas vezes é possível satisfazer ambas as partes sem que nenhum dos lados perca;

- uma abordagem objetiva para garantir que o problema seja separado da pessoa para que as questões reais sejam debatidas sem prejudicar as relações de trabalho;

- a capacidade de reconhecer que a negociação efetiva e a resolução de conflitos nem sempre são alcançadas em uma única reunião isolada, e que, por vezes, são necessárias várias reuniões a fim de atingir os objetivos declarados.

9.5.5   Ensino

.1 Propósito

As habilidades de ensinar ajudam os analistas de negócios a efetivamente comunicar a informação de análise de negócios, conceitos, ideias e questões. Elas também ajudam a garantir que as informações sejam compreendidas e retidas pelos stakeholders.

.2 Definição

Ensinar é o processo de liderar os outros a ganhar conhecimento. Os analistas de negócios são responsáveis por confirmar que as informações comunicadas foram compreendidas pelos stakeholders. Os analistas de negócios lideram os stakeholders a descobrir clareza na ambiguidade, ajudando-os a aprender sobre os contextos e o valor das necessidades que estão sendo investigados. Isso requer habilidades pedagógicas na seleção das abordagens de ensino visual, verbal, escrito e cinestésico mais adequadas de acordo com as informações ou técnicas que estão sendo ensinadas. A intenção é obter o engajamento dos stakeholders e o aprendizado colaborativo para ganhar clareza. Os analistas de negócios frequentemente elicitam e aprendem novas informações e, em seguida, ensinam essas informações aos stakeholders de uma maneira significativa.

.3 Medidas de Efetividade

As medidas de ensino efetivas incluem:

- utilizar métodos diferentes para comunicar informações a serem aprendidas pelos stakeholders;

- descobrir novas informações por meio de altos níveis de engajamento dos stakeholders;

- validar que as audiências têm uma compreensão clara das principais mensagens que se destinam a ser aprendidas;

- verificar se os stakeholders podem demonstrar os novos conhecimentos, fatos, conceitos e ideias.

9.6   Ferramentas e Tecnologia

Os analistas de negócios utilizam uma variedade de aplicações de software para apoiar a comunicação e colaboração, criar e manter artefatos de requisitos, modelar conceitos, rastrear questões e aumentar a produtividade geral.

A documentação de requisitos é frequentemente desenvolvida usando ferramentas de edição de texto, enquanto que o processo de desenvolvimento de requisitos de negócios pode exigir o uso de ferramentas de prototipagem e simulação, bem como ferramentas especializadas para modelagem e diagramação.

As tecnologias de gerenciamento de requisitos suportam fluxo de trabalho de requisitos, aprovações, criação de linhas de base e controle de mudanças. Essas tecnologias também podem apoiar a rastreabilidade entre os requisitos e auxiliar na determinação do impacto das mudanças nos requisitos.

Interagir com os stakeholders e membros da equipe pode exigir o uso de ferramentas de comunicação e colaboração, bem como softwares de apresentação a fim de mostrar ideias e gerar debate entre os stakeholders e membros da equipe.

As competências fundamentais em Ferramentas e Tecnologia de Análise de Negócios incluem:

- Ferramentas e Tecnologia de Produtividade de Escritório;
- Ferramentas e Tecnologia de Análise de Negócios;
- Ferramentas e Tecnologia de Comunicação.

9.6.1   Ferramentas e Tecnologia de Produtividade de Escritório

.1   Finalidade

Os analistas de negócios usam ferramentas e tecnologia de produtividade do escritório para documentar e rastrear informações e artefatos.

.2   Definição

As ferramentas e a tecnologia de produtividade do escritório fornecem aos analistas de negócios a capacidade de organizar, examinar, manipular, entender e comunicar informações com clareza. Utilizar essas ferramentas requer se familiarizar com os recursos disponíveis. O entendimento de um programa de software pode fornecer insights sobre habilidades ou operações comparáveis em programas similares. Adicionalmente, alguns programas são projetados para fornecer ferramentas adicionais para outros programas ou trocar informações, tais como e-mail ou programas que podem importar/

exportar arquivos. Muitas organizações utilizam essas ferramentas para estudar, armazenar e distribuir informações.

As ferramentas e a tecnologia de produtividade do escritório incluem o seguinte:

- **Programas de edição de texto e de apresentação**: proporcionam a capacidade de apresentar informações na forma de carta, periódico, cartaz, formulário de pesquisa, apresentação de slides, ou animações. Os editores de texto são normalmente utilizados para desenvolver e manter documentos de requisitos, permitindo um grande controle sobre a sua formatação e apresentação. Os templates padrões de documentação de requisitos estão amplamente disponíveis para editores de texto. A maioria das ferramentas de edição de texto tem uma capacidade limitada de rastrear alterações e registrar comentários, e não são projetadas para autoria colaborativa; no entanto, existem soluções em nuvem que fornecem funcionalidade colaborativa.

- **Software de apresentação**: serve na criação de materiais de treinamento ou em apresentações de informações para estimular a discussão entre os stakeholders. Alguns desses aplicativos podem ser usados de uma maneira muito limitada para capturar requisitos ou criar um protótipo básico.

- **Planilhas**: permitem a manipulação matemática e lógica. Elas são frequentemente usadas para manter listas (tais como requisitos atômicos, características, ações, questões ou defeitos). Elas também são usadas para capturar e realizar manipulação básica de dados numéricos. Eles podem apoiar a análise de decisão, e são muito efetivos em resumir cenários complexos. Elas suportam o rastreamento limitado de mudanças e podem ser compartilhadas entre vários usuários da mesma forma que um documento de edição de texto.

- **Ferramentas de comunicação (e-mail e programas de mensagens instantâneas)**: fornecem os meios para se comunicar com os stakeholders que estão remotamente localizados, que não podem responder a consultas imediatamente ou que podem precisar de um registro a longo prazo de uma discussão. Elas estão geralmente disponíveis para quase todos os stakeholders e são muito fáceis de usar. No entanto, geralmente não são efetivos para o armazenamento de longo prazo ou retenção de informações. Seu uso primário é facilitar a comunicação ao longo do tempo ou à distância.

- **Ferramentas de gerenciamento de colaboração e do conhecimento**: apoiam a captura de conhecimentos distribuídos em toda uma organização e o torne o mais amplamente disponível possível. Elas permitem que os documentos sejam acessíveis por uma equipe inteira, além de facilitar a colaboração. Elas também permitem que vários usuários trabalhem em um documento simultaneamente e geralmente apoiam comentários e discussão sobre conteúdo do documento. Essas ferramentas podem assumir a forma de um repositório de documentos (que se integra com softwares de produtividade de escritório), wikis (que permitem fácil criação e conexão de páginas web), fóruns de discussão, serviços em nuvem ou outras ferramentas baseadas na web.

• *Hardware*: permite a replicação e distribuição de informações para facilitar a comunicação com os stakeholders. Ferramentas, como impressoras e projetores digitais, são frequentemente usadas para traduzir informações digitais geradas em um computador em informações físicas para facilidade de uso. Fotocopiadoras e scanners copiam documentos físicos e podem fornecer a capacidade de compartilhá-los eletronicamente.

.3 Medidas de Efetividade

As medidas de ferramentas e tecnologia de produtividade de escritório efetivas incluem:

- o aumento de eficiências e racionalização dos processos, explorando recursos e funções das ferramentas;

- a consciência das ferramentas disponíveis, sua operação e capacidades;

- a capacidade de determinar a ferramenta que melhor atenderá às necessidades do stakeholder;

- a capacidade de comunicar claramente as principais características das ferramentas disponíveis.

9.6.2 Ferramentas e Tecnologia de Análise de Negócios

.1 Finalidade

Os analistas de negócios usam uma variedade de ferramentas e tecnologia para modelar, documentar e gerenciar saídas das atividades de análise de negócios e entregáveis aos stakeholders.

.2 Definição

As ferramentas que são específicas para o campo de análise de negócios fornecem capacidades especializadas em:

- modelagem;
- diagramação;
- documentação;
- análise e mapeamento requisitos;
- identifição de relacionamentos entre requisitos;
- rastreamento e armazenamento de artefatos de requisitos;
- comunicação com os stakeholders.

Algumas ferramentas e tecnologias de análise de negócios se concentram exclusivamente em uma única atividade de análise de negócios e algumas integram múltiplas funções de análise de negócios em uma única ferramenta. Ferramentas especificamente desenhadas para análise de negócios podem incluir funcionalidades tais como modelagem, gerenciamento de requisitos, rastreamento de questões, prototipagem e simulação, engenharia de software assistida por computador (CASE) e motores de pesquisa.

As ferramentas de modelagem podem fornecer funcionalidades que auxiliam os analistas de negócios com várias tarefas relacionadas à modelagem, incluindo:

- criar modelos e visões para ajudar a alinhar os stakeholders e esboçar o relacionamento das necessidades, entidades, requisitos, stakeholders e contexto;

- rastrear visualmente regras de negócio, requisitos de texto, declarações de escopo, visão de escopo, requisitos de dados, necessidades de produtos e outros contextos de requisitos e informações;

- criar um executável para um motor proprietário, para executar o modelo ou gerar um código de aplicação que possa ser aprimorado por um desenvolvedor.

Essas ferramentas frequentemente validam a conformidade com a notação. Algumas ferramentas de modelagem suportam a criação de modelos executáveis, como os sistemas de gerenciamento de processos de negócios (que permitem a criação de modelos de processos executáveis) e sistemas de gerenciamento de regras de negócio (que permitem a avaliação de regras de negócio capturadas).

As tecnologias de gerenciamento de requisitos podem fornecer funcionalidade que auxilia os analistas de negócios com várias tarefas relacionadas à gestão de requisitos incluindo:

- o fluxo de trabalho de requisitos incluindo-se a criação de linhas de base, aprovações e encerramento, controle de mudança e status de implementação;

- a rastreabilidade incluindo a rastreabilidade para trás, encaminha a rastreabilidade, as relações entre os requisitos e a análise de impacto das alterações de requisitos;

- o gerenciamento de configuração de requisitos e artefatos de requisitos;

- a verificação da qualidade dos requisitos através da checagem de características e relacionamentos definidos.

As ferramentas de rastreamento de problema podem fornecer funcionalidades que auxiliam os analistas de negócios com várias tarefas relacionadas ao rastreamento de tarefas, tais como:

- rastrear riscos de requisitos;

- rastrear conflitos de requisitos e questões;

- rastrear defeitos.

Ferramentas de prototipagem e simulação podem prover funcionalidades que auxiliam os analistas de negócios com prototipagem, ou simulando a solução, ou partes da solução.

.3 Medidas de Efetividade

As medidas de ferramentas e tecnologia de análise de negócios efetivas incluem:

- a capacidade de aplicar o entendimento de uma ferramenta a outras ferramentas semelhantes;

- ser capaz de identificar as principais ferramentas atualmente disponíveis e descrever seus pontos fortes, fracos e como podem ser usadas em qualquer situação apresentada;

- a compreensão e a habilidade de usar as principais características da ferramenta;

- a capacidade de selecionar uma ferramenta, ou ferramentas, que suportem processos organizacionais;

- a capacidade de usar as ferramentas para concluir as atividades relacionadas com os requisitos mais rapidamente do que de outra forma possível;

- a capacidade de rastrear mudanças nos requisitos e seu impacto na implementação da solução, stakeholders e valor.

9.6.3 Ferramentas e Tecnologia de Comunicação

.1 Finalidade

Os analistas de negócios usam ferramentas e tecnologia de comunicação para realizar atividades de análise de negócios, gerenciar equipes e colaborar com os stakeholders.

.2 Definição

As ferramentas de comunicação são usadas para planejar e completar tarefas relacionadas a interações de conversação e interações colaborativas. As ferramentas de comunicação permitem que os analistas de negócios trabalhem com equipes virtuais e no mesmo local físico.

Compreender as opções disponíveis com estas ferramentas - e saber como usar várias ferramentas de comunicação para completar tarefas e utilizar várias técnicas em uma variedade de ambientes de colaboração - pode permitir uma comunicação mais eficiente e precisa, e uma tomada de decisão mais efetiva. Os analistas de negócios selecionam a ferramenta e a tecnologia apropriadas para a situação e o grupo de stakeholder enquanto balanceiam custo, risco e valor.

Exemplos de ferramentas de interação de conversação incluem comunicações de voz, mensagens instantâneas, bate-papo on-line, e-mail, blogs e microblogs.

Exemplos de ferramentas de colaboração incluem videoconferência, quadro branco eletrônico, wikis, calendários eletrônicos, ferramentas de brainstorming on-line, tomada de decisão eletrônica, votação eletrônica, compartilhamento de documentos e compartilhamento de ideias.

.3 Medidas de Efetividade

Medidas de ferramentas e tecnologia de comunicação efetivas incluem:

- a seleção de ferramentas adequadas e efetivas para o público e a finalidade;

- escolher efetivamente quando usar a tecnologia de comunicação e quando não usar;

- a capacidade de identificar ferramentas para atender às necessidades de comunicação;

- compreender a capacidade de utilizar recursos da ferramenta.

10   Técnicas

O Capítulo Técnicas oferece uma visão geral de alto nível das técnicas referenciadas nas Áreas de Conhecimento do Guia BABOK®. As técnicas são métodos que os analistas de negócios utilizam para realizar tarefas de análise de negócios.

As técnicas descritas no Guia BABOK® destinam-se a cobrir as técnicas mais comuns e difundidas que são praticadas pela comunidade de análise de negócios. Os analistas de negócios aplicam sua experiência e julgamento ao determinar quais técnicas são adequadas a uma determinada situação e como aplicar cada técnica. Isso pode incluir técnicas que não estão descritas no Guia BABOK®. Como a prática da análise de negócios evolui, técnicas serão adicionadas, alteradas ou removidas de versões futuras do Guia BABOK®.

Em vários casos, um conjunto de abordagens conceitualmente semelhantes foi agrupado em uma única técnica. Qualquer abordagem dentro de uma técnica pode ser utilizada individualmente ou em combinação para atender a finalidade da técnica.

As técnicas no Guia BABOK® estão numeradas e seguem a ordem alfabética do seu nome em inglês. Para não quebrar a consistência do padrão internacional, esta ordem foi mantida na versão do guia em português.

Para facilitar a consulta, a tabela a seguir lista todas as técnicas em ordem alfabética em português.

Tabela 10.0.1: Relação de Técnicas

Nome da Técnica em português	Número e nome da Técnica em inglês
Análise de Capacidade de Negócio	10.6 Business Capability Analysis
Análise de Causa Raiz	10.40 Root Cause Analysis
Análise de Decisão	10.16 Decision Analysis
Análise de Documentos	10.18 Document Analysis
Análise de Interfaces	10.24 Interface Analysis
Análise de Processos	10.34 Process Analysis
Análise de Regras de Negócio	10.9 Business Rules Analysis
Análise de Requisitos Não Funcionais	10.30 Non-Functional Requirements Analysis
Análise e Gestão de Risco	10.38 Risk Analysis and Management
Análise Financeira	10.20 Financial Analysis
Análise SWOT	10.46 SWOT Analysis
Avaliação de Fornecedores	10.49 Vendor Assessment
Balanced Scorecard	10.3 Balanced Scorecard
Benchmarking e Análise de Mercado	10.4 Benchmarking and Market Analysis
Brainstorming	10.5 Brainstorming
Business Cases	10.7 Business Cases
Business Model Canvas	10.8 Business Model Canvas
Caso de Uso e Cenários	10.47 Use Cases and Scenarios
Critérios de Aceitação e de Avaliação	10.1 Acceptance and Evaluation Criteria
Decomposição Funcional	10.22 Functional Decomposition
Diagrama de Fluxo de Dados	10.13 Data Flow Diagrams
Diagrama de Sequência	10.42 Sequence Diagrams
Dicionário de Dados	10.12 Data Dictionary
Entrevistas	10.25 Interviews

Tabela 10.0.1: Relação de Técnicas

Nome da Técnica em português	Número e nome da Técnica em inglês
Estimativa	10.19 Estimation
Gerenciamento de Backlog	10.2 Backlog Management
Glossário	10.23 Glossary
Grupos Focais	10.21 Focus Groups
Histórias de Usuário	10.48 User Stories
Jogos Colaborativos	10.10 Collaborative Games
Lições Aprendidas	10.27 Lessons Learned
Lista, Mapa de Stakeholder ou Personas	10.43 Stakeholder List, Map, or Personas
Mapa Mental	10.29 Mind Mapping
Matriz de Papéis e Permissões	10.39 Roles and Permissions Matrix
Métricas e Indicadores Chave de Desempenho (KPIs)	10.28 Metrics and Key Performance Indicators (KPIs)
Mineração de Dados	10.14 Data Mining
Modelagem de Conceito	10.11 Concept Modelling
Modelagem de Dados	10.15 Data Modelling
Modelagem de Decisão	10.17 Decision Modelling
Modelagem de Escopo	10.41 Scope Modelling
Modelagem de Estado	10.44 State Modelling
Modelagem de Processo	10.35 Process Modelling
Modelagem Organizacional	10.32 Organizational Modelling
Observação	10.31 Observation
Pesquisa ou Questionário	10.45 Survey or Questionnaire
Priorização	10.33 Prioritization
Prototipagem	10.36 Prototyping
Rastreamento de Itens	10.26 Item Tracking
Revisões	10.37 Reviews
Workshop	10.50 Workshops

10.1   Critérios de Aceitação e de Avaliação

10.1.1   Propósito

Os Critérios de Aceitação são usados para definir os requisitos, os resultados ou as condições que devem ser atendidos para que uma solução seja considerada aceitável para os principais stakeholders. Os critérios de avaliação são as medidas utilizadas para avaliar um conjunto de requisitos a fim de escolher entre múltiplas soluções.

10.1.2   Descrição

Os critérios de aceitação e de avaliação definem medidas de atributos de valor a serem usadas para avaliar e comparar soluções e alternativas de designs. Critérios mensuráveis e testáveis permitem a avaliação objetiva e consistente de soluções e desenhos. A Técnica de Critérios de Aceitação e de Avaliação pode se aplicar em todos os níveis de um projeto, desde alto nível até um nível mais detalhado.

Os critérios de aceitação descrevem o conjunto mínimo de requisitos que devem ser cumpridos para que uma determinada solução possa ser implementada. Podem ser utilizados para determinar se uma solução ou componente de uma solução pode atender a um requisito. Os critérios de aceitação são normalmente utilizados quando apenas uma solução possível está sendo avaliada e são geralmente expressos como aprovado ou reprovado.

Os critérios de avaliação definem um conjunto de medições que permitem o ranqueamento de soluções e designs alternativos de acordo com o seu valor para os stakeholders. Cada critério de avaliação representa uma escala contínua ou discreta para a medição de um atributo específico da solução como custo, desempenho, usabilidade e quão bem a funcionalidade representa as necessidades dos stakeholders. Os atributos que não podem ser medidos diretamente são avaliados utilizando-se o julgamento de especialistas ou várias técnicas de pontuação.

Ambos os critérios de aceitação e de avaliação podem ser definidos com os mesmos atributos de valor. Ao avaliar várias soluções, as soluções com custos mais baixos e melhor desempenho podem receber avaliações mais altas. Ao aceitar uma solução, os critérios são escritos utilizando requisitos mínimos de desempenho e limites máximos de custos em acordos contratuais e testes de aceitação do usuário.

10.1.3   Elementos

.1 Atributos de Valor

Atributos de valor são as características de uma solução que determinam ou influenciam substancialmente o seu valor para os stakeholders. Eles representam uma decomposição significativa e acordada da proposta de valor em suas partes constituintes, a qual pode ser descrita como qualidades que a solução deve possuir ou evitar.

Exemplos de atributos de valor incluem:

* capacidade de fornecer informações específicas;
* capacidade de executar ou suportar operações específicas;
* características de desempenho e de responsividade;
* aplicabilidade da solução em situações e contextos específicos;
* disponibilidade de recursos e capacidades específicas;
* usabilidade, segurança, escalabilidade e confiabilidade.

Basear-se em critérios de aceitação e de avaliação nos atributos de valor garante que eles são válidos e relevantes para as necessidades dos stakeholders e devem ser considerados ao aceitar e avaliar a solução. Os analistas de negócios garantem que a definição de todos os atributos de valor são acordados por todos os stakeholders. Os analistas de negócios podem conceber ferramentas e instruções para realizar a avaliação, assim como para registrar e processar seus resultados.

Figura 10.1.1: Critérios de Aceitação e de Avaliação

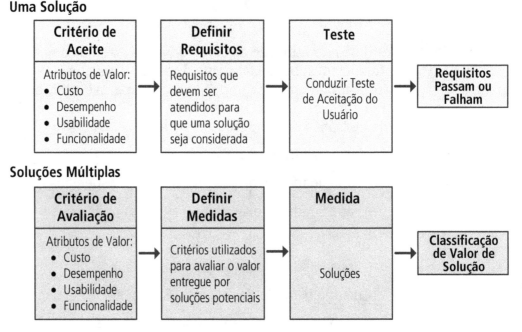

.2 Avaliação

Para avaliar uma solução contra os critérios de aceitação ou de avaliação, ela deve ser construída em um formato mensurável.

Testabilidade

Os critérios de aceitação são expressos de uma forma testável. Isto pode exigir a decomposição dos requisitos em uma forma atômica para que os casos de teste possam ser escritos para verificar a solução de acordo com os critérios. Os critérios de aceitação são apresentados sob a forma de declarações que podem ser verificadas como verdadeiras ou falsas. Isso é frequentemente alcançado através de testes de aceitação do usuário (UAT - user acceptance testing).

Medidas

Os critérios de avaliação fornecem uma forma de determinar se as funcionalidades fornecem o valor necessário para satisfazer as necessidades dos stakeholders. Os critérios são apresentados como parâmetros que podem ser medidos em relação a uma escala contínua ou discreta. A definição de cada critério permite que a solução seja medida através de vários métodos, como o benchmarking ou o julgamento de especialistas. A definição de critérios de avaliação pode envolver ferramentas de design e instruções para a realização da avaliação, bem como para o registo e processamento dos seus resultados.

10.1.4   **Considerações de Uso**

.1 Pontos fortes

- As metodologias ágeis podem exigir que todos os requisitos sejam expressos sob a forma de critérios de aceitação testáveis.

- Os critérios de aceitação são necessários quando os requisitos expressam obrigações contratuais.

- Os critérios de aceitação proporcionam a capacidade de avaliar os requisitos com base em critérios acordados.

- Os critérios de avaliação proporcionam a capacidade de avaliar diversas necessidades com base em critérios acordados, tais como características, indicadores comuns, benchmarks locais ou globais, e índices acordados.

- Os critérios de avaliação ajudam na entrega do retorno esperado do investimento (ROI) ou do valor potencial especificado de outra forma.

- Os critérios de avaliação ajudam na definição das prioridades.

.2 Limitações

- Os critérios de aceitação podem expressar obrigações contratuais e, como tal, podem ser difíceis de alterar por razões legais ou políticas.

- Alcançar acordo sobre critérios de avaliação para diferentes necessidades entre os diversos stakeholders pode ser desafiador.

10.2   Gerenciamento de Backlog

10.2.1   **Propósito**

O backlog é usado para registrar, acompanhar e priorizar os itens de trabalho restantes.

10.2.2   **Descrição**

Um backlog ocorre quando o volume de itens de trabalho a serem concluídos excede a capacidade de completá-los.

O gerenciamento de backlog refere-se à abordagem planejada para determinar:

- quais itens de trabalho devem ser formalmente incluídos no backlog;

- como descrever os itens de trabalho;

- como os itens de trabalho devem ser rastreados;

- como os itens de trabalho devem ser periodicamente revisados e priorizados em relação a todos os demais itens do backlog;

- como os itens de trabalho são eventualmente selecionados para serem trabalhados;

- como os itens de trabalho são eventualmente removidos do backlog.

Em um backlog gerenciado, os itens no topo têm o maior valor de negócio e a prioridade mais alta. Estes são normalmente os próximos itens a serem selecionados para serem trabalhados.

A revisão periódica de todo o backlog deve ocorrer porque as mudanças nas necessidades e prioridades dos stakeholders podem demandar mudanças na prioridade de alguns dos itens de backlog. Em muitos ambientes, o backlog é revisado em intervalos planejados.

As mudanças no número de itens no backlog são monitoradas regularmente. As causas raízes para essas mudanças são investigadas: um backlog crescente pode indicar um aumento na demanda ou uma queda na produtividade; um backlog em declínio pode indicar uma queda na demanda ou melhorias no processo de produção.

Pode haver mais de um backlog. Por exemplo, um backlog pode ser usado para gerenciar um conjunto global de itens, enquanto um segundo backlog pode ser usado para gerenciar os itens que devem ser trabalhados dentro de um futuro muito próximo.

10.2.3   Elementos

.1 Itens do Backlog

Os itens do backlog podem ser qualquer tipo de item que possa ter trabalho associado a ele. Um backlog pode conter, mas não se limita a, qualquer combinação dos itens a seguir:

- casos de uso;

- histórias de usuário;

- requisitos funcionais;

- requisitos não funcionais;

- designs;

- pedidos de clientes;

- itens de risco;

- solicitações de mudança;

- defeitos;

- retrabalho planejado;

- manutenção;
- conduzindo uma apresentação;
- preenchimento de um documento.

Um item é adicionado ao backlog se ele tiver valor para um stakeholder. Pode haver uma pessoa com autoridade para adicionar novos itens ao backlog, ou poderia haver um comitê que adiciona novos itens com base em um consenso. Em alguns casos, a responsabilidade pela inclusão de novos itens pode ser delegada ao analista de negócios. Pode haver também políticas e regras que ditam o que deve ser acrescentado e quando, como pode ser o caso com os principais defeitos do produto.

.2 Priorização

Os itens do backlog são priorizados em relação uns aos outros. Ao longo do tempo, essas prioridades vão mudar conforme as prioridades dos stakeholders mudam, ou à medida que surgem dependências entre itens do backlog. Regras sobre como gerenciar o backlog podem também impactar a prioridade.

Uma abordagem de priorização em várias fases também pode ser usada. Quando os itens são adicionados pela primeira vez ao backlog, a priorização pode ser muito ampla, usando categorias tais como alta, média ou baixa. Os itens de alta prioridade tendem a ser revisados com mais frequência, visto que são prováveis candidatos para o próximo trabalho. Para diferenciar os itens de alta prioridade, é utilizada uma abordagem mais granular para especificar a prioridade relativa a outros itens de alta prioridade, como um ranking numérico baseado em alguma medida de valor.

.3 Estimativa

O nível de detalhes usado para descrever cada item do backlog pode variar consideravelmente. Os itens próximos ao topo do backlog são geralmente descritos com mais detalhes, com uma estimativa precisa sobre seu tamanho relativo e complexidade que ajudaria a determinar o custo e o esforço para completá-los. Quando um item é adicionado pela primeira vez, pode haver muito pouco detalhe incluído, especialmente se o item não deve ser trabalhado no curto prazo.

Uma quantidade mínima de trabalho é feita em cada item enquanto está no backlog; apenas o suficiente para ser capaz de entender o trabalho envolvido para concluí-lo. À medida que o trabalho progride em outros itens do backlog, uma prioridade relativa de um item individual pode subir, levando a uma necessidade de revisá-lo e possivelmente detalhá-lo ainda mais para melhor entender e estimar seu tamanho e complexidade.

O feedback do processo de produção sobre o custo e o esforço para completar itens anteriores pode ser usado para refinar as estimativas de itens ainda no backlog.

.4 Gerenciando Alterações no Backlog

Os itens chegam ao topo do backlog com base em sua prioridade relativa a outros itens do backlog. Quando são identificados requisitos novos ou alterados, eles são adicionados ao backlog e ordenados em relação aos outros itens já existentes.

Sempre que a capacidade de trabalho se torna disponível o backlog é revisado e os itens são selecionados com base na capacidade disponível, dependências entre itens, compreensão atual do tamanho e complexidade.

Os itens são removidos do backlog quando são concluídos, ou se foi tomada a decisão de não trabalhar mais neles. Entretanto, os itens removidos podem ser reincluídos ao backlog por uma variedade de razões, inclusive:

- as necessidades dos stakeholders poderiam mudar significativamente;

- poderia ser mais demorado do que o estimado;

- outros itens prioritários poderiam demorar mais tempo para serem concluídos do que o estimado;

- o produto de trabalho resultante pode ter defeitos.

10.2.4   Considerações de Uso

.1 Pontos fortes

- Uma abordagem efetiva para responder à mudança das necessidades e prioridades dos stakeholders porque os próximos itens de trabalho selecionados a partir do backlog são sempre alinhados com as prioridades atuais dos stakeholders.

- Apenas os itens próximos ao topo do backlog são elaborados e estimados em detalhes; itens perto da parte inferior do backlog refletem prioridades mais baixas e recebem menos atenção e esforço.

- Pode ser um veículo de comunicação efetivo porque os stakeholders podem entender quais itens estão prestes a serem trabalhados, quais itens estão programados para mais tarde e quais podem não ser trabalhados por algum tempo.

.2 Limitações

- Grandes backlogs podem se tornar incômodos e difíceis de administrar.

- É preciso experiência para ser capaz de decompor o trabalho a ser feito em detalhes suficientes para uma estimativa precisa.

- Uma falta de detalhes nos itens no backlog pode resultar em informações perdidas ao longo do tempo.

10.3 Balanced Scorecard

10.3.1 Propósito

O balanced scorecard é usado para gerenciar o desempenho em qualquer modelo de negócio, estrutura organizacional ou processo de negócios.

10.3.2 Descrição

O balanced scorecard é uma ferramenta estratégica de planejamento e gestão utilizada para medir o desempenho organizacional além das medidas financeiras tradicionais. É centrado nos resultados e proporciona uma visão equilibrada de uma corporação, implementando o plano estratégico como um framework ativo de objetivos e medidas de desempenho. A premissa fundamental do balanced scorecard é que os drivers de criação de valor são compreendidos, medidos e otimizados a fim de criar um desempenho sustentável.

O balanced scorecard é composto por quatro dimensões:

- Aprendizagem e Crescimento

- Processo de Negócios

- Cliente

- Financeiro.

O balanced scorecard inclui objetivos tangíveis, medidas específicas e resultados direcionados derivados de uma visão e estratégia de uma organização. Balanced Scorecards de Negócios podem ser usados em vários níveis dentro de uma organização. Isso inclui em um nível corporativo (nível macro), nível departamental ou de função e até mesmo no nível de um projeto ou iniciativa.

Figura 10.3.1: Balanced Scorecard

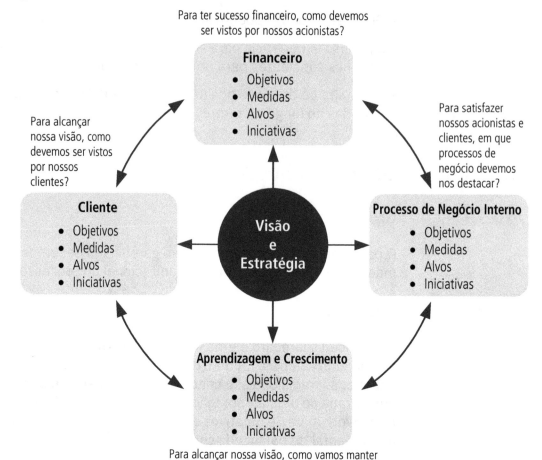

10.3.3   Elementos

.1 Dimensão Aprendizagem e Crescimento

A dimensão Aprendizagem e Crescimento inclui medidas relativas à formação e aprendizagem de funcionários, inovação de produtos e serviços, e cultura corporativa. As métricas orientam o uso de fundos de treinamento, mentoria, compartilhamento de conhecimento e melhorias tecnológicas.

.2 Dimensão Processo de Negócio

A dimensão Processo de Negócio inclui métricas que indicam o quão bem a corporação está operando e se seus produtos atendem às necessidades do cliente.

.3 Dimensão Cliente

A dimensão Cliente inclui métricas sobre foco no cliente, satisfação e entrega de valor. Essas métricas capturam o quão bem as necessidades do cliente são atendidas, o quanto eles estão satisfeitos com produtos e serviços, se a entrega desses produtos e serviços atendem às suas expectativas de qualidade, e sua experiência geral com a corporação.

.4 Dimensão Financeira

A dimensão Financeira identifica o que é financeiramente necessário para concretizar a estratégia. Exemplos de medidas financeiras indicam rentabilidade, crescimento da receita e valor econômico agregado.

.5 Medidas ou Indicadores

Existem dois tipos básicos de medidas ou indicadores: os indicadores de atraso que fornecem resultados de ações já realizadas e indicadores de liderança que fornecem informações sobre o desempenho futuro.

Os objetivos tendem a ter indicadores de desempenho, mas o uso de indicadores de tendência relacionados pode fornecer mais informações de desempenho em tempo real.

10.3.4 Considerações de Uso

Para que as medidas sejam significativas elas devem ser quantitativas, conectadas à estratégia e facilmente compreendidas por todos os stakeholders. Ao definir medidas, os analistas de negócios consideram outras medidas relevantes que estão em vigor e garantem que quaisquer medidas novas ou alteradas não impactem negativamente quaisquer já existentes. A qualquer momento, qualquer dimensão do balanced scorecard pode estar ativa, mudando e evoluindo. Cada dimensão afeta e é afetada pelas outras. O balanced scorecard permite à organização estabelecer o monitoramento e a medição do progresso em relação aos objetivos e adaptar a estratégia conforme necessário.

Pelo fato de serem usados cartões de desempenho para avaliar o desempenho da corporação ou de uma unidade de negócio dentro da corporação, mudanças nas medidas podem ter amplas implicações de alcance e devem ser claramente comunicadas e cuidadosamente gerenciadas.

.1 Pontos fortes

- Facilita o planeamento e o pensamento holístico e equilibrado.

- Metas de curto, médio e longo prazo podem ser harmonizadas em programas com medidas incrementais de sucesso.

- As equipes estratégicas, táticas e operacionais estão mais facilmente alinhadas em seu trabalho.

- Encoraja a reflexão prospectiva e a competitividade.

.2 Limitações

- A falta de uma estratégia clara torna difícil o alinhamento das dimensões.

- Pode ser visto como a ferramenta única para o planejamento estratégico em vez de apenas uma ferramenta a ser utilizada em uma suíte de ferramentas de planejamento estratégico.

- Pode ser mal interpretado como um substituto para planejamento estratégico, execução e medição.

10.4 Benchmarking e Análise de Mercado

10.4.1 Propósito

O benchmarking e análise de mercado são realizados para melhorar as operações organizacionais, aumentar a satisfação do cliente e aumentar o valor para os stakeholders.

10.4.2 Descrição

São realizados estudos de referência para comparar as práticas organizacionais com as melhores práticas da categoria. As melhores práticas podem ser encontradas em corporações concorrentes, no governo, ou de associações do setor. O objetivo do benchmarking é avaliar o desempenho da corporação e garantir que esteja operando eficientemente. O benchmarking também pode ser realizado em relação às normas para fins de conformidade. Os resultados a partir do estudo de referência podem iniciar a mudança dentro de uma organização.

A análise de mercado envolve pesquisar os clientes a fim de determinar os produtos e serviços que eles precisam ou querem, os fatores que influenciam suas decisões de compra e os concorrentes que existem no mercado. O objetivo da análise de mercado é adquirir essas informações com o intuito de apoiar os diversos processos de tomada de decisão dentro de uma organização. A análise de mercado também pode ajudar a determinar quando sair de um mercado. Pode ser usada para determinar se parceria, fusão ou desinvestimento são alternativas viáveis para uma corporação.

10.4.3 Elementos

.1 Benchmarking

O benchmarking inclui:

- identificar as áreas a serem estudadas;
- identificar corporações que são líderes no setor (incluindo concorrentes);
- conduzir um levantamento de corporações selecionadas para entender suas práticas;
- usar uma Solicitação de Informações (RFI) para reunir informações sobre capacidades;
- organizar visitas às melhores organizações da categoria;
- determinar lacunas entre as práticas atuais e as melhores práticas;
- desenvolver uma proposta de projeto para implementar as melhores práticas.

.2 Análise de Mercado

A Análise de Mercado requer que os analistas de negócios:

- identifiquem clientes e entendam suas preferências;
- identifiquem oportunidades que possam aumentar o valor para os stakeholders;
- identifiquem concorrentes e investiguem suas operações;
- procurem tendências no mercado, antecipem a taxa de crescimento e estimem a rentabilidade potencial;
- definam estratégias de negócios adequadas;
- reúnam dados de mercado;
- usem os recursos existentes, como registros da companhia, estudos de pesquisa e livros, e apliquem essas informações às perguntas em questão;
- revisem os dados para determinar tendências e tirar conclusões.

10.4.4 Considerações de Uso

.1 Pontos fortes

- O benchmarking fornece às organizações informações sobre novos e diferentes métodos, ideias e ferramentas para melhorar o desempenho organizacional.

- Uma organização pode utilizar o benchmarking para identificar as melhores práticas por parte dos seus concorrentes, a fim de atender ou superar sua concorrência.

- O benchmarking identifica por que corporações similares são bem-sucedidas e quais processos elas usaram para se tornarem bem-sucedidas.

- A análise de mercado pode destinar grupos específicos e pode ser adaptada para responder perguntas específicas.

- A análise de mercado pode expor fragilidades dentro de uma determinada corporação ou setor.

- A análise de mercado pode identificar diferenças nas ofertas de produtos e serviços que estão disponíveis a partir de um concorrente.

.2 Limitações

- O benchmarking é demorado; as organizações podem não ter a expertise necessária para conduzir a análise e interpretar informações úteis.

- O benchmarking não pode produzir soluções inovadoras ou soluções que produzirão uma vantagem competitiva sustentável, pois envolve a avaliação de soluções que demonstraram funcionar em outro lugar com o objetivo de reproduzi-las.

- A análise de mercado pode ser demorada e cara, e os resultados podem não estar imediatamente disponíveis.

- Sem segmentação de mercado, a análise de mercado pode não produzir os resultados esperados ou pode fornecer dados incorretos sobre os produtos ou serviços de um concorrente.

10.5 Brainstorming

10.5.1 Propósito

O brainstorming é uma excelente maneira de fomentar o pensamento criativo sobre um problema. O propósito do brainstorming é produzir inúmeras novas ideias e derivar delas temas para uma análise mais aprofundada.

10.5.2 Descrição

O brainstorming é uma técnica destinada a produzir um conjunto amplo ou diversificado de opções.

Ele ajuda a responder perguntas específicas como (mas não limitado a):

- Quais opções estão disponíveis para resolver a questão em mãos?
- Quais fatores estão restringindo o grupo de seguir em frente com uma abordagem ou opção?
- O que poderia estar causando um atraso na atividade 'A'?
- O que o grupo pode fazer para resolver problema 'B'?

O brainstorming funciona focando em um tópico ou problema e, em seguida, chegando com muitas soluções possíveis para ele. Esta técnica é melhor aplicada em um grupo, pois se baseia na experiência e criatividade de todos os membros do grupo. Na ausência de um grupo, pode-se fazer um brainstorming por conta própria para gerar novas ideias. Para aumentar a criatividade, os participantes são encorajados a usar novas formas de olhar as coisas e associá-las livremente em qualquer direção. Quando facilitado adequadamente, o brainstorming pode ser divertido, envolvente e produtivo.

Figura 10.5.1: Brainstorming

1. Preparação

| Definir Área de Interesse | Determinar Limite de Tempo | Identificar Participantes | Estabelecer Critério de Avaliação |

2. Sessão

| Compartilhar Ideias | Registrar Ideias | Construir sobre as ideias uns dos outros | Obter o maior número possível de ideias |

3. Conclusão

| Discutir e Avaliar | Criar lista | Classificar Ideias | Distribuir Lista Final |

10.5.3   Elementos

.1 Preparação

• Desenvolver uma definição clara e concisa sobre a área de interesse.

• Determinar um limite de tempo para que o grupo gere ideias; quanto maior o grupo, mais tempo necessário.

• Identificar o facilitador e os participantes da sessão (apontar de seis a oito participantes que representem uma gama de conhecimentos e experiência com o tema).

• Estabelecer expectativas com os participantes e obter sua adesão ao processo.

• Estabelecer os critérios para avaliar e classificar as ideias.

.2 Sessão

• Compartilhar novas ideias sem nenhuma discussão, crítica ou avaliação.

• Registrar visivelmente todas as ideias.

• Incentivar os participantes a serem criativos, compartilharem ideias exageradas e construírem a partir das ideias dos outros.

• Não limitar o número de ideias, pois a meta é obter o maior número possível dentro do período de tempo.

.3 Conclusão

- Uma vez atingido o limite de tempo, discutir e avaliar as ideias utilizando os critérios de avaliação predeterminados.

- Criar uma lista condensada de ideias, combinar ideias onde apropriado e eliminar duplicatas.

- Avaliar as ideias e depois distribuir a lista final de ideias para as partes apropriadas.

10.5.4 Considerações de Uso

.1 Pontos fortes

- Habilidade de extrair muitas idéias em um curto período de tempo.

- O ambiente sem julgamentos possibilita o pensamento criativo.

- Pode ser útil durante um workshop para reduzir a tensão entre os participantes.

.2 Limitações

- A participação depende da criatividade individual e disposição para participar.

- A política organizacional e interpessoal pode limitar a participação geral.

- Os participantes do grupo devem concordar em evitar debater as ideias levantadas durante o brainstorming.

10.6   Análise de Capacidades de Negócio

10.6.1   Propósito

O propósito da análise de capacidades de negócio é fornecer um framework para a definição do escopo e planejamento, gerando uma compreensão compartilhada dos resultados, identificando o alinhamento com a estratégia e fornecendo um filtro de escopo e priorização.

10.6.2   Descrição

A análise de capacidades de negócio descreve o que uma corporação, ou parte de uma corporação, é capaz de fazer. As capacidades do negócio descrevem a capacidade de uma corporação de agir ou transformar algo que ajude a alcançar uma meta ou objetivo de negócio. As capacidades podem ser avaliadas quanto ao desempenho e riscos associados, para identificar lacunas específicas de desempenho e priorizar investimentos. Muitos esforços de desenvolvimento de produtos são uma tentativa de melhorar o desempenho de uma capacidade de negócio existente ou de entregar uma nova capacidade. Enquanto uma corporação continuar a desempenhar funções semelhantes, as capacidades exigidas pela corporação devem permanecer constantes - mesmo que o método de execução dessas capacidades sofra mudanças significativas.

10.6.3   Elementos

.1 Capacidades

Capacidades são as habilidades de uma corporação para realizar ou transformar algo que ajude a alcançar uma meta ou objetivo de negócio. As capacidades descrevem o propósito ou o resultado do desempenho ou da transformação, não como o desempenho ou a transformação são executados. Cada capacidade é encontrada apenas uma vez em um mapa de capacidades, mesmo que seja de múltiplas unidades de negócios.

.2 Usando as Capacidades

As capacidades têm impacto no valor através do aumento ou proteção da receita, reduzindo ou prevenindo custos, melhorando o serviço, alcançando conformidade ou posicionando a companhia para o futuro. Nem todas as capacidades têm o mesmo nível de valor. Existem várias ferramentas que podem ser usadas para tornar explícito o valor, em uma avaliação de capacidade.

.3 Expectativas de Desempenho

As capacidades podem ser avaliadas para identificar expectativas explícitas de desempenho. Quando uma capacidade é orientada para a melhoria, uma lacuna específica de desempenho pode ser identificada. A lacuna de desempenho é a diferença entre o desempenho real e o desempenho desejado, dada a estratégia de negócio.

.4 Modelo de risco

As capacidades por si só não têm riscos — os riscos estão no desempenho da capacidade, ou na falta de desempenho.

Esses riscos se enquadram nas categorias de negócios habituais:

- risco de negócio;
- risco de tecnologia;
- risco organizacional;
- risco de mercado.

.5 Planejamento Estratégico

As capacidades de negócio para o estado atual e estado futuro de uma corporação podem ser usadas para determinar para onde essa corporação precisa ir a fim de realizar sua estratégia. Uma avaliação de capacidade do negócio pode produzir um conjunto de recomendações ou propostas de soluções. Essas informações formam a base de um roadmap do produto e servem como guia para o planejamento de release. No nível estratégico, as capacidades devem apoiar uma empresa no estabelecimento e manutenção de uma vantagem competitiva sustentável e de uma proposta de valor distinta.

.6 Mapas de Capacidades

Os mapas de capacidades fornecem uma visualização gráfica de elementos envolvidos na análise de capacidades de negócio. Os exemplos a seguir demonstram um elemento de um mapa de capacidades que faria parte de uma grade de capacidades maior.

Não existe um padrão definido para a notação de mapas de capacidades. As imagens a seguir mostram dois métodos diferentes para a criação de um mapa de capacidades. As duas primeiras imagens são o primeiro exemplo e a terceira imagem é o segundo exemplo.

Figura 10.6.1: Exemplo de Mapa de Capacidades Célula 1

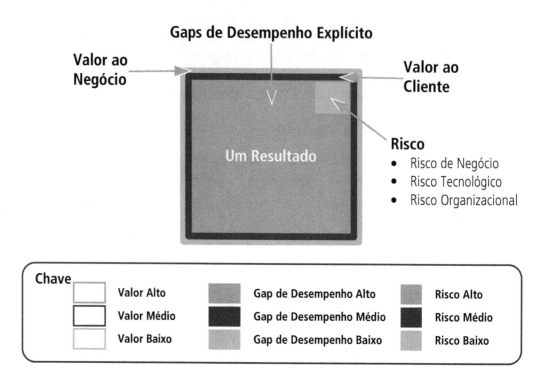

Figura 10.6.2: Exemplo 1 de Mapa de Capacidades

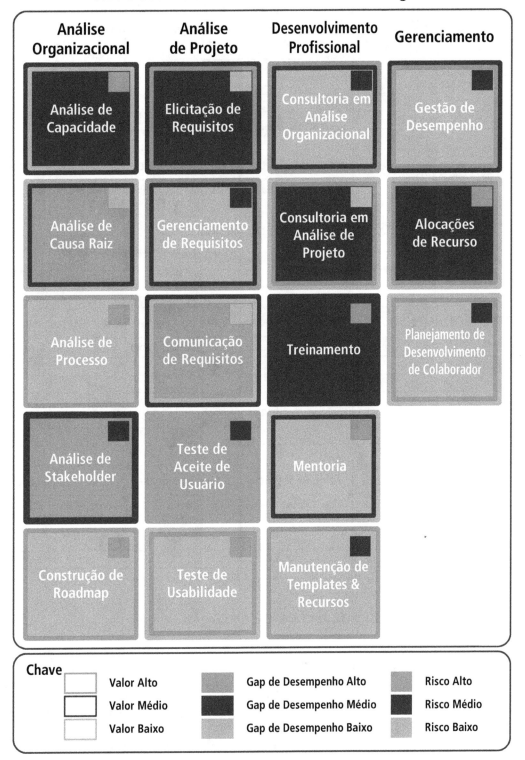

Centro de Excelência de Análise de Valor de Negócio

Figura 10.6.3: Exemplo 2 de Mapa de Capacidades

ANÁLISE ORGANIZACIONAL	Valor ao Negócio			Valor ao Cliente			Gap de Desempenho			Risco		
	Alto	Médio	Baixo	Alto	Médio	Baixo	Alto	Médio	Baixo	Alto	Médio	Baixo
Análise de Capacidade												
Análise de Causa Raiz												
Análise de Processo												
Análise de Stakeholder												
Construção de Roadmap												

ANÁLISE DE PROJETO	Valor ao Negócio			Valor ao Cliente			Gap de Desempenho			Risco		
	Alto	Médio	Baixo	Alto	Médio	Baixo	Alto	Médio	Baixo	Alto	Médio	Baixo
Elicitação de Requisitos												
Gerenciamento de Requisitos												
Comunicação de Requisitos												
Teste de Aceite de Usuário												
Teste de Usabilidade												

DESENVOLVIMENTO PROFISSIONAL	Valor ao Negócio			Valor ao Cliente			Gap de Desempenho			Risco		
	Alto	Médio	Baixo	Alto	Médio	Baixo	Alto	Médio	Baixo	Alto	Médio	Baixo
Consultoria Organizacional												
Consultoria em Análise de Projeto												
Treinamento												
Mentoria												
Manutenção de Recursos												

GERENCIAMENTO	Valor ao Negócio			Valor ao Cliente			Gap de Desempenho			Risco		
	Alto	Médio	Baixo	Alto	Médio	Baixo	Alto	Médio	Baixo	Alto	Médio	Baixo
Gerenciamento de Desempenho												
Alocações de Recurso												
Planejamento de Dev de Colaborador												

10.6.4 Considerações de Uso

.1 Pontos fortes

- Proporciona uma articulação compartilhada de resultados, estratégia e desempenho, o que ajuda a criar iniciativas muito focadas e alinhadas.

- Ajuda a alinhar iniciativas de negócios em múltiplos aspectos da organização.

- Útil ao avaliar a capacidade de uma organização em oferecer novos produtos e serviços.

.2 Limitações

- Requer que uma organização concorde em colaborar com este modelo.

- Quando criada unilateralmente ou em um vácuo, ela não consegue atingir os objetivos de alinhamento e compreensão compartilhada.

- Requer uma colaboração ampla e interfuncional na definição do modelo de capacidade e do framework de valor.

10.7   Business Cases

10.7.1   Propósito

O propósito de um business case é fornecer uma justificativa para um curso de ação baseado nos benefícios a serem realizados utilizando a solução proposta, em comparação com o custo, esforço e outras considerações para se adquirir e se conviver com a solução atual.

10.7.2   Descrição

Um business case capta a fundamentação para se empreender uma mudança. Um business case é frequentemente apresentado em um documento formal, mas também pode ser apresentado através de instrumentos informais. A quantidade de tempo e recursos gastos com o business case deve ser proporcional ao tamanho e à importância de seu valor potencial. O business case fornece detalhes suficientes para informar e solicitar aprovação sem fornecer complexidades específicas sobre o método e/ou abordagem para a implementação. Pode ser, também, o catalisador de uma ou muitas iniciativas a fim de implementar a mudança.

Um business case é usado para:

- definir a necessidade;

- determinar os resultados desejados;

- avaliar restrições, suposições e riscos;

- recomendar uma solução.

10.7.3   Elementos

.1 Avaliação da Necessidade

A necessidade é o direcionador para o business case. É a meta ou objetivo de negócio relevante que deve ser alcançado. Os objetivos estão conectados a uma estratégia ou às estratégias da corporação. A avaliação de necessidade identifica o problema ou a oportunidade potencial. Ao longo do desenvolvimento do business case, diferentes alternativas para resolver o problema ou aproveitar a oportunidade serão avaliadas.

.2 Resultados Desejados

Os resultados desejados descrevem o estado que deve resultar se a necessidade for cumprida. Eles devem incluir resultados mensuráveis que possam ser utilizados para determinar o sucesso do business case ou da solução. Os resultados desejados devem ser revisados em marcos definidos e na conclusão da iniciativa (ou iniciativas) para cumprir o business case. Eles também devem ser independentes da solução recomendada. Como as opções de solução são avaliadas, sua capacidade de alcançar os resultados desejados ajudará a determinar a solução recomendada.

.3 Avaliar Alternativas

O business case identifica e avalia várias soluções alternativas. As alternativas podem incluir (mas não são limitadas a) diferentes tecnologias, processos ou modelos de negócios. As alternativas também podem incluir diferentes maneiras de adquiri-las e diferentes opções de tempo. Eles serão afetados por restrições tais como orçamento, cronograma e regulamentação. A alternativa "não fazer nada" deve ser avaliada e considerada para a solução recomendada.

Cada alternativa deve ser avaliada em termos de:

- *Escopo*: define a alternativa que está sendo proposta. O escopo pode ser definido usando limites organizacionais, limites do sistema, processos de negócios, linhas de produtos ou regiões geográficas. As declarações de escopo definem claramente o que será incluído e o que será excluído. O escopo das várias alternativas pode ser semelhante ou ter sobreposição, mas também pode diferir com base na alternativa.

- *Viabilidade*: A viabilidade organizacional e técnica deve ser avaliada para cada alternativa. Ela inclui conhecimento organizacional, habilidades e capacidade, bem como maturidade técnica e experiência nas tecnologias propostas.

- **Suposições, Riscos e Restrições**: Suposições são acordadas - fatos que podem ter influência sobre a iniciativa. As restrições são limitações que podem restringir as alternativas possíveis. Os riscos são problemas potenciais que podem ter um impacto negativo na solução. Concordar e documentar estes fatores facilita expectativas realistas e uma compreensão compartilhada entre os stakeholders.

Para mais informações, consulte Análise Financeira.

- **Análise Financeira e Avaliação de Valor**: A análise financeira e a avaliação de valor incluem uma estimativa dos custos para implementar e operar a alternativa, bem como um benefício financeiro quantificado da implementação da alternativa. Os benefícios de natureza não financeira (tais como a melhoria da moral da equipe, maior flexibilidade para responder às mudanças, maior satisfação do cliente ou redução da exposição ao risco) também são importantes e agregam valor significativo à organização. As estimativas de valor estão relacionadas às metas e objetivos estratégicos.

.4 Solução Recomendada

A solução recomendada descreve a maneira mais desejável de resolver o problema ou aproveitar a oportunidade. A solução é descrita em detalhes suficientes para que os tomadores de decisão entendam a solução e determinem se a recomendação será implementada. A solução recomendada pode também incluir algumas estimativas de custo e duração para implementar a solução. Benefícios/resultados mensuráveis serão identificados para permitir que os stakeholders avaliem o desempenho e o sucesso da solução após a implementação e durante a operação.

10.7.4 Considerações de Uso

.1 Pontos fortes

- Proporciona uma combinação de fatos, questões e análises complexos necessários para a tomada de decisões relativas à mudança.

- Fornece uma análise financeira detalhada de custos e benefícios.

- Fornece orientação para a tomada de decisão em curso ao longo da iniciativa.

.2 Limitações

- Pode estar sujeita aos preconceitos dos autores.

- Frequentemente não atualizada uma vez que o financiamento para a iniciativa está assegurado.

- Contém suposições relativas a custos e benefícios que podem se revelar inválidos mediante investigação adicional.

10.8   Business Model Canvas

10.8.1   Propósito

Um business model canvas descreve como uma corporação cria, entrega e captura valor para e de seus clientes.

10.8.2   Descrição

Um business model canvas é composto de nove blocos de construção que descrevem como uma organização pretende entregar valor:

- Parcerias-Chave;
- Principais Atividades;
- Principais Recursos;
- Proposição de Valor;
- Relacionamento com o Cliente;
- Canais;
- Segmentos de Cliente;
- Estrutura de Custos;
- Fluxos de Receita.

Esses blocos de construção são organizados em uma tela de negócios que mostra a relação entre as operações da organização, finanças, clientes e ofertas. O business model canvas também serve como um blueprint para implementar uma estratégia.

Figura 10.8.1: Business Model Canvas

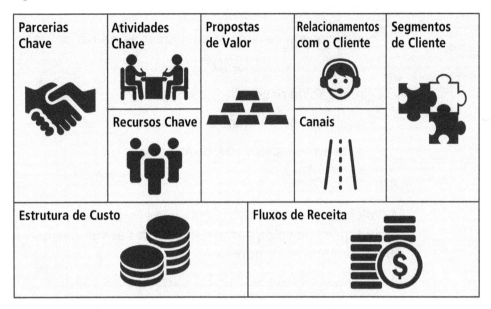

Um business model canvas pode ser usado como uma ferramenta de diagnóstico e planejamento em relação à estratégia e às iniciativas. Como ferramenta de diagnóstico, os diversos elementos da tela são usados como uma lente no estado atual do negócio, especialmente com relação às quantidades relativas de energia, tempo e recursos que a organização está investindo atualmente em diversas áreas. Como ferramenta de planejamento e monitoramento, o canvas pode ser utilizado como diretriz e framework para a compreensão das interdependências e prioridades entre grupos e iniciativas.

Um business model canvas permite o mapeamento de programas, projetos e outras iniciativas (como o recrutamento ou retenção de talentos) para a estratégia da empresa. Nessa capacidade, o canvas pode ser usado para visualizar onde a empresa está investindo, onde uma determinada iniciativa se encaixa, e quaisquer iniciativas relacionadas.

Um business model canvas também pode ser usado para demonstrar onde os esforços de vários departamentos e grupos de trabalho se encaixam e se alinhavam à estratégia geral da empresa.

.1 Elementos

Parcerias-Chave

As parcerias-chave envolvem frequentemente algum grau de compartilhamento de informações proprietárias, incluindo tecnologias. Uma parceria-chave efetiva pode, em alguns casos, levar a relações mais formalizadas, como fusões e aquisições.

Os benefícios em se engajar em parcerias-chave incluem:

- otimização e economia
- redução do risco e da incerteza
- aquisição de recursos e atividades particulares
- falta de capacidades internas.

Atividades-Chave

As atividades-chave são aquelas que são críticas para a criação, entrega e manutenção de valor, assim como outras atividades que apoiam o funcionamento da empresa.

As atividades-chave podem ser classificadas como:

- *Valor agregado*: características, recursos e atividades de negócio pelas quais o cliente está disposto a pagar.
- *Valor não agregado*: aspectos e atividades pelos quais o cliente não está disposto a pagar.
- *Valor não agregado pelo negócio*: características que devem ser incluídas na oferta, atividades realizadas para atender às necessidades regulamentares e outras, ou custos associados à realização de negócios, pelos quais o cliente não está disposto a pagar.

Principais Recursos

Os recursos são os ativos necessários para executar um modelo de negócio. Os recursos podem ser diferentes com base no modelo de negócio.

Os recursos podem ser classificados como:

- *Físico*: aplicativos, locais e máquinas.
- *Financeiro*: o que é necessário para financiar um modelo de negócio, como dinheiro e linhas de crédito.
- *Intelectual*: quaisquer aspectos proprietários que possibilitam um modelo de negócio prosperar, como conhecimento, patentes e direitos autorais, bancos de dados de clientes e marca.
- *Humano*: as pessoas necessárias para executar um determinado modelo de negócio.

Proposição de Valor

Uma proposição de valor representa o que um cliente está disposto a trocar por ter suas necessidades atendidas. A proposição pode consistir em um único produto ou serviço, ou pode ser composta por um conjunto de bens e serviços que são empacotados em conjunto para atender às necessidades de um cliente ou segmento de clientes para ajudá-los a resolver o seu problema.

Relacionamento com o Cliente

Em geral, as relações com o cliente são classificadas como aquisição de clientes e retenção de clientes. Os métodos utilizados no estabelecimento e manutenção de relações com o cliente variam de acordo com o nível de interação desejado e o método de comunicação. Por exemplo, alguns relacionamentos podem ser altamente personalizados, enquanto outros são automatizados e promovem uma abordagem de autoatendimento. As relações também podem ser formais ou informais.

As organizações interagem com seus clientes de maneiras diferentes dependendo da relação que querem estabelecer e manter.

Canais

Os canais são as diferentes formas em que uma empresa interage e entrega valor aos seus clientes. Alguns canais são muito orientados à comunicação (por exemplo, canal de marketing) e alguns são orientados para a entrega (por exemplo, canal de distribuição). Outros exemplos incluem canais de vendas e canais de parceria.

As corporações utilizam canais para:

- aumentar a conscientização sobre suas ofertas;
- ajudar os clientes a avaliar a proposição de valor;
- permitir aos clientes a compra de um bem ou serviço;
- ajudar a empresa a cumprir a proposta de valor;
- dar suporte.

O entendimento dos canais envolve a identificação dos processos, procedimentos, tecnologias, entradas e saídas (e o seu impacto atual), bem como a compreensão da relação dos diversos canais às estratégias da organização.

Segmentos de Cliente

Os segmentos de cliente agrupam clientes com necessidades e atributos comuns para que a corporação possa atender de forma mais efetiva e eficiente as necessidades de cada segmento.

Uma organização dentro de uma corporação pode considerar a definição e a destinação de segmentos de clientes distintos com base em:

- necessidades diferentes para cada segmento;

- lucratividade variável entre segmentos;

- diferentes canais de distribuição;

- criação e manutenção de relacionamentos com o cliente.

Estrutura de Custos

Toda entidade, produto ou atividade dentro de uma corporação tem um custo associado. As corporações buscam reduzir, minimizar ou eliminar custos sempre que possível. A redução de custos pode aumentar a rentabilidade de uma organização e permitir que esses fundos sejam usados de outras formas para criar valor para a organização e para os clientes. Por isso, é importante entender o tipo de modelos de negócio, as diferenças nos tipos de custos e seu impacto, e onde a corporação está focando seus esforços para reduzir custos.

Fluxos de Receita

Um fluxo de receita é uma forma ou método pelo qual a receita entra em uma corporação a partir de cada segmento de cliente em troca da realização de uma proposição de valor. Há duas formas básicas de gerar receita para uma corporação: receita resultante de uma compra única de um bem ou serviço e receita recorrente de pagamentos periódicos por um bem, serviço ou suporte contínuo.

Alguns tipos de fluxos de receita incluem:

- **Taxas de licenciamento ou de Assinaturas**: o cliente paga pelo direito de acessar um determinado ativo, seja como uma taxa única ou como custo recorrente.

- **Transação ou taxas de uso**: o cliente paga cada vez que usar um bem ou serviço.

- **Vendas**: ao cliente é concedido direito de propriedade a um produto específico.

- **Empréstimo, Aluguel ou Leasing**: o cliente tem direitos temporários de uso de um bem.

.2 Considerações de Uso

Pontos fortes

• É um framework amplamente utilizado e efetivo que pode ser usado para entender e otimizar os modelos de negócios.

• É simples de usar e fácil de entender.

Limitações

• Não conta com medidas alternativas de valor como os impactos sociais e ambientais.

• O foco principal nas proposições de valor não fornece um insight holístico para a estratégia de negócios.

• Não inclui o propósito estratégico da empresa dentro da tela.

10.9   Análise de Regras de Negócio

10.9.1   Propósito

A análise de regras de negócio é usada para identificar, expressar, validar, refinar e organizar as regras que moldam o comportamento do negócio no dia a dia e orientar a tomada de decisão nos negócios operacionais.

10.9.2   Descrição

As políticas e regras de negócio orientam o funcionamento cotidiano do negócio e seus processos, e moldam as decisões de negócios operacionais. Uma política de negócios é uma diretiva preocupada em controlar amplamente, influenciar ou regular as ações de uma corporação e das pessoas dela participantes. Uma regra de negócio é uma diretiva específica, testada que serve como critério para orientar o comportamento, moldar julgamentos ou tomar decisões. Uma regra de negócio deve ser praticável (não precisando de mais interpretação para uso pelas pessoas no negócio) e está sempre sob o controle do negócio.

A análise de regras de negócio envolve a captura de regras de negócio a partir de fontes, expressando-as claramente, validando-as com os stakeholders, refinando-as para melhor se alinhar com as metas de negócios e organizando-as para que possam ser efetivamente gerenciadas e reutilizadas. As fontes de regras de negócio podem ser explícitas (por exemplo, políticas de negócios documentadas, regulamentos ou contratos) ou tácitas (por exemplo, conhecimento não documentado dos stakeholders não documentadas, como práticas de negócios geralmente aceitas ou normas da cultura corporativa). As regras de negócio devem ser explícitas, específicas, claras, acessíveis e de uma única fonte. Os princípios básicos para as regras de negócio incluem:

- basear-se no vocabulário padrão do negócio para permitir que os especialistas no assunto do domínio as validem;

- expressá-las separadamente de como elas serão aplicadas;

- defini-las em nível atômico e em formato declarativo;

- separá-las dos processos que elas apoiam ou restringem;

- mapeá-las às decisões que a regra apoia ou restringe;

- mantê-las de tal forma que possam ser monitoradas e adaptadas à medida que as circunstâncias do negócio evoluem com o tempo.

Um conjunto de regras para a tomada de uma decisão de negócio operacional pode ser expresso como uma tabela ou árvore de decisão, conforme descrito em Análise de Decisão. O número de regras em tal conjunto pode ser bastante grande, com um alto nível de complexidade.

10.9.3   Elementos

As regras de negócio requerem uso consistente de termos do negócio, um glossário de definições para os conceitos fundamentais do negócio e uma compreensão das conexões estruturais entre os conceitos. A reutilização da terminologia existente nas associações do setor ou glossários de negócios internos é frequentemente aconselhada. Às vezes, definições e estruturas a partir de dicionários de dados ou modelos de dados podem ser úteis (ver Dicionário de Dados e Modelagem de Dados). As regras de negócio devem ser expressas e gerenciadas independentemente de qualquer tecnologia de implementação, uma vez que elas precisam estar disponíveis como referência para as pessoas do negócio. Além disso, às vezes serão implementadas em múltiplas plataformas ou componentes de software. Há frequentemente exceções às regras de negócio; estas devem ser tratadas simplesmente como regras de negócio adicionais. As regras de negócio existentes devem ser questionadas para garantir que elas se alinhem com as metas de negócio e permaneçam relevantes, especialmente quando novas soluções surgirem.

.1 Regras de Definição

Regras de definição moldam conceitos ou produzem conhecimento ou informações. Elas indicam algo que é necessariamente verdadeiro (ou não verdadeiro) sobre algum conceito, complementando assim a sua definição. Em contraste com as regras comportamentais, que são sobre o comportamento das pessoas, as regras de definição representam o conhecimento operacional da organização. As regras de definição não podem ser violadas, mas podem ser aplicadas incorretamente. Um exemplo de uma regra de definição é:

> *Um cliente deve ser considerado Cliente Preferencial se fizer mais de 10 pedidos por mês.*

As regras de definição costumam prescrever como as informações podem ser derivadas, inferidas ou calculadas com base em informações disponíveis para o negócio. Uma inferência ou cálculo pode ser o resultado de múltiplas regras, cada construção sobre algo inferido ou calculado por alguma(s) outra(s). Conjuntos de regras de definição são frequentemente usados para tomar decisões de negócios operacionais durante algum processo ou mediante algum evento. Um exemplo de regra de cálculo é:

> *O valor do imposto de jurisdição local de um pedido deve ser calculado como (soma dos preços de todos os itens tributáveis do pedido) × o valor do imposto de jurisdição local.*

.2 Regras Comportamentais

Regras de comportamento são regras de pessoas, mesmo que o comportamento seja automatizado. As regras de comportamento servem para moldar (governar) a atividade do negócio no dia a dia. Elas o fazem colocando alguma obrigação ou proibição de conduta, ação, prática ou procedimento.

As regras de comportamento são regras que a organização escolhe para fazer valer como uma questão de política, muitas vezes para reduzir o risco ou aumentar a produtividade. Elas frequentemente fazem uso das informações ou conhecimentos produzidos por regras de definição (que são sobre a formação de conhecimento ou informação). As regras de comportamento são destinadas a orientar as ações de pessoas que trabalham dentro da organização, ou pessoas que interagem com ela. Elas podem obrigar os indivíduos a executar ações de uma determinada maneira, impedir que eles realizem ações, ou prescrever as condições sob as quais algo pode ser corretamente feito. Um exemplo de uma regra de comportamento é:

> *Um pedido não deve ser aceito quando o endereço de cobrança fornecido pelo cliente não corresponde ao endereço em arquivo do provedor de cartão de crédito.*

Em contraste com as regras de definição, as regras de comportamento são regras que podem ser violadas diretamente. Por definição, é sempre possível violar uma regra de comportamento - mesmo que não haja circunstâncias em que a organização aprovaria isso, e apesar do fato de que a organização toma precauções extraordinárias em sua solução para evitá-lo. Devido a isso, uma análise mais aprofundada deve ser conduzida para determinar o rigor com que a regra deve ser aplicada, que tipos de sanções devem ser impostas quando ela é violada e que respostas adicionais a uma violação podem ser apropriadas. Tal análise muitas vezes leva à especificação de regras adicionais.

Vários níveis de aplicação podem ser especificados para uma regra de comportamento. Por exemplo:

- Não permitir violações (estritamente impostas).

- Substituição por ator autorizado.

- Substituir com explicação.

- Sem aplicação ativa.

Uma regra de comportamento para a qual não há uma aplicação ativa é simplesmente uma diretriz que sugere um comportamento de negócio preferido ou ideal.

10.9.4   Considerações de Uso

.1 Pontos fortes

- Quando aplicadas e gerenciadas por um único e amplo motor corporativo, as mudanças nas regras de negócio podem ser implementadas rapidamente.

- Um repositório centralizado cria a capacidade de reutilizar as regras de negócio em uma organização.

- As regras de negócio fornecem estrutura para governar comportamentos de negócios.

- Definir e gerenciar claramente as regras de negócio permite que as organizações façam mudanças nas políticas sem alterar os processos ou sistemas.

.2 **Limitações**

- As organizações podem produzir longas listas de regras de negócio ambíguas.

- As regras de negócio podem se contradizer ou produzir resultados inesperados quando combinadas, a menos que sejam validadas umas contra as outras.

- Se o vocabulário disponível não for suficientemente rico, não for favorável aos negócios, ou for mal definido e organizado, as regras de negócio resultantes serão imprecisas ou contraditórias.

10.10   Jogos Colaborativos

10.10.1   Propósito

Os jogos colaborativos incentivam os participantes em uma atividade de elicitação a colaborar na construção de uma compreensão conjunta de um problema ou de uma solução.

10.10.2   Descrição

Os jogos colaborativos referem-se a várias técnicas estruturadas inspiradas na brincadeira de jogo e são projetadas para facilitar a colaboração. Cada jogo inclui regras para manter os participantes focados em um objetivo específico. Os jogos são usados para ajudar os participantes a compartilhar seus conhecimentos e experiências sobre um determinado tópico, identificar suposições ocultas e explorar esse conhecimento de maneiras que podem não ocorrer durante as interações normais. A experiência compartilhada do jogo colaborativo encoraja as pessoas com diferentes perspectivas sobre um tópico a trabalhar em conjunto, a fim de entender melhor uma questão e desenvolver um modelo compartilhado do problema ou de soluções potenciais. Muitos jogos colaborativos podem ser usados para entender as perspectivas de vários grupos de stakeholders.

Os jogos colaborativos frequentemente se beneficiam do envolvimento de um facilitador neutro que ajuda os participantes a compreender as regras do jogo e a fazer cumprir essas regras. O trabalho do facilitador é manter o jogo avançando e ajudar a garantir que todos os participantes desempenhem um papel. Os jogos colaborativos geralmente envolvem um forte elemento visual ou tátil. Atividades como mover notas adesivas, rabiscar em quadros brancos ou desenhar figuras ajudam as pessoas a superar inibições, fomentar o pensamento criativo e pensar lateralmente.

10.10.3   Elementos

.1 Objetivo do Jogo

Cada jogo colaborativo diferente tem um propósito definido — normalmente para desenvolver uma melhor compreensão de um problema ou para estimular soluções criativas — que é específico para esse tipo de jogo. O facilitador ajuda os participantes do jogo a entender o propósito e o trabalho em direção à realização bem-sucedida desse propósito.

.2 Processo

Cada tipo de jogo colaborativo tem um processo ou conjunto de regras que, quando seguidas, mantém o jogo em movimento, em direção ao seu objetivo. Cada etapa do jogo é muitas vezes limitada pelo tempo.

Os jogos geralmente têm pelo menos três etapas:

Passo 1.   uma etapa de abertura, onde os participantes se envolvem, aprendem as regras do jogo e começam a gerar ideias;

Passo 2.   a etapa de exploração, onde os participantes se envolvem uns com os outros e buscam conexões entre suas ideias, testam essas ideias e experimentam novas ideias;

Passo 3.   uma etapa final, na qual as ideias são avaliadas e os participantes trabalham quais ideias provavelmente serão as mais úteis e produtivas.

.3 Resultado

No final de um jogo colaborativo, o facilitador e os participantes trabalham através dos resultados e determinam quaisquer decisões ou ações que precisam ser tomadas como resultado que os participantes aprenderam.

.4 Exemplos de Jogos Colaborativos

Existem muitos tipos de jogos colaborativos disponíveis, incluindo (mas não limitado a) os seguintes:

Tabela 10.10.1: Exemplos de Jogos Colaborativos

Jogo	Descrição	Objetivo
Caixa do Produto	Os participantes constroem uma caixa para o produto como se ele estivesse sendo vendido em uma loja de varejo.	Usado para ajudar a identificar as características de um produto que contribuem para despertar o interesse no mercado.
Mapa de Afinidade	Os participantes escrevem características em notas adesivas e as colocam numa parede; e depois as agrupam por características semelhantes.	Usado para ajudar a identificar recursos ou temas, relacionados ou similares.
Fishbowl	Os participantes são divididos em dois grupos. Um grupo de participantes fala sobre um tópico, enquanto o outro grupo escuta atentamente e documenta suas observações.	Usado para identificar suposições ou perspectivas ocultas.

10.10.4   Considerações de Uso

.1 Pontos fortes

- Pode revelar suposições ocultas ou diferenças de opinião.
- Incentiva o pensamento criativo, estimulando processos mentais alternativos.
- Desafia os participantes que normalmente são tranquilos ou reservados a assumir um papel mais ativo nas atividades da equipe.
- Alguns jogos colaborativos podem ser úteis para expor necessidades de negócio que não estão sendo atendidas.

.2 Limitações

- A natureza lúdica dos jogos pode ser percebida como bobagem e deixar desconfortáveis os participantes com personalidades ou normas culturais reservadas.
- Os jogos podem ser demorados e podem ser percebidos como improdutivos, especialmente se os objetivos ou resultados não estiverem claros.
- A participação em grupo pode levar a um falso sentimento de confiança nas conclusões alcançadas.

10.11   Modelagem de Conceitos

10.11.1   Propósito

Um modelo de conceito é usado para organizar o vocabulário do negócio, necessário para comunicar de forma consistente e minuciosamente o conhecimento de um domínio.

10.11.2   Descrição

Um modelo de conceito começa com um glossário, que tipicamente se concentra nos conceitos essenciais de um domínio. Os modelos conceituais colocam um prêmio em definições de alta qualidade, design independente, que são livres de dados ou de viés de implementação. Os modelos de conceito também enfatizam o rico vocabulário.

Um modelo de conceito identifica a escolha correta dos termos a serem utilizados nas comunicações, incluindo todas as informações de análise de negócios. É especialmente importante onde as distinções de alta precisão e sutis precisam ser feitas.

Os modelos de conceito podem ser efetivos onde:

- a empresa busca organizar, reter, construir, gerenciar e comunicar conhecimentos essenciais;
- a iniciativa precisa captar grande número de regras de negócio;
- há resistência de stakeholders sobre a natureza técnica percebida nos modelos de dados, diagramas de classes ou nomenclatura e definição de elementos de dados;
- soluções inovadoras são procuradas na reengenharia de processos de negócio ou outros aspectos da capacidade de negócio;
- a empresa enfrenta desafios regulatórios ou de conformidade.

Um modelo de conceito difere de um modelo de dados. O objetivo de um modelo de conceito é apoiar a expressão de declarações de linguagem natural e fornecer sua semântica. Os modelos de conceito não são destinados a unificar, codificar e simplificar os dados. Portanto, o vocabulário incluído em um modelo de conceito é muito mais rico, pois se adapta a domínios de conhecimento intensivo. Os modelos conceituais são muitas vezes representados graficamente.

10.11.3   Elementos

.1 Conceitos de Nome

Os conceitos mais básicos em um modelo de conceito são os conceitos de nomes do domínio, que são simplesmente 'doados' para o espaço.

.2 Conceitos de Verbo

Os conceitos de verbo fornecem conexões estruturais básicas entre os conceitos de nome. Esses conceitos de verbo recebem formulações padrão, para poderem ser referenciados inequivocamente. Essas formulações por si só não são necessariamente sentenças; em vez disso, são os blocos de construção de sentenças (como as declarações de regra de negócio). Às vezes, conceitos de verbo são derivados, inferidos ou computados por regras de definição. É assim que novos conhecimentos ou informações são construídos a partir de fatos mais básicos.

.3 Outras Conexões

Visto que os modelos de conceito devem suportar o significado rico (semântica), outros tipos de conexões padrão são usados além de conceitos de verbo.

Estes incluem, mas não estão limitados a:

- categorizações;
- classificações;
- conexões partitivas (de parte à parte);
- funções.

10.11.4   Considerações de Uso

.1 Pontos fortes

- Fornecer uma forma amigável de comunicação com os stakeholders sobre significados precisos e distinções sutis.
- É independente de vieses de design de dados e da cobertura de vocabulário de negócios muitas vezes limitada de modelos de dados.
- Prova altamente útil para processos de negócio de colarinho branco, ricos em conhecimento e tomada de decisão.
- Ajuda a garantir que um grande número de regras de negócio e tabelas de decisão complexas estejam livres de ambiguidade e se encaixem de forma coesa.

.2 Limitações

- Pode estabelecer expectativas muito altas sobre o quanto a integração baseada na semântica do negócio pode ser alcançada em um prazo relativamente curto.

- Requer um conjunto de habilidades especializadas com base na capacidade de pensar abstratamente e não processualmente sobre "know-how" e conhecimento.

- O foco de conhecimento e de regra pode ser estranho para os stakeholders.

- Requer ferramentas para apoiar ativamente o uso em tempo real da terminologia padrão do negócio na redação de regras de negócio, requisitos e outras formas de comunicação de negócio.

10.12   Dicionário de Dados

10.12.1   Propósito

Um dicionário de dados é usado para padronizar uma definição de um elemento de dado e possibilitar uma interpretação comum de elementos de dados.

10.12.2   Descrição

Um dicionário de dados é usado para documentar definições-padrão de elementos de dado, seus significados e valores permitidos. Um dicionário de dados contém definições de cada elemento de dado e indica como esses elementos se combinam em elementos de dados compostos. Os dicionários de dados são usados para padronizar o uso e significados de elementos de dados entre as soluções e entre os stakeholders.

Os dicionários de dados às vezes são chamados repositórios de metadados e são usados para gerenciar os dados dentro do contexto de uma solução. À medida que as organizações adotam mineração de dados e análise orientada por dados (Analytics) mais avançadas, um dicionário de dados pode fornecer os metadados exigidos por esses cenários mais complexos. Um dicionário de dados é frequentemente usado em conjunto com um diagrama entidade e relacionamento (ver Modelagem de Dados (p. 328)) e pode ser extraído de um modelo de dados.

Os dicionários de dados podem ser mantidos manualmente (como uma planilha) ou via ferramentas automatizadas.

Figura 10.12.1: Exemplo de um Dicionário de Dados

Elementos de Dado Primitivo	Elemento de Dado 1	Elemento de Dado 2	Elemento de Dado 3
Nome Nome referenciado pelos elementos de dados	Primeiro Nome	Nome do Meio	Último Nome
Alias Nome alternativo referenciado pelos stakeholders	Nome de Batismo	Nome do Meio	Sobrenome
Valores/Medidas Lista enumerada ou descrição do elemento de dado	Mínimo 2 caracteres	Pode ser omitido	Mínimo 2 caracteres
Descrição Definição	Primeiro Nome	Nome do Meio	Nome de Família
Composição	**Nome do Cliente =** Primeiro Nome + Nome do Meio + Nome de Família		

10.12.3   Elementos

.1 Elementos de Dados

Os dicionários de dados descrevem características do elemento de dados incluindo a descrição do elemento de dados na forma de uma definição que será utilizada pelos stakeholders. Os dicionários de dados incluem definições padrão de elementos de dados, seus significados e valores permitidos. Um dicionário de dados contém definições de cada elemento de dados primitivo e indica como esses elementos se combinam em elementos de dados compostos.

.2 Elementos de Dados Primitivos

As informações a seguir devem ser registradas sobre cada elemento de dados no dicionário de dados :

- *Nome*: um nome exclusivo para o elemento de dados, que será referenciado pelos elementos de dados compostos.

- *Aliases*: nomes alternativos para o elemento de dados utilizados por diversos stakeholders.

- **Valores/Significados**: uma lista de valores aceitáveis para o elemento de dados. Isso pode ser expresso como uma lista enumerada ou como uma descrição de formatos permitidos para os dados (incluindo informações como o número de caracteres). Se os valores forem abreviados, esta incluirá uma explicação sobre o significado.

- **Descrição**: a definição do elemento de dados no contexto da solução.

.3 Elementos Compostos

Elementos de dados compostos são construídos usando elementos de dados para construir estruturas compostas, que podem incluir:

- **Sequências**: ordenação requerida de elementos primitivos de dados dentro da estrutura composta. Por exemplo, um sinal de mais indica que um elemento é seguido por, ou concatenado com, outro elemento: Nome do Cliente = Primeiro Nome + Nome do Meio + Nome da Família.

- **Repetições**: se um ou mais elementos de dados podem ser repetidos várias vezes.

- **Elementos Opcionais**: pode ou não ocorrer em uma determinada instância do elemento composto.

10.12.4   Considerações de Uso

.1 Pontos fortes

- Fornece a todos os stakeholders uma compreensão compartilhada do formato e do conteúdo de informações relevantes.

- Um único repositório de metadados corporativos promove o uso de dados em toda a organização de forma consistente.

.2 Limitações

- Requer manutenção regular, caso contrário, os metadados podem se tornar obsoletos ou incorretos.

- Toda a manutenção é necessária para ser concluída de forma consistente, a fim de garantir que os stakeholders possam recuperar rápida e facilmente as informações de que necessitam. Isso requer tempo e esforço por parte dos organizadores responsáveis pela exatidão e completude do dicionário de dados.

- A menos que se tenha o cuidado de considerar os metadados exigidos por múltiplos cenários, eles podem ter valor limitado em toda a corporação.

10.13   Diagramas de Fluxo de Dados

10.13.1   Propósito

Os diagramas de fluxo de dados mostram de onde vêm os dados, quais atividades processam os dados e se os resultados de saída são armazenados ou utilizados por outra atividade, ou entidade externa.

10.13.2   Descrição

Diagramas de fluxo de dados retratam a transformação de dados. Eles são úteis para representar um sistema baseado em transações e ilustrar os limites físico, lógico ou manual desse sistema.

Um diagrama de fluxo de dados ilustra o movimento e a transformação de dados entre entidades (externas) e processos. A saída de uma entidade externa ou processo é a entrada para outra. O diagrama de fluxo de dados também ilustra os repositórios temporários ou permanentes (referidos como depósitos de dados ou terminadores) onde os dados são armazenados dentro de um sistema ou organização. Os dados definidos devem ser descritos em um dicionário de dados (ver Dicionário de Dados (p. 316)).

Os diagramas de fluxo de dados podem consistir em múltiplas camadas de abstração. O diagrama de nível mais alto é um diagrama de contexto que representa o sistema inteiro. Os diagramas de contexto mostram o sistema em sua totalidade, como um motor de transformação com entidades externas como fonte ou consumidoras de dados.

Figura 10.13.1: Diagrama de Contexto Notação Gane-Sarson

O nível seguinte de diagramas de fluxo de dados é o diagrama de nível 1. Os diagramas de nível 1 ilustram os processos relacionados ao sistema com os respectivos dados de entrada, dados transformados de saída e depósitos de dados.

Figura 10.13.2: Diagrama de Nível 1 Notação Yourdon

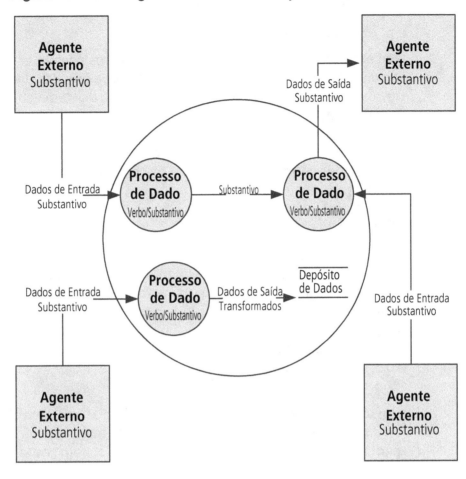

Mais níveis do diagrama de fluxo de dados (nível 2, nível 3 e assim por diante) quebram os principais processos do diagrama de nível 1. Os diagramas de nível 1 são úteis para mostrar a divisão interna do trabalho e os dados que fluem entre as partes, assim como os dados armazenados usados em cada uma das partes. Cada uma das partes pode ser ainda mais decomposta, se necessário. Os fluxos externos permanecem os mesmos e são definidos fluxos e depósitos adicionais.

Os diagramas de fluxo de dados lógicos representam o estado futuro ou essencial — isto é, quais transformações precisam ocorrer independentemente das limitações físicas atuais. Os diagramas de fluxo de dados físicos modelam todos os depósitos de dados, impressoras, formulários, dispositivos e outras manifestações de dados. O diagrama físico pode mostrar o estado atual ou como ele será implementado.

10.13.3   Elementos

.1 Externo (Entidade, Fonte, Consumidor)

Um externo (entidade, fonte, consumidor) é uma pessoa, organização, sistema automatizado, ou qualquer dispositivo capaz de produzir dados, ou receber dados. Um externo é um objeto que está fora do sistema em análise. Os externos são as fontes e/ou destinos (consumidores) dos dados. Cada externo deve ter pelo menos um fluxo de dados indo para ele, ou vindo dele. Os externos são representados pelo uso de um substantivo dentro de um retângulo e são encontrados nos diagramas no nível de contexto, bem como nos níveis inferiores de abstração.

.2 Depósito de Dados

Um depósito de dados é uma coleção de dados em que os dados podem ser lidos repetidamente e onde eles podem ser armazenado para uso futuro. Essencialmente, são dados em repouso. Cada depósito de dados deve ter pelo menos um fluxo de dados indo para ele, ou vindo dele. Um depósito de dados é representado como duas linhas paralelas ou como um retângulo em aberto com uma etiqueta.

.3 Processo

Um processo pode ser uma atividade manual ou automatizada realizada por uma razão de negócio. Um processo transforma os dados em uma saída. Os padrões de nomenclatura para um processo devem conter um verbo e um substantivo. Cada processo deve ter pelo menos um fluxo de dados indo para ele e um fluxo de dados saindo dele. Um processo de dados é representado como um círculo ou retângulo com cantos arredondados.

.4 Fluxo de Dados

O movimento de dados entre uma entidade externa, um processo e um armazenamento de dados é representado por fluxos de dados. Os fluxos de dados mantêm os processos juntos. Todo fluxo de dados se conectará a, ou a partir de, um processo (transformação dos dados). Os fluxos de dados mostram as entradas e saídas de cada processo. Todo processo transforma uma entrada em uma saída. Os fluxos de dados são representados como uma linha com uma seta exibida entre os processos. O fluxo de dados é denominado usando um substantivo.

Figura 10.13.3: Diagrama de fluxo de dados - Notação Gane-Sarson

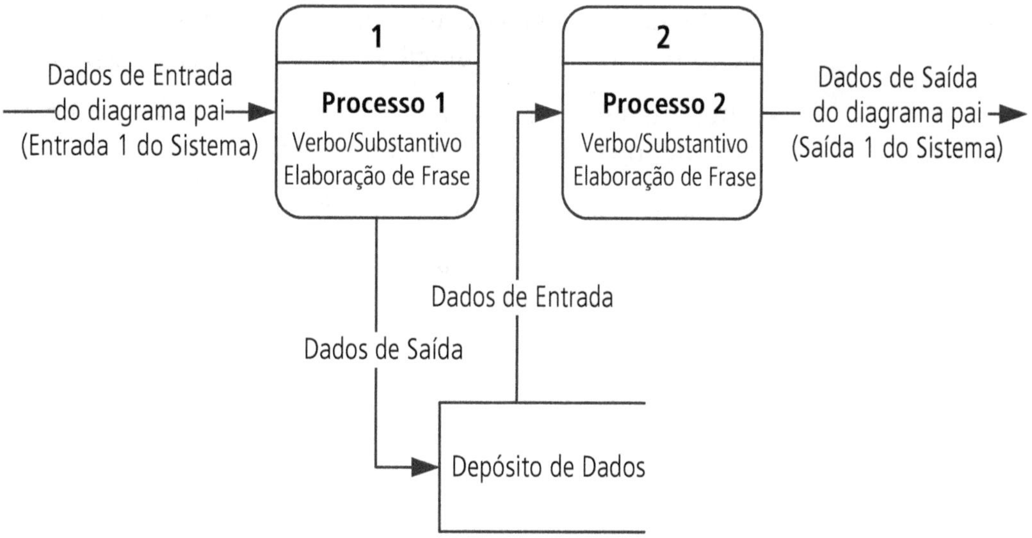

Figura 10.13.4: Diagrama de Fluxo de Dados - Notação Yourdon

10.13.4   Considerações de Uso

.1 Pontos fortes

• Pode ser usado como técnica de descoberta de processos e dados, ou como técnica para a verificação de decomposições funcionais ou modelos de dados.

• São excelentes maneiras de definir o escopo de um sistema e de todos os sistemas, interfaces e interfaces de usuário que se conectam a ele. Permite estimar o esforço necessário para estudar o trabalho.

• A maioria dos usuários considera estes diagramas de fluxo de dados relativamente fáceis de entender.

• Ajuda a identificar os elementos de dados duplicados ou aplicados incorretamente.

• Ilustra as conexões com outros sistemas.

• Ajuda a definir os limites de um sistema.

• Pode ser usado como parte da documentação do sistema.

• Ajuda a explicar a lógica por trás do fluxo de dados dentro de um sistema.

.2 Limitações

- O uso de diagramas de fluxo de dados para sistemas de grande escala pode se tornar complexo e difícil de ser compreendido pelos stakeholders.

- Diferentes métodos de notação com diferentes símbolos poderiam criar dificuldades relativas à documentação.

- Não ilustra uma sequência de atividades.

- As transformações de dados (processos) dizem pouco sobre o processo ou sobre o stakeholder.

10.14   Mineração de Dados

10.14.1   Propósito

A mineração de dados é usada para melhorar a tomada de decisão, encontrando padrões úteis e insights a partir de dados.

10.14.2   Descrição

A mineração de dados é um processo analítico que examina grandes quantidades de dados de diferentes perspectivas e resume os dados de tal forma que padrões e relacionamentos úteis são descobertos.

Os resultados das técnicas de mineração de dados são geralmente modelos matemáticos ou equações que descrevem padrões e relações fundamentais. Estes modelos podem ser implantados para a tomada de decisão humana através de painéis e relatórios visuais, ou para sistemas automatizados de tomada de decisão através de sistemas de gerenciamento de regras de negócio ou implantações em bases de dados.

A mineração de dados pode ser utilizada em investigações supervisionadas ou não supervisionadas. Em uma investigação supervisionada, os usuários podem fazer uma pergunta e esperar uma resposta que possa conduzir a sua tomada de decisão. Uma investigação sem supervisão é um puro exercício de descoberta de padrões onde os padrões podem emergir e, em seguida, serem considerados para aplicação nas decisões de negócio.

A mineração de dados é um termo geral que abrange técnicas descritivas, diagnósticas e preditivas:

- *Descritivo*: como o agrupamento facilita a visualização dos padrões em um conjunto de dados, tais como as semelhanças entre os clientes.

- *Diagnóstico*: como árvores de decisão ou segmentação podem mostrar porque existe um padrão, tais como as características dos clientes mais lucrativos de uma organização.

- **Preditivo**: como regressão ou redes neurais podem mostrar a probabilidade de algo ser verdade no futuro, tais como prever a probabilidade de que uma determinada reivindicação seja fraudulenta.

Em todos os casos é importante considerar a meta do exercício de mineração de dados e estar preparado para um esforço considerável para garantir o tipo, volume e qualidade de dados corretos com os quais trabalhar.

10.14.3   Elementos

.1 Elicitação de Requisitos

A meta e o escopo da mineração de dados é estabelecida em termos de requisitos de decisão para uma importante decisão de negócio identificada, ou em termos de uma área funcional onde os dados relevantes serão extraídos para a descoberta de padrões específicos de domínio. Esta estratégia de mineração de cima para baixo versus uma estratégia de baixo para cima permite que os analistas escolham o conjunto correto de técnicas de mineração de dados.

As técnicas formais de modelagem de decisão (consulte Modelagem de Decisão (p. 339)) são usadas para definir requisitos para exercícios de mineração de dados de cima para baixo. Para exercícios de descoberta de padrões de baixo para cima é útil se o insight descoberto puder ser colocado nos modelos de decisão existentes, permitindo seu o rápido uso e implantação.

Os exercícios sobre mineração de dados são produtivos quando gerenciados como um ambiente ágil. Eles auxiliam na iteração rápida, confirmação e implantação, ao mesmo tempo em que proporcionam o controle do projeto.

.2 Preparação de Dados: Conjunto de Dados Analítico

As ferramentas de mineração de dados trabalham em um conjunto de dados analítico. Este é geralmente formado mesclando registros de várias tabelas ou fontes em um único e amplo conjunto de dados. Os grupos de repetição são tipicamente desmembrados em múltiplos conjuntos de campos. Os dados podem ser fisicamente extraídos em um arquivo real ou um arquivo virtual deixado no banco de dados, ou armazém de dados para poder ser analisado. Os conjuntos de dados analíticos são divididos em um conjunto a ser utilizado para análise, um conjunto completamente independente para confirmar que o modelo desenvolvido funciona sobre dados não utilizados para desenvolvê-lo, e um conjunto de validação para confirmação final. Os volumes de dados podem ser muito grandes, às vezes resultando na necessidade de trabalhar com amostras ou de trabalhar em depósitos de dados para que os dados não tenham que ser movimentados.

.3 Análise de Dados

Visto que os dados estão disponíveis, eles são analisados. Uma grande variedade de medidas estatísticas é tipicamente aplicada e ferramentas de visualização são usadas para ver como os valores dos dados são distribuídos, que dados estão faltando e como várias características calculadas se comportam. Esta etapa é muitas vezes a mais longa e mais complexa em um esforço de mineração de dados e é cada vez mais o foco da automação. Grande parte do poder de um esforço de mineração de dados geralmente vem da identificação de características úteis nos dados. Por exemplo, uma característica pode ser o número de vezes que um cliente visitou uma loja nos últimos 80 dias. Determinar que a contagem ao longo dos últimos 80 dias é mais útil do que a contagem ao longo dos últimos 70 ou 90 é fundamental.

.4 Técnicas de Modelagem

Há uma grande variedade de técnicas de mineração de dados.

Alguns exemplos de técnicas de mineração de dados são:

- árvores de classificação e regressão (CART), C5 e outras técnicas de análise de árvores de decisão;

- regressão linear e logística;

- redes neurais;

- máquinas do setor de apoio;

- cartões de desempenho preditivos (aditivo).

O conjunto de dados analíticos e as características calculadas são introduzidas nestes algoritmos que são não supervisionados (o usuário não sabe o que está procurando) ou supervisionados (o usuário está tentando encontrar ou prever algo específico). Múltiplas técnicas são frequentemente utilizadas para ver qual é a mais efetiva. Alguns dados são extraídos da modelagem e utilizados para confirmar que o resultado pode ser replicado com dados que não foram utilizados na criação inicial.

.5 Implementação

Visto que um modelo foi construído, ele deve ser implementado para ser útil. Os modelos de mineração de dados podem ser implementados de diversas maneiras, seja para apoiar um tomador de decisão humano ou para apoiar sistemas automatizados de tomada de decisão. Para os usuários humanos, os resultados de mineração de dados podem ser apresentados usando metáforas visuais ou como campos de dados simples. Muitas técnicas de mineração de dados identificam as potenciais regras de negócio que podem ser implementadas usando um sistema de gerenciamento de regras de negócio. Tais regras de negócio executáveis podem ser encaixadas em um modelo de decisão com as regras de especialistas conforme necessário.

Algumas técnicas de mineração de dados—especialmente aquelas descritas como técnicas analíticas preditivas—resultam em fórmulas matemáticas. Estas também podem ser implementadas como regras de negócio executáveis mas também podem ser usadas para gerar SQL ou código para implementação. Uma gama cada vez mais ampla de opções de implementação em banco de dados permitem que tais modelos sejam integrados em uma infraestrutura de dados da organização.

10.14.4   Considerações de Uso

.1 Pontos fortes

- Revelar padrões ocultos e criar uma visão útil durante a análise - ajudar a determinar quais dados podem ser úteis a serem capturados ou quantas pessoas podem ser impactadas por sugestões específicas.

- Pode ser integrado a um design de sistema para aumentar a precisão dos dados.

- Pode ser usado para eliminar ou reduzir o viés humano, usando os dados para determinar os fatos.

.2 Limitações

- Aplicar algumas técnicas sem um entendimento de como elas funcionam pode resultar em correlações errôneas e percepção mal aplicada.

- O acesso a big data e a sofisticados conjuntos de ferramentas de mineração de dados e softwares podem levar a um uso indevido acidental.

- Muitas técnicas e ferramentas requerem conhecimentos especializados para se trabalhar com elas.

- Algumas técnicas usam matemática avançada em segundo plano e alguns stakeholders podem não ter insights diretos sobre os resultados. Uma percepção de falta de transparência pode causar resistência de alguns stakeholders.

- Os resultados de mineração de dados podem ser difíceis de implementar se a tomada de decisão que se destinam a influenciar é mal compreendida.

10.15   Modelagem de Dados

10.15.1   Propósito

Um modelo de dados descreve as entidades, classes ou objetos de dados relevantes para um domínio, os atributos utilizados para descrevê-las e os relacionamentos entre elas para fornecer um conjunto comum de semântica para análise e implementação.

10.15.2   Descrição

Um modelo de dados geralmente assume a forma de um diagrama suportado por descrições textuais. Ele representa visualmente os elementos importantes para o negócio (por exemplo, pessoas, lugares, coisas e transações de negócio), os atributos associados a esses elementos e os relacionamentos significativos entre eles. Os modelos de dados são frequentemente utilizados em elicitação e análise de requisitos e design, bem como para suportar a implementação e melhoria contínua.

Há diversas variações de modelos de dados:

- **Modelo de dados conceitual**: é independente de qualquer solução ou tecnologia e pode ser usado para representar como o negócio percebe suas informações. Ele pode ser usado para ajudar a estabelecer um vocabulário consistente descrevendo informações de negócios e os relacionamentos dessa informação.

- **Modelo de dados lógico**: é uma abstração do modelo de dados conceitual que incorpora regras de normalização para gerenciar formalmente a integridade dos dados e dos relacionamentos. Ele está associado ao design de uma solução.

- **Modelo de dados físico**: é usado por especialistas em implementação de soluções para descrever como um banco de dados é organizado fisicamente. Ele aborda interesses como desempenho, simultaneidade e segurança.

Os modelos de dados conceituais, lógicos e físicos são desenvolvidos para diferentes finalidades e podem ser significativamente diferentes mesmo quando retratam o mesmo domínio.

No nível conceitual, diferentes notações de modelagem de dados provavelmente produzirão resultados amplamente semelhantes e podem ser consideradas como uma única técnica (como apresentada aqui). Os modelos de dados lógicos e físicos incluem elementos específicos para as soluções que apoiam e são geralmente desenvolvidos por stakeholders com expertise na implementação de soluções técnicas particulares. Por exemplo, os diagramas entidade e relacionamento (ERDs) lógicos e físicos seriam usados para implementar um banco de dados relacional, enquanto um diagrama de classes lógico ou físico seria usado para suportar o desenvolvimento de software orientado a objetos.

Os diagramas de objetos podem ser usados para ilustrar instâncias particulares de entidades a partir de um modelo de dados. Eles podem incluir valores de amostra reais para os atributos, tornando os diagramas de objetos mais concretos e mais facilmente compreendidos.

10.15.3   Elementos

.1 Entidade ou Classe

Em um modelo de dados, a organização mantém dados sobre entidades (ou classes, ou objetos de dados). Uma entidade pode representar algo físico (como um Depósito de Dados), algo organizacional (como uma Área de Vendas), algo abstrato (como uma Linha de Produtos), ou um evento (como um Compromisso). Uma entidade contém atributos e tem relacionamentos com outras entidades do modelo.

Em um diagrama de classes, as entidades são chamadas classes. Como uma entidade em um modelo de dados, uma classe contém atributos e tem relacionamentos com outras classes. Uma classe também contém operações ou funções que descrevem o que pode ser feito com a classe, como gerar uma fatura ou abrir uma conta bancária.

Cada instância de uma entidade ou classe terá um identificador único que a configura para além de outras instâncias.

.2 Atributo

Um atributo define uma determinada parte da informação associada a uma entidade, incluindo o quanto as informações podem ser capturadas nele, seus valores permitidos e o tipo de informação que ele representa. Os atributos podem ser descritos em um dicionário de dados (consulte Dicionário de Dados (p. 316)). Os valores permitidos podem ser especificados através de regras de negócio (consulte Análise de Regras de Negócio (p. 307)).

Os atributos podem incluir valores como:

- **Nome**: um nome exclusivo para o atributo. Outros nomes utilizados pelos stakeholders podem ser capturados como aliases.

- **Valores/Significados**: uma lista de valores aceitáveis para o atributo. Isso pode ser expresso como uma lista enumerada ou como uma descrição de formatos permitidos para os dados (incluindo informações como o número de caracteres). Se os valores forem abreviados esta incluirá uma explicação sobre o significado.

- **Descrição**: a definição do atributo no contexto da solução.

.3 Relacionamento ou Associação

Os relacionamentos entre entidades fornecem estrutura para o modelo de dados, indicando especificamente quais entidades se relacionam com quais outras e como. As especificações para um relacionamento normalmente indicam o número de ocorrências mínimas e máximas permitidas em cada lado desse relacionamento (por exemplo, cada cliente está relacionado exatamente a uma área de vendas, enquanto uma área de vendas pode estar relacionada a zero, um, ou muitos clientes). O termo cardinalidade é usado para referir-se ao número mínimo e máximo de ocorrências a que uma entidade pode estar relacionada. Os valores típicos de cardinalidade são zero, um e muitos.

O relacionamento entre duas entidades pode ser lido em qualquer direção, utilizando-se deste formato:

Cada ocorrência (desta entidade) está relacionada com (mínimo, máximo) (desta outra entidade).

Em um modelo de classe, o termo associação é usado em vez de relacionamento e multiplicidade é usado em vez de cardinalidade.

.4 Diagramas

Ambos os modelos de dados e modelos de classe podem ter um ou mais diagramas que mostram entidades, atributos e relacionamentos.

O diagrama em um modelo de dados é chamado diagrama entidade e relacionamento (DER). Em um modelo de classe, o diagrama é chamado diagrama de classes.

Figura 10.15.1: Diagrama Entidade e Relacionamento (Notação Pé de Galinha)

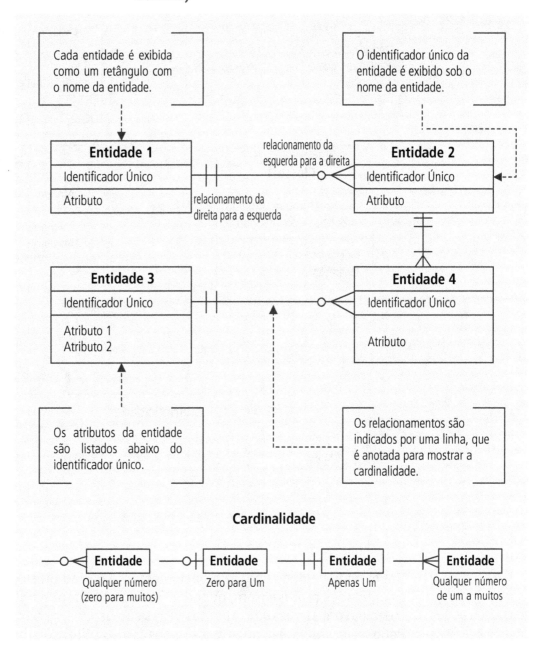

Figura 10.15.2: Diagrama de Classe (UML®)

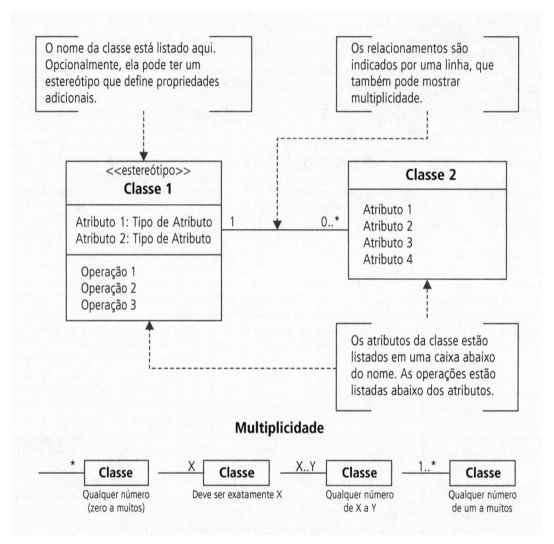

.5 Metadados

Um modelo de dados contém opcionalmente metadados descrevendo o que as entidades representam, quando e porque elas foram criadas ou alteradas, como devem ser usadas, quantas vezes são usadas, quando e por quem. Pode haver restrições quanto à sua criação ou utilização, bem como à segurança, privacidade e restrições de auditoria em entidades específicas ou grupos inteiros de entidades.

10.15.4   **Considerações de Uso**

.1 Pontos fortes

• Pode ser usado para definir e comunicar um vocabulário consistente usado por especialistas no assunto do domínio e especialistas em implementação de soluções.

• A revisão de um modelo de dados lógico ajuda a garantir que o design lógico de dados persistentes representa corretamente a necessidade do negócio.

• Fornece uma abordagem consistente para analisar e documentar dados e seus relacionamentos.

• Oferece a flexibilidade de diferentes níveis de detalhes, o que fornece informações suficientes para o respectivo público.

• A modelagem formal das informações mantidas pelo negócio pode expor novos requisitos conforme as inconsistências são identificadas.

.2 Limitações

• Seguir as normas de modelagem de dados com muito rigor pode levar a modelos que não são familiares a pessoas sem um histórico em TI.

• Pode se estender por diversas áreas funcionais da organização e, portanto, além da base de conhecimento de negócio de stakeholoders individuais.

10.16   Análise de Decisão

10.16.1   **Propósito**

A análise de decisão avalia formalmente um problema e as possíveis decisões a fim de determinar o valor de resultados alternativos em condições de incerteza.

10.16.2   **Descrição**

A análise de decisão examina e modela as possíveis consequências de diferentes decisões sobre um determinado problema. Uma decisão é o ato de escolher um único curso de ação a partir de vários resultados incertos com valores diferentes. O valor do resultado pode assumir formas diferentes dependendo do domínio, mas comumente inclui valor financeiro, pontuação ou um ranking relativo dependente da abordagem e dos critérios de avaliação utilizados pelo analista de negócios.

As decisões são muitas vezes difíceis de avaliar quando:

- o problema está mal definido;
- a ação que conduz a um resultado desejado não é totalmente compreendida;
- os fatores externos que afetam uma decisão não são totalmente compreendidos;
- o valor de resultados diferentes não é compreendido ou acordado pelos diversos stakeholders e não permite a comparação direta.

A análise de decisão ajuda os analistas de negócios a avaliar diferentes valores de resultados em condições de incerteza ou em situações altamente complexas. Uma variedade de abordagens de análise de decisão estão disponíveis. A abordagem adequada depende do nível de incerteza, risco, qualidade da informação e dos critérios de avaliação disponíveis. A análise de decisão efetiva requer um entendimento:

- dos valores, metas e objetivos relevantes para o problema de decisão;
- da natureza da decisão que deve ser tomada;
- das áreas de incerteza que afetam a decisão;
- das consequências de cada decisão potencial.

As abordagens de análise de decisão utilizam as seguintes atividades:

1. **Definir a Declaração do Problema**: descrever claramente o problema de decisão a ser abordado.

2. **Definir as Alternativas**: identificar possíveis proposições ou cursos de ação.

3. **Avaliar as Alternativas**: determinar uma abordagem lógica para analisar as alternativas. Um acordo de critérios de avaliação também pode ser determinado no início desta atividade.

4. **Escolher a Alternativa a Implementar**: os stakeholders responsáveis por tomar a decisão escolhem qual alternativa será implementada com base nos resultados da análise de decisão.

5. **Implementar a Escolha**: implementar a alternativa escolhida.

Há várias ferramentas de análise de decisão disponíveis para auxiliar o analista de negócios e os tomadores de decisão na adoção de decisões objetivas. Algumas das ferramentas e técnicas são melhores para decidir entre duas alternativas, enquanto outras tratam de várias alternativas.

Algumas ferramentas e técnicas gerais de análise de decisão incluem:

- considerações pró-contra;
- análise de campo de força;
- tabelas de decisão;
- árvores de decisão;
- análise de comparação;
- processo de hierarquia analítica (AHP - analytical hierarchy process);
- totalmente-parcialmente-não (TPN);
- análise de decisão multicritério (MCDA - multi-criteria decision analysis);
- simulações e algoritmos baseados em computador.

10.16.3   Elementos

.1 Componentes da Análise de Decisão

Os componentes gerais da análise de decisão incluem:

- **Decisão a ser tomada ou declaração do problema**: uma descrição do que se trata a questão ou problema da decisão.
- **Tomador de Decisão**: pessoa ou pessoas responsáveis por tomar a decisão final.
- **Alternativa**: uma possível proposição ou curso de ação.
- **Critérios de Decisão**: critérios de avaliação utilizados para avaliar as alternativas.

.2 Matrizes de Decisão

As tabelas abaixo fornecem exemplos de uma matriz de decisão simples e uma matriz de decisão ponderada.

Uma simples matriz de decisão verifica se cada alternativa satisfaz ou não cada critério que está sendo avaliado, e então totaliza o número de critérios correspondidos para cada alternativa. Neste exemplo, a Alternativa 1 provavelmente seria selecionada porque combina com a maioria dos critérios.

Tabela 10.16.1: Matriz de Decisão Simples

	Alternativa 1	Alternativa 2	Alternativa 3
Critério 1	Critério de encontros	n/a	n/a
Critério 2	Critério de encontro	Critério de encontros	Critério de encontros
Critério 3	n/a	Critério de encontros	Critério de encontros
Critério 4	Critério de encontros	n/a	n/a
Pontuação	3	2	2

Uma matriz de decisão ponderada avalia opções em que cada critério é ponderado com base em sua importância. Quanto maior a ponderação, mais importante é o critério. Neste exemplo, os critérios são ponderados em uma escala de 1 a 5, em que 5 indica o mais importante. As alternativas são classificadas por critério em uma escala de 1 a 5, onde 5 indica a melhor combinação. Neste exemplo, a Alternativa 3 provavelmente seria selecionada devido à sua pontuação ponderada elevada.

Tabela 10.16.2: Matriz de Decisão Ponderada

	Critério de Ponderação	Alternativa 1	Valor Alt 1	Alternativa 2	Valor Alt 2	Alternativa 3	Valor Alt 3
Critério 1	1	Ranque = 1*3	3	Ranque = 1*5	5	Ranque = 1*2	2
Critério 2	1	Ranque = 1*5	5	Ranque = 1*4	4	Ranque = 1*3	8
Critério 3	3	Ranque = 3 * 5	15	Ranque = 3 * 1	3	Ranque = 3 * 5	15
Critério 4	5	Ranque = 5 * 1	5	Ranque = 5 * 5	25	Ranque = 5 * 3	15
Pontuação Ponderada			28		37		40

.3 Árvores de Decisão

Para mais informações sobre árvores de decisão, consulte o Modelagem de Decisão.

Uma árvore de decisão é um método de avaliação do resultado preferido onde podem existir múltiplas fontes de incerteza. Uma árvore de decisão permite que a avaliação das respostas à incerteza seja levada em conta em múltiplas estratégias.

As árvores de decisão incluem:

- ***Nós de Decisão***: que incluem estratégias diferentes.
- ***Nós de Chance***: que definem resultados incertos.
- ***Terminador ou Nós Terminais***: que identificam um resultado final da árvore.

.4 Trade-offs

As trade-offs tornam-se relevantes sempre que um problema de decisão envolve múltiplos, possivelmente conflitantes, objetivos. Como mais de um objetivo é relevante, não é suficiente para simplesmente encontrar o valor máximo para uma variável (como o benefício financeiro para a organização). Ao fazer trade-offs, os métodos efetivos incluem:

- ***Eliminação de alternativas dominadas***: uma alternativa dominada é qualquer opção que seja claramente inferior a alguma outra opção. Se uma opção é igual ou pior do que alguma outra opção quando avaliada em relação aos objetivos, pode-se dizer que a outra opção a domina. Em alguns casos, uma opção também pode ser dominada se ela só oferece vantagens muito pequenas, mas tem desvantagens significativas.

- ***Os objetivos do ranking em uma escala similar***: um método de conversão de rankings para uma escala similar é a pontuação proporcional. Usando este método, o melhor resultado recebe uma classificação de 100, o pior uma classificação de 0, e todos os outros resultados recebem uma classificação baseada em onde caem entre essas duas classificações. Se os resultados forem então atribuídos pesos com base em sua importância relativa, uma pontuação pode ser atribuída a cada resultado e a melhor alternativa atribuída usando uma árvore de decisão.

10.16.4   Considerações de Uso

.1 Pontos fortes

- Fornece aos analistas de negócios uma abordagem prescritiva para determinar opções alternativas, especialmente em situações complexas ou incertas.

- Ajuda os stakeholders que estão sob pressão a avaliar opções com base em critérios, reduzindo assim as decisões baseadas em informações descritivas e emoções.

- Requer que os stakeholders avaliem honestamente a importância que dão a diferentes resultados alternativos, a fim de ajudar a evitar falsas suposições.

- Permite que os analistas de negócios construam métricas apropriadas ou introduzam rankings relativos para avaliação de resultados a fim de comparar diretamente tanto os critérios de avaliação de resultados financeiros quanto os não financeiros.

.2 Limitações

- As informações para conduzir uma análise de decisão adequada podem não estar disponíveis a tempo de tomar a decisão.

- Muitas decisões devem ser tomadas imediatamente, sem o luxo de empregar um processo de análise de decisão formal ou mesmo informal.

- O tomador de decisão deve fornecer informações para o processo e compreender as suposições e limitações do modelo. Caso contrário, eles podem perceber os resultados fornecidos pelo analista de negócios como mais certos do que eles são.

- A paralisia de análise pode ocorrer quando demasiada dependência é colocada na análise de decisão e na determinação de valores probabilísticos.

- Alguns modelos de análise de decisão exigem conhecimentos especializados (por exemplo, conhecimentos matemáticos em probabilidade e fortes habilidades com ferramentas de análise de decisão).

10.17   Modelagem de Decisão

10.17.1   Propósito

A modelagem de decisão mostra como decisões de negócios repetíveis são tomadas.

10.17.2   Descrição

Os modelos de decisão mostram como os dados e o conhecimento são combinados para tomar uma decisão específica. Os modelos de decisão podem ser usados para decisões diretas e complexas. Modelos de decisão simples usam uma única tabela ou árvore de decisão para mostrar como um conjunto de regras de negócio que operam em um conjunto comum de elementos de dados se combinam para criar uma decisão. Os modelos de decisão complexos quebram as decisões em seus componentes individuais para que cada peça da decisão possa ser descrita separadamente e o modelo possa mostrar como essas peças se combinam para tomar uma decisão geral. As informações que precisam estar disponíveis para tomar a decisão e quaisquer subdecisões podem ser decompostas. Cada subdecisão é descrita em termos das regras de negócio necessárias para fazer essa parte da decisão.

Um modelo de decisão abrangente é um modelo amplo conectado a processos, medidas de desempenho e organizações. Mostra de onde vêm as regras de negócio e representa decisões como insight analítico.

As regras de negócio envolvidas em uma determinada decisão podem ser de definição ou de comportamento. Por exemplo, uma decisão "Validar ordem" pode verificar se o valor do imposto está calculado corretamente (uma regra de definição) e se o endereço de faturamento corresponde ao cartão de crédito fornecido (uma regra de comportamento).

As tabelas de decisão e as árvores de decisão definem como uma decisão específica é tomada. Um modelo de decisão gráfica pode ser construído em vários níveis. Um modelo de alto nível pode apenas mostrar as decisões de negócio como elas aparecem nos processos de negócio, enquanto um modelo mais detalhado pode mostrar como é ou será tomada a decisão com detalhes suficientes para agir como uma estrutura para todas as regras de negócio relevantes.

10.17.3   Elementos

.1 Tipos de Modelos e Notações

Há várias abordagens diferentes para a modelagem de decisão. As tabelas de decisão representam todas as regras necessárias para tomar uma decisão atômica. Árvores de decisão são comuns em alguns setores, mas geralmente são utilizadas com muito menos frequência do que as tabelas de decisão. Decisões complexas requerem a combinação de múltiplas decisões simples em uma rede. Isso é mostrado usando notações de dependência ou de requisitos.

Todas essas abordagens envolvem três elementos-chave:

- decisão;
- informações;
- conhecimento.

Tabelas de Decisão

As decisões de negócios usam um conjunto específico de valores de entrada para determinar um determinado resultado usando um conjunto definido de regras de negócio para selecionar um dos resultados disponíveis. Uma tabela de decisão é uma representação compacta, tabular de um conjunto dessas regras. Cada linha (ou coluna) é uma regra e cada coluna (ou linha) representa uma das condições dessa regra. Quando todas as condições em uma determinada regra são avaliadas para um conjunto de dados de entrada, o resultado ou ação especificada para essa regra é selecionada.

As tabelas de decisão geralmente contêm uma ou mais colunas condicionais que mapeiam para elementos de dados específicos, bem como uma ou mais colunas de ação ou resultado. Cada linha pode conter uma condição específica em cada coluna de condição. Estes são avaliados contra o valor do elemento de dados que está sendo considerado. Se todas as células de uma regra estiverem em branco ou forem avaliadas como verdadeiras, a regra é verdadeira e o resultado especificado na coluna de ação ou resultado ocorre.

Figura 10.17.1: Tabela de Decisão

Regras de Elegibilidade		
Montante do Empréstimo	Idade	Elegibilidade
<=1000	>18	Elegível
	<=18	Inelegível
1000–2000	>21	Elegível
	<=21	Inelegível
>2000	>=25	Elegível
	<25	Inelegível

Árvores de Decisão

As árvores de decisão também são usadas para representar um conjunto de regras de negócio. Cada caminho em um nó de folha de árvore de decisão é uma regra única. Cada nível na árvore representa um elemento de dados específico; os ramos posteriores representam as diferentes condições que devem ser verdadeiras para continuar descendo aquele ramo. As árvores de decisão podem ser muito efetivas para representar determinados tipos de conjuntos de regras, especialmente aquelas relativas à segmentação de clientes.

Assim como nas tabelas de decisão, uma árvore de decisão seleciona uma das ações ou resultados disponíveis (um nó de folha mostrado na extrema-direita ou embaixo na árvore) com base nos valores específicos passados a ela pelos elementos de dados que representam os nós de ramificação.

Na árvore de decisão seguinte, as regras na árvore partilham as condições (representadas pelos nós anteriores na árvore).

Figura 10.17.2: Árvore de Decisão

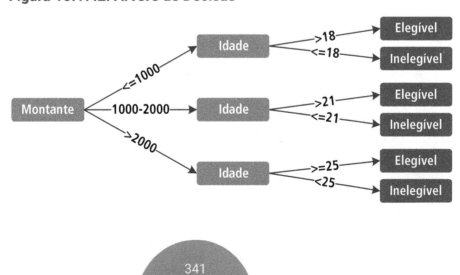

Diagramas de Requisitos de Decisão

Um diagrama de requisitos de decisão é uma representação visual da informação, conhecimento e tomada de decisão envolvidos em uma decisão de negócio mais complexa.

Os diagramas de requisitos de decisão contêm os seguintes elementos:

- *Decisões*: mostradas como retângulos. Cada decisão recebe um conjunto de entradas e seleciona a partir de um conjunto definido de saídas possíveis, aplicando regras de negócios e outra lógica de decisão.

- *Dados de Entrada*: mostrados como ovais, representando dados que devem ser passados como entrada para uma decisão no diagrama.

- *Modelos de Conhecimento de Negócio*: exibidos como um retângulo com os cantos cortados, representando conjuntos de regras de negócio, tabelas de decisão, árvores de decisão, ou mesmo modelos analíticos preditivos que descrevem precisamente como tomar uma decisão.

- *Fontes de Conhecimento*: mostradas como um documento, representando a fonte original dos documentos ou pessoas a partir das quais a lógica de decisão necessária pode ser, ou tem sido derivada.

Estes nós estão conectados em uma rede para mostrar a decomposição da tomada de decisões complexas em blocos de construção mais simples. As setas sólidas mostram os requisitos de informação para uma decisão. Estes requisitos de informação podem conectar os dados de entrada a uma decisão, para mostrar que esta decisão requer que os dados estejam disponíveis, ou pode ligar duas decisões em conjunto.

Modelos de conhecimento de negócio que descrevem como tomar uma decisão específica pode ser conectado a essa decisão com setas tracejadas para exibir os requisitos de conhecimento. As fontes de conhecimento podem ser conectadas a decisões com uma seta tracejada, arredondada para mostrar que uma fonte de conhecimento (por exemplo, um documento ou pessoa) é uma autoridade para a decisão. Isto é chamado de requisito de autoridade.

Figura 10.17.3: Diagrama de Requisitos de Decisão

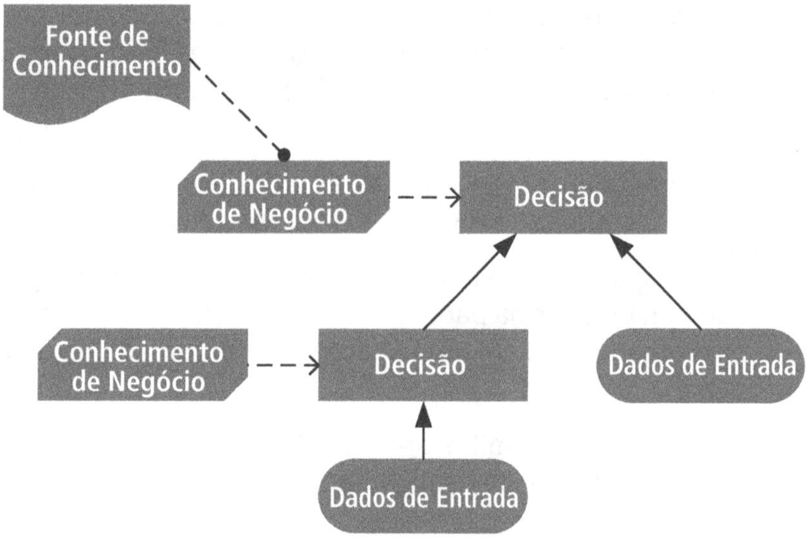

10.17.4 Considerações de Uso

.1 Pontos fortes

- Os modelos de decisão são fáceis de compartilhar com os stakeholders, facilitam um entendimento compartilhado e apoiam a análise de impacto.

- Várias perspectivas podem ser compartilhadas e combinadas, especialmente quando um diagrama é usado.

- Simplifica a tomada de decisão complexa, removendo a gestão de regras de negócios do processo.

- Auxilia com o gerenciamento de grandes números de regras em tabelas de decisão agrupando as regras por decisão. Também ajuda no reuso.

- Estes modelos funcionam para automação baseada em regras, mineração de dados e análise orientada por dados (Analytics) preditiva, bem como para decisões manuais ou projetos de inteligência de negócios (BI).

.2 Limitações

- Adiciona um segundo estilo de diagrama ao modelar processos de negócio que contenham decisões, o que pode acrescentar complexidade desnecessária se a decisão for simples e estritamente associada ao processo.

- Pode limitar as regras àquelas exigidas por decisões conhecidas e assim limitar a captura de regras não relacionadas a uma decisão conhecida.

- A definição de modelos de decisão pode levar uma organização a pensar que tem uma forma padrão de tomar decisões quando não tem. Pode travar uma organização em uma abordagem de tomada de decisão no estado atual.

- Cortes além dos limites organizacionais, o que pode dificultar a aquisição de qualquer sinal de desligamento necessário.

- Pode não abordar as regras de negócios de comportamento de forma direta.

- A terminologia do negócio deve ser claramente definida e as definições compartilhadas devem ser desenvolvidas para evitar problemas de qualidade de dados que afetem as decisões automatizadas.

10.18 Análise de Documentos

10.18.1 Propósito

A análise de documentos é utilizada para obter informações de análise de negócios, incluindo compreensão contextual e requisitos, examinando os materiais disponíveis que descrevem tanto o ambiente de negócios quanto os ativos organizacionais existentes.

10.18.2 Descrição

A análise de documentos pode ser usada para reunir informações de fundo, a fim de entender o contexto de uma necessidade de negócio, ou pode incluir pesquisar soluções existentes para validar como essas soluções são implementadas atualmente. A análise de documentos também pode ser usada para validar laudos de outros esforços de elicitação, como entrevistas e observações. A mineração de dados é uma abordagem para análise de documentos usada para analisar dados para determinar padrões, agrupar os dados em categorias e determinar oportunidades de mudança. O propósito, o escopo e os tópicos a serem pesquisados por meio de análise de documentos são determinados com base nas informações de análise de negócios que estão sendo exploradas. Ao realizar análise de documentos, os analistas de negócios revisam metodicamente os materiais e determinam se as informações devem ser registradas em um produto de trabalho.

As pesquisas de fundo reunidas através de análise de documentos podem incluir a revisão de materiais como estudos de marketing, diretrizes ou normas do setor, memorandos da companhia e gráficos organizacionais. Ao pesquisar uma grande variedade de materiais de origem, o analista de negócios pode garantir que a necessidade seja totalmente compreendida em termos do ambiente em que ela existe. A análise de documentos sobre uma solução existente pode incluir a revisão de regras de negócio, documentação técnica, documentação de treinamento, relatórios de problemas, documentos de requisitos anteriores e manuais de procedimentos, a fim de validar tanto o funcionamento da solução atual como a razão pela qual ela foi implementada em sua forma atual. A análise de documentos também pode ajudar a preencher lacunas de informação que podem ocorrer quando os especialistas no assunto do domínio (SME - subject matter experts) para a solução existente não estão mais presentes ou não estarão disponíveis durante todo o processo de elicitação.

10.18.3   Elementos

.1 Preparação

Os materiais de análise de documentos podem originar-se de fontes públicas ou proprietárias.

Ao avaliar os documentos de origem para análise, os analistas de negócios consideram:

- se o conteúdo da fonte é ou não relevante, atual, genuíno e verossímil;

- se o conteúdo é ou não compreensível e pode ser facilmente veiculado aos stakeholders conforme a necessidade;

- a definição tanto dos dados a serem minerados (com base nas classes de dados necessários) quanto dos agrupamentos de dados que fornecem itens agrupados por relacionamentos lógicos.

.2 Revisão e Análise de Documentos

A realização da análise de documentos inclui:

- Conduzir uma revisão detalhada do conteúdo de cada documento e registrar notas relevantes associadas a cada tópico. As notas podem ser gravadas usando um gráfico de análise de documentos que inclui o tópico, tipo, fonte, detalhes de verbatim, uma crítica parafraseada e quaisquer questões ou ações de acompanhamento para cada documento revisado.

- Identificar se há algum conflito ou duplicatas de notas.

- Notar quaisquer lacunas de conhecimento em que as descobertas sobre determinados tópicos sejam limitadas. Pode ser necessário realizar pesquisas adicionais para revisitar estes tópicos, ou aprofundar a um nível subtópico.

.3 Registro de Descobertas

Quando as informações obtidas através da análise de documentos são utilizadas em um produto de trabalho, o analista de negócios considera:

- se o conteúdo e o nível de detalhe está apropriado para o público pretendido;

- se o material deve ser transformado em recursos visuais como gráficos, modelos, fluxos de processo ou tabelas de decisão, para ajudar a melhorar a compreensão.

10.18.4	**Considerações de Uso**

.1 Pontos fortes

- O material de origem existente pode ser utilizado como base para análise.

- O analista de negócios não precisa criar conteúdo.

- Fontes existentes, embora possivelmente desatualizadas, podem ser usadas como ponto de referência para determinar o que é atual e o que mudou.

- Os resultados podem ser usados para validação, comparando-os com os resultados de outras técnicas de elicitação de requisitos.

- As descobertas podem ser apresentadas em formatos que permitam uma revisão e reuso fáceis.

.2 Limitações

- A documentação existente pode estar desatualizada ou inválida (informações incorretas, ausentes, ilegíveis, não revisadas ou não aprovadas).

- Os autores podem não estar disponíveis para perguntas.

- Primariamente útil apenas para avaliação do estado atual, por meio de revisão da documentação do "como é" (as-is).

- Se houver uma grande variedade de fontes, o esforço pode ser muito demorado e levar à sobrecarga e confusão de informações.

10.19 Estimativa

10.19.1	**Propósito**

A estimativa é utilizada por analistas de negócios e outros stakeholders para prever o custo e o esforço envolvidos na busca de uma linha de ação.

10.19.2	**Descrição**

A estimativa é usada para apoiar a tomada de decisão através da previsão de atributos como:

- custo e esforço para prosseguir um curso de ação;
- benefícios esperados da solução;
- custo do projeto;
- desempenho do negócio;

- valor potencial antecipado de uma solução;
- custos de criação de uma solução;
- custos de operar uma solução;
- impacto potencial de risco.

O resultado da estimativa é, por vezes, expresso como um número único. Representar os resultados da estimativa como um intervalo, com valores mínimos e máximos, com sua probabilidade, pode apresentar um maior grau de efetividade para os stakeholders. Essa faixa é referida como um intervalo de confiança e serve como medida do nível de incerteza. Quanto menos informações estiverem disponíveis para o estimador, mais amplo será o intervalo de confiança.

Estimativa é um processo iterativo. As estimativas são revistas à medida que mais informações se tornam disponíveis, e também são revisadas (se apropriado). Muitas técnicas de estimativa contam com registros históricos de desempenho da organização a fim de calibrar as estimativas contra a experiência prévia. Cada estimativa pode incluir uma avaliação do seu nível de incerteza associado.

10.19.3   Elementos

.1 Métodos

Vários métodos de estimativa são utilizados para situações específicas. Em cada caso é importante que os estimadores tenham uma descrição acordada dos elementos a serem estimados, muitas vezes sob a forma de uma estrutura de decomposição do trabalho ou alguma outra decomposição de todo o trabalho a ser estimado. Ao desenvolver e entregar uma estimativa, as restrições e as suposições também precisam ser claramente comunicados.

Os métodos de estimativa comuns incluem:

- *De cima para baixo (top-down)*: examinar os componentes em um alto nível em um detalhamento hierárquico.

- *De baixo para cima (bottom-up)*: usando os elementos de nível mais baixo de uma divisão hierárquica para examinar o trabalho em detalhes e estimar o custo ou esforço individual, e depois somar todos os elementos para fornecer uma estimativa total.

- *Estimativa Paramétrica*: utilização de um modelo paramétrico calibrado dos atributos dos elementos a estimar. É importante que a organização use sua própria história para calibrar qualquer modelo paramétrico, já que os valores dos atributos refletem as competências e habilidades tanto de sua equipe quanto dos processos usados para fazer o trabalho.

- **Ordem de Magnitude Bruta (ROM - Rough Order of Magnitude)**: uma estimativa de alto nível, geralmente baseada em informações limitadas, que podem ter um intervalo de confiança muito amplo.

- **Em ondas**: estimativas repetidas ao longo de uma iniciativa ou projeto, fornecendo estimativas detalhadas para atividades de curto prazo (como uma iteração do trabalho) extrapolados para o restante da iniciativa ou projeto.

- **Delphi**: usa uma combinação de julgamento de especialistas e história. Há várias variações sobre esse processo, mas todas elas incluem estimativas individuais, compartilhando as estimativas com especialistas e tendo várias rodadas de estimativas até que o consenso seja alcançado. É utilizada uma média das três estimativas.

- **PERT**: a cada componente da estimativa são dados três valores: (1) Valor otimista, representando o melhor cenário possível, (2) Valor pessimista, representando o pior cenário possível, (3) Valor mais provável. Então um valor PERT para cada componente estimado é calculado como uma média ponderada: (Otimista + Pessimista + (4x Mais Provável)) / 6.

.2 Precisão da Estimativa

A precisão de uma estimativa é uma medida de incerteza que avalia o quão próxima uma estimativa está do valor real medido posteriormente. Pode ser calculada como uma razão entre a amplitude do intervalo de confiança e o seu valor médio e depois expresso como uma percentagem. Quando há pouca informação, como por exemplo, no início do desenvolvimento de uma abordagem de solução, é entregue uma estimativa de Ordem de Magnitude Bruta (ROM - Rough Order of Magnitude), que se espera ter uma ampla gama de valores possíveis e um alto nível de incerteza.

As estimativas da ROM não costumam ter mais do que +50% até -50% de acurácia.

As equipes podem combinar o uso de estimativas ROM e estimativas definitivas ao longo de um projeto ou iniciativa usando estimativas em ondas. Uma equipe cria uma estimativa definitiva para a próxima iteração ou fase (para a qual eles possuem informações adequadas), enquanto o restante do trabalho recebe uma estimativa ROM. À medida que o fim da iteração ou da fase se aproxima, é feita uma estimativa definitiva para o trabalho da próxima iteração ou fase e a estimativa ROM para as atividades remanescentes é refinada.

.3 Fontes de Informações

Os estimadores consideram as informações disponíveis de experiências anteriores junto com os atributos que estão sendo estimados.

Algumas fontes comuns de informações incluem:

- **Situações Análogas**: usando um elemento (projeto, iniciativa, risco, ou outro) que é como o elemento que está sendo estimado.

- **Histórico da Organização**: experiências anteriores da organização com trabalhos semelhantes. Isto é muito útil se o trabalho anterior foi feito pela mesma equipe ou por uma equipe com as mesmas competências e utilizando as mesmas técnicas.

- **Julgamento de Especialista**: alavancar o conhecimento dos indivíduos sobre o elemento que está sendo estimado. A estimativa muitas vezes se baseia na expertise daqueles que realizaram o trabalho no passado, interno ou externo à organização. Ao utilizar especialistas externos, os estimadores levam em consideração as competências e habilidades relevantes daqueles que fazem o trabalho que está sendo estimado.

.4 Precisão e Confiabilidade de Estimativas

Quando múltiplas estimativas são feitas para um determinado atributo, a precisão da estimativa resultante é uma medida da concordância com as estimativas (quão próximas estão uma da outra). Ao examinar medidas de imprecisão como a variância ou desvio padrão, os estimadores podem determinar o seu nível de concordância.

A confiabilidade de uma estimativa (sua repetibilidade) reflete-se na variação de estimativas feitas por diferentes métodos de estimativa ou por estimadores diferentes.

Para ilustrar o nível de confiabilidade e precisão, muitas vezes uma estimativa é expressa como uma faixa de valores com um nível de confiança associado. Ou seja, para um determinado valor de estimativa sumária e nível de confiança, o intervalo de valores é o intervalo esperado de valores possíveis com base nas estimativas fornecidas. Por exemplo, se uma equipe estimasse que alguma tarefa levaria 40 horas, um intervalo de confiança de 90% poderia ser de 36 a 44 horas, dependendo das estimativas individuais. Um intervalo de confiança de 95% pode ser de 38 a 42 horas. Em geral, quanto maior for o nível de confiança na estimativa, mais estreito será o intervalo.

Para fornecer estimativas com um nível particular de confiança, os estimadores podem utilizar uma técnica como o PERT. Usando as múltiplas estimativas para cada componente da estimativa, uma distribuição de probabilidade pode ser construída. Esta distribuição proporciona uma forma de calcular uma estimativa total (incorporando todos os elementos estimados) como um intervalo de valores, com um nível de confiança associado.

.5 Contribuintes para Estimativas

Os estimadores de um elemento são frequentemente os responsáveis por esse elemento. A estimativa de uma equipe costuma ser mais precisa do que a estimativa de um só indivíduo, uma vez que incorpora a expertise de todos os membros da equipe.

Em alguns casos, uma organização possui um grupo que realiza estimativa para grande parte do trabalho da organização. Isso é feito com cuidado, de modo que a estimativa reflete o contexto provável do elemento que está sendo estimado.

Quando uma organização precisa de um alto nível de confiança na estimativa de algum elemento crítico, ela pode ligar para um especialista externo para realizar ou revisar a estimativa. A organização pode comparar uma estimativa independente contra sua estimativa interna para determinar quais ajustes podem ser necessários.

10.19.4 Considerações de Uso

.1 Pontos fortes

- As estimativas fornecem um raciocínio para um orçamento, prazo ou tamanho atribuído de um conjunto de elementos.

- Sem uma estimativa, as equipes que fazem uma mudança podem receber um orçamento ou um cronograma irreal para o seu trabalho.

- Ter uma pequena equipe de indivíduos com conhecimento, seguindo uma técnica definida, geralmente fornece uma estimativa mais próxima do valor real do que uma estimativa feita por um único indivíduo.

- A atualização de uma estimativa ao longo de um ciclo de trabalho, em que os elementos estimados são refinados ao longo do tempo, incorpora o conhecimento e ajuda a garantir o sucesso.

.2 Limitações

- As estimativas são tão precisas quanto o nível de conhecimento sobre os elementos que estão sendo estimados. Sem organização ou conhecimento local, as estimativas podem variar muito dos valores reais determinados posteriormente.

- Usar apenas um método de estimativa pode levar os stakeholders a terem expectativas irreais.

10.20 Análise Financeira

10.20.1 Propósito

A análise financeira é usada para entender os aspectos financeiros de um investimento, de uma solução ou de uma abordagem de solução.

10.20.2 Descrição

A análise financeira é a avaliação da viabilidade financeira esperada, estabilidade e realização de benefício de uma opção de investimento. Inclui uma consideração do custo total da mudança, bem como os custos e benefícios totais de uso e suporte da solução.

Os analistas de negócios utilizam análise financeira para fazer uma recomendação de solução para um investimento em uma iniciativa específica de mudança, comparando uma solução ou abordagem de solução com outras, com base na análise de:

- custo inicial e o período de tempo em que esses custos ocorrerão;
- benefícios financeiros esperados e o prazo em que ocorrerão;
- custos contínuos de uso da solução e de suporte à solução;
- riscos associados à iniciativa de mudança;
- riscos contínuos para o valor de negócio do uso dessa solução.

Uma combinação de técnicas de análise são tipicamente usadas porque cada uma fornece uma perspectiva diferente. Os executivos comparam os resultados da análise financeira de uma opção de investimento com a de outros investimentos possíveis para tomar decisões sobre quais iniciativas de mudanças apoiar.

A análise financeira trata da incerteza e, à medida que uma iniciativa de mudança progride ao longo do seu ciclo de vida, os efeitos dessa incerteza tornam-se mais bem compreendidos. A análise financeira é aplicada continuamente durante a iniciativa para determinar se a mudança é capaz de produzir valor de negócio suficiente para que ela continue. Um analista de negócios pode recomendar que uma iniciativa de mudança seja ajustada ou interrompida se novas informações fizerem com que os resultados da análise financeira não apoiem mais a recomendação inicial da solução.

10.20.3 Elementos

.1 Custo da Mudança

O custo de uma mudança inclui o custo esperado de construção ou aquisição dos componentes da solução e os custos esperados de transição da corporação do estado atual para o estado futuro. Isto poderia incluir os custos associados à mudança de equipamentos e software, instalações, equipe e outros recursos, encerramento de contratos existentes, subsídios, penalidades, conversão de dados, treinamento, comunicação da mudança e gerenciamento da implementação. Esses custos podem ser compartilhados entre as organizações dentro da corporação.

.2 Custo Total de Propriedade (TCO - Total Cost of Ownership)

O custo total de propriedade (TCO) é o custo de adquirir uma solução, o custo de usar a solução e o custo de suportar a solução num futuro previsível, combinados para ajudar a compreender o valor potencial de uma solução. No caso dos equipamentos e das instalações, muitas vezes há geralmente um acordo para a expectativa de vida. No entanto, no caso de processos e softwares, a expectativa de vida é muitas vezes desconhecida. Algumas organizações assumem um período de tempo padrão (por exemplo, de três a cinco anos) para entender os custos de propriedade intangíveis como de processos e softwares.

.3 Realização de Valor

O valor é geralmente realizado ao longo do tempo. O valor planejado poderia ser expresso numa base anual, ou poderia ser expresso como um valor acumulado ao longo de um período de tempo específico.

.4 Análise Custo-Benefício

A análise de custo-benefício é uma previsão do total de benefícios esperados menos os custos totais esperados, resultando em um benefício líquido esperado (o valor de negócio planejado).

As suposições sobre os fatores que compõem os custos e benefícios devem ser claramente indicados nos cálculos para que possam ser revistos, contestados e aprovados. Os custos e benefícios serão muitas vezes estimados com base nessas suposições e a metodologia de estimativa deve ser descrita para que possa ser revista e ajustada se necessário.

O período de tempo de uma análise de custo-benefício deve olhar suficientemente para o futuro para que a solução esteja em pleno uso e o valor planejado esteja sendo realizado. Isso ajudará a entender quais custos serão incorridos e quando, e quando o valor esperado deverá ser atingido.

Tabela 10.20.1: Exemplo de uma Análise de Custo Benefício

	Ano 0	Ano 1	Ano 2	Ano 3
Benefícios Esperados				
Receita		$XXXX	$XXXX	$XXXX
Custos operacionais reduzidos		$XXXX	$XXXX	$XXXX
Economia de tempo		$XXXX	$XXXX	$XXXX

Tabela 10.20.1: Exemplo de uma Análise de Custo Benefício (Continued)

	Ano 0	Ano 1	Ano 2	Ano 3
Custo reduzido de erros		$XXXX	$XXXX	$XXXX
Aumento da satisfação do cliente		$XXXX	$XXXX	$XXXX
Diminuição do custo de conformidade		$XXXX	$XXXX	$XXXX
Outro		$XXXX	$XXXX	$XXXX
Total Anual de benefícios	**$0**	**$XXXX**	**$XXXX**	**$XXXX**
Custos				
Custos de projeto	$XXXX	$XXXX	$0	$0
Apoio contínuo	$0	$XXXX	$XXXX	$XXXX
Novas instalações	$XXXX	$0	$0	$XXXX
Licenciamento	$0	$XXXX	$XXXX	$XXXX
Renovação de infraestrutura	$XXXX	$0	$XXXX	$0
Outro	$0	$XXXX	$0	$XXXX
Custos Totais	**$XXXX**	**$XXXX**	**$XXXX**	**$XXXX**
Benefícios Líquidos	**-$XXXX**	**$XXXX**	**$XXXX**	**$XXXX**
Benefícios Líquidos Acumulados	**-$XXXX**	**-$XXXX**	**-$XXXX**	**$XXXX**

Alguns benefícios podem não ser realizados até anos futuros. Alguns custos operacionais e de projeto podem ser reconhecidos anos depois. Os benefícios líquidos acumulados podem ser negativos por algum tempo até o futuro.

Em algumas organizações, todos, ou parte, dos custos associados à mudança podem ser amortizados ao longo de vários anos e a organização pode exigir que a análise custo-benefício reflita isso.

Durante uma iniciativa de mudança, como os custos esperados se tornam custos reais, o analista de negócios pode reexaminar a análise custo-benefício para determinar se a solução ou abordagem da solução ainda é viável.

.5 Cálculos Financeiros

As organizações usam uma combinação de cálculos financeiros padrão para entender diferentes perspectivas sobre quando e como os investimentos diferentes entregam valor. Esses cálculos levam em consideração os riscos inerentes em diferentes investimentos, a quantidade de dinheiro adiantado a ser investido em comparação com quando os benefícios serão realizados, uma comparação com outros investimentos que a organização poderia fazer, e o tempo que ele levará para recuperar o investimento original.

Softwares financeiros, incluindo planilhas, geralmente fornecem funções pré-programadas para executar corretamente esses cálculos financeiros.

Retorno sobre Investimento

O retorno sobre investimento (ROI - return on investment) de uma mudança planejada é expresso em percentagem que mede os benefícios líquidos divididos pelo custo da mudança. Uma iniciativa de mudança, solução ou abordagem de solução pode ser comparada com outras para determinar qual delas proporciona o maior retorno total em relação ao valor do investimento.

A fórmula para calcular o ROI é:

Retorno sobre Investimento = (Benefícios Totais – Custo do Investimento) / Custo do Investimento.

Quanto mais alto o ROI, melhor o investimento.

Ao fazer uma comparação entre os investimentos potenciais, o analista de negócios deve utilizar o mesmo período de tempo para ambos.

Taxa de desconto

A taxa de desconto é a taxa de juros assumida utilizada nos cálculos de valor presente. Em geral, isto é semelhante à taxa de juros que a organização esperaria ganhar se investisse seu dinheiro em outro lugar. Muitas organizações utilizam uma taxa de desconto padrão, normalmente determinada por seus diretores financeiros, para avaliar investimentos potenciais, como iniciativas de mudança, utilizando as mesmas suposições sobre as taxas de juros esperadas. Às vezes, uma taxa de desconto maior é usada por períodos de tempo que são mais de alguns anos no futuro para refletir uma maior incerteza e risco.

Valor Presente

Diferentes soluções e diferentes abordagens de solução poderiam realizar benefícios a diferentes taxas e ao longo de um tempo diferente. Para comparar objetivamente os efeitos dessas diferentes taxas e períodos de tempo, os benefícios são calculados em termos de de valor atual. O benefício a ser realizado em algum momento no futuro é reduzido pela taxa de desconto para determinar o seu valor hoje.

A fórmula para calcular o valor presente é:

Valor presente = Soma de (Benefícios Líquidos nesse período / (1 + Taxa de Desconto para esse período)) para todos os períodos na análise de custo-benefício.

O valor presente é expresso em moeda. Quanto maior o valor presente, maior será o benefício total.

O valor presente não considera o custo do investimento original.

Valor Presente Líquido

O valor presente líquido (NPV - net present value) é o valor presente dos benefícios menos o custo original do investimento. Desta forma, diferentes investimentos e diferentes padrões de benefícios podem ser comparados em termos de valor presente do dia. Quanto mais alto o NPV, melhor o investimento.

A fórmula para calcular o valor presente líquido é:

Valor Presente Líquido = Valor Presente – Custo de Investimento

O valor presente líquido é expresso em moeda. Quanto mais alto o NPV, melhor o investimento.

Taxa Interna de Retorno

A taxa interna de retorno (TIR ou IRR - internal rate of return) é a taxa de juros à qual um investimento se equilibra e é normalmente usada para determinar se vale a pena investir na mudança, solução ou abordagem de solução. O analista de negócios pode comparar a TIR de uma solução ou abordagem de solução para um limiar mínimo que a organização espera ganhar com os seus investimentos (chamado de taxa de obstáculos (hurdle rate)). Se a TIR da iniciativa de mudança for menor que a taxa de obstáculos, então o investimento não deve ser feito.

Uma vez que o investimento planejado passa a taxa de obstáculos, ele poderia ser comparado a outros investimentos de mesma duração. O investimento com a TIR superior seria o investimento melhor. Por exemplo, o analista de negócios poderia comparar duas abordagens de solução ao longo do mesmo período de tempo e recomendaria a que fosse com a TIR superior.

A TIR é interna a uma organização uma vez que não considera influenciadores externos tais como inflação ou taxas de juros flutuantes, ou um contexto de negócio em mudança.

O cálculo do TIR baseia-se na taxa de juros em que o NPV é 0:

Valor Presente Líquido = (-1 x Investimento Original) + Soma do (benefício líquido para esse período / (1 + TIR) para todos os períodos) = 0.

Período de Payback

O período de payback fornece uma projeção sobre o período de tempo necessário para gerar benefícios suficientes para recuperar o custo da mudança, independentemente da taxa de desconto. Uma vez passado o período de payback, a iniciativa normalmente mostraria um benefício financeiro líquido para a organização, a menos que os custos operacionais subissem. Não há uma fórmula padrão para calcular o período de payback. O período de tempo é geralmente expresso em anos ou anos e meses.

10.20.4 Considerações de Uso

.1 Pontos fortes

- A análise financeira permite que os executivos tomadores de decisão comparem objetivamente investimentos muito diferentes a partir de perspectivas diferentes.

- Suposições e estimativas embasadas nos benefícios e custos, e nos cálculos financeiros, são claramente indicadas para que possam ser contestadas ou aprovadas.

- Reduz a incerteza de uma mudança ou solução, exigindo a identificação e a análise de fatores que influenciarão o investimento.

- Se o contexto, a necessidade do negócio ou o stakeholder precisar mudar durante uma iniciativa de mudança, isso permite ao analista de negócios reavaliar objetivamente a solução recomendada.

.2 Limitação

- Alguns custos e benefícios são difíceis de quantificar financeiramente.

- Como a análise financeira é prospectiva, sempre haverá alguma incerteza sobre os custos e benefícios esperados.

- Números financeiros positivos podem dar uma falsa sensação de segurança — eles podem não fornecer todas as informações necessárias para entender uma iniciativa.

10.21   Grupos Focais

10.21.1   Propósito

Um grupo focal é um meio de elicitar ideias e opiniões sobre um específico produto, serviço ou oportunidade em um ambiente de grupo interativo. Os participantes, guiados por um moderador, compartilham suas impressões, preferências e necessidades.

10.21.2   Descrição

Um grupo focal é composto por participantes pré-qualificados cujo objetivo é discutir e comentar um tópico dentro de um contexto. Os participantes compartilham as suas perspectivas e atitudes sobre um tópico e discutem-nas em grupo. Isto às vezes leva os participantes a reavaliar suas próprias perspectivas à luz das experiências dos outros. Um moderador treinado gerencia a preparação da sessão, auxilia na seleção dos participantes e facilita a sessão. Se o moderador não for o analista de negócios, ele/ela pode trabalhar com o analista de negócios para analisar os resultados e produzir descobertas reportadas aos stakeholders. Os observadores podem estar presentes durante a sessão do grupo focal, mas normalmente não participam.

Um grupo focal pode ser utilizado em vários pontos de uma iniciativa para capturar informações ou ideias de uma maneira interativa. Se o tema do grupo for um produto em desenvolvimento, as ideias do grupo são analisadas em relação aos requisitos indicados. Isso pode resultar em atualizar os requisitos existentes ou descobrir novos requisitos. Se o tópico for um produto concluído que está pronto para ser lançado, o relatório do grupo poderá influenciar como posicionar o produto no mercado. Se o tópico for um produto em produção, o relatório do grupo poderá fornecer direcionamento sobre as revisões para o próximo release de requisitos. Um grupo focal também pode servir para avaliar a satisfação do cliente com um produto ou serviço.

Um grupo focal é uma forma de pesquisa qualitativa. As atividades são semelhantes às de uma sessão de brainstorming, exceto que um grupo de foco está mais estruturado e focado nas perspectivas dos participantes relacionadas a um tópico específico. Não é uma sessão de entrevista realizada como um grupo; em vez disso, é uma discussão durante a qual o feedback é coletado sobre um assunto específico. Os resultados da sessão são geralmente analisados e reportados como temas e perspectivas em vez de provas numéricas.

10.21.3   Elementos

.1 Objetivo do Grupo Focal

Um objetivo claro e específico estabelece um propósito definido para o grupo focal. As perguntas são formuladas e as discussões são facilitadas com a intenção de cumprir o objetivo.

.2 Plano do Grupo Focal

O plano do grupo focal assegura que todos os stakeholders estejam conscientes do propósito do grupo focal e concordem com os resultados esperados, e que a sessão cumpra os objetivos.

O plano do grupo focal define atividades que incluem:

- **Propósito**: criar perguntas que respondam ao objetivo, identificando tópicos-chave a serem discutidos e recomendando se serão ou não utilizados guias de discussão.
- **Localização**: identificar se a sessão será presencial ou on-line, bem como qual o local de reunião física ou virtual a ser utilizado.
- **Logística**: identificar o tamanho e configuração da sala, outras instalações que possam ser necessárias, opções de transporte público e o horário da sessão.
- **Participantes**: identificar a demografia daqueles ativamente envolvidos na discussão, se algum observador é necessário, e quem serão os moderadores e documentadores. Também podem ser considerados incentivos para os participantes.
- **Orçamento**: delinear os custos da sessão e garantir que os recursos sejam alocados de forma adequada.
- **Linhas de tempo**: estabelecer o período de tempo em que a sessão ou sessões serão realizadas, assim como quando quaisquer relatórios ou análises resultantes do grupo focal são esperados.
- **Resultados**: identificar como os resultados serão analisados e comunicados, e as ações pretendidas com base nos resultados.

.3 Participantes

Uma sessão bem-sucedida de grupo focal tem participantes dispostos a oferecer seus insights e perspectivas sobre um tópico específico e ouvir as opiniões dos outros participantes. Um grupo focal normalmente tem de 6 a 12 participantes. Pode ser necessário convidar pessoas adicionais para compensar aqueles que não compareçam à sessão devido a conflitos de agenda, emergências ou outros motivos. Se muitos participantes forem necessários, pode ser necessário realizar mais que um grupo focal. Muitas vezes os participantes de um grupo focal são pagos pelo seu tempo.

A demografia dos participantes é determinada com base no objetivo do grupo focal.

.4 Guia de Discussão

Um guia de discussão fornece ao moderador um roteiro preparado com perguntas e tópicos específicos para discussão que atendam ao objetivo da sessão.

Os guias de discussão também incluem a estrutura ou framework que o moderador irá seguir. Isto inclui a obtenção de feedback geral e comentários antes de se aprofundar em detalhes específicos. Os guias de discussão também lembram ao moderador para receber e apresentar os participantes, bem como para explicar os objetivos da sessão, como a sessão será conduzida e como o feedback será utilizado.

.5 Designar um Moderador e Documentador

O moderador é hábil em manter a sessão no caminho certo e tem conhecimento sobre a iniciativa. Os moderadores são capazes de engajar todos os participantes, são adaptáveis e flexíveis. O moderador é um representante imparcial do processo de feedback.

O documentador toma notas para garantir que as opiniões dos participantes sejam registadas com precisão.

O analista de negócios pode preencher o papel do moderador ou do documentador. O moderador e o documentador não são considerados participantes ativos na sessão do grupo focal e não submetem feedback.

.6 Conduzir o Grupo Focal

O moderador orienta a discussão do grupo, segue um roteiro preparado de questões específicas e assegura que os objetivos sejam alcançados. Contudo, a discussão em grupo deve parecer fluir naturalmente e relativamente não-estruturada para os participantes. Uma sessão tem normalmente de uma a duas horas de duração. Um documentador capta os comentários do grupo.

.7 Após o Grupo Focal

Os resultados do grupo focal são transcritos o mais rápido possível após o término da sessão. O analista de negócios analisa e documenta os acordos e divergências dos participantes, procura tendências nas respostas e cria um relatório que resume os resultados.

10.21.4 Considerações de Uso

.1 Pontos fortes

- A capacidade de obter dados de um grupo de pessoas numa única sessão poupa tempo e custos, em comparação com a realização de entrevistas individuais com o mesmo número de pessoas.

- Efetivo para o aprendizado de atitudes, experiências e desejos das pessoas.

- A discussão ativa e a capacidade de fazer perguntas aos outros cria um ambiente onde os participantes podem considerar sua visão pessoal em relação a outras perspectivas.

- Um grupo focal on-line é útil quando os orçamentos de viagem são limitados e os participantes estão distribuídos geograficamente.

- As sessões do grupo focal on-line podem ser gravadas facilmente para reprodução.

.2 Limitações

- Em uma configuração de grupo, os participantes podem estar preocupados com questões de confiança ou podem não estar dispostas a discutir tópicos sensíveis, ou pessoais.

- Os dados coletados sobre o que as pessoas dizem podem não ser coerentes com a forma como as pessoas realmente se comportam.

- Se o grupo for demasiado homogêneo as suas respostas podem não representar o conjunto completo de requisitos.

- É necessário um moderador experiente para gerir as interações e discussões em grupo.

- Pode ser difícil agendar o grupo para a mesma data e horário.

- Os grupos focais on-line limitam a interação entre os participantes.

- É difícil para o moderador de um grupo focal on-line determinar atitudes sem ser capaz de ler linguagem corporal.

- Um participante oral poderia influenciar os resultados do grupo focal.

10.22   Decomposição Funcional

10.22.1   Propósito

A decomposição funcional ajuda a gerenciar a complexidade e reduzir a incerteza, decompondo processos, sistemas, áreas funcionais ou entregáveis em suas partes constituintes mais simples e permitindo que cada parte seja analisada independentemente.

10.22.2   Descrição

A decomposição funcional aborda a análise de sistemas e conceitos complexos, considerando-os como um conjunto de funções, efeitos e componentes que colaboram ou estão relacionados. Esse isolamento ajuda a reduzir a complexidade da análise. A decomposição de componentes maiores em subcomponentes permite escalar, rastrear e medir o esforço de trabalho para cada um deles. Também facilita a avaliação do sucesso de cada subcomponente no que diz respeito a outros componentes maiores ou menores.

A profundidade de decomposição pode variar conforme a natureza dos componentes e objetivos. A decomposição funcional assume que os subcomponentes podem e realmente descrevem completamente os seus componentes principais. Qualquer subcomponente pode ter apenas um componente pai ao desenvolver a hierarquia funcional.

O diagrama abaixo fornece um exemplo de como uma função pode ser decomposta em subcomponentes gerenciáveis e mensuráveis.

Figura 10.22.1: Diagrama de Decomposição Funcional

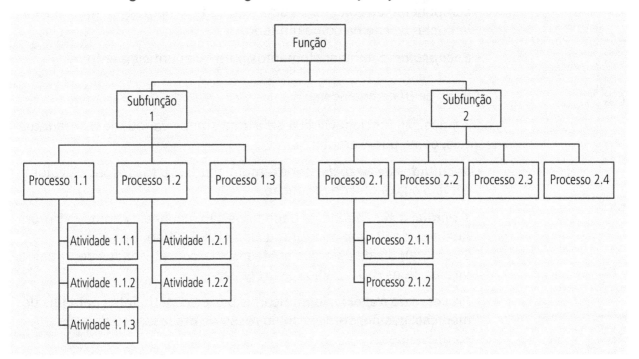

10.22.3   Elementos

.1 Objetivos de Decomposição

Os objetivos da decomposição funcional conduzem o processo de decomposição e definem o que se decompõe, como se decompõe e em que profundidade se decompõe.

Os objetivos podem incluir:

- *Medir e Gerenciar*: para isolar fatores gerenciais específicos que contribuem para o resultado geral, ou para identificar métricas e indicadores importantes.

- *Desenho*: para simplificar um problema de design, reduzindo e isolando o objeto de design.

- *Analisar*: para estudar as propriedades e comportamentos essenciais de um artefato ou fenômeno isoladamente do ambiente que o envolve.

- *Estimar e Prever*: para diminuir o nível de incerteza, decompondo um valor complexo em seus fatores constituintes.

- *Reusar*: para criar um bloco de construção de solução reusável que atende a uma função específica para vários processos.

- *Otimizar*: para detectar ou aliviar um gargalo, reduzir o custo da função, ou melhorar a qualidade do processo.

- **Substituir**: para fazer uma implementação específica de um componente de solução ou uma função facilmente substituível sem impactar o sistema como um todo.

- **Encapsular**: combinar elementos para fazer um elemento.

.2 Temas de Decomposição

A decomposição funcional aplica-se a uma grande variedade de assuntos versáteis, como por exemplo:

- **Resultados de Negócio**: por exemplo, renda, lucro, despesas, volume de serviço ou volume de produção.

- **Trabalho a ser Feito**: esta decomposição (conhecida como Estrutura Analítica de Projeto ou EAP (ou ainda WBS - Work Breakdown Structure)) divide esforços em fases, marcos, atividades de trabalho, tarefas, itens de trabalho e entregáveis.

- **Processo do Negócio**: identificar as partes constituintes para fins de medição, gestão, otimização ou reuso do processo, ou de seus componentes.

- **Função**: para habilitar sua otimização ou implementação.

- **Unidade de Negócio**: para permitir sua engenharia reversa e design.

- **Componente de Solução**: para permitir seu design, implementação ou alteração.

- **Atividade**: para permitir sua implementação, modificação, otimização, medição e estimativa.

- **Produtos e Serviços**: para projetá-los, implementá-los e melhorá-los.

- **Decisões**: para habilitá-los, melhorá-los ou apoiá-los, identificando suas entradas, modelos fundamentais, dependências e resultados.

.3 Nível de Decomposição

O nível apropriado de decomposição funcional define onde, por que e quando parar de decompor o tema para cumprir os objetivos da análise. O processo de decomposição funcional continua até que o analista de negócios tenha entendimento e detalhes suficientes para prosseguir e possa aplicar os resultados da decomposição na execução de outras tarefas.

.4 Representação dos Resultados da Decomposição

As representações dos resultados da decomposição funcional permitem aos analistas de negócio validar e verificar os resultados e utilizá-los para resolver outras tarefas. Os resultados podem ser expressos como uma combinação de descrições textuais simples, listas hierárquicas, descrições usando notações formais especiais (por exemplo, fórmulas matemáticas, linguagem de execução de processos de negócios (BPEL - Business Process Execution Language), ou linguagens de programação), e diagramas visuais. Uma grande variedade de técnicas de diagramação pode ser usada para representar a decomposição funcional, inclusive:

- **Diagramas em árvore**: representam partições hierárquicas de trabalho, atividades, ou entregáveis.

- **Diagramas aninhados**: ilustram os relacionamentos hierárquicos de parte ao todo entre os resultados da decomposição.

- **Diagramas de Caso de Uso**: representam a decomposição de um caso de uso de nível superior.

- **Diagramas de fluxo**: retratam resultados de um processo ou decomposição de função.

- **Diagramas de transição de estado**: explicam o comportamento de um objeto dentro de seu estado composto

- **Diagramas de Causa-Efeito**: elaboram sobre eventos, condições, atividades e efeitos envolvidos na produção de um resultado ou fenômeno complexo.

- **Árvores de Decisão**: detalham a estrutura de uma decisão complexa e os seus potenciais resultados.

- **Mapas Mentais**: representam informações em categorias.

- **Diagrama de componentes**: descreve como os componentes são ligados entre si para formar componentes maiores e/ou sistemas de software.

- **Modelo de Decisão e Notação**: é usado para analisar a lógica do negócio para garantir que ele tenha integridade inferencial e de negócio.

10.22.4 Considerações de Uso

.1 Pontos fortes

- Torna possíveis esforços complexos, decompondo problemas complexos em partes viáveis.

- Proporciona uma abordagem estruturada para construir uma compreensão compartilhada de assuntos complexos entre um grupo diversificado de stakeholders.

- Simplifica a medição e a estimativa da quantidade de trabalho envolvido na busca de uma linha de ação, definindo o escopo do trabalho e definindo métricas e indicadores de processo.

.2 Limitações

- Informações ausentes ou incorretas no momento da decomposição podem, mais tarde, causar a necessidade de revisar parcial ou totalmente os resultados da decomposição.

- Muitos sistemas não podem ser totalmente representados por simples relacionamentos hierárquicos entre componentes porque as interações entre os componentes causam aspectos e comportamentos emergentes.

- Todo assunto complexo permite múltiplas decomposições alternativas. Explorar todas as alternativas pode ser uma tarefa desafiadora e demorada, ao mesmo tempo em que se ater a uma única alternativa pode desconsiderar oportunidades importantes e resultar em uma solução subotimizada.

- A realização da decomposição funcional pode envolver um profundo conhecimento do assunto e uma ampla colaboração com diversos stakeholders.

10.23   Glossário

10.23.1   Propósito

Um glossário define termos-chave relevantes para um domínio de negócio.

10.23.2   Descrição

Os glossários são usados para prover um entendimento comum de termos usados pelos stakeholders. Um termo pode ter significados diferentes para duas pessoas quaisquer. Uma lista de termos e definições estabelecidas fornece uma linguagem comum que pode ser usada para comunicar e trocar ideias. Um glossário é organizado e continuamente acessível a todos os stakeholders.

10.23.3   Elementos

Um glossário é uma lista de termos em um determinado domínio com definições para esses termos e seus sinônimos comuns. Organizações ou setores podem usar um termo de forma diferente da qual é geralmente entendido.

Um termo é incluído no glossário quando:

- o termo é exclusivo para um domínio;
- há múltiplas definições para o termo;
- a definição implícita está fora do uso comum do termo;
- há uma possibilidade razoável de mal-entendidos.

A criação de um glossário deve ocorrer nos estágios iniciais de um projeto, a fim de facilitar a transferência de conhecimento e a compreensão. É identificado um ponto de contato responsável pela manutenção e distribuição do glossário ao longo da iniciativa. As organizações que mantêm glossários muitas vezes encontram usos adicionais para essas informações e são capazes de alavancar o glossário para iniciativas futuras.

Considere o seguinte ao desenvolver um glossário:

- as definições devem ser claras, concisas e breves;
- acrônimos devem ser decifrados se utilizados em uma definição;
- stakeholders devem ter acesso fácil e confiável aos glossários;
- a edição de um glossário deve ser limitada a stakeholders específicos.

10.23.4 Considerações de Uso

.1 Pontos fortes

- Um glossário promove a compreensão comum do domínio do negócio e uma melhor comunicação entre todos os stakeholders.
- A captura das definições como parte da documentação de uma corporação fornece uma única referência e incentiva a consistência.
- Simplifica a escrita e a manutenção de outras informações de análise de negócios, incluindo, mas não se limitando a requisitos, regras de negócios e estratégia de mudança.

.2 Limitações

- Um glossário exige um proprietário que realize a manutenção em tempo hábil, caso contrário ele se torna ultrapassado e pode ser ignorado.
- Pode ser desafiador que diferentes stakeholders concordem sobre uma única definição para um termo.

10.24   Análise de Interfaces

10.24.1   Propósito

A análise de interfaces é usada para identificar onde, o que, por que, quando, como e para quem as informações são trocadas entre componentes de uma solução ou através dos limites da solução.

10.24.2   Descrição

Uma interface é uma conexão entre dois componentes ou soluções. A maioria das soluções requer uma ou mais interfaces para trocar informações com outros componentes de solução, unidades organizacionais ou processos de negócio.

Os tipos de interfaces incluem:

- interfaces de usuário, incluindo os usuários humanos diretamente interagindo com a solução dentro da organização;
- pessoas externas à solução como stakeholders ou reguladores;
- processos de negócio;
- interfaces de dados entre sistemas;
- Interfaces de Programação de Aplicativos (APIs - application programming interfaces);
- quaisquer dispositivos de hardware.

A análise de interfaces define e esclarece o seguinte:

- quem vai usar a interface;
- quais informações estão sendo trocadas através da interface, assim como o volume dos dados;
- quando as informações serão trocadas e com que frequência;
- onde ocorrerá a troca de informações;
- por que a interface é necessária;
- como a interface está ou deve ser implementada.

A identificação precoce das interfaces permite que o analista de negócios forneça o contexto para elicitar requisitos de stakeholders mais detalhados, determinando assim a cobertura funcional adequada da solução para atender às necessidades dos stakeholders. A identificação precoce das interfaces revela quais stakeholders se beneficiarão ou dependerão dos vários componentes da solução, que podem ajudar o analista de negócios a determinar quais stakeholders devem estar presentes para outras técnicas de elicitação.

Figura 10.24.1: Análise de Interfaces

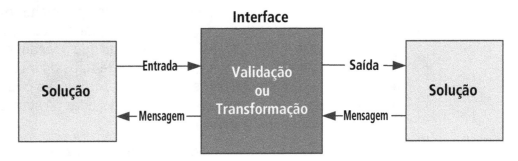

10.24.3   Elementos

.1 Preparação para Identificação

O analista de negócios pode alavancar outras técnicas, como análise de documentos, observação, modelagem de escopo e entrevistas, a fim de entender quais interfaces precisam ser identificadas. Um diagrama de contexto pode revelar interfaces de alto nível entre atores humanos, unidades organizacionais, processos de negócios ou outros componentes de solução. Os resultados desta análise podem revelar as frequências com que quaisquer interfaces existentes estão sendo utilizadas e quaisquer problemas com elas que possam fortalecer os argumentos a favor da mudança. Os resultados também podem ajudar a identificar quaisquer questões-chave que precisem ser resolvidas para que se possa criar uma solução de interface.

.2 Condução da Identificação de Interface

Os analistas de negócios identificam quais interfaces são necessárias no estado futuro para cada stakeholder ou sistema que interage com o sistema. O relacionamento entre os stakeholders e as interfaces pode ser de muitos para muitos ou, em alguns casos, de um para um. Algumas interfaces podem ser menos óbvias ou menos frequentes, como uma interface utilizada para funções reguladoras ou de auditoria, ou para treinamento de funcionários. As interfaces identificadas podem incluir interfaces de outras soluções que não a solução operacional.

Para cada interface, os analistas de negócios:

- descrevem a função da interface;
- avaliam a frequência do uso da interface;
- avaliam qual tipo de interface pode ser adequada;
- elicitam os detalhes iniciais sobre a interface.

.3 Definição de Interfaces

Os requisitos para uma interface estão focados principalmente na descrição das entradas e saídas dessa interface, quaisquer regras de validação que governam essas entradas e saídas, e eventos que possam desencadear interações. Pode haver um grande número de tipos de interação possíveis, cada um dos quais precisa ser especificado. Interações podem ser acionadas pelo fluxo típico ou alternativo de entradas e saídas na solução do negócio, ou por eventos excepcionais, tais como falhas.

Os analistas de negócios consideram quem vai usar a interface, que informações são passadas através da interface e quando e onde a interface acontece. A interface define o fluxo de trabalho do usuário entre sistemas, papéis e privilégios do usuário, e quaisquer objetivos de gerenciamento da interface. A definição da interface depende das diretrizes de usabilidade, tais como requisitos de acessibilidade ou requisitos gerais de fluxo de trabalho.

Para identificar quaisquer problemas importantes de design, as interfaces entre os componentes da solução ou do processo e as pessoas requerem que a análise detalhada da interface seja realizada com antecedência. A definição de interface inclui:

- o nome da interface;
- a cobertura ou a abrangência da interface;
- o método de intercâmbio entre as duas entidades;
- o formato da mensagem;
- a frequência de troca.

10.24.4　Considerações de Uso

.1 Pontos fortes

- O engajamento prematuro na análise de interfaces proporciona uma maior cobertura funcional.
- A especificação clara das interfaces fornece um meio estruturado de alocar requisitos, regras de negócio e restrições para a solução.
- Devido à sua ampla aplicação, ela evita a análise excessiva de detalhes finos.

.2 Limitações

- Não fornece insight sobre outros aspectos da solução, uma vez que a análise não avalia os componentes internos.

10.25   Entrevistas

10.25.1   Propósito

Uma entrevista é uma abordagem sistemática projetada para elicitar informações de análise de negócios de uma pessoa ou grupo de pessoas, conversando com o(s) entrevistado(s), fazendo perguntas relevantes e documentando as respostas. A entrevista também pode ser usada para estabelecer relações e construir confiança entre analistas de negócios e stakeholders, a fim de aumentar o envolvimento dos stakeholders ou obter apoio para uma solução proposta.

10.25.2   Descrição

A entrevista é uma técnica comum para elicitar requisitos. Envolve comunicação direta com indivíduos ou grupos de pessoas que fazem parte de uma iniciativa.

Em uma entrevista, o entrevistador dirige perguntas aos stakeholders para obter informações. Entrevistas individuais são as mais comuns. Em uma entrevista em grupo (com mais de um entrevistado participando), o entrevistador deve ter o cuidado de obter respostas de cada participante.

Há dois tipos básicos de entrevistas usadas para obter informações de análise de negócios:

- *Entrevista Estruturada*: onde o entrevistador tem um conjunto predefinido de perguntas.

- *Entrevista Não Estruturada*: onde o entrevistador não tem um formato predeterminado ou ordem de perguntas. As perguntas podem variar com base nas respostas e interações com o entrevistado.

Na prática, os analistas de negócios podem usar uma combinação dos dois tipos, adicionando, retirando e variando a ordem das perguntas conforme a necessidade.

O sucesso das entrevistas depende de fatores como:

- nível de compreensão do domínio por parte do entrevistador;

- experiência do entrevistador na condução de entrevistas;

- habilidade do entrevistador em documentar as discussões;

- prontidão do entrevistado para fornecer as informações relevantes e do entrevistador para conduzir a entrevista;

- grau de clareza na mente do entrevistado sobre o objetivo da entrevista;

- a sintonia e empatia do entrevistador com o entrevistado.

10.25.3   Elementos

.1 Objetivo da Entrevista

Ao planejar entrevistas, os analistas de negócios consideram:

- o propósito geral de realizar um conjunto de entrevistas, com base em uma necessidade de negócio;
- as metas individuais para cada entrevista, com base no que o entrevistado pode fornecer.

Os objetivos devem ser claramente expressos e comunicados a cada entrevistado.

.2 Entrevistados Potenciais

Os entrevistados potenciais são identificados com a ajuda do gerente do projeto, patrocinadores do projeto e outros stakeholders, com base nos objetivos da entrevista.

.3 Perguntas da Entrevista

As perguntas da entrevista são desenhadas de acordo com os objetivos da entrevista, como por exemplo:

- coleta de dados;
- investigação da visão do stakeholder sobre a mudança ou solução proposta;
- desenvolvimento de uma solução proposta;
- construção de sintonia, empatia ou apoio para a solução proposta pelo entrevistado.

Perguntas abertas são usadas para suscitar um diálogo ou uma série de passos e não podem ter respostas com estilo sim ou não. Perguntas abertas são uma boa ferramenta para permitir ao entrevistado fornecer informações das quais o entrevistador pode não estar se dando conta.

Perguntas fechadas são usadas para obter uma única resposta, como sim, não, ou um número específico. Perguntas fechadas podem ser usadas para esclarecer ou confirmar uma resposta anterior.

As perguntas da entrevista são frequentemente organizadas com base na prioridade e importância. Exemplos de ordem de perguntas incluem de geral para específica, do começo para o fim, e do detalhe para o resumo. As perguntas também podem ser organizadas com base em fatores como o nível de conhecimento do entrevistado e o assunto da entrevista.

As perguntas da entrevista podem ser personalizadas quando o objetivo da entrevista é reunir informações que sejam exclusivas da perspectiva do entrevistado. Perguntas padronizadas podem ser usadas quando os resultados da entrevista serão resumidos e analisados, como por exemplo, quando os resultados da entrevista forem comparados através de uma folha de verificação.

As perguntas da entrevista podem ser compiladas em um guia de entrevista, que inclui as perguntas da entrevista, o tempo proposto e as perguntas de acompanhamento. Tudo isso será baseado no tipo de entrevista, de acordo com os objetivos da entrevista, modo de comunicação e duração. O guia da entrevista pode ser um documento onde as respostas do entrevistado são facilmente registradas. O guia da entrevista deve identificar quais perguntas podem ser omitidas com base em restrições de tempo.

.4 Logística da Entrevista

Garantir uma entrevista de sucesso requer atenção à logística que inclui:

- O local para a entrevista. A entrevista é adaptada ao horário, à disponibilidade do entrevistado e ao modo de comunicação (pessoalmente, por telefone ou conferência on-line).

- Se a entrevista deve ou não ser gravada, o que pode exigir o uso de um escriba.

- Se deve ou não enviar as perguntas aos entrevistados com antecedência. O envio de perguntas com antecedência é aconselhável apenas quando o entrevistado precisa coletar informações para se preparar para a entrevista.

- Se os resultados da entrevista serão confidenciais e, em caso afirmativo, como os resultados serão resumidos para evitar a identificação individual dos entrevistados.

.5 Fluxo da Entrevista

A abertura da entrevista inclui:

- descrever o objetivo da entrevista, incluindo porque o tempo dos entrevistados é necessário;

- confirmar os papéis dos entrevistados e responder a quaisquer interesses iniciais levantados pelos entrevistados;

- explicar como as informações da entrevista serão registradas e compartilhadas com os entrevistados e outros stakeholders durante o projeto.

Durante a entrevista, o entrevistador:

- mantém o foco nas metas estabelecidas e nas perguntas predefinidas, e se adapta com base nas informações fornecidas e na comunicação não verbal dos entrevistados;

- considera tanto a vontade dos entrevistados de participar na entrevista como de fornecer as informações necessárias;

- considera que podem ser necessárias várias reuniões para conduzir a entrevista inteira;

- gerencia interesses levantados pelos entrevistados, abordando-as durante a entrevista ou documentando-as para acompanhamento;

- pratica a escuta ativa para confirmar o que o entrevistador disse;

- toma notas por escrito ou grava a entrevista conforme apropriado.

O encerramento da entrevista inclui:

- perguntar aos entrevistados sobre áreas que podem ter sido negligenciadas na sessão;

- fornecer informações de contato para que os entrevistados possam agregar informações adicionais após a reunião, conforme necessário;

- resumir a sessão;

- delinear o processo de como serão usados dos resultados da entrevista;

- agradecer aos entrevistados pelo seu tempo.

.6 Acompanhamento da Entrevista

É importante que o entrevistador organize as informações e confirme os resultados com os entrevistados o mais rápido possível após a entrevista. Compartilhar as informações aprendidas permite que os entrevistados apontem quaisquer itens ausentes ou registrados incorretamente.

10.25.4 Considerações de Uso

.1 Pontos fortes

- Incentiva a participação e estabelece sintonia e empatia com os stakeholders.

- Técnica simples e direta que pode ser usada em diversas situações.

- Permite ao entrevistador e ao participante ter discussões e explicações completas sobre as perguntas e respostas.

- Permite observações de comportamento não verbal.

- O entrevistador pode fazer perguntas de acompanhamento e sondagem para confirmar a sua própria compreensão.

- Mantém o foco através da utilização de objetivos claros para a entrevista que são acordados por todos os participantes e que podem ser cumpridos no tempo atribuído.

- Permite aos entrevistados expressarem opiniões em privado que podem estar relutantes em expressar em público, especialmente quando os resultados das entrevistas são mantidos confidenciais.

.2 Limitações

- É necessário tempo significativo para planejar e realizar entrevistas.

- Requer considerável comprometimento e envolvimento dos participantes.

- É necessário treinamento para a realização de entrevistas efetivas.

- Com base no nível de clareza apresentado durante a entrevista, a documentação resultante pode estar sujeita à interpretação do entrevistador.

- Há o risco de conduzir involuntariamente o entrevistado.

10.26   Rastreamento de Itens

10.26.1   Propósito

O rastreamento de itens é usado para capturar e atribuir responsabilidade por questões e interesses dos stakeholders que representem um impacto para a solução.

10.26.2   Descrição

O rastreamento de itens é uma abordagem organizada usada pelos analistas de negócios para tratar dos interesses dos stakeholders. Os stakeholders podem identificar tipos de itens como ações, suposições, restrições, dependências, defeitos, melhorias e problemas.

Quando um interesse do stakeholder é levantado pela primeira vez, ele é avaliado para determinar se é viável. Se viável, o interesse é classificado como um tipo específico de item para que possa ser melhor rastreado e controlado por um processo que funcione para o fechamento do item. Durante o seu ciclo de vida, um item é atribuído a um ou mais stakeholders responsáveis pela sua resolução.

O rastreamento de itens acompanha o item desde o registro do interesse e seu grau de impacto até o seu fechamento acordado. O registro de rastreamento de itens pode ser compartilhado com os stakeholders para garantir transparência e visibilidade sobre o status e progresso dos itens no registro.

10.26.3   Elementos

.1 Registro de Item

Cada item registrado pode conter todos ou qualquer um dos seguintes atributos para rastreamento de itens. Esses itens podem ser registrados usando vários aplicativos de software ou catalogados manualmente para compartilhamento entre um conjunto acordado de stakeholders.

- **Identificador do Item**: um identificador único que distingue um item de outro.
- **Sumário**: uma breve descrição do item.
- **Categoria**: um agrupamento de itens com propriedades semelhantes.
- **Tipo**: o tipo de item levantado.
- **Identificado em**: a data em que o item foi levantado como um interesse.
- **Identificado por**: a pessoa que inicialmente levantou o interesse.
- **Impacto**: as possíveis consequências se o item não for resolvido até a data de entrega da resolução. O impacto pode ser avaliado em relação ao tempo, custo, escopo ou qualidade da iniciativa.
- **Prioridade**: a importância deste item para os stakeholders impactados.
- **Data de Resolução**: a data até a qual o item deve ser resolvido (ou fechado).
- **Proprietário**: o stakeholder designado para gerenciar o item até o seu encerramento.
- **Resolvedor**: o stakeholder designado para resolver o item.
- **Estratégia Acordada**: estratégia acordada para o item. Exemplos incluem aceitar, perseguir, ignorar, mitigar e evitar.
- **Status**: o status atual do item dentro de seu ciclo de vida. Exemplos incluem aberto, designado, resolvido e cancelado.
- **Atualizações de Resolução**: um registro em andamento de detalhes sobre como a resolução do item está procedendo em direção ao fechamento, bem como a aprovação de sua conclusão.
- **Matriz de Escalação**: um nível de escalação no caso de o item não ser resolvido até a data de resolução indicada.

.2 Gerenciamento de Item

A resolução de cada item é realizada conforme prescrito pelas necessidades dos stakeholders e de acordo com quaisquer padrões de processo organizacional. Em alguns casos, um item pode fazer com que outro item seja registrado e rastreado. Nessas situações, é necessário prestar muita atenção para que os esforços de resolução de itens não sejam duplicados e estejam avançando coordenadamente. Cada item deve ser rastreado até o seu encerramento ou resolução.

.3 Métricas

Todos os stakeholders se beneficiam das informações detalhadas mantidas sobre qualquer item e seu progresso. Estes itens podem ser analisados individualmente para resolução ou mesmo usados para definir indicadores-chave de desempenho customizados ao processo de rastreamento de itens.

Ao revisar esta saída, os stakeholders podem determinar quão bem:

- os itens estão sendo resolvidos pelos recursos adequados;
- a iniciativa está avançando;
- o processo de rastreamento de itens está sendo utilizado.

10.26.4   Considerações de Uso

.1 Pontos fortes

- Assegura que os interesses com os requisitos dos stakeholders sejam capturados, rastreados e resolvidos de forma satisfatória.
- Permite aos stakeholders classificar a importância dos itens pendentes.

.2 Limitações

- Se não for cuidadoso, o registro profuso de dados sobre os itens pode ofuscar qualquer benefício alcançado.
- Pode consumir tempo que poderia ser melhor gasto em outros esforços e os stakeholders podem ficar enredados em detalhes e estatísticas.

10.27   Lições Aprendidas

10.27.1   Propósito

O propósito do processo de lições aprendidas é compilar e documentar sucessos, oportunidades de melhoria, falhas e recomendações para melhorar o desempenho de projetos ou fases do projeto futuros.

10.27.2   Descrição

Uma sessão de lições aprendidas (também conhecida como retrospectiva) ajuda a identificar mudanças nos processos de análise de negócios e entregáveis ou sucessos que podem ser incorporados em trabalhos futuros. Estas técnicas também podem ser benéficas no final de qualquer marco do esforço.

As sessões de lições aprendidas podem incluir qualquer formato ou local aceitável para os principais stakeholders e podem ser reuniões formais facilitadas com agendas e papéis definidos ou sessões de trabalho informais. Se houver êxitos notáveis, uma celebração pode ser incluída numa sessão de lições aprendidas.

10.27.3   Elementos

As sessões podem incluir uma revisão de:

- atividades de análise de negócios ou entregáveis;
- a solução final, serviço ou produto;
- automação ou tecnologia introduzida, ou eliminada;
- impacto para os processos organizacionais;
- expectativas e resultados de desempenho;
- variâncias positivas ou negativas;
- causas raízes que impactam os resultados de desempenho;
- recomendações para abordagens comportamentais.

10.27.4   Considerações de Uso

.1 Pontos fortes

- Útil na identificação de oportunidades ou áreas de melhoria.
- Ajuda a construir a moral da equipe depois de um período difícil.
- Reforça as experiências positivas e os sucessos.
- Reduz os riscos para ações futuras.

- Fornece um valor tangível ou métricas como resultado do esforço.

- Reconhece os pontos fortes ou fracos com a estrutura do projeto, metodologia ou ferramentas utilizadas.

.2 Limitações

- Uma discussão honesta pode não ocorrer se os participantes tentarem atribuir as culpas durante estas sessões.

- Os participantes podem estar relutantes em documentar e discutir problemas.

- A facilitação proativa pode ser necessária para assegurar que as discussões permaneçam focadas em soluções e oportunidades de melhoria.

10.28 Métricas e Indicadores-Chave de Desempenho (KPIs - Key Performance Indicators)

10.28.1 Propósito

As métricas e os indicadores-chave de desempenho medem o desempenho de soluções, componentes de soluções e outros assuntos de interesse dos stakeholders.

10.28.2 Descrição

Uma métrica é um nível quantificável de um indicador que uma organização usa para medir o progresso. Um indicador identifica uma medida numérica específica que representa o grau de progresso para alcançar uma meta, objetivo, produção, atividade ou outras entradas. Um indicador-chave de desempenho (KPI) é aquele que mede o progresso em direção a uma meta ou objetivo estratégico. Reporte é o processo de informar os stakeholders sobre métricas ou indicadores em formatos e intervalos especificados.

Métricas e relatórios são componentes fundamentais de monitoramento e avaliação. Monitoramento é um processo contínuo de coleta de dados usado para determinar quão bem uma solução tem sido implementada em comparação com os resultados esperados. Avaliação é a análise sistemática e objetiva de uma solução para determinar o seu estado e efetividade no atendimento dos objetivos ao longo do tempo e para identificar formas de aperfeiçoar a solução para melhor atender aos objetivos. As principais prioridades de um sistema de monitoramento e avaliação são os objetivos e efeitos pretendidos de uma solução, assim como entradas, atividades e saídas.

10.28.3　Elementos

.1　Indicadores

Um indicador exibe o resultado da análise de uma ou mais medidas específicas para abordar um interesse sobre uma necessidade, valor, resultado, atividade ou entrada em uma tabela ou forma gráfica. Cada interesse requer pelo menos um indicador para ser medido adequadamente, mas alguns interesses podem requerer vários indicadores.

Um bom indicador tem seis características:

- **Claro**: preciso e inequívoco.

- **Relevante**: adequado ao interesse.

- **Econômico**: disponível a um custo razoável.

- **Adequado**: fornece uma base suficiente para avaliar o desempenho.

- **Quantificável**: pode ser validado de forma independente.

- **Confiável e Verossímil**: com base em evidências e pesquisas.

Além dessas características, os interesses dos stakeholders também são importantes. Alguns indicadores podem ajudar os stakeholders a desempenhar ou aprimorar mais do que outros. Com o tempo, as fraquezas de alguns indicadores podem ser identificadas e melhoradas.

Nem todos os fatores podem ser medidos diretamente. Indicadores indiretos podem ser usados quando os dados para indicadores diretos não estão disponíveis ou quando não é viável a coleta em intervalos regulares. Por exemplo, na ausência de uma pesquisa de satisfação do cliente, uma organização pode usar a proporção de todos os contratos renovados como um indicador.

Ao estabelecer um indicador, os analistas de negócios considerarão sua fonte, método de coleta, coletor e o custo, frequência e dificuldade de coleta. As fontes secundárias de dados podem ser as mais econômicas, mas para atender às outras características de um bom indicador, pesquisas primárias como pesquisas, entrevistas ou observações diretas podem ser necessárias. O método de coleta de dados é o principal direcionador do custo de monitoramento, avaliação e sistema de relatórios.

.2　Métricas

As métricas são níveis quantificáveis de indicadores medidos num determinado momento do tempo. Uma métrica alvo é o objetivo a ser alcançado dentro de um período especificado. Ao estabelecer uma métrica para um indicador, é importante ter uma compreensão clara do ponto de partida da linha de base, dos recursos que podem ser dedicados à melhoria dos fatores cobertos pelo indicador e dos interesses políticos.

Uma métrica pode ser um ponto específico, um limite, ou um intervalo. Um intervalo pode ser útil se o indicador for novo. Dependendo da necessidade, a janela de tempo para atingir a métrica alvo pode ser plurianual, anual, trimestral ou ainda mais frequente.

.3 Estrutura

O estabelecimento de um sistema de monitoramento e avaliação requer um procedimento de coleta de dados, um procedimento de análise de dados, um procedimento de reporte e a coleção de dados de linha de base. O procedimento de coleta de dados abrange unidades de análise, procedimentos de amostragem, instrumentos de coleta de dados a serem usados, frequência de coleta e responsabilidade pela coleta. O método de análise especifica tanto os procedimentos para a realização da análise quanto o consumidor dos dados, que pode ter fortes interesses na forma como a análise é conduzida. O procedimento de reporte abrange os templates de relatório, os destinatários, a frequência e os meios de comunicação. Informações de linha de base são os dados fornecidos imediatamente antes ou no início de um período a ser medido. Os dados de linha de base são usados tanto para aprender sobre o desempenho recente quanto para medir o progresso a partir desse ponto. Eles precisam ser coletados, analisados e relatados para cada indicador.

Há três fatores-chave para avaliar a qualidade dos indicadores e suas métricas: confiabilidade, validade e pontualidade. Confiabilidade é a medida em que a abordagem de coleta de dados é estável e consistente ao longo do tempo e do espaço. A validade é a extensão à qual os dados medem clara e diretamente o desempenho que a organização pretende medir. A pontualidade é a adequação da frequência e da latência dos dados à necessidade de gerenciamento.

.4 Reporte

Tipicamente, os reportes comparam a linha de base, a métrica atual e a métrica-alvo com os cálculos das diferenças apresentadas tanto em termos absolutos como relativos. Na maioria das situações, as tendências são mais verossímeis e importantes do que a métrica absoluta. As apresentações visuais tendem a serem mais efetivas do que as tabelas, particularmente quando se utiliza texto qualitativo para explicar os dados.

10.28.4   Considerações de Uso

.1 Pontos fortes

• O estabelecimento de um sistema de monitoramento e avaliação permite aos stakeholders compreender até que ponto uma solução cumpre um objetivo, bem como quão efetivas foram as entradas e atividades de desenvolvimento da solução (saídas).

• Indicadores, métricas e relatórios também facilitam o alinhamento organizacional, conectando metas aos objetivos, soluções de suporte, tarefas fundamentais e recursos.

.2 Limitações

• A coleta de quantidade excessiva de dados, além do necessário, resultará em despesas desnecessárias na coleta, análise e geração de relatórios. Isto também irá distrair os membros do projeto de outras responsabilidades. Em projetos Ágeis, isso será particularmente relevante.

• Um programa de métricas burocráticas falha ao coletar demasiados dados e não gerar relatórios úteis que permitam uma ação oportuna. Aqueles encarregados de coletar dados das métricas devem receber feedback para entender como suas ações estão afetando a qualidade dos resultados do projeto.

• Quando são usadas métricas para avaliar o desempenho, é provável que os indivíduos que estão sendo medidos atuem para aumentar seu desempenho nessas métricas, mesmo que isso cause um desempenho subótimo em outras atividades.

10.29 Mapa mental

10.29.1 Propósito

O mapa mental é usado para articular e capturar pensamentos, ideias e informações.

10.29.2 Descrição

O mapa mental é uma forma de anotação que capta pensamentos, ideias e informações em um diagrama não linear. Os mapas mentais usam imagens, palavras, cores e relacionamentos conectados para aplicar estrutura e lógica a pensamentos, ideias e informações. Um mapa mental tem uma ideia principal central apoiada por ideias (ou tópicos) secundários, seguidos por tantas camadas de ideias (ou subtópicos) quantas forem necessárias para capturar e articular completamente o conceito. Conexões entre ideias são feitas por ramos que normalmente têm uma única palavra-chave associada a elas que explica a conexão.

Os mapas mentais podem ser desenvolvidos individualmente ou como um exercício de colaboração. Eles podem ser criados em papel ou com o uso de software especializado.

Os analistas de negócios usam mapas mentais para:

- refletir e gerar ideias sobre conceitos ou problemas complexos;
- explorar as relações entre as várias facetas de um problema de uma forma que inspire o pensamento criativo e crítico;
- apresentar uma visão consolidada de conceitos ou problemas complexos.

Não há um formato padronizado para um mapa mental. A intenção de um mapa mental é capturar informações de uma forma que se assemelha muito à forma como nossas mentes processam as informações. A imagem seguinte destina-se a ilustrar a estrutura geral e o uso de mapas mentais.

Figura 10.29.1: A Taxonomia de um Mapa Mental

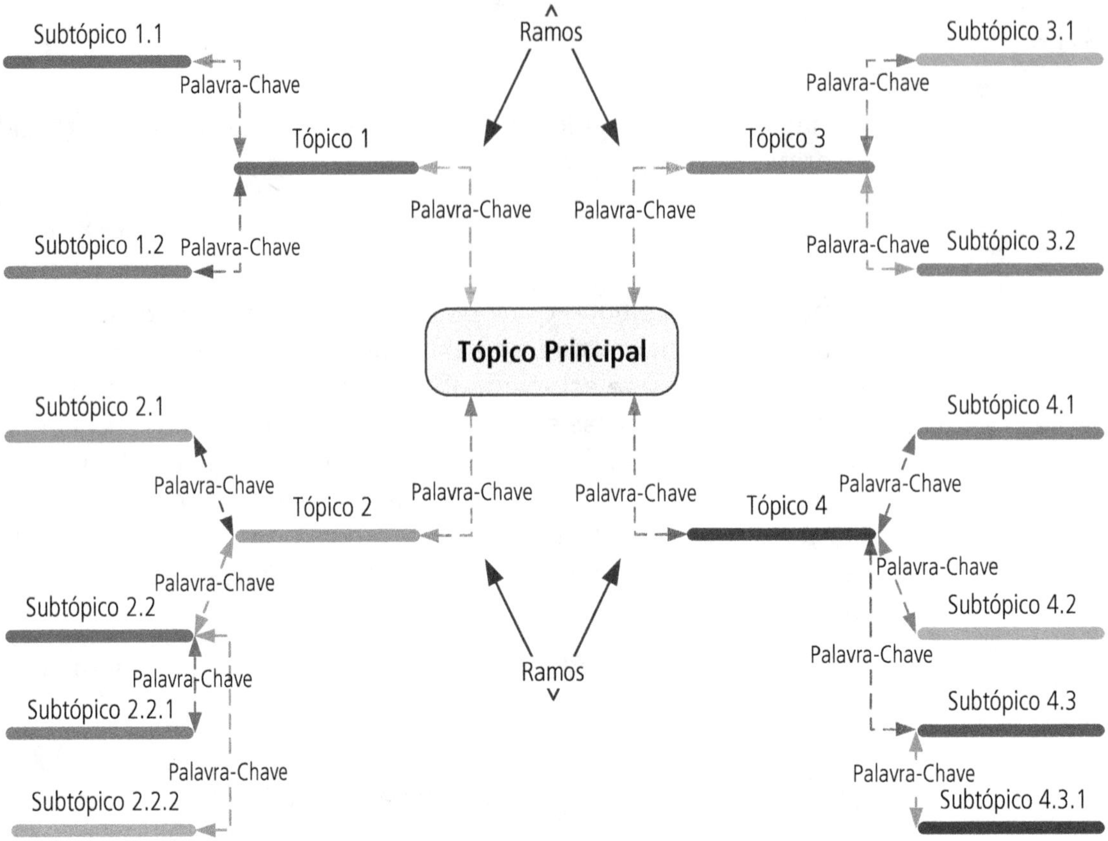

10.29.3　Elementos

.1 Tópico Principal

O tópico principal de um mapa mental é o pensamento ou conceito que está sendo articulado. O tópico principal é posicionado no centro das imagens para que múltiplos tópicos e associações possam ramificar. Imagens são frequentemente utilizadas como tópico principal porque contêm muita informação e podem ser úteis para estimular tópicos associados.

.2 Tópicos

Tópicos são pensamentos ou conceitos que expõem ou articulam ainda mais o tema principal. Sua associação com o tópico principal é expressa através de um ramo (linha conectada) que tem uma palavra-chave associada a ele. Pode haver tantos ou tão poucos tópicos quanto necessário para explorar completamente o pensamento ou conceito do tópico principal.

.3 Subtópicos

Subtópicos são pensamentos ou conceitos que expõem ou articulam o tópico e se relacionam diretamente com o tópico principal. Sua associação com o tópico é expressa através de uma ramificação (linha conectada) que tem uma palavra-chave associada a ela. Pode haver tantos ou tão poucos subtópicos quanto necessário para explorar completamente o pensamento ou conceito do tópico principal.

.4 Ramos

Os ramos são as associações entre o tópico principal, tópicos e subtópicos. Os ramos incluem uma palavra-chave que articula claramente a natureza da associação.

.5 Palavras-chave

Palavras-chave são palavras únicas usadas para articular a natureza da associação de tópicos ou subtópicos ligados por um ramo. As palavras-chave são úteis tanto para categorizar tópicos como para acionar associações adicionais.

.6 Cor

Cores podem ser usadas para categorizar, priorizar e analisar tópicos, subtópicos e suas associações. Não há um padrão definido de código de cores para mapas mentais. Cada criador de mapas mentais aplica cores da forma que melhor se adaptar ao seu modo de pensar.

.7 Imagens

Imagens podem ser usadas em mapas mentais para expressar volumes maiores de informação que não podem ser expressos em títulos curtos de tópicos. Imagens são úteis para estimular a criatividade e a inovação, gerando pensamentos, ideias e associações adicionais.

10.29.4 Considerações de Uso

.1 Pontos fortes

- Pode ser usado como uma ferramenta efetiva de colaboração e comunicação.

- Resume pensamentos complexos, ideias e informações de uma forma que mostra a estrutura geral.

- Associações e subtópicos facilitam o entendimento e a tomada de decisões.

- Permite a resolução criativa de problemas através da articulação de associações e da geração de novas associações.

- Pode ser útil na preparação e entrega de apresentações.

.2 Limitações

- Pode ser mal utilizado como uma ferramenta de brainstorming, a documentação relacionada de ideias e a criação de associações pode inibir a geração de ideias.

- Uma compreensão compartilhada de um mapa mental pode ser difícil de comunicar.

10.30   Análise de Requisitos Não Funcionais

10.30.1   Propósito

A análise de requisitos não funcionais examina os requisitos para uma solução que definem quão bem os requisitos funcionais devem performar. Ela especifica critérios que podem ser usados para julgar o funcionamento de um sistema em vez de comportamentos específicos (referidos como os requisitos funcionais).

10.30.2   Descrição

Requisitos não funcionais (também conhecidos como atributos de qualidade ou requisitos de qualidade de serviço) são frequentemente associados a soluções de sistema, porém se aplicam também, mais amplamente, aos aspectos tanto processuais quanto humanos das soluções. Eles ampliam os requisitos funcionais de uma solução, identificam restrições a esses requisitos, ou descrevem atributos de qualidade que uma solução deve exibir quando baseada nesses requisitos funcionais.

Os requisitos não funcionais são geralmente expressos em formatos textuais como enunciados declarativos ou em matrizes. Os enunciados declarativos de requisitos não funcionais tipicamente terão um fator restritivo para eles. Por exemplo, os erros não devem exceder X por uso do processo, as transações devem estar pelo menos X% processadas após S segundos, ou o sistema deve estar disponível X% do tempo.

10.30.3   Elementos

.1 Categorias de Requisitos Não Funcionais

As categorias comuns de requisitos não funcionais incluem:

- *Disponibilidade*: grau em que a solução é operável e acessível quando necessária para uso, muitas vezes expressa em termos de percentagem de tempo em que a solução está disponível.

- **Compatibilidade**: grau em que a solução opera efetivamente com outros componentes em seu ambiente, como por exemplo, um processo com outro.

- **Funcionalidade**: grau em que as funções da solução satisfazem as necessidades do usuário, incluindo aspectos de adequação, precisão e interoperabilidade.

- **Manutenibilidade**: facilidade com a qual uma solução ou componente pode ser modificado para corrigir falhas, melhorar o desempenho ou outros atributos, ou adaptar-se a um ambiente alterado.

- **Eficiência de desempenho**: grau em que uma solução ou componente executa suas funções designadas com o mínimo consumo de recursos. Pode ser definido com base no contexto ou período, como o uso em pico alto, pico médio ou fora de pico.

- **Portabilidade**: facilidade com que uma solução ou componente pode ser transferido de um ambiente para outro.

- **Confiabilidade**: capacidade de uma solução ou componente de exercer suas funções requeridas sob as condições estabelecidas por um período de tempo especificado, como o tempo médio até a falha de um dispositivo.

- **Escalabilidade**: grau que uma solução é capaz de crescer ou evoluir para lidar com volumes crescentes de trabalho.

- **Segurança**: aspectos de uma solução que protegem o conteúdo ou os componentes da solução contra acesso, uso, modificação, destruição ou divulgação acidentais, ou maliciosas.

- **Usabilidade**: facilidade com a qual um usuário pode aprender a utilizar a solução.

- **Certificação**: restrições na solução que são necessárias para atender a certas normas ou convenções do setor.

- **Conformidade**: restrições regulatórias, financeiras ou legais que podem variar de acordo com o contexto ou jurisdição.

- **Localização**: requisitos relativos aos idiomas, leis, moedas, culturas, ortografias e outras características locais dos usuários, que requerem atenção ao contexto.

- **Acordos de Nível de Serviço (SLA - Service Level Agreements)**: restrições da organização que está sendo atendida pela solução que são formalmente acordadas tanto pelo provedor quanto pelo usuário da solução.

- **Extensibilidade**: a capacidade de uma solução para incorporar novas funcionalidades.

.2 Medição de Requisitos Não Funcionais

Requisitos não funcionais muitas vezes descrevem características de qualidade em termos vagos, tais como "o processo deve ser fácil de aprender", ou "o sistema deve responder rapidamente". Para ser útil aos desenvolvedores de uma solução e para ser verificável, os requisitos não funcionais devem ser quantificados sempre que possível. A inclusão de uma medida adequada de sucesso proporciona a oportunidade de verificação.

Por exemplo:

- "O processo deve ser fácil de aprender" pode ser expresso como "90% dos operadores devem ser capazes de usar o novo processo após não mais do que seis horas de treinamento";

- "O sistema deve responder rapidamente" pode ser expresso como "O sistema deve fornecer 90% das respostas em não mais de dois segundos".

A medição das outras categorias de requisitos não funcionais é orientada pela fonte do requisito.

Por exemplo:

- os requisitos de certificação são geralmente especificados em detalhes mensuráveis pela organização que estabelece a norma ou convenção, como os padrões de certificação ISO;

- os requisitos de conformidade e os requisitos de localização são estabelecidos em detalhes mensuráveis pelos seus fornecedores;

- acordos de nível de serviço efetivos estabelecem claramente as medidas de sucesso necessárias;

- uma arquitetura corporativa de uma organização geralmente define os requisitos do ambiente da solução e especifica exatamente qual plataforma ou outro atributo do ambiente é necessário.

.3 Contexto de Requisitos Não Funcionais

Dependendo da categoria de requisitos não funcionais, o contexto pode ter que ser considerado. Por exemplo, uma agência reguladora pode impor requisitos de conformidade e segurança com impacto no contexto, ou uma organização que esteja expandindo suas operações no exterior pode ter que considerar requisitos de localização e escalabilidade. Determinar o portfólio otimizado de requisitos não funcionais em um determinado contexto organizacional é fundamental para fornecer valor aos stakeholders.

A avaliação de um requisito não funcional, como localização ou manutenibilidade, pode impor pressões contextuais sobre outros requisitos não funcionais. Por exemplo, regulamentos ou recursos em uma jurisdição podem afetar a capacidade de manutenibilidade de uma solução naquela região e, portanto, pode justificar uma eficiência de desempenho ou medida de confiabilidade de sucesso menor do que em outra jurisdição.

O contexto é dinâmico por natureza e os requisitos não funcionais podem precisar ser ajustados ou removidos completamente. Os analistas de negócios consideram a relativa estabilidade do contexto ao avaliar os requisitos não funcionais.

10.30.4 Considerações de Uso

.1 Pontos fortes

- Declara claramente as restrições que se aplicam a um conjunto de requisitos funcionais.

- Fornece expressões mensuráveis de quão bem os requisitos funcionais devem desempenhar, deixando aos requisitos funcionais a expressão do que a solução deve fazer ou como deve comportar-se. Isto também terá uma forte influência sobre o aceite ou não da solução pelos usuários.

.2 Limitações

- A clareza e a utilidade de um requisito não funcional depende do que os stakeholders sabem sobre as necessidades da solução e quão bem como podem expressar essas necessidades.

- As expectativas de múltiplos usuários podem ser bem diferentes, e obter concordância sobre os atributos de qualidade pode ser difícil devido à percepção subjetiva dos usuários sobre a qualidade. Por exemplo, o que pode ser "muito rápido" para um usuário pode ser "muito lento" para outro.

- Um conjunto de requisitos não funcionais pode ter conflitos inerentes e exigir negociação. Por exemplo, alguns requisitos de segurança podem exigir comprometimentos de requisitos de desempenho.

- Requisitos ou restrições excessivamente rígidos podem acrescentar mais tempo e custo à solução, o que pode ter impactos negativos e enfraquecer a adoção pelos usuários.

- Muitos requisitos não funcionais são qualitativos e, portanto, podem ser difíceis de serem medidos em uma escala, e podem agregar um grau de subjetividade por parte dos usuários quanto à forma como eles acreditam que os requisitos particulares acabam satisfazendo suas necessidades.

10.31   Observação

10.31.1   Propósito

Observação é usada para obter informações por meio da visualização e compreensão das atividades e do seu contexto. É usada como base para identificar necessidades e oportunidades, compreender um processo de negócio, estabelecer padrões de desempenho, avaliar o desempenho da solução ou apoiar o treinamento e desenvolvimento.

10.31.2   Descrição

A observação de atividades, também conhecida como job shadowing, envolve examinar uma atividade de trabalho em primeira mão à medida que ela é executada. Pode ser realizada em ambientes naturais de trabalho ou em condições de laboratório especialmente construídas. Os objetivos da observação ditam como ela é planejada e metodicamente conduzida.

Há duas abordagens básicas para a observação:

- *Ativa/Perceptível*: enquanto observa uma atividade, o observador faz quaisquer perguntas à medida que elas surgem. Apesar desta interrupção do fluxo de trabalho, o observador pode compreender mais rapidamente a lógica e os processos ocultos implícitos à atividade, tais como a tomada de decisões. Uma variação deste método pode envolver uma intervenção ainda mais forte nas atividades dos atores, estimulando-os a realizar tarefas específicas. Este tipo de observação facilitada permite focalizar os objetivos do observador de forma a encurtar o tempo de observação ou de obter informação específica.

- *Passiva/Imperceptível*: durante a atividade o observador não interrompe o trabalho. Qualquer ponto de interesse é levantado depois de terminada a observação. Isto permite a observação de um fluxo natural de eventos sem intervenção do observador, bem como a medição do tempo e da qualidade do trabalho. Uma variação deste método é a gravação em vídeo da atividade e depois a sua revisão com a pessoa observada para ela poder prestar mais esclarecimentos.

A inspeção do ambiente de trabalho de uma pessoa ajuda na descoberta de quaisquer ferramentas e ativos de informação envolvidos no desempenho de suas atividades. Isto apoia a compreensão das atividades, especialmente com o objetivo de identificar necessidades e oportunidades. Este tipo de observação é uma parte importante da variação da técnica e é conhecida como Inquérito Contextual.

10.31.3   Elementos

.1 Objetivos da Observação

Um objetivo claro e específico estabelece um propósito definido da sessão de observação.

Os objetivos de uma sessão de observação podem incluir:

- compreender a atividade e seus elementos como tarefas, ferramentas, eventos e interações;
- identificar oportunidades de melhoria;
- estabelecer métricas de desempenho;
- avaliar soluções e validar suposições.

.2 Preparar para a Observação

A preparação para uma sessão de observação envolve o planejamento da abordagem de observação com base nos objetivos e a decisão de quem deve ser visto realizando quais atividades e em quais momentos. Enquanto se preparam para uma sessão de observação, os analistas de negócios consideram os níveis de habilidade e experiência dos participantes, a frequência das atividades que estão sendo observadas e qualquer documentação existente e análise relacionada à atividade de trabalho. A preparação para a observação também inclui a criação de um calendário de observações.

O plano de observação assegura que todos os stakeholders estejam cientes do propósito da sessão de observação, concordem com os resultados esperados e que a sessão corresponda às suas expectativas.

.3 Conduzir a Sessão de Observação

Antes da sessão de observação:

- explicar por que a observação está sendo conduzida;
- tranquilizar o participante que seu desempenho pessoal não está sendo julgado e que os resultados desta observação, entre outros, serão avaliados como um todo;
- informar o participante que pode interromper a observação a qualquer momento;
- recomendar o compartilhamento de qualquer raciocínio ou interesses enquanto executa a atividade ou logo depois.

Durante a sessão de observação:

- observar atentamente a pessoa realizar a atividade e anotar tarefas ou etapas típicas e atípicas, a maneira como quaisquer ferramentas são utilizadas e o conteúdo das informações;

- registar o que é visto, o tempo necessário para realizar o trabalho, a sua qualidade, quaisquer anomalias de processo e os próprios interesses ou perguntas do observador;

- fazer perguntas de sondagem enquanto o trabalho está sendo realizado ou logo após a sessão de observação.

.4 Confirmar e Apresentar Resultados de Observação

Após a sessão de observação, os analistas de negócios revisam as notas e dados registrados a partir da observação e acompanham com o participante para obter respostas a quaisquer perguntas restantes ou para preencher quaisquer lacunas. Compartilhar estas notas e dados com os participantes pode ser útil para obter respostas a quaisquer perguntas ou aliviar quaisquer interesses que o participante possa ter.

As notas e dados validados são compilados com outras observações relacionadas para identificar semelhanças, diferenças e tendências. As conclusões são agregadas, resumidas e analisadas em relação aos objetivos da sessão. As necessidades e oportunidades de melhoria são comunicadas aos stakeholders.

10.31.4   Considerações de Uso

.1 Pontos fortes

- Os observadores podem obter um insight realista e prático sobre as atividades e as suas tarefas dentro de um processo geral.

- Instâncias de tarefas informalmente executadas, bem como quaisquer soluções de contorno, podem ser identificadas.

- A produtividade pode ser vista em primeira mão e comparada de forma realista com quaisquer padrões de desempenho ou métricas estabelecidas.

- As recomendações de melhoria são apoiadas por evidências objetivas e quantitativas.

.2 Limitações

- Pode ser perturbador para o desempenho do participante e para a organização em geral.

- Pode ser ameaçador e intrusivo para a pessoa observada.

- Enquanto estiver sendo observado, um participante pode alterar suas práticas de trabalho.

- É necessário um tempo significativo para planejar e conduzir as observações.

- Não é adequada para avaliar atividades baseadas no conhecimento, uma vez que estas não são diretamente observáveis.

10.32 Modelagem Organizacional

10.32.1 Propósito

A modelagem organizacional é usada para descrever as funções, responsabilidades e estruturas de reporte que existem dentro de uma organização e para alinhar essas estruturas com as metas da organização.

10.32.2 Descrição

Um modelo organizacional define como uma organização ou unidade organizacional é estruturada. O propósito de uma unidade organizacional é reunir um grupo de pessoas para cumprir um propósito comum. O grupo pode ser organizado porque as pessoas compartilham um conjunto comum de habilidades e conhecimentos ou para servir um determinado mercado.

Um modelo organizacional é uma representação visual da unidade organizacional que define:

- os limites do grupo (quem está no grupo);
- as relações formais entre os membros (quem se reporta
- o papel funcional de cada pessoa;
- as interfaces (interação e dependências) entre a unidade e outras unidades ou stakeholders.

10.32.3 Elementos

.1 Tipos de Modelos Organizacionais

Existem três modelos organizacionais predominantes:

- *Orientado para a funcionalidade*: agrupa a equipe com base em habilidades compartilhadas ou áreas de expertise e geralmente encorajar uma padronização do trabalho ou processos dentro da organização. As organizações funcionais são benéficas porque parecem facilitar a gestão de custos e reduzir a duplicação de trabalho, mas são propensas a desenvolver problemas de comunicação e coordenação interfuncional (conhecidos informalmente como "silos").

Figura 10.32.1: Modelo Organizacional orientado para a funcionalidade

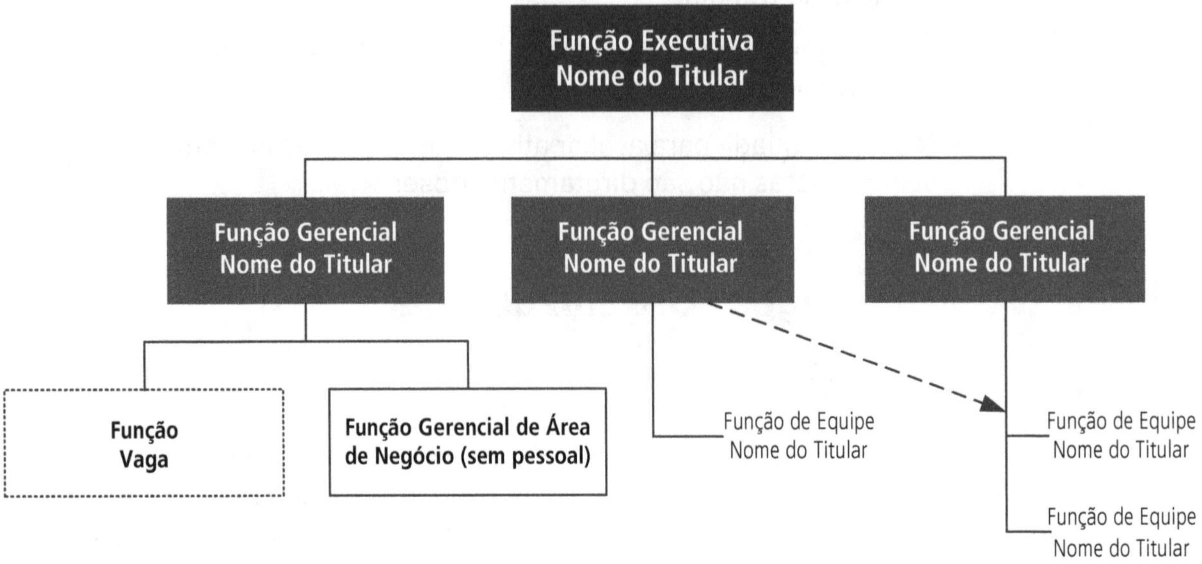

- ***Orientado para o mercado***: pode ser destinado a servir grupos particulares de clientes, áreas geográficas, projetos ou processos, em vez de agrupar funcionários por habilidades ou expertise comuns. As estruturas orientadas para o mercado permitem à organização satisfazer as necessidades dos seus clientes, mas são propensas a desenvolver inconsistências na forma como o trabalho é realizado. Alguns podem descobrir que estão realizando trabalho duplicado em múltiplas áreas.

Figura 10.32.2: Modelo Organizacional Orientado para o Mercado

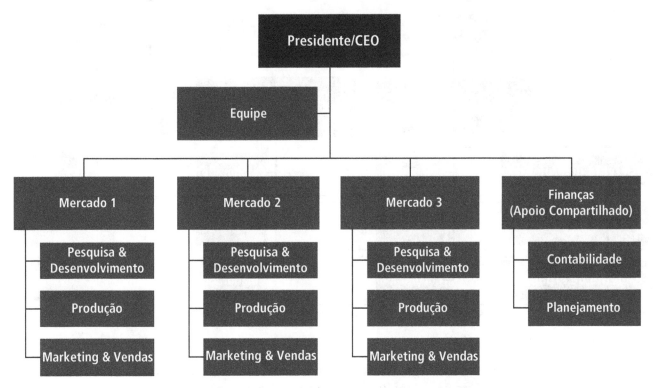

- ***Modelo Matricial***: tem gestores separados para cada área funcional e para cada produto, serviço, ou grupo de clientes. Os funcionários reportam a um gerente de linha, que é responsável pelo desempenho de um tipo de trabalho e pela identificação de oportunidades de eficiência no trabalho, e a um gerente de mercado (ou de produto, serviço ou projeto), que é responsável pela gestão do produto ou serviço em múltiplas áreas funcionais. Um desafio do modelo matricial é que cada funcionário tem dois gerentes (que estão focados em objetivos diferentes) e a prestação de contas é difícil de manter.

Figura 10.32.3: Modelo Organizacional Matricial

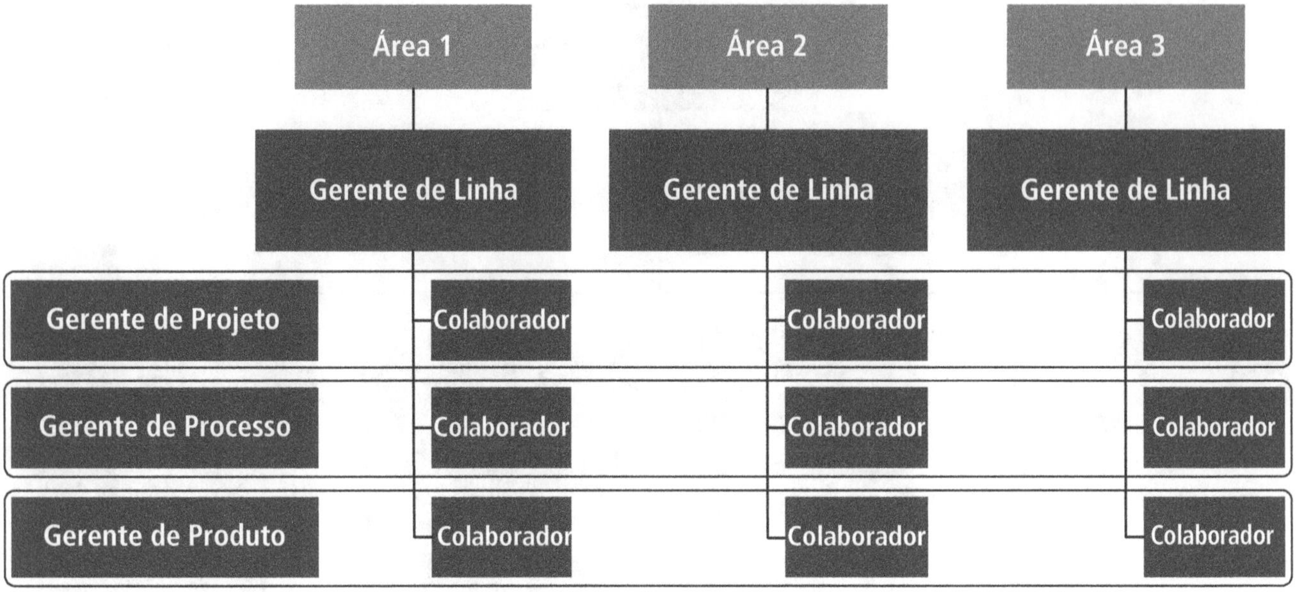

Área 1	Área 2	Área 3
Gerente de Linha	Gerente de Linha	Gerente de Linha

Gerente de Projeto	Colaborador	Colaborador	Colaborador
Gerente de Processo	Colaborador	Colaborador	Colaborador
Gerente de Produto	Colaborador	Colaborador	Colaborador

.2 Papéis

Uma unidade organizacional inclui uma série de papéis definidos. Cada papel requer um certo conjunto de habilidades e conhecimentos, tem responsabilidades específicas, realiza certos tipos de trabalho e tem relações definidas com outras funções na organização.

.3 Interfaces

Cada unidade organizacional tem interfaces com outras unidades organizacionais. As interfaces (interações) podem ser na forma de comunicação com pessoas em outras funções e pacotes de trabalho que a unidade organizacional recebe ou entrega a outras unidades.

.4 Gráficos Organizacionais

O diagrama fundamental utilizado na modelagem organizacional é o gráfico organizacional (organograma).

Não há um padrão reconhecido para organogramas, embora existam algumas convenções que a maioria segue:

- Representação por uma caixa:

  - *Unidade Organizacional*: pessoas, equipes, departamentos ou divisões. Um organograma pode misturar unidades organizacionais e mostrar uma mistura de pessoas, equipes e divisões de nível superior.

  - *Papéis e Pessoas*: os papéis dentro de uma organização e as pessoas designadas a cada função.

- Uma linha representa:

  - ***Linhas de Reporte***: prestação de contas e controle entre unidades. Uma linha sólida geralmente denota autoridade direta, enquanto uma linha pontilhada indica transferência de informações ou autoridade situacional. Linhas de reporte retratam a relação entre um gerente e uma unidade organizacional

.5 Influenciadores

Os organogramas são a principal ferramenta para iniciar a modelagem organizacional. Os organogramas representam a estrutura formal da organização. Os analistas de negócios também identificam linhas informais de autoridade, influência e comunicação que podem não se alinhar diretamente com o organograma formal.

Determinar todos os influenciadores é importante no planejamento da comunicação e na tomada de providências para a aceitação do usuário. Um método para identificar os influenciadores pode ser perguntar aos stakeholders: "A quem posso perguntar..." e anotar as respostas. Um influenciador pode ser uma pessoa a quem todos vão em busca de informação, direção e conselhos. Outro método é observar quem fala em nome do grupo nas reuniões.

10.32.4   Considerações de Uso

.1 Pontos fortes

- Os modelos organizacionais são comuns na maioria das organizações.

- A inclusão de um modelo organizacional nas informações de análise de negócios permite que os membros da equipe forneçam suporte. Projetos futuros podem se beneficiar de saber quem esteve envolvido neste projeto e qual foi o seu papel.

.2 Limitações

- Os modelos organizacionais às vezes estão desatualizados.

- Linhas informais de autoridade, influência e comunicação não refletidas no organograma são mais difíceis de identificar e podem entrar em conflito com o organograma.

10.33   Priorização

10.33.1   Propósito

A priorização fornece um framework para os analistas de negócios facilitar as decisões dos stakeholders e para entender a importância relativa das informações de análise de negócios.

10.33.2   Descrição

A priorização é um processo utilizado para determinar a importância relativa das informações de análise de negócios. A importância pode ser baseada em valor, risco, dificuldade de implementação, ou outros critérios. Essas prioridades são usadas para determinar quais informações de análise de negócios devem ser direcionadas para análise posterior, quais requisitos devem ser implementados primeiro, quanto tempo ou detalhes devem ser alocados aos requisitos.

Há muitas abordagens para a priorização. Para o propósito desta técnica, a priorização é classificada em uma das quatro abordagens:

- Agrupamento;
- Ranking;;
- Limitação de Tempo/Orçamento;
- Negociação.

Ao escolher uma abordagem de priorização, os analistas de negócios consideram o público, suas necessidades e suas opiniões sobre o valor que um requisito ou informação de análise de negócios traz para a respectiva área de um stakeholder.

Os analistas de negócios revisitam as prioridades e utilizam diferentes abordagens quando ocorrem mudanças no ambiente de negócios, para os stakeholders e para as informações de análise do negócio.

Figura 10.33.1: Abordagens para Priorização

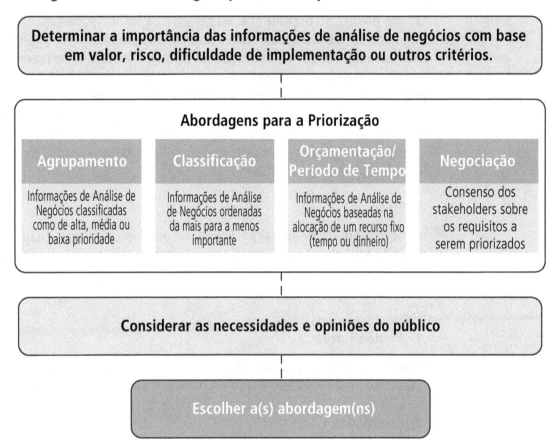

10.33.3   Elementos

.1 Agrupamento

O agrupamento consiste em classificar as informações de análise de negócios de acordo com categorias predefinidas, tais como alta, média ou baixa prioridade. Muitas ferramentas de gerenciamento de requisitos suportam a listagem da categoria de prioridade como um atributo de um requisito.

.2 Ranking

Ranking consiste em ordenar informações de análise de negócios da maior para a menor importância. Algumas abordagens adaptativas envolvem a sequência explícita de requisitos em uma lista ordenada (um backlog de produto).

.3 Limitação de Tempo/Orçamento

O time boxing ou orçamentação prioriza as informações de análise de negócios com base na alocação de um recurso fixo. É frequentemente usado quando a abordagem da solução foi determinada. O time boxing é usado para priorizar os requisitos com base na quantidade de trabalho que a equipe do projeto é capaz de entregar em um determinado período de tempo. A orçamentação é usada quando a equipe do projeto foi alocada por uma quantia fixa de dinheiro. Esta abordagem é mais frequentemente utilizada quando é necessário cumprir um prazo fixo ou para soluções melhoradas de forma regular e frequente.

.4 Negociação

A abordagem de negociação envolve o estabelecimento de um consenso entre os stakeholders quanto aos requisitos que serão priorizados.

10.33.4   Considerações de Uso

.1 Pontos fortes

- Facilita a construção de consensos e trade-offs e assegura que o valor da solução seja realizado e que os prazos de iniciativa sejam cumpridos.

.2 Limitações

- Alguns stakeholders podem tentar evitar escolhas difíceis e não reconhecer a necessidade de fazer trade-offs.

- A equipe de solução pode, intencionalmente ou não, tentar influenciar o resultado do processo de priorização, superestimando a dificuldade ou complexidade da implementação de determinados requisitos.

- As métricas e indicadores-chave de desempenho muitas vezes não estão disponíveis quando se priorizam as informações de análise do negócio; portanto, a perspectiva dos stakeholders sobre a importância pode ser subjetiva.

10.34   Análise de Processos

10.34.1   Propósito

A análise de processos avalia um processo pela sua eficiência e efetividade, bem como a sua capacidade de identificar oportunidades de mudança.

10.34.2   Descrição

A análise do processos é utilizada para vários fins, incluindo:

- recomendar um processo mais eficiente ou efetivo;
- determinar as lacunas entre o estado atual e futuro de um processo;
- compreender os fatores a serem incluídos em uma negociação contratual;
- compreender como os dados e a tecnologia são utilizados em um processo;
- analisar o impacto de uma mudança pendente para um processo.

Existe uma série de frameworks e metodologias que focam na análise de processos e métodos de melhoria, como o Seis Sigma e o Lean. Os métodos para melhoria de processos incluem mapeamento de fluxo de valor, análise e controle estatístico, simulação de processos, benchmarking e frameworks de processos.

As mudanças comuns feitas nos processos para melhorá-los incluem:

- reduzir o tempo necessário para completar uma tarefa ou tarefas no processo;
- modificar interfaces ou hand-offs entre papéis e unidades organizacionais para remover erros, incluindo a redução ou eliminação de gargalos;
- automatizar passos que são mais rotineiros ou previsíveis;
- aumentar o grau de automatização na tomada de decisão exigida pelo processo.

Ao analisar um processo, analistas de negócios procuram:

- como o processo acrescenta ou cria valor para a organização;
- como o processo se alinha aos objetivos organizacionais e à estratégia;
- em que grau o processo é e precisa ser eficiente, efetivo, repetido, medido, controlado, usado e transparente;
- como os requisitos para uma solução abrangem o processo do estado futuro e seus stakeholders externos, incluindo os clientes.

10.34.3   Elementos

.1 Identificar Lacunas e Áreas para Melhorar

Identificar lacunas e áreas para melhorar ajuda a identificar quais áreas estão no escopo para análise. Modelos e frameworks de processos específicos do setor podem ser úteis neste sentido. Ao identificar lacunas e áreas a melhorar, os analistas de negócios:

- identificam lacunas entre o estado atual e o estado futuro desejado;
- identificam quais lacunas e áreas são de valor agregado e de não valor agregado;
- compreendem os pontos de dor e os desafios do processo a partir de múltiplos pontos de vista;
- compreendem as oportunidades para melhorar o processo a partir de múltiplos pontos de vista;
- alinham as lacunas e as áreas para melhorar com a direção estratégica da organização;
- compreendem a relação das lacunas e das áreas a melhorar com as mudanças na empresa.

.2 Identificar a Causa Raiz

Identificar a causa raiz das lacunas e áreas de melhoria garante que a solução aborda a lacuna e a área correta.

Ao identificar a causa raiz, os analistas de negócios entendem:

- que pode haver múltiplas causas raízes;
- quais os insumos que conduzem à lacuna ou área de melhoria;
- quem são as pessoas certas para identificar a causa raiz;
- as medidas atuais e os motivadores existentes para quem possui ou executa o processo.

.3 Gerar e Avaliar Opções

A geração de opções e soluções alternativas para resolver a lacuna ou área de melhoria ajuda a equipe a avaliar e ver diferentes pontos de vista para melhorar o processo. É importante que os stakeholders estejam envolvidos na identificação do impacto, viabilidade e valor da solução proposta em relação às opções alternativas.

.4 Métodos Comuns

SIPOC

O SIPOC é um método de análise de processos que tem origem na metodologia Seis Sigma e tem sido mais comumente adotado como um método de análise de processos fora do Seis Sigma.

É usado para analisar o processo e compreender os Fornecedores, Entradas, Processos, Saídas e Clientes do processo em análise.

Um SIPOC fornece uma visão geral simples do processo. Mostra também a complexidade de quem e o que está envolvido na criação de entradas para o processo e mostra quem recebe as saídas do processo. Um SIPOC é uma ferramenta poderosa usada para criar diálogo sobre problemas, oportunidades, lacunas, causa raiz, opções e alternativas durante a análise de processos.

Figura 10.34.1: Modelo SIPOC

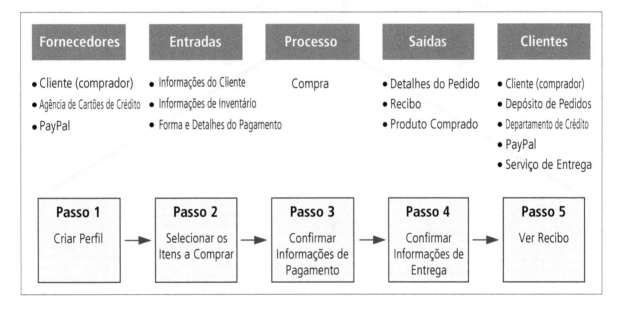

Mapeamento de Fluxo de Valor (VSM)

O Mapeamento de Fluxo de Valor (VSM - Value Stream Mapping) é um método de análise de processos usado nas metodologias Lean.

O mapeamento de fluxo de valor envolve a diagramação e monitoramento de entradas e pontos de aplicação para o processamento dessas entradas, a partir do front-end da cadeia de suprimentos. Em cada etapa, o mapa do fluxo de valor mede o tempo de espera para as entradas e os tempos reais de processamento nos pontos de aplicação (também conhecidos como tempos de conversão). No final da cadeia de fornecimento, o mapa do fluxo de valor representa o processo logístico ou de distribuição ao cliente.

O mapa do fluxo de valor fornece uma imagem de uma página de todas as etapas envolvidas no processo de ponta a ponta, incluindo tanto elementos que agregam valor (o fluxo de valor) como elementos que não agregam valor (desperdício).

Figura 10.34.2: Mapa do Fluxo de Valor

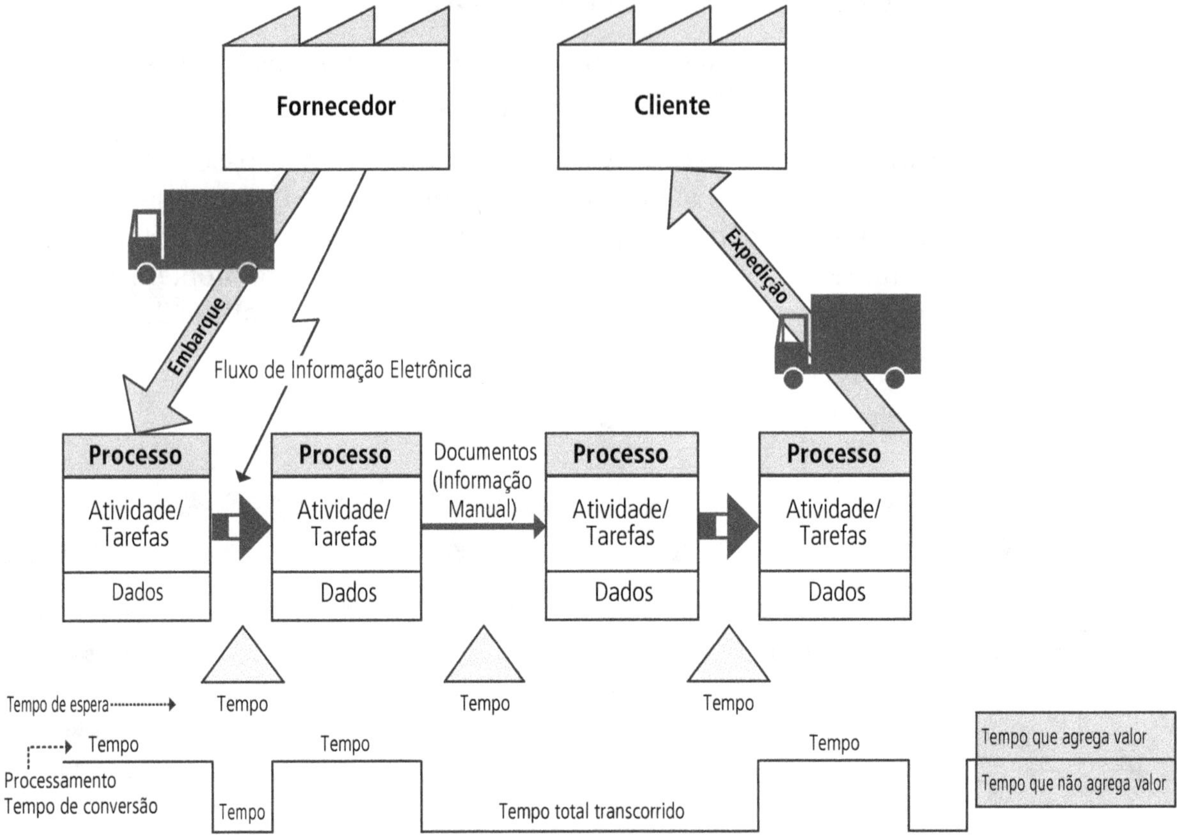

10.34.4   Considerações de Uso

.1 Pontos fortes

- Assegura que as soluções abordam os problemas certos, minimizando o desperdício.
- Muitas técnicas e metodologias diferentes podem ser utilizadas e proporcionam às equipes uma grande flexibilidade na abordagem.

.2 Limitações

- Pode ser demorado.
- Há muitas técnicas e metodologias em análise de processos. Pode ser um desafio decifrar qual usar e com que rigor segui-los, dado o escopo e o propósito.
- Pode revelar-se inefetivo na melhoria de processos de conhecimento ou processos intensivos de decisão.

10.35   Modelagem de Processos

10.35.1   Propósito

A modelagem de processos é um modelo gráfico padronizado utilizado para mostrar como o trabalho é realizado e é uma base para a análise de processos.

10.35.2   Descrição

Os modelos de processo descrevem o fluxo sequencial de trabalho ou atividades. Um modelo de processo de negócios descreve o fluxo sequencial de trabalho entre tarefas e atividades definidas através de uma corporação ou parte de uma corporação. Um modelo de processo de sistema define o fluxo sequencial de controle entre programas ou unidades dentro de um sistema de computador. Um fluxo de processo do programa mostra a execução sequencial de instruções do programa dentro de um programa de software. Um modelo de processo também pode ser usado na documentação de procedimentos operacionais.

Um modelo de processo pode ser construído em múltiplos níveis, cada um dos quais pode ser alinhado a diferentes pontos de vista dos stakeholders. Esses níveis existem para decompor progressivamente um processo complexo em processos componentes, com cada nível fornecendo cada vez mais detalhes e precisão. Em um nível elevado (corporação ou contexto), o modelo proporciona uma compreensão geral de um processo e do seu relacionamento com outros processos. Em níveis mais baixos (operacionais), pode definir atividades mais granulares e identificar todos os resultados, incluindo exceções e caminhos alternativos. No nível mais baixo (sistema), o modelo pode ser usado como base para simulação ou execução.

Os modelos de processo podem ser usados para:

- descrever o contexto ou parte da solução;
- descrever o que realmente acontece, ou é desejado que aconteça, durante um processo;
- fornecer uma descrição compreensível de uma sequência de atividades a um observador externo;
- fornecer um visual para acompanhar uma descrição de texto;
- fornecer uma base para a análise do processos.

O analista de negócios pode usar um modelo de processo para definir o estado atual de um processo (também conhecido como um modelo "as-is" (como é)) ou um potencial estado futuro (também conhecido como um modelo "to-be" (a ser)). Um modelo do estado atual pode proporcionar compreensão e acordo sobre o que acontece agora. Um modelo do estado futuro pode proporcionar alinhamento com o que se deseja que aconteça no futuro.

Os modelos de processo geralmente incluem:

- os participantes do processo;

- o evento de negócio que aciona o processo;

- os passos ou atividades do processo (tanto manual quanto automatizado);

- os caminhos (fluxos) e os pontos de decisão que conectam logicamente essas atividades;

- os resultados do processo.

O modelo de processo mais básico inclui: um evento de acionamento, uma sequência de atividades e um resultado.

Um modelo de processo mais abrangente pode incluir outros elementos, tais como dados/materiais, entradas, saídas e descrições de chamadas que complementam a representação gráfica.

10.35.3   Elementos

.1 Tipos e Notações de Modelos de Processo

Muitas notações diferentes são usadas em modelagem de processos.

As notações mais comumente usadas incluem o seguinte:

- *Fluxogramas e Mapeamento de Fluxo de Valor (VSM - Value Stream Mapping)*: utilizados no domínio do negócio.

- *Diagramas de Fluxo de Dados e Diagramas da Unified Modelling Language™ (UML®)*: usados no domínio da tecnologia da informação.

- *Modelo e Notação de Processos de Negócio (BPMN)*: utilizado em ambos os domínios de tecnologia de negócios e da informação; é cada vez mais adotado como padrão do setor.

- *Notação de Definições Integradas (IDEF - Integrated Definition notation) e Diagramas de Entradas, Reguladores, Saídas, Recursos de Suporte (IGOE - Input, Guide, Output, Enabler)*: utilizados para estabelecer escopo.

- **SIPOC e a Análise do Fluxo de Valor**: usado para modelagem de processos.

Os modelos de processo geralmente contêm alguns ou todos os seguintes elementos-chave:

- **Atividade**: uma etapa individual ou peça de trabalho que faz parte do processo de negócio. Pode ser uma tarefa única ou pode ser decomposta em um subprocesso (com suas próprias atividades, fluxo e outros elementos do processo).

- **Evento**: uma ocorrência de tempo zero que inicia, interrompe ou encerra uma atividade, ou tarefa dentro de um processo, ou o próprio processo. Pode ser uma mensagem recebida, a passagem do tempo ou a ocorrência de uma condição, conforme definido nas regras do negócio.

- **Fluxo Direcional**: um caminho que indica a sequência lógica do fluxo de trabalho. Em geral, os diagramas são desenhados para mostrar a passagem do tempo de uma forma consistente (normalmente na direção em que o texto seria lido).

- **Ponto de Decisão**: um ponto no processo onde o fluxo de trabalho se divide em dois ou mais fluxos (caminhos), que podem ser mutuamente exclusivos, alternativos ou paralelos. Uma decisão também pode ser usada para localizar regras onde fluxos separados se fundem.

- **Link**: uma ligação a outros mapas de processo.

- **Papel**: um tipo de pessoa ou grupo envolvido no processo. As suas definições coincidem tipicamente com as do modelo organizacional.

Fluxograma

Os fluxogramas são usados normalmente com audiências não técnicas e são bons para obter tanto o alinhamento com o que é o processo como o contexto para uma solução. Um fluxograma pode ser simples, mostrando apenas a sequência de atividades, ou pode ser mais abrangente, utilizando as raias. Uma raia é uma área particionada (horizontal ou vertical) que segrega essas atividades no processo realizadas por uma determinada função.

Figura 10.35.1: Fluxograma

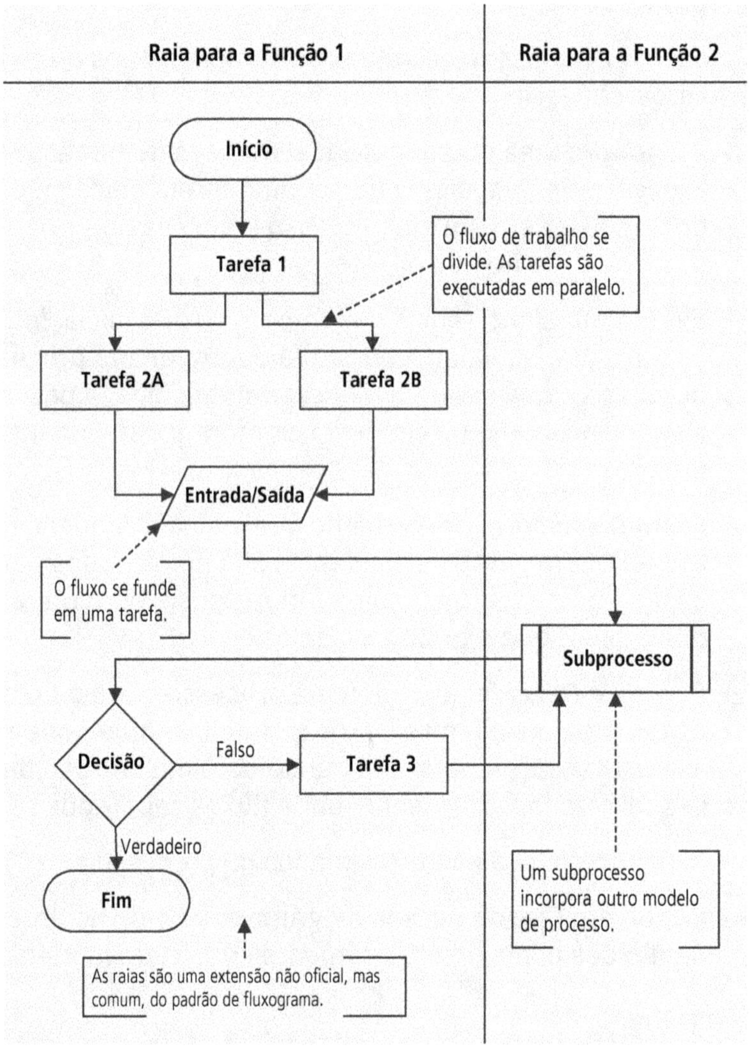

```
Raia para a Função 1          |          Raia para a Função 2

        ( Início )

            │
            ▼
      ┌───────────┐        ┌─────────────────────┐
      │  Tarefa 1 │ ─ ─ ─ ▷│ O fluxo de trabalho se│
      └───────────┘        │ divide. As tarefas são│
                           │ executadas em paralelo.│
       ┌──────┴──────┐     └─────────────────────┘
       ▼             ▼
 ┌──────────┐   ┌──────────┐
 │ Tarefa 2A│   │ Tarefa 2B│
 └──────────┘   └──────────┘

        ╲      Entrada/Saída      ╱

  ┌──────────────┐
  │ O fluxo se funde│
  │ em uma tarefa.  │
  └──────────────┘
                                          ┌──────────────┐
                                          │  Subprocesso │
                                          └──────────────┘

   ◇ Decisão ─── Falso ──▶ ┌──────────┐
                           │ Tarefa 3 │
                           └──────────┘

        │ Verdadeiro
        ▼
      ( Fim )                     ┌────────────────────┐
                                  │ Um subprocesso      │
                                  │ incorpora outro modelo│
                                  │ de processo.        │
                                  └────────────────────┘

  ┌────────────────────────────────┐
  │ As raias são uma extensão não oficial, mas│
  │ comum, do padrão de fluxograma.           │
  └────────────────────────────────┘
```

Modelo e Notação de Processo de Negócios (BPMN - Business Process Model and Notation)

O Modelo e Notação de Processos de Negócios (BPMN - Business Process Model and Notation) fornece uma linguagem padrão de mercado para modelagem de processos de negócios em um formulário acessível tanto por usuários de negócios quanto por desenvolvedores técnicos. O BPMN foi desenhado para cobrir muitos tipos de modelagens, incluindo tanto processos internos (privados) como processos colaborativos (públicos). Pode ser a entrada para processar tecnologias de automação.

Uma característica-chave do BPMN é a sua habilidade de distinguir as atividades dos diferentes participantes num processo com piscinas e raias. Quando o fluxo de trabalho cruza o limite de uma raia, a responsabilidade pelo trabalho passa então para outra função dentro da organização. As raias fazem parte de uma piscina. Uma piscina é tipicamente uma entidade de negócios auto-regulada (independente), uma organização ou um sistema. Uma piscina pode incluir uma série de raias, cada uma delas representando um papel. Normalmente, um processo inclui uma piscina para o cliente e uma segunda piscina para a organização em estudo, embora seja possível que um processo inclua qualquer número de piscinas.

Figura 10.35.2: Modelo e Notação de Processos de Negócio

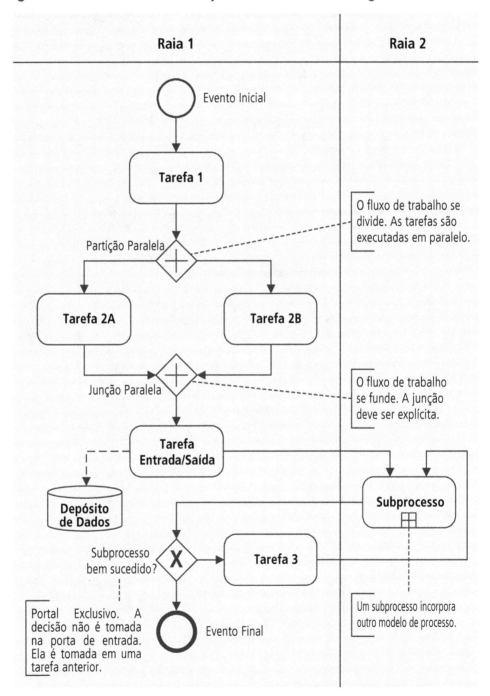

Diagrama de Atividade

O diagrama de atividades é um dos diagramas de realização de casos de uso definidos na Unified Modelling Language™ (UML®). Originalmente concebido para elaborar um caso de uso único, o diagrama de atividades foi adotado para fins mais gerais de modelagem de processos, incluindo a modelagem de processos de negócios. Embora semelhante em aparência a um fluxograma, o diagrama de atividades tipicamente emprega raias para mostrar responsabilidades, barras de sincronização para mostrar processamento paralelo e múltiplos pontos de decisão de saída.

Figura 10.35.3: Diagrama de Atividade

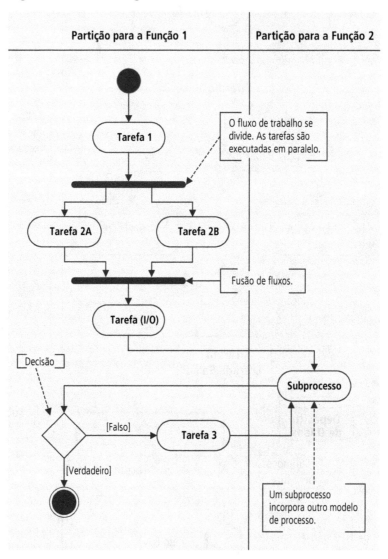

10.35.4   Considerações de Uso

.1 Pontos fortes

- Apela à compreensão humana básica das atividades sequenciais.

- A maioria dos stakeholders fica confortável com os conceitos e elementos básicos de um modelo de processo.

- O uso de níveis pode acomodar as diferentes perspectivas dos vários grupos de stakeholders.

- Efetivo em mostrar como lidar com um grande número de cenários e ramificações paralelas.

- Pode ajudar a identificar quaisquer grupos de stakeholders que, de outra forma, possam ter sido negligenciados.

- Facilita a identificação de potenciais melhorias, destacando os "pontos de dor" na estrutura do processo (isto é, visualização do processo).

- É provável que tenha valor por si só. Eles fornecem documentação para fins de conformidade e podem ser usados pelos stakeholders do negócio para treinamento e coordenação de atividades.

- Pode ser usado como uma linha de base para a melhoria contínua.

- Assegura a consistência de rotulagem entre artefatos.

- Proporciona transparência e clareza aos proprietários e participantes do processo sobre responsabilidades, sequências e transferências de atividades.

.2 Limitações

- Para muitas pessoas em TI, um modelo formal de processo tende a refletir uma abordagem mais antiga e mais documental do desenvolvimento de software. Portanto, o tempo do projeto não é alocado para desenvolver um modelo de processo, especialmente do estado atual ou do domínio do problema.

- Pode tornar-se extremamente complexo e pesado se não for cuidadosamente estruturado. Isso é especialmente verdadeiro se as regras de negócio e as decisões não forem gerenciadas separadamente do processo.

- Processos complexos podem envolver muitas atividades e papéis; isto pode torná-los quase impossíveis para um único indivíduo entender e "assinar".

- Os problemas em um processo nem sempre podem ser identificados olhando para um modelo de alto nível. Um modelo mais detalhado com referência a metadados (como frequência de caminho, custo e fatores de tempo) geralmente é necessário. Muitas vezes é necessário se engajar diretamente com os stakeholders para encontrar os problemas operacionais que eles encontraram enquanto trabalham com um processo.

- Em um ambiente altamente dinâmico onde as coisas mudam rapidamente, os modelos de processo podem se tornar obsoletos.

- Pode se revelar difícil de manter se o modelo de processo serve apenas como documentação, já que os stakeholders podem alterar o processo para atender às suas necessidades sem atualizar o modelo.

10.36 Prototipagem

10.36.1 Propósito

A prototipagem é usada para elicitar e validar as necessidades dos stakeholders por meio de um processo iterativo que cria um modelo ou design de requisitos. Também é usada para otimizar a experiência do usuário, para avaliar opções de design e como base para o desenvolvimento da solução de negócio final.

10.36.2 Descrição

A prototipagem é um método comprovado para o design de produtos. Funciona fornecendo um modelo precoce do resultado final, conhecido como um protótipo. A prototipagem é usada para identificar tanto os requisitos ausentes ou inadequadamente especificados como as suposições não fundamentadas, demonstrando a aparência do produto e como ele age nos estágios iniciais do design.

Os protótipos podem ser modelos não funcionais, representações de trabalho ou representações digitais de uma solução, ou de um produto proposto. Eles podem ser usados para fazer maquetes de websites, servir como uma construção parcialmente funcional do produto, ou descrever processos através de uma série de diagramas (como o fluxo de trabalho). Regras de negócio e protótipos de dados podem ser usados para descobrir o fluxo de processos e regras de negócio desejados. A prototipagem de dados pode ser usada para limpeza e transformação de dados.

10.36.3   Elementos

.1 Abordagem de Prototipagem

Há duas abordagens comuns de prototipagem:

- **Descartáveis**: os protótipos são gerados com ferramentas simples (tais como papel e lápis, um quadro branco, ou software) para servir a meta de descobrir e esclarecer os requisitos. O protótipo pode ser atualizado ou evoluir durante o curso da discussão e desenvolvimento, mas não se torna um código viável ou pode ser mantido como um entregável uma vez que o sistema ou processo final seja implementado. Este método é útil para identificar funcionalidades ou processos que não são facilmente elicitados por outras técnicas, têm pontos de vista conflitantes, ou são difíceis de entender. Estes protótipos podem ser uma ferramenta barata para descobrir ou confirmar requisitos que vão além de uma interface, incluindo requisitos relacionados a processos, dados e regras de negócio.

- **Evolutivo ou Funcional**: os protótipos são criados para estender os requisitos iniciais em uma solução em funcionamento, uma vez que os requisitos são mais definidos através do uso dos stakeholders. Essa abordagem produz uma solução de trabalho e geralmente requer uma ferramenta de prototipagem ou linguagem especializada. Estes protótipos podem ser utilizados na solução final. Se software especializado for usado, processos de negócio, regras e dados podem ser simulados para avaliar o impacto das mudanças e validar resultados desejados.

.2 Exemplos de prototipagem

Existem muitas formas de prototipagem em uso hoje.

Cada um dos seguintes pode ser considerado uma forma de prototipagem:

- **Prova de Princípio ou Prova de Conceito**: é um modelo criado para validar o design de um sistema sem modelar a aparência, materiais utilizados na criação do trabalho, ou processos/fluxos de trabalho utilizados em última instância pelos stakeholders.

- **Protótipo de Estudo da Forma**: é usado para explorar o tamanho, aparência e sensação básicos de um produto que será fabricado, sem criar funcionalidades reais. É usado para avaliar fatores ergonômicos e visuais usando uma representação escultural do produto feito de materiais baratos. Este tipo de protótipo também pode ser usado para modelar um fluxo de trabalho ou navegação em alto nível a fim de identificar lacunas, ou inconsistências das propriedades na solução possível (por exemplo, aparência, configuração).

- **Protótipo de usabilidade**: é um modelo do produto criado para testar como o usuário final interage com o sistema sem incluir nenhuma das propriedades (por exemplo, aparência, configuração).

- **Protótipo Visual**: é um modelo do produto criado para testar os aspectos visuais da solução sem modelar a funcionalidade completa.

- **Protótipo Funcional**: é um modelo criado para testar funcionalidades de software, qualidades do sistema para o usuário (por exemplo, aparência) e fluxo de trabalho. Ele também é chamado de modelo de trabalho e é usado tanto para simular processos de negócio e regras de negócio quanto para avaliar chamadas de função de software.

.3 Métodos de Prototipagem

A seguir, uma lista de métodos comumente usados para prototipagem:

- **Storyboarding**: é usado para detalhar visualmente e textualmente a sequência de atividades, somando-se diferentes interações de usuários com a solução ou corporação.

- **Prototipagem em Papel**: usa papel e lápis para esboçar uma interface ou processo.

- **Modelagem do Fluxo de Trabalho**: retrata uma sequência de operações realizadas e geralmente foca unicamente no aspecto humano.

- **Simulação**: é usada para demonstrar soluções ou componentes de uma solução. Ela pode testar vários processos, cenários, regras de negócio, dados e entradas.

10.36.4   Considerações de Uso

.1 Pontos fortes

- Proporciona uma representação visual para o estado futuro.

- Permite que os stakeholders forneçam informações e feedback no início do processo de design.

- Ao usar métodos descartáveis ou de prototipagem em papel, os usuários podem se sentir mais à vontade para criticar a maquete porque ela não está refinada e pronta para release.

- Um protótipo vertical estreito, porém profundo pode ser usado para estudos de viabilidade técnica, esforço de prova de conceito ou para descobrir lacunas tecnológicas e de processo.

.2 Limitações

- Se o sistema ou processo for altamente complexo, o processo de prototipagem pode ficar encalhado com a discussão de "como" em vez de "o quê", podendo fazer com que o processo demore muito tempo, consuma muito esforço e exija muita habilidade de facilitação.

- A tecnologia fundamental pode precisar ser compreendida ou assumida a fim de iniciar a prototipagem.

- Se o protótipo for profundamente elaborado e detalhado, os stakeholders podem desenvolver expectativas não realistas para a solução final. Estas podem variar desde datas de conclusão assumidas até maiores expectativas de desempenho, confiabilidade e usabilidade.

- Os stakeholders podem se concentrar nas especificações de design da solução e não nos requisitos que qualquer solução deve atender. Isso pode, por sua vez, restringir o design de solução. Os desenvolvedores podem acreditar que eles devem fornecer uma interface de usuário que combine precisamente com o protótipo, mesmo que existam tecnologias e abordagens de interface mais elegantes.

10.37 Revisões

10.37.1 Propósito

As revisões são usadas para avaliar o conteúdo de um produto de trabalho.

10.37.2 Descrição

Diferentes tipos de revisões são conduzidas para produtos de trabalho de análise de negócios.

Cada uma é adaptada às necessidades da organização e analista de negócios, e usa essas dimensões:

- *Objetivos*: definir o propósito da revisão.

- *Técnicas*: identificar uma maneira formal ou informal para realizar a revisão.

- *Participantes*: identificar quem deve participar da atividade de revisão.

Cada revisão é focada em um produto de trabalho, não nas habilidades ou ações dos participantes. O produto de trabalho pode ser um pacote de vários entregáveis, um único entregável, uma porção de um entregável ou trabalho em curso. Para um produto de trabalho concluído, o objetivo da revisão geralmente é remover defeitos ou informar os revisores sobre o conteúdo.

Para o trabalho em curso, a revisão pode ser conduzida para resolver uma pergunta ou questão.

Cada revisão inclui o analista de negócios como participante. Os revisores podem ser pares, especialmente para o trabalho em curso, ou stakeholders, que validam que o produto de trabalho está completo e correto. As etapas de revisão dependem da técnica utilizada.

As revisões podem incluir:

- uma visão geral do produto de trabalho e dos objetivos da revisão;
- checklists e materiais de referência que podem ser utilizados pelos revisores;
- revisar o produto de trabalho e documentar as descobertas;
- verificar qualquer retrabalho.

Usando o feedback dos revisores, o analista de negócios atualiza o produto de trabalho.

10.37.3   Elementos

.1 Objetivos

Os objetivos são claramente comunicados a todos os participantes antes da revisão.

Os objetivos podem incluir uma ou mais metas, por exemplo:

- remover defeitos;
- garantir a conformidade às especificações ou padrões;
- garantir que o produto de trabalho esteja completo e correto;
- estabelecer consenso sobre uma abordagem ou solução;
- responder a uma pergunta, resolver uma questão, ou explorar alternativas;
- instruir os revisores sobre o produto de trabalho;
- medir a qualidade do produto de trabalho.

.2 Técnicas

As revisões podem ser formais ou informais. As técnicas utilizadas durante uma revisão são selecionadas para apoiar os objetivos da revisão.

As técnicas a seguir são comumente usadas por analistas de negócios ao realizar revisões:

- **_Inspeção_**: uma técnica formal que inclui uma visão geral do produto de trabalho, revisão individual, registro dos defeitos, consolidação dos defeitos pela equipe e acompanhamento para garantir que as mudanças foram feitas. O foco é remover defeitos e criar um produto de trabalho de alta qualidade. Embora geralmente realizada por pares, ela também pode ser usada para revisões de stakeholders.

- **Revisão Passo a Passo Formal (também conhecido como Revisão de Equipe)**: uma técnica formal que utiliza a revisão individual e as atividades de consolidação da equipe muitas vezes vistas na inspeção. As revisões passo a passo são usadas para revisões por pares e para revisões de stakeholders.

- **Revisão de Assunto Específico (também conhecida como Revisão Técnica)**: uma técnica formal focada em uma questão, ou um padrão, na qual os revisores fazem um exame cuidadoso do produto de trabalho antes de uma sessão de revisão conjunta realizada para resolver o assunto em foco.

- **Revisão Passo a Passo Informal**: uma técnica informal na qual o analista de negócios examina o produto de trabalho em seu estado de rascunho e solicita feedback. Os revisores podem fazer uma preparação mínima antes da sessão de revisão conjunta.

- **Verificação de Mesa**: uma técnica informal em que um revisor que não tenha estado envolvido na criação do produto de trabalho fornece um feedback verbal ou escrito.

- **Passar em Torno**: uma técnica informal na qual diversos revisores fornecem feedback verbal ou escrito. O produto de trabalho pode ser revisto em uma cópia comum do produto de trabalho ou passado de uma pessoa para a outra.

- **Ad hoc**: uma técnica informal em que o analista de negócios busca revisão ou assistência informal a partir de um par.

.3 Participantes

As funções de participante envolvidas em qualquer revisão particular dependem dos objetivos da revisão, da técnica selecionada e de quaisquer padrões organizacionais que possam estar em vigor.

Em algumas situações, um supervisor ou gerente pode ser um dos revisores devido a sua expertise. Nessas situações, o moderador tem o cuidado de evitar afetar negativamente o nível de sinceridade dos outros participantes ou afetar de forma inadequada as decisões da equipe.

Tabela 10.37.1: Funções de Revisão

Função	Descrição	Responsabilidade	Técnicas Aplicáveis
Autor	Autor do produto de trabalho.	Responde a perguntas sobre o produto do trabalho e presta atenção a sugestões e comentários. Incorpora mudanças no produto de trabalho após a revisão.	Todas
Revisor	Um par ou stakeholder.	Examina o produto de trabalho de acordo com os objetivos de revisão. Para revisões de detecção de defeitos, o revisor examina o produto de trabalho antes de uma sessão de revisão e mantém um registro tanto dos defeitos encontrados como das sugestões de melhoria.	Todas
Facilitador	Um facilitador neutro (não deve ser o autor para evitar comprometer a revisão).	Facilita a sessão de revisão, mantém os participantes focados nos objetivos da revisão e assegura que cada parte relevante do produto do trabalho seja coberta. Garante que os revisores examinaram o produto de trabalho antes do início da sessão e assegura que todos os revisores participem da sessão de revisão.	• Inspeção • Revisão Passo a Passo formal • Pode ser útil para a revisão de assunto específico
Escriba	Um participante neutro com grande habilidade de comunicação.	Documenta todos os defeitos, sugestões, comentários, questões, preocupações e perguntas pendentes que são levantadas durante uma sessão de revisão. A familiaridade com o assunto possibilita que o escriba capture claramente os itens.	• Inspeção • Revisão Passo a Passo formal e informal

10.37.4 Considerações de Uso

.1 Pontos fortes

• Pode ajudar a identificar defeitos no início do ciclo de vida do produto de trabalho, eliminando a necessidade de remoção cara de defeitos descobertos mais tarde no ciclo de vida.

• Todas as partes envolvidas numa revisão comprometem-se com o resultado final; têm um interesse pessoal num resultado de qualidade.

• As revisões Verificações de Mesa e Passar em Torno podem ser realizadas por um revisor em um horário conveniente, em vez de interromper o trabalho em andamento para participar de uma reunião.

.2 Limitações

• Rigorosas revisões de equipe levam tempo e esforço. Assim, apenas os produtos de trabalho mais críticos podem ser revistos utilizando técnicas de inspeção ou de revisão passo a passo formal.

• As revisões informais por um, ou dois revisores, são práticas em termos do esforço necessário, mas oferecem menos garantias de remoção de todos os defeitos significativos do que a utilização de uma equipe maior e de um processo mais formal.

• Para as revisões Verificação de Mesa e Passar em Torno pode ser difícil para o autor validar que uma revisão independente foi feita pelos participantes individualmente.

• Se os comentários de revisão forem compartilhados e discutidos via e-mail, pode haver muitas mensagens a serem processadas, o que torna difícil para o autor resolver desacordos ou diferenças nas alterações sugeridas.

10.38   Análise e Gerenciamento de Riscos

10.38.1   Propósito

A análise e gerenciamento de riscos identificam áreas de incerteza que podem afetar negativamente o valor, analisam e avaliam essas incertezas, desenvolvem e gerenciam formas de lidar com os riscos.

10.38.2   Descrição

A falha na identificação e gerenciamento de riscos pode afetar negativamente o valor da solução. A análise e gerenciamento de riscos envolve a identificação, análise e avaliação de riscos. Onde os controles suficientes ainda não estão em vigor, os analistas de negócios desenvolvem planos para evitar, reduzir ou modificar os riscos e, quando necessário, implementam esses planos.

O gerenciamento de riscos é uma atividade em curso. A consulta contínua e a comunicação com os stakeholders ajudam a identificar novos riscos e a monitorar riscos identificados.

10.38.3   Elementos

.1 Identificação de Risco

Os riscos são descobertos e identificados através de uma combinação de julgamento de especialistas, contribuições de stakeholders, experimentação, experiências passadas e análise histórica de iniciativas e situações similares. O objetivo é identificar um conjunto abrangente de riscos relevantes e minimizar as incertezas. A identificação de risco é uma atividade em curso.

Um evento de risco pode ser uma ocorrência, várias ocorrências, ou até mesmo uma não ocorrência. Uma condição de risco pode ser uma condição ou uma combinação de condições. Um evento ou condição pode ter várias consequências, e uma consequência pode ser causada por vários eventos ou condições diferentes.

Cada risco pode ser descrito em um registro de risco que suporta a análise desses riscos e planos para abordá-los.

Figura 10.38.1: Exemplo de um Registro de Risco

#	Evento ou Condição de Risco	Consequência	Probabilid ade	Impacto	Nível de Risco	Plano de Modificação de Risco	Propriet ário do Risco	Risco Residual		
								Probabilid ade	Impacto	Nível de Risco
1	Se o grupo não concordar com mudanças nas descrições da função	então, as mudanças planejadas de equipe não poderão ocorrer	Médio	Médio	Médio	Iniciar consultas com o grupo o mais tardar no próximo mês	Marta	Baixo	Baixo	Baixo
2	Se os especialistas no assunto não estiverem disponíveis para elicitação de requisitos	então, o escopo e a qualidade serão reduzidos e a data de entrega será adiada	Médio	Alto	Alto	Desenvolver um plano para quando os especialistas no assunto do domínio forem necessários, realizar workshops no local e obter comprometime nto do patrocinador sobre a participação deles	Deepak	Baixo	Médio	Baixo
3	Se um número insuficiente de clientes responder à nossa pesquisa	então, não teremos uma amostra representativa de requisitos do cliente	Médio	Alto	Alto	Contrato com uma empresa especializada em gestão de pesquisas para desenvolver e executar a pesquisa	François	Baixo	Médio	Baixo
4	Se a estrutura organizacional não se adaptar aos novos processos de negócios	então, a empresa não conseguirá atingir a eficiência planejada e a necessidade de negócio não será satisfeita	Alto	Alto	Alto	O patrocinador do negócio deve aprovar as mudanças organizacionais antes da implantação, e as mudanças devem ocorrer antes da implantação	Jiahui	Médio	Baixo	Médio

.2 Análise

A análise de um risco envolve a compreensão do risco e a estimativa do nível de um risco. Às vezes, controles podem já estar em vigor para lidar com alguns riscos e estes devem ser considerados ao analisar o risco.

A probabilidade de ocorrência poderia ser expressa tanto como uma probabilidade em uma escala numérica ou com valores como Baixo, Médio e Alto.

As consequências de um risco são descritas em termos de seu impacto sobre o valor potencial. O impacto de qualquer risco pode ser descrito em termos de custo, duração, escopo de solução, qualidade de solução ou qualquer outro fator acordado pelos stakeholders como reputação, conformidade ou responsabilidade social.

Tabela 10.38.1: Exemplo de uma Escala de Impacto de Risco

	Escopo	Qualidade	Custo	Esforço	Duração	Reputação	Responsabili dade Social
Baixo Impacto	Pequenas áreas de escopo são afetadas	Problemas de menor qualidade	Menos de 1% de impacto de custo	Menos de 2% de esforço extra por dia	Atraso de até 3%	Impacto muito menor para a reputação da corporação	Pequeno impedimento
Impacto Médio	As principais áreas de escopo são afetadas, mas soluções de contorno são viáveis	Questões significativ as de qualidade, mas o produto ainda é utilizável	Mais de 1%, mas menos de 3% de impacto	2% -10% de esforço extra por dia	Atraso de 3 %- 10%	Impacto moderado para a reputação da corporação	Grande impedimento
Alto Impacto	O produto não atende à necessidad e do negócio	O produto não é utilizável	Mais de 3% de impacto	Mais de 10% de esforço extra por dia	Atraso de mais de 10%	Impacto severo para a reputação da corporação	Impediment o severo

Enquanto uma corporação pode ter uma escala padrão de impacto de risco ou de linha de base, as categorias como custo, esforço e reputação, e os limites podem ser ajustados para considerar o valor potencial e o nível de risco que é aceitável. Normalmente, uma amplitude de três a cinco categorias de nível são usadas para descrever como interpretar o impacto potencial.

O nível de um dado risco pode ser expresso em função da probabilidade de ocorrência e do impacto. Em muitos casos, trata-se de uma simples multiplicação de probabilidade e impacto. Os riscos são priorizados em relação uns aos outros de acordo com o seu nível. Os riscos que poderiam ocorrer no curto prazo podem ser dados uma prioridade mais elevada do que os riscos que se espera que ocorram mais tarde. Riscos em algumas categorias como reputação ou compliance podem ter prioridade maior do que outros.

.3 Avaliação

Os resultados da análise de risco são comparados com o valor potencial da mudança ou da solução para determinar se o nível de risco é aceitável ou não. Um nível de risco geral pode ser determinado adicionando-se todos os níveis de risco individuais.

.4 Tratamento

Alguns riscos podem ser aceitáveis, mas para outros riscos pode ser necessário tomar medidas para reduzir o risco.

Uma ou mais abordagens para lidar com um risco pode ser considerada e qualquer combinação de abordagens poderia ser usada para tratar de um risco:

- *Evitar*: a origem do risco é removida, ou os planos são ajustados para garantir que o risco não ocorra.

- *Transferir*: a responsabilidade para lidar com o risco é deslocada para, ou compartilhada com um terceiro.

- *Mitigar*: reduzir a probabilidade de ocorrência do risco ou as possíveis consequências negativas se o risco ocorrer.

- *Aceitar*: decidir não fazer nada sobre o risco. Se o risco ocorrer, será desenvolvida uma solução de contorno nesse momento.

- *Aumentar*: decidir assumir mais risco para buscar uma oportunidade.

Uma vez selecionada a abordagem para lidar com um risco específico, um plano de resposta ao risco é desenvolvido e atribuído a um dono do risco com responsabilidade e autoridade para esse risco. No caso de evitar o risco, o dono do risco toma medidas para garantir que a probabilidade ou o impacto do risco seja reduzido a zero. Para aqueles riscos que não podem ser reduzidos a zero, o dono do risco é responsável pelo monitoramento do risco e pela implementação de um plano de mitigação do risco.

O risco é reanalisado para determinar o risco residual que é a nova probabilidade e o novo impacto como resultado das medidas tomadas para modificar o risco. Pode ser feita uma análise custo-benefício para determinar se o custo e o esforço das medidas reduzem o nível de risco o suficiente para que valham a pena. Os riscos podem ser reavaliados em função do risco residual.

Os stakeholders devem ser informados sobre os planos para a modificação dos riscos.

10.38.4 Considerações de Uso

.1 Pontos fortes

- Pode ser aplicada a riscos estratégicos que afetam o valor de longo prazo da corporação, riscos táticos que afetam o valor de uma mudança, e riscos operacionais que afetam o valor de uma solução uma vez que a mudança é feita.

- Uma organização geralmente enfrenta desafios semelhantes em muitas de suas iniciativas. As respostas de risco bem-sucedidas em uma iniciativa podem ser lições aprendidas úteis para outras iniciativas.

- O nível de risco de uma mudança ou de uma solução pode variar ao longo do tempo. A gestão contínua de riscos ajuda a reconhecer essa variação e a reavaliar os riscos e a adequabilidade das respostas planejadas.

.2 Limitações

- O número de riscos possíveis para a maioria das iniciativas pode facilmente se tornar incontrolavelmente grande. Só pode ser possível gerenciar um subconjunto dos riscos potenciais.

- Há a possibilidade de que riscos significativos não sejam identificados.

10.39 Matriz de Papéis e Permissões

10.39.1 Propósito

Uma matriz de papéis e permissões é usada para assegurar a cobertura das atividades denotando responsabilidade, para identificar papéis, para descobrir papéis ausentes e para comunicar os resultados de uma mudança planejada.

10.39.2 Descrição

A alocação de função e permissão envolve a identificação de funções, associá-las com atividades de solução e, em seguida, denotar autoridades que podem executar essas atividades. Um papel é um rótulo para um grupo de indivíduos que compartilham funções comuns. Cada função é retratada como uma ou mais atividades de solução. Uma única atividade pode ser associada a um ou mais papéis, designando autoridades. Cada indivíduo a quem é atribuída esta autoridade pode realizar a atividade associada.

A seguir, um exemplo de uma matriz de papéis e permissões para um sistema de software.

Figura 10.39.1: Matriz de Papéis e Permissões

Matriz de Papéis e Permissões	Grupo de Papéis 1	Administrador	Gerente	Grupo de Papéis 2	Vendas	Cliente
Atividade						
Criar nova conta		X	X			X
Modificar conta		X	X			X
Criar pedido		X	X		X	X
Ver relatórios		X	X		X	
Criar relatórios		X	X		X	

10.39.3 Elementos

.1 Identificando Papéis

Para identificar papéis para stakeholders internos ou externos, os analistas de negócios:

- revisam quaisquer modelos organizacionais, descrições de cargos, manuais de procedimento e guias de usuários do sistema;
- reunem-se com os stakeholders para descobrir papéis adicionais.

Por meio desta revisão e discussão, o analista de negócios considera que indivíduos com o mesmo cargo podem ter papéis diferentes e que indivíduos com cargos diferentes podem ter os mesmos papéis.

Ao identificar papéis, os analistas de negócios procuram funções comuns desempenhadas por indivíduos com necessidades semelhantes.

.2 Identificar Atividades

Os analistas de negócios frequentemente usam a decomposição funcional para decompor cada função em subpartes, modelagem de processos para entender melhor o fluxo de trabalho e a divisão do trabalho entre os usuários, e casos de uso para representar tarefas. Ao executar estas técnicas, o analista de negócios pode garantir que todas as funções sejam consideradas e que suas atividades sejam identificadas entre vários cenários de caso de uso.

Pode haver diferentes níveis de abstração para as matrizes de papéis e permissões com base na perspectiva da análise do negócio. Papéis e responsabilidades no nível da iniciativa podem ser identificadas em uma matriz RACI (Responsible, Accountable, Consulted, Informed / Responsável, Responsabilizável, Consultado, Informado). Podem ser identificados papéis e responsabilidades específicas do sistema de tecnologia da informação em uma matriz CRUD (Create, Read, Update, and Delete / Criar, Ler, Atualizar e Excluir).

.3 Identificando Autoridades

As autoridades são ações que os papéis identificados estão autorizados a desempenhar. Para cada atividade, o analista de negócios identifica as autoridades para cada papel. Ao identificar autoridades, analistas de negócios consideram o nível de segurança necessário e como o trabalho flui através do processo. Os analistas de negócios colaboram com os stakeholders para validar as autoridades identificadas.

.4 Refinamentos

Delegações

O analista de negócios também pode identificar quais autoridades podem ser delegadas por um indivíduo a outro, por um curto prazo ou permanentemente.

Heranças

Os stakeholders podem solicitar que quando um indivíduo é designado a uma autoridade em um nível hierárquico organizacional, esta atribuição pertença somente ao nível organizacional do usuário e a qualquer nível de unidade organizacional subordinada.

10.39.4 Considerações de Uso

.1 Pontos fortes

- Proporciona verificações e balanços processuais, bem como segurança de dados, restringindo a realização de determinadas ações por parte de indivíduos.

- Promove uma melhor revisão do histórico de transações, na qual os registros de auditoria podem capturar detalhes sobre qualquer autoridade designada no momento.

- Fornece papéis e responsabilidades documentadas para atividades.

.2 Limitações

- Necessidade de reconhecer o nível de detalhe necessário para uma iniciativa ou atividade específica; excesso de detalhe pode ser demorado e não fornecer valor, muito pouco detalhe pode excluir os papéis ou responsabilidades necessárias.

10.40   Análise de Causa Raiz

10.40.1   Propósito

A análise de causa raiz é usada para identificar e avaliar as causas fundamentais de um problema.

10.40.2   Descrição

A análise de causa raiz é um exame sistemático de um problema ou situação que se concentra na origem do problema como o ponto adequado de correção, em vez de tratar apenas de seus efeitos. Aplica uma abordagem de análise iterativa a fim de considerar que pode haver mais de uma causa raiz que contribui para os efeitos. A análise de causa raiz observa os principais tipos de causas como pessoas (erro humano, falta de treinamento), física (falha de equipamentos, instalações deficientes) ou organizacional (design de processo defeituoso, estrutura deficiente).

A análise de causa raiz ajuda a organizar as informações em um framework, o que permite uma análise mais profunda, se necessário. A análise de causa raiz pode ser usada para:

- **Análise Reativa**: identificação da(s) causa(s) raiz(es) de um problema que esteja(m) ocorrendo para ação corretiva;
- **Análise Proativa**: identificação de potenciais áreas problemáticas para ação preventiva.

A análise de causa raiz utiliza quatro atividades principais:

- **Definição de Declaração de Problemas**: descreve a questão a ser tratada.
- **Coleta de Dados**: reúne informações sobre a natureza, magnitude, localização e momento do efeito.
- **Identificação da Causa**: investiga os padrões de efeitos para descobrir as ações específicas que contribuem para o problema.
- **Identificação da Ação** : define a ação corretiva que evitará ou minimizará a recorrência.

10.40.3   Elementos

.1 O Diagrama de Espinha de Peixe

Um diagrama de espinha de peixe (também conhecido como Ishikawa ou diagrama de causa e efeito) é usado para identificar e organizar as possíveis causas de um problema. Esta ferramenta ajuda a concentrar-se na causa do problema versus a solução e organiza ideias para análise adicional. O diagrama serve como um mapa que retrata possíveis relações de causa e efeito.

Os passos para desenvolver um diagrama de espinha de peixe incluem:

Passo 1. Capturar o assunto ou problema em discussão em uma caixa no topo do diagrama.

Passo 2. Desenhar de uma linha a partir da caixa através do papel ou quadro branco (formando a espinha de peixe).

Passo 3. Desenhar linhas diagonais a partir da espinha para representar categorias de potenciais causas do problema. As categorias podem incluir pessoas, processos, ferramentas e políticas.

Passo 4. Desenhar linhas menores para representar causas mais profundas.

Passo 5. Brainstorming das categorias e potenciais causas do problema e capturá-las sob a categoria apropriada.

Passo 6. Analisando os resultados. Lembre-se de que o grupo identificou apenas as potenciais causas do problema. É necessária uma análise adicional para validar a causa real, de preferência com dados.

Passo 7. Brainstorming de potenciais soluções, uma vez identificada a causa real.

Figura 10.40.1: Diagrama de Espinha de Peixe

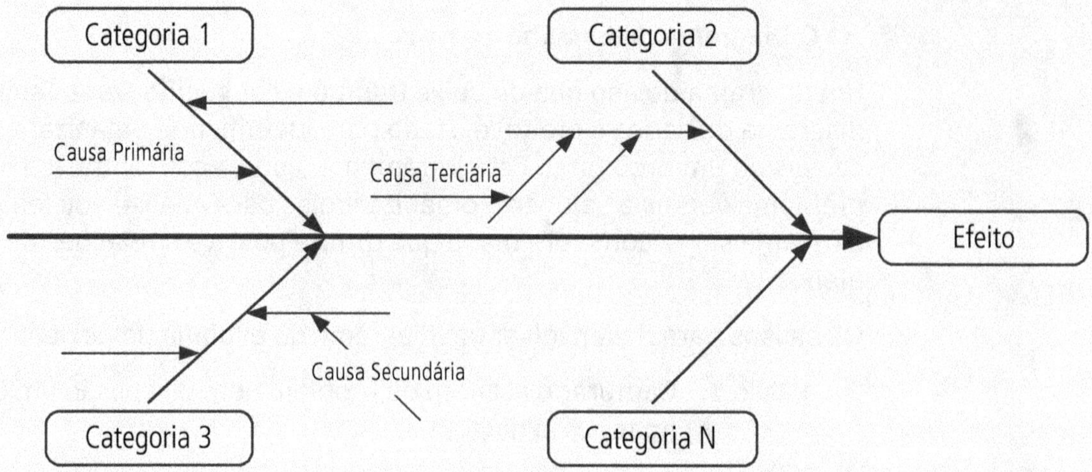

.2 Os Cinco Porquês

Os cinco porquês são um processo de perguntas para explorar a natureza e a causa de um problema. A abordagem dos cinco porquês faz perguntas repetidamente, numa tentativa de chegar à causa raiz do problema. Esta é uma das ferramentas de facilitação mais simples de usar quando os problemas têm uma componente de interação humana.

Para usar esta técnica:

   Passo 1. Escreva o problema em um flip chart ou quadro branco.

   Passo 2. Pergunte "Por que você julga que este problema ocorre?" e capture a ideia abaixo do problema.

   Passo 3. Pergunte "Porquê?" novamente e capture essa ideia abaixo da primeira ideia.

Continue com a etapa 3 até você estar convencido de que a causa raiz real foi identificada. Isto pode levar cerca de mais ou menos cinco perguntas - a técnica é chamada de cinco porquês, pois frequentemente são necessárias muitas perguntas para se chegar à causa raiz e não porque a pergunta deve ser feita cinco vezes.

Os cinco porquês podem ser usados sozinhos ou como parte da técnica de diagrama de espinha de peixe. Quando todas as ideias forem capturadas no diagrama, use a abordagem dos cinco porquês para aprofundar até as causas raiz.

10.40.4   Considerações de Uso

.1 Pontos fortes

• Ajuda a manter uma perspectiva objetiva ao realizar uma análise de causa e efeito.

• Permite que os stakeholders especifiquem uma solução efetiva nos pontos apropriados para a ação corretiva.

.2 Limitações

• Funciona melhor quando o analista de negócios tem treinamento formal para garantir que as causas raízes e não apenas os sintomas do problema, sejam identificadas.

• Pode ser difícil com problemas complexos; existe potencial para levar a um caminho errado e/ou a uma conclusão sem solução.

10.41   Modelagem de Escopo

10.41.1   Propósito

Os modelos de escopo definem a natureza de um ou mais limites, ou fronteiras, e colocam elementos dentro ou fora desses limites.

10.41.2   Descrição

Modelos de escopo são comumente usados para descrever os limites de controle, mudança, uma solução ou uma necessidade. Eles também podem ser usados para delimitar qualquer limite simples (como diferente de horizontes, propriedades emergentes e sistemas recursivos).

Estes modelos podem mostrar elementos que incluem:

• *No escopo*: o modelo identifica um limite como visto de dentro, assim como os elementos contidos por esse limite (por exemplo, decomposição funcional).

• *Fora do escopo*: o modelo identifica um limite como visto de fora, assim como os elementos que não estão contidos nesse limite (por exemplo, diagrama de contexto).

• *Ambos*: o modelo identifica um limite como visto de ambos os lados, assim como elementos em ambos os lados do limite (por exemplo, diagrama de venn ou modelo de caso de uso).

Os modelos de escopo fornecem a base para a compreensão dos limites de:

- *Escopo de Controle*: o que está sendo analisado, papéis e responsabilidades, e o que é interno e externo à organização.

- *Escopo de necessidade*: necessidades dos stakeholders, valor a ser entregue, áreas funcionais e unidades organizacionais a serem exploradas.

- *Escopo da Solução*: requisitos atendidos, valor entregue e impacto da mudança.

- *Escopo da Mudança*: ações a serem tomadas, stakeholders afetados ou envolvidos, e eventos a causar ou prevenir.

Os modelos de escopo são tipicamente representados como uma combinação de diagramas, matrizes e explicações textuais. Se o escopo for implementado em fases ou iterações, o modelo de escopo deve ser descrito para cada fase ou iteração.

10.41.3   Elementos

.1 Objetivos

Os modelos de escopo são normalmente usados para esclarecer:

- a extensão de controle;

- a relevância dos elementos;

- onde esforço será aplicado.

Dependendo da ação ou das necessidades dos stakeholders que o modelo suporta, um analista de negócios determina os tipos de modelos a serem utilizados e seleciona limites e elementos.

.2 Escopo de Mudança e Contexto

Normalmente, os analistas de negócios estão interessados nos elementos que serão alterados como parte de uma mudança, bem como com elementos externos relevantes para a mudança. Para os elementos dentro do escopo da mudança, o analista de negócios está envolvido no estabelecimento das maneiras como esses elementos são modificados. Para elementos fora do escopo da mudança, mas relevantes para a mudança, o analista de negócios está envolvido no estabelecimento das interações entre a mudança, as soluções atuais e propostas, e o contexto.

O analista de negócios muitas vezes determina:

- processos de negócio a serem definidos ou modificados;

- funções de negócio a serem adicionadas, alteradas, otimizadas ou redesignadas;

- novas capacidades a serem construídas ou as capacidades existentes a serem alteradas;

- eventos externos e internos a serem respondidos;

- casos de uso e situações a serem suportada;

- tecnologias a serem alteradas ou substituídas;

- ativos de informação a serem adquiridos, produzidos ou processados;

- stakeholders e papéis organizacionais impactados pela mudança;

- agentes e entidades externas e internas impactadas pela mudança;

- organizações e unidades organizacionais (departamentos, equipes, grupos) impactados pela mudança;

- sistemas, componentes, ferramentas e ativos físicos necessários para a mudança ou impactados pela mudança.

.3 Nível de Detalhe

O objetivo da análise define o nível apropriado de abstração no qual os elementos do escopo são descritos. Um nível adequado de detalhes proporciona uma redução significativa da incerteza, ao mesmo tempo em que evita a "paralisia da análise" numa fase de definição do escopo. Os elementos do modelo de escopo final podem ser descritos enumerando-os, referindo-se a um nível específico de sua hierarquia de decomposição, ou agrupando-os em conjuntos delimitados logicamente. Por exemplo, o objeto da mudança pode ser definido como uma lista de processos de negócio específicos, como um processo de negócio de alto nível abrangendo todos eles, ou como uma função de negócio genérica. Da mesma forma, os stakeholders incluídos no escopo podem ser definidos enumerando títulos específicos ou referindo-se às suas funções organizacionais comuns.

.4 Relacionamentos

A exploração dos relacionamentos entre os potenciais elementos do escopo ajuda a garantir a completude e integridade do modelo de escopo, identificando suas dependências ou descobrindo outros elementos envolvidos, ou impactados pela mudança.

Várias técnicas de diagramação estão disponíveis para explorar relacionamentos de tipos específicos, inclusive:

- **Pai-Filho ou Conjunto-Subconjunto**: relaciona elementos do mesmo tipo por meio de decomposição hierárquica. Os relacionamentos deste tipo aparecem como um organograma, em um diagrama de classes ou entidade e relacionamento, como subprocessos em um modelo de processo de negócio, ou como estados compostos em um diagrama de estados.

- **Função-Responsabilidade**: relaciona uma função com o agente (stakeholder, unidade organizacional ou componente de solução) que é responsável por sua execução. Relacionamentos deste tipo aparecem em modelos de processos de negócio e em diagramas de colaboração, sequência e casos de uso.

- **Cliente-Fornecedor**: relaciona elementos por meio da transmissão de informações ou materiais entre eles. Os elementos podem ser processos, sistemas, componentes de soluções e unidades organizacionais, para entidades internas e externas. Relacionamentos desse tipo ocorrem em diagramas de fluxo de dados, modelos de processos de negócio e em diagramas de colaboração, sequência e robustez.

- **Causa-Efeito**: relaciona elementos por contingência lógica a fim de identificar cadeias de elementos associados envolvidos ou impactados pela mudança. Relacionamentos deste tipo aparecem em diagramas de espinha de peixe (Ishikawa) e outros diagramas de causa e efeito.

- **Emergente**: na maioria dos sistemas complexos, vários elementos podem interagir para produzir resultados que não podem ser previstos ou compreendidos com base apenas nos componentes.

.5 Suposições

Em um momento de modelagem de escopo, a validade do modelo depende fortemente de suposições como a definição de necessidades, causalidade de resultados, impacto de alterações, aplicabilidade e viabilidade da solução. O modelo de escopo resultante deve incluir demonstrações explícitas de suposições críticas e suas implicações.

.6 Resultados da Modelagem de Escopo

Os resultados da modelagem de escopo podem ser representados como:

- descrições textuais de elementos, incluindo critérios para tomar decisões dentro ou fora do escopo;

- diagramas ilustrando relacionamentos de elementos do escopo;

- matrizes retratando dependências entre elementos do escopo.

10.41.4   Considerações de Uso

.1 Pontos fortes

Um modelo de escopo facilita o acordo como base para:

- definição de obrigações contratuais;

- estimativa do esforço do projeto;

- justificar decisões de no escopo/fora de escopo na análise de requisitos;

- avaliar a completude e o impacto das soluções.

.2 Limitações

- A um modelo inicial de alto nível pode faltar um nível de granularidade suficiente, particularmente para elementos de limite, necessários para assegurar uma clara identificação do escopo.

- Uma vez que um escopo é definido, alterá-lo pode ser difícil devido a razões políticas e obrigações contratuais. Enquanto isso, muitos fatores podem afetar a validade do escopo antes que os objetivos sejam alcançados. Tais fatores como suposições iniciais erradas, mudança de situação, evolução das necessidades dos stakeholders ou inovações tecnológicas podem causar uma necessidade de revisão do escopo, parcial ou inteiramente.

- Os modelos tradicionais de escopo não podem abordar limites complexos comuns, tais como um horizonte (um limite que depende completamente da posição do stakeholder).

10.42　　Diagramas de Sequência

10.42.1　Propósito

Os diagramas de sequência são usados para modelar a lógica dos cenários de uso mostrando as informações enviadas entre objetos no sistema por meio da execução do cenário.

10.42.2　Descrição

Um diagrama de sequência mostra como os processos ou objetos interagem no decorrer de um cenário. As classes necessárias para executar o cenário e as mensagens que enviam umas para as outras (acionadas por etapas no caso de uso) são exibidas no diagrama. O diagrama de sequência mostra como os objetos usados no cenário interagem, mas não como eles estão relacionados uns com os outros. Os diagramas de sequência também são frequentemente usados para mostrar como os componentes de interface do usuário ou componentes de software interagem.

O diagrama representa informações em um alinhamento horizontal e vertical. Os objetos que enviam mensagens um para o outro são representados como caixas alinhadas no topo da página da esquerda para a direita, com cada objeto ocupando uma coluna de espaço na página banhada por uma linha vertical que se estende até o fundo da página. As mensagens enviadas de um objeto para o próximo são representadas como setas horizontais. A ordem das mensagens é representada em uma sequência de cima para baixo e da esquerda para a direita, começando com a primeira mensagem na parte superior esquerda da página e as mensagens subsequentes ocorrendo à direita e abaixo. Os diagramas de sequência são às vezes chamados diagramas de eventos.

A notação padrão para diagramas de sequência é definida como parte da especificação da Unified Modelling Language™ (UML®).

10.42.3   Elementos

.1 Linha de vida

Uma linha de vida representa a duração de um objeto no decorrer do cenário sendo modelado em um diagrama de sequência. O exemplo abaixo mostra a ordem dos objetos. Uma linha de vida é desenhada como uma linha tracejada que desce verticalmente de cada caixa de objetos até o final da página.

Figura 10.42.1: Linha de vida

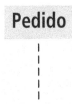

.2 Caixa de ativação

Uma caixa de ativação representa o período durante o qual uma operação é executada. Uma chamada para ativar é representada por uma seta com uma ponta de seta sólida que leva ao objeto ativado. A linha de vida pode ser finalizada com um X.

Figura 10.42.2: Caixa de ativação

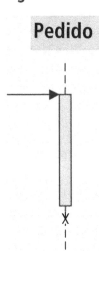

.3 Mensagem

Uma mensagem é uma interação entre dois objetos. Uma mensagem é mostrada como uma seta vinda da caixa de ativação do objeto que envia a mensagem para a caixa de ativação do objeto que recebe a mensagem.

O nome da mensagem é colocado no topo da linha com as setas. Existem diferentes tipos de mensagens:

- **Chamada Síncrona**: transfere o controle para o objeto recebedor. O remetente não pode agir até que uma mensagem de retorno seja recebida.

- **Chamada Assíncrona**: (também conhecida como sinal) permite que o objeto continue com seu próprio processamento após o envio do sinal. O objeto pode enviar muitos sinais simultaneamente, mas pode apenas aceitar um sinal de cada vez.

Figura 10.42.3: Mensagem

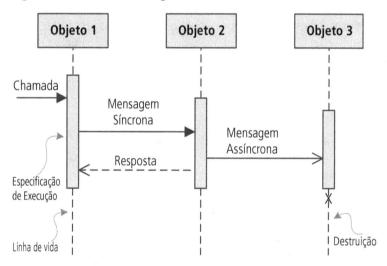

10.42.4   Considerações de Uso

.1 Pontos fortes

- Mostra a interação entre os objetos de um sistema na ordem cronológica em que as interações ocorrem.

- Mostra a interação entre os objetos de uma maneira visual que permite que a lógica seja validada pelos stakeholders com relativa facilidade.

- Os casos de uso podem ser refinados em um ou mais diagramas de sequência, a fim de fornecer detalhes adicionais e uma compreensão mais aprofundada de um processo de negócio.

.2 Limitações

- O tempo e o esforço podem ser desperdiçados criando um conjunto completo de diagramas de sequência para cada caso de uso de um sistema, o que pode não ser necessário.

- Historicamente têm sido utilizados para modelar fluxos de sistemas e podem ser considerados demasiado técnicos em outras circunstâncias.

10.43 Personas, Lista ou Mapa de Stakeholders

10.43.1 Propósito

As listas, mapas de stakeholders e personas auxiliam o analista de negócios na análise de stakeholders e suas características. Esta análise é importante para garantir que o analista de negócios identifique todas as possíveis fontes de requisitos e que o stakeholder seja plenamente compreendido, de modo que as decisões tomadas em relação ao engajamento, colaboração e comunicação dos stakeholders sejam as melhores escolhas para o stakeholder e para o sucesso da iniciativa.

10.43.2 Descrição

A análise dos stakeholders envolve a identificação dos stakeholders que podem ser afetados por uma iniciativa proposta ou que compartilham uma necessidade de negócio comum. As anotações da análise dos stakeholders, consideram e analisam as diversas características dos stakeholders identificados.

Tipos comuns de características dos stakeholders que valem a pena identificar e analisar incluem:

- nível de autoridade dentro do domínio da mudança e dentro da organização;

- atitudes em relação ou interesse na mudança que está sendo realizada;

- atitudes em relação ao trabalho e a função de análise de negócios;

- nível de autoridade decisória.

Para obter detalhes sobre o trabalho envolvido na condução de uma análise minuciosa dos stakeholders, consulte Planejar o Engajamento de Stakeholder.

Ao analisar os stakeholders, os analistas de negócios utilizam uma ou mais técnicas para elaborar uma lista de stakeholders e analisá-las. Listas, mapas de stakeholders e personas são três ferramentas que podem ser utilizadas ao realizar este trabalho.

10.43.3   Elementos

.1 Listas de Stakeholders

Um analista de negócios pode aplicar uma série de técnicas para gerar uma lista de stakeholders. Brainstorming e entrevistas são duas técnicas comuns que podem ser usadas. O objetivo é garantir que uma lista completa seja produzida porque esta lista é central tanto para as atividades de análise dos stakeholders quanto para o trabalho de planejamento que o analista de negócios executa para elicitação, colaboração e comunicação.

As listas de stakeholders podem se tornar bastante longas. À medida que a análise é realizada, o analista de negócios categoriza e acrescenta estrutura à lista. É importante ter uma lista exaustiva para garantir que nenhum stakeholder importante ou grupo de stakeholders tenha sido negligenciado, o que abre o risco de que os requisitos sejam perdidos mais adiante.

.2 Mapa de Stakeholders

Os mapas de stakeholders são diagramas que retratam o relacionamento dos stakeholders com a solução e uns com os outros.

Existem muitas formas de mapas de stakeholders, mas duas comuns incluem:

- *A Matriz de Stakeholders*: mapeia o nível de influência dos stakeholders contra o nível de interesse dos stakeholders.

- *Diagrama da Cebola*: indica o envolvimento dos stakeholders com a solução, quais os stakeholders irão interagir diretamente com a solução ou participar de um processo de negócio, quais fazem parte da organização maior e quais estão fora da organização.

O analista de negócios geralmente inicia sua análise de stakeholders, revisando o escopo da solução proposto e, em seguida, analisando quais grupos serão impactados. No início desta análise, o analista de negócios pode produzir uma matriz de stakeholders para identificar cada stakeholders e o seu papel no desenvolvimento dos requisitos. Ao longo de um projeto, a posição de um stakeholder na matriz pode mudar devido a mudanças organizacionais, ambientais ou de escopo de requisitos. Devido a essas potenciais alterações, a análise dos stakeholders é considerada iterativa e revisada com frequência pelo analista de negócios.

Figura 10.43.1: Matriz de Stakeholders

Influência do Stakeholder	Baixo Impacto no Stakeholder	Alto Impacto no Stakeholder
Alta	Garantir que o stakeholder continue satisfeito.	Trabalhar em estreita colaboração com o stakeholder para garantir que ele esteja de acordo e apoie a mudança.
Baixa	Monitorar para garantir que o interesse ou a influência do stakeholder não mude.	Manter informado; é provável que o stakeholder esteja muito preocupado e possa se sentir ansioso pela falta de controle.

- **Alta Influência/Alto Impacto**: os stakeholders são atores fundamentais no esforço de mudança. O analista de negócios deve concentrar seus esforços e engajar esse grupo regularmente.

- **Alta Influência/Baixo Impacto**: os stakeholders têm necessidades que devem ser atendidas. O analista de negócios deve engajar-se e consultar-se com eles, ao mesmo tempo em que tenta engajá-los e aumentar o seu nível de interesse na atividade de mudança.

- **Baixa Influência/Alto Impacto**: os stakeholders são apoiantes e potenciais embaixadores da boa vontade para o esforço de mudança. O analista de negócios deve engajar este grupo pela sua contribuição e mostrar interesse nas suas necessidades.

- **Baixa Influência/Baixo Impacto**: os stakeholders podem ser mantidos informados através de comunicações gerais. O engajamento adicional pode movê-los para o quadrante dos embaixadores da boa vontade, o que pode ajudar o esforço a ganhar apoio adicional.

Figura 10.43.2: Stakeholder e o Diagrama da Cebola

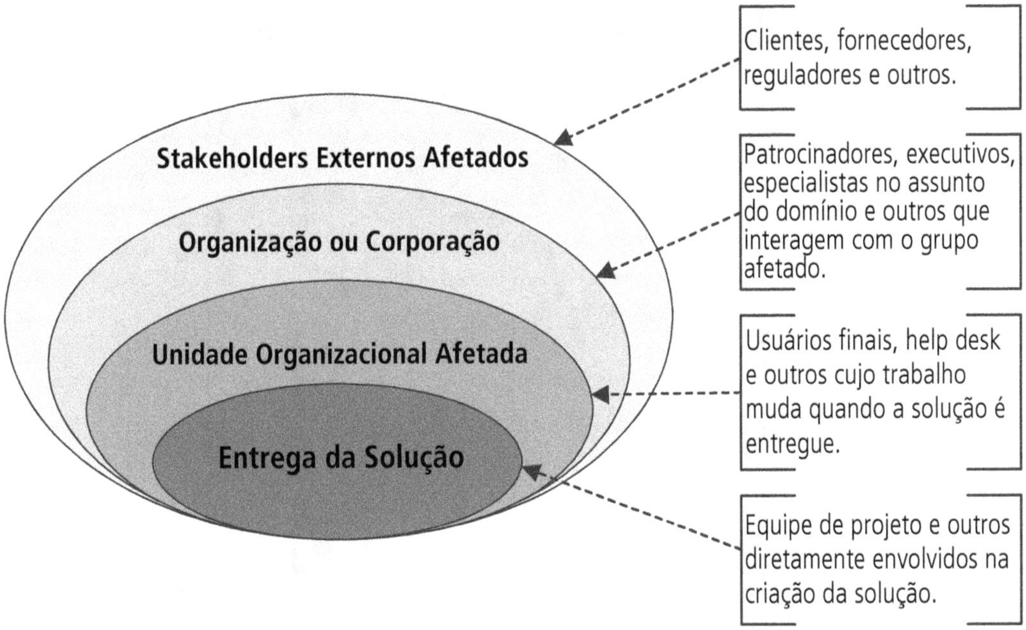
Stakeholders Externos Afetados
Organização ou Corporação
Unidade Organizacional Afetada
Entrega da Solução
Clientes, fornecedores, reguladores e outros.
Patrocinadores, executivos, especialistas no assunto do domínio e outros que interagem com o grupo afetado.
Usuários finais, help desk e outros cujo trabalho muda quando a solução é entregue.
Equipe de projeto e outros diretamente envolvidos na criação da solução.

.3 Matriz de Responsabilidade (RACI)

Outra matriz popular de stakeholders é a matriz de responsabilidade (RACI). RACI significa os quatro tipos de responsabilidade que um stakeholder pode ter sobre a iniciativa: Responsável (R-Responsible), Responsabilizável (A-Accountable), Consultado (C-Consulted) e Informado (I-Informed). Ao concluir uma matriz RACI, é importante garantir que todos os stakeholders ou grupos de stakeholders tenham sido identificados. Em seguida, é feita uma análise mais aprofundada para designar a designação RACI, a fim de especificar o nível de responsabilidade esperado de cada stakeholder e/ou grupo. É prática comum definir cada termo para que um entendimento consistente da atribuição e dos papéis associados seja entendido por todos os stakeholders que utilizam a matriz RACI.

- ***Responsável (R)***: as pessoas que estarão realizando o trabalho sobre a tarefa.
- ***Responsabilizável (A)***: a pessoa que é responsabilizada pela conclusão bem-sucedida da tarefa e é a pessoa que toma a decisão. Apenas um stakeholder recebe esta atribuição.
- ***Consultado (C)***: o stakeholder ou grupo de stakeholders que será solicitado a fornecer uma opinião ou informações sobre a tarefa. Esta atribuição é frequentemente dada aos especialista no assunto (SME).
- ***Informado (I)***: um stakeholder ou grupo de stakeholders que é mantido atualizado sobre a tarefa e notificado de seu resultado. Informado é diferente de Consultado, pois com o Informado a comunicação é unidirecional (analista de negócios para stakeholder) e com Consultado a comunicação é bidirecional.

Figura 10.43.3: Matriz RACI

Processo de Solicitação de Mudança	RACI
Patrocinador Executivo	A
Analista de Negócios	R
Gerente de Projeto	C
Desenvolvedor	C
Testador	I
Instrutor	I
Arquiteto de Aplicação	C
Modelador de Dados	C
Analista de Banco de Dados (DBA)	C
Analista de Infraestrutura	C
Arquiteto de Negócio	R
Arquiteto de Informação	C
Proprietário de Solução	C
Especialista no Assunto do Domínio (SME)	C
Outros Stakeholders	R C I
	(varia)

.4 Personas

Uma persona é definida como um personagem fictício ou arquétipo que exemplifica a forma como um usuário típico interage com um produto. As personas são úteis quando há o desejo de entender as necessidades mantidas por um grupo ou classe de usuários. Embora os grupos de usuários sejam fictícios, eles são construídos para representar usuários reais. A pesquisa é conduzida para entender o grupo de usuários e as personas são então criadas com base no conhecimento em vez de opinião. Uma série de técnicas de elicitação pode ser utilizada para conduzir esta pesquisa. Entrevistas e pesquisa/questionário são duas técnicas comumente usadas para elicitar essas informações. A persona é escrita em forma narrativa e concentra-se em proporcionar insight sobre os objetivos do grupo. Isso permite que o leitor veja a história a partir do ponto de vista do grupo dos stakeholders. Personas ajudam a trazer o usuário à vida, o que, por sua vez, faz com que as necessidades pareçam reais àqueles que desenham e constroem soluções.

10.43.4   Considerações de Uso

.1 Pontos fortes

- Identifica as pessoas específicas que devem estar engajadas em atividades de elicitação de requisitos.

- Ajuda o analista de negócios a planejar a colaboração, a comunicação e as atividades de facilitação para engajar todos os grupos de stakeholders.

- Útil para entender mudanças em grupos impactados ao longo do tempo.

.2 Limitações

- Os analistas de negócios que estão trabalhando continuamente com as mesmas equipes podem não utilizar a técnica de análise e gerenciamento dos stakeholders porque percebem a mudança como mínima dentro de seus respectivos grupos.

- Avaliar informações sobre um representante específico dos stakeholders, tais como influência e interesse, pode ser complicado e pode parecer politicamente arriscado.

10.44   Modelagem de Estados

10.44.1   Propósito

A modelagem de estados é usada para descrever e analisar os diferentes estados possíveis de uma entidade dentro de um sistema, como essa entidade muda de um estado para outro e o que pode acontecer com a entidade quando ela está em cada estado.

10.44.2   Descrição

Uma entidade é um objeto ou conceito dentro de um sistema. Uma entidade pode ser utilizada em vários processos. O ciclo de vida de toda entidade tem um começo e um fim.

Num modelo de estado (também chamado por vezes de modelo de transição de estado), um estado é uma representação formal de uma situação. É usado quando é necessário ter uma compreensão precisa e consistente de uma entidade que tem um comportamento complexo e regras complexas sobre esse comportamento.

Um modelo de estado descreve:

- um conjunto de estados possíveis para uma entidade;
- a sequência de estados em que a entidade pode estar;

- como uma entidade muda de um estado para outro;
- os eventos e condições que levam a entidade a mudar de estado;
- as ações que podem ou devem ser realizadas pela entidade em cada estado à medida que ela se move ao longo de seu ciclo de vida.

Enquanto um modelo de processo pode mostrar todas as entidades utilizadas ou afetadas por esse processo, um modelo de estado mostra uma visão complementar: o que acontece a uma entidade em todos os processos que a afetam ou a usam.

10.44.3   Elementos

.1 Estado

Uma entidade tem um número finito de estados durante seu ciclo de vida, embora possa estar em mais de um estado ao mesmo tempo. Cada estado é descrito com um nome e as atividades que poderiam ser realizadas enquanto nesse estado. Pode haver regras sobre quais atividades devem ou podem ser realizadas e a quais eventos ele pode responder ou acionar.

Um estado complexo pode ser decomposto em subestados.

.2 Transição de Estado

Como a entidade muda ou transita de um estado para outro pode ser determinada pelas etapas de um processo, pelas regras de negócio, ou pelo conteúdo da informação. A sequência de estados de uma entidade nem sempre é linear; uma entidade poderia pular sobre vários estados ou reverter para um estado anterior, talvez mais de uma vez.

Uma transição pode ser condicional (desencadeada por um evento específico ou por uma condição a ser alcançada) ou automática (desencadeada pela conclusão das atividades necessárias enquanto no estado anterior ou pela passagem do tempo). Também pode ser recorrente, deixando um estado e voltando ao mesmo estado. Uma transição é descrita em termos do evento que causa a transição, condições que determinam se a entidade deve ou não responder a esse evento e ações que ocorrem em associação com o evento.

.3 Diagrama de Estado

Um diagrama de estados mostra o ciclo de vida de uma entidade, começando no momento em que a entidade surge e passando por todos os diferentes estados que a entidade pode ter até ser descartada e não mais ser usada.

Um estado em um diagrama de estado é mostrado como um retângulo com cantos arredondados. Pode haver qualquer número de estados. Um estado pode ser decomposto em subestados.

A transição de um estado para outro é mostrada com uma seta unidirecional apontando do estado inicial para o estado de destino, opcionalmente rotulada com o nome do evento que faz com que o estado da entidade mude de um estado para outro e opcionalmente com condições e ações.

O início e o fim do ciclo de vida da entidade são mostrados com símbolos especiais tanto para o estado inicial, o que indica que a entidade surgiu, como para o estado final, o que indica que a entidade está descartada e o ciclo de vida está completo.

Figura 10.44.1: Diagrama de Transição de Estado

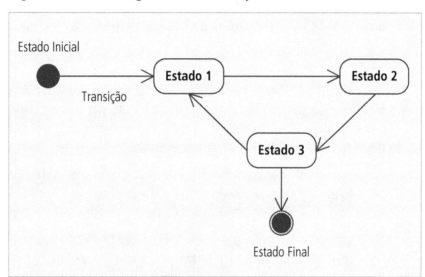

.4 Tabelas de Estado

Uma tabela de estado é uma matriz bidimensional mostrando estados e as transições entre eles. Pode ser usada durante elicitação e análise seja como alternativa, um precursor ou um complemento de um diagrama de estado. É uma maneira simples de começar em um modelo de estado para obter os nomes dos estados e nomes de eventos dos especialistas no assunto do domínio.

Cada linha mostra um estado inicial, a transição e o estado final. Se um estado puder responder a várias transições, haverá uma linha separada para cada transição.

Um estado que aparece como um estado final em uma linha pode ser um estado inicial em outra linha.

10.44.4 Considerações de Uso

.1 Pontos fortes

- Identifica regras de negócio e atributos de informação que se aplicam à entidade que está sendo modelada.

- Identifica e descreve as atividades que se aplicam à entidade em diferentes estados da entidade.

- É uma ferramenta de documentação e comunicação mais efetiva do que o texto simples, especialmente se a entidade descrita tem mais do que alguns estados, transições e condições que regem essas transições.

.2 Limitações

- Geralmente é usado apenas para entender e comunicar sobre entidades de informação percebidas como complexas; entidades simples podem ser entendidas sem o tempo e o esforço necessários para construir um modelo de estado.

- A construção de um modelo de estado parece simples no início, mas conseguir um consenso entre os especialistas no assunto do domínio sobre os detalhes exigidos pelo modelo pode ser difícil e demorado.

- É necessário um alto grau de precisão sobre estados e transições para construir um diagrama de estado; alguns especialistas no assunto do domínio e profissionais de análise de negócios ficam desconfortáveis tentando descrever tal nível de detalhes.

10.45 Pesquisa ou Questionário

10.45.1 Propósito

Uma pesquisa ou questionário é usado para obter informações de análise de negócios—incluindo informações sobre clientes, produtos, práticas de trabalho e atitudes—de um grupo de pessoas de forma estruturada e em um período relativamente curto de tempo.

10.45.2 Descrição

Uma pesquisa ou questionário apresenta um conjunto de perguntas aos stakeholders e especialistas (SMEs - subject matter experts), cujas respostas são então coletadas e analisadas a fim de formular conhecimento sobre o assunto de interesse. As perguntas podem ser apresentadas por escrito ou podem ser feitas pessoalmente, por telefone, ou usando tecnologia que possa gravar respostas.

Existem dois tipos de perguntas usadas em uma pesquisa ou questionário:

- **Fechada**: o respondente é solicitado a selecionar a partir de uma lista de respostas predefinidas, tais como uma resposta Sim/Não, uma seleção de múltipla escolha, uma decisão de classificação/ordem ou uma declaração exigindo um nível de concordância. Útil quando a gama antecipada de respostas dos usuários é bastante bem definida e compreendida. As respostas às perguntas fechadas são mais fáceis de analisar do que as obtidas com perguntas abertas, pois podem ser vinculadas a coeficientes numéricos.

- **Aberta**: o respondente é solicitado a responder perguntas de forma livre sem ter que selecionar uma resposta de uma lista de respostas predefinidas. Perguntas abertas são úteis quando os problemas são conhecidos e a variedade de respostas dos usuários não é. Perguntas abertas podem resultar em mais detalhes e uma maior variedade de respostas do que perguntas fechadas. As respostas às perguntas abertas são mais difíceis e demoradas para categorizar, quantificar e resumir, pois são não estruturadas e muitas vezes incluem linguagem subjetiva com conteúdo incompleto ou supérfluo.

As perguntas devem ser feitas de uma forma que não influencie os dados de resposta. Devem ser expressas em linguagem neutra e não devem ser estruturadas ou sequenciadas para condicionar o respondente a dar as respostas desejáveis percebidas.

10.45.3 Elementos

.1 Preparar

Uma pesquisa ou questionário efetiva requer um planejamento detalhado para garantir que as informações necessárias sejam obtidas de maneira eficiente.

Ao se preparar para uma pesquisa ou questionário, os analistas de negócios fazem o seguinte:

- **Definem o objetivo**: um objetivo claro e específico estabelece um propósito definido da pesquisa ou questionário. As perguntas são formuladas com a intenção de cumprir o objetivo.

- **Definem o grupo alvo da pesquisa**: identificar o grupo a ser pesquisado em termos de tamanho populacional e eventuais variações percebidas (por exemplo, cultura, idioma ou localização) ajuda a identificar fatores que podem impactar o design da pesquisa.

- **Escolhem o tipo adequado de pesquisa ou questionário**: o objetivo da pesquisa ou questionário determina a combinação adequada de perguntas fechadas e perguntas abertas para obter as informações necessárias.

- **Selecionam o grupo de amostra**: consideram tanto o tipo de pesquisa ou questionário quanto o número de pessoas no grupo de usuários identificado, a fim de determinar se é necessário e viável pesquisar o grupo inteiro. Pode ser importante pesquisar todos os membros - mesmo de um grande grupo - se seus dados demográficos indicarem uma grande variação devido à distribuição geográfica, diferenças regulatórias ou falta de padronização na função de trabalho, ou processo de negócio. Se a população for grande e o tipo de pesquisa for aberto, pode ser necessário identificar um subconjunto de usuários para engajar no processo de questionário. O uso de um método de amostragem estatística ajudará a garantir que a amostra selecionada seja representativa da população para que os resultados da pesquisa possam ser generalizados de forma confiável.

- **Selecionam os métodos de distribuição e de coleta**: determinam o modo de comunicação adequado para cada grupo de amostra.

- **Estabelecem o nível alvo e a linha do tempo para resposta**: determinam que taxa de resposta é aceitável e quando ela deve ser encerrada ou considerada completa. Se a taxa de resposta real for inferior ao limite aceitável, o uso dos resultados da pesquisa pode ser limitado.

- **Determinam se a pesquisa ou questionário deve ser apoiado com entrevistas individuais**: como uma pesquisa ou questionário não fornece a profundidade dos dados que podem ser obtidos a partir de entrevistas individuais, considerar entrevistas pré ou pós-pesquisa ou questionário.

- **Escrevem as perguntas da pesquisa**: asseguram-se que todas as perguntas apoiam os objetivos declarados.

- **Testam a pesquisa ou questionário**: um teste de usabilidade na pesquisa identifica erros e oportunidades de melhoria.

.2 Distribuem a Pesquisa ou Questionário

Ao distribuir a pesquisa ou questionário é importante comunicar os objetivos da pesquisa, como seus resultados serão usados, bem como quaisquer acordos de confidencialidade ou de anonimato que tenham sido feitos.

Ao decidir sobre um método de distribuição (por exemplo, pessoalmente, por e-mail ou ferramenta de pesquisa), os analistas de negócios consideram:

- a urgência de se obter os resultados;

- o nível de segurança requerido;
- a distribuição geográfica dos respondentes.

.3 Documentar os Resultados

Ao documentar os resultados da pesquisa ou questionário, analistas de negócios:

- recolhem as respostas;
- resumem os resultados;
- avaliam os detalhes e identificam quaisquer temas emergentes;
- formulam categorias para codificação dos dados;
- quebram os dados em incrementos mensuráveis.

10.45.4 Considerações de Uso

.1 Pontos fortes

- Rápido e relativamente barato de administrar.
- Mais fácil coletar informações de um público maior do que outras técnicas, como entrevistas.
- Geralmente não requer tempo significativo dos entrevistados.
- Efetiva e eficiente quando os stakeholders estão geograficamente dispersos.
- Ao utilizar perguntas fechadas, as pesquisas podem ser efetivas na obtenção de dados quantitativos para utilização em análises estatísticas.
- Quando se utilizam perguntas abertas, os resultados da pesquisa podem produzir percepções e insights que não são facilmente obtidos através de outras técnicas de elicitação.

.2 Limitações

- Para alcançar resultados imparciais, são necessárias competências especializadas em métodos de amostragem estatística ao pesquisar um subconjunto de potenciais respondentes.
- As taxas de resposta podem ser muito baixas para significância estatística.
- O uso de perguntas abertas requer mais análise.
- Questões ambíguas podem ser deixadas sem resposta ou respondidas incorretamente.
- Pode exigir perguntas de acompanhamento ou mais iterações de pesquisa dependendo das respostas fornecidas.

10.46   Análise SWOT

10.46.1   Propósito

A análise SWOT é uma ferramenta simples, mas efetiva, para avaliar os pontos fortes, fracos, oportunidades e ameaças de uma organização, tanto para as condições internas como externas.

10.46.2   Descrição

A análise SWOT é usada para identificar o estado geral de uma organização tanto interna como externamente.

A linguagem utilizada em uma análise SWOT é breve, específica, realista e apoiada por evidências. A análise SWOT serve como uma avaliação de uma organização em relação a fatores de sucesso identificados. A SWOT pode ser realizada em qualquer escala a partir da corporação como um todo até uma divisão, uma unidade de negócio, um projeto ou até mesmo um indivíduo. Ao executar a SWOT de forma disciplinada, os stakeholders podem ter uma compreensão mais clara do impacto de um conjunto de condições existentes sobre um conjunto de condições futuras.

Uma análise SWOT pode ser usada para:

- avaliar o ambiente atual de uma organização;
- compartilhar informações aprendidas com os stakeholders;
- identificar as melhores opções possíveis para atender às necessidades de uma organização;
- identificar potenciais barreiras ao sucesso e criar planos de ação para superar barreiras;
- ajustar e redefinir planos ao longo de um projeto conforme novas necessidades surgirem;
- identificar áreas fortes que auxiliarão uma organização na implementação de novas estratégias;
- desenvolver critérios de avaliação do sucesso do projeto com base em um determinado conjunto de requisitos;
- identificar áreas de fraqueza que possam minar metas do projeto;
- desenvolver estratégias para enfrentar as ameaças pendentes.

10.46.3 Elementos

A SWOT é um acrônimo de Forças (S-Strengths), Fraquezas (W-Weaknesses), Oportunidades (O-Opportunities) e Ameaças (T-Threats):

- **Forças (S)**: qualquer coisa que o grupo avaliado faz bem. Pode incluir pessoal experiente, processos efetivos, sistemas de TI, relacionamento com o cliente ou qualquer outro fator interno que leve ao sucesso.

- **Fraquezas (W)**: ações ou funções que o grupo avaliado faz mal ou não faz.

- **Oportunidades (O)**: fatores externos dos quais o grupo avaliado pode ser capaz de tirar vantagem. Pode incluir novos mercados, novas tecnologias, mudanças no mercado competitivo, ou outras forças.

- **Ameaças (T)**: fatores externos que podem afetar negativamente o grupo avaliado. Podem incluir fatores como a entrada no mercado de um novo concorrente, a recessão econômica, ou outras forças.

Iniciar uma análise SWOT com oportunidades e ameaças estabelece o contexto para identificar os pontos fortes e fracos.

Figura 10.46.1: Matriz SWOT

	Oportunidades (O) • Oportunidade • Oportunidade • Oportunidade	**Ameaças (T)** • Ameaça • Ameaça • Ameaça
Forças (S) • Força • Força • Força	**Estratégias** SO Como a força do grupo pode ser usada para explorar oportunidades potenciais? As estratégias de SO são bastante simples de implementar.	**Estratégias** ST Como o grupo pode usar seus pontos fortes para afastar ameaças potenciais? As ameaças podem ser transformadas em oportunidades?
Fraquezas (W) • Fraqueza • Fraqueza • Fraqueza	**Estratégias** WO O grupo pode usar uma oportunidade para eliminar ou mitigar uma fraqueza? A oportunidade garante o desenvolvimento de novas capacidades?	**Estratégias** WT O grupo pode se reestruturar para evitar a ameaça? O grupo deve considerar a possibilidade de sair deste mercado? As estratégias WT envolvem os piores cenários possíveis.

10.46.4   Considerações de Uso

.1 Pontos fortes

- É uma ferramenta valiosa para ajudar na compreensão da organização, produtos, processos ou stakeholders.

- Permite aos analistas de negócios direcionar o foco dos stakeholders para os fatores importantes para o negócio.

.2 Limitações

- Os resultados de uma análise SWOT fornecem uma visão de alto nível; uma análise mais detalhada é muitas vezes necessária.

- A menos que seja definido um contexto claro para a análise SWOT, o resultado pode ser desfocado e conter fatores que não são relevantes para a situação atual.

10.47   Casos de Uso e Cenários

10.47.1   Propósito

Casos de uso e cenários descrevem como uma pessoa ou sistema interage com a solução que está sendo modelada para atingir uma meta.

10.47.2   Descrição

Os casos de uso descrevem as interações entre o ator primário, a solução e quaisquer atores secundários necessários para alcançar a meta do ator primário. Os casos de uso são normalmente acionados pelo ator principal, mas em alguns métodos também podem ser acionados por outro sistema ou por um evento, ou temporizador externo.

Um caso de uso descreve os possíveis resultados de uma tentativa de atingir uma determinada meta que a solução irá suportar. Ele detalha caminhos diferentes que podem ser seguidos ao definir fluxos primários e alternativos. O fluxo primário ou básico representa a maneira mais direta de realizar o objetivo do caso de uso. Circunstâncias especiais e exceções que resultam no não cumprimento da meta do caso de uso são documentadas em fluxos alternativos ou de exceção. Os casos de uso são escritos a partir do ponto de vista do ator e evitam descrever o funcionamento interno da solução.

Os diagramas de casos de uso são uma representação gráfica das relações entre os atores e um ou mais casos de uso suportados pela solução.

Algumas abordagens de casos de uso distinguem entre casos de uso de negócio e casos de uso de sistema, com casos de uso de negócio descrevendo como os atores interagem com um determinado processo ou função de negócio, e casos de uso de sistema descrevendo a interação entre um ator e um aplicativo de software.

Um cenário descreve apenas uma forma de que um ator possa atingir uma determinada meta. Os cenários são escritos como uma série de passos executados por atores ou pela solução que permite que um ator atinja uma meta. Um caso de uso descreve vários cenários.

10.47.3   Elementos

Não há um formato fixo e universal para casos de uso. Os elementos a seguir são frequentemente capturados em uma descrição de caso de uso.

.1 Diagrama de Caso de Uso

Um diagrama de caso de uso retrata visualmente o escopo da solução, mostrando os atores que interagem com a solução, os casos de uso com os quais eles interagem, e quaisquer relações entre os casos de uso. A Unified Modelling Language™ (UML®) descreve a notação padrão para um diagrama de caso de uso.

Relacionamentos

Os relacionamentos entre os atores e os casos de uso são chamados associações. Uma linha de associação indica que um ator tem acesso à funcionalidade representada pelo caso de uso. As associações não representam entrada, saída, tempo ou dependência.

Há dois relacionamentos comumente usados entre os casos de uso:

- ***Extendido***: permite a inserção de comportamento adicional em um caso de uso. O caso de uso que está sendo extendido deve ser completamente funcional por si mesmo e não deve depender do caso de uso extendido para sua execução bem-sucedida. Este relacionamento pode ser usado para mostrar que um fluxo alternativo foi adicionado a um caso de uso existente (representando novos requisitos).

- ***Incluído***: permite que o caso de uso faça uso da funcionalidade presente em outro caso de uso. O caso de uso incluído não precisa ser um caso de uso completo em si próprio se ele não for diretamente acionado por um ator. Este relacionamento é mais frequentemente usado quando alguma funcionalidade compartilhada é exigida por vários casos de uso ou para abstrair uma peça complexa de lógica.

Figura 10.47.1: Diagrama de Caso de Uso

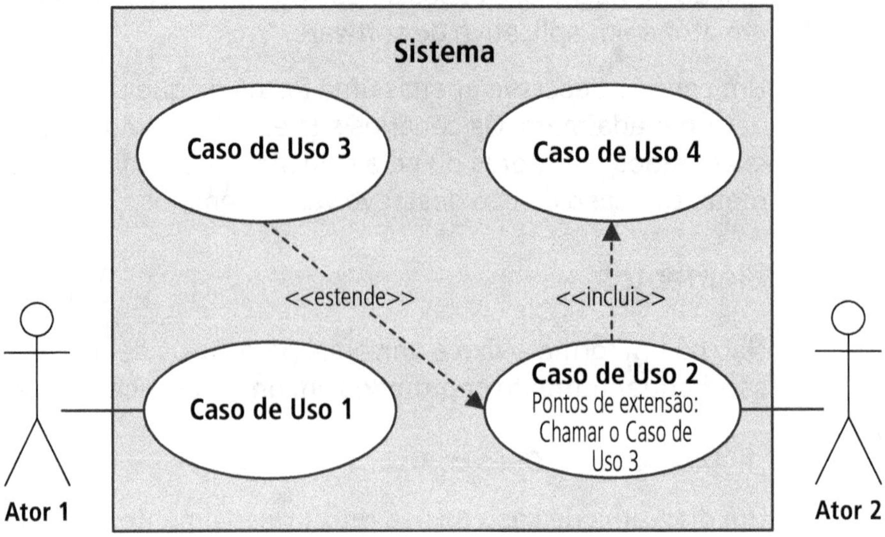

.2 Descrição do Caso de Uso

Nome

O caso de uso tem um nome exclusivo. O nome geralmente inclui um verbo que descreve a ação tomada pelo ator e um substantivo que descreve o que está sendo feito ou o alvo da ação.

Meta

A meta é uma breve descrição de um resultado bem-sucedido do caso de uso a partir da perspectiva do ator principal. Isso funciona como um resumo do caso de uso.

Atores

Um ator é qualquer pessoa ou sistema externo à solução que interage com essa solução. Cada ator recebe um nome exclusivo que representa o papel que desempenham nas interações com a solução. Alguns autores não recomendam a utilização de sistemas ou eventos como atores em casos de uso.

Um caso de uso é iniciado por um ator, referido como o ator principal para esse caso de uso. Outros atores que participam do caso de uso em um papel de apoio são chamados atores secundários.

Precondições

Uma precondição é qualquer fato que deve ser verdadeiro antes que o caso de uso possa começar. A precondição não é testada no caso de uso, mas atua como uma restrição em sua execução.

Gatilho

Um gatilho é um evento que inicia o fluxo de eventos para um caso de uso. O gatilho mais comum é uma ação realizada pelo ator principal.

Um evento temporal (por exemplo, o horário) pode iniciar um caso de uso. Isto é comumente usado para acionar um caso de uso que deve ser executado com base na hora do dia ou em uma data específica do calendário, como uma rotina de fim de dia ou uma reconciliação de fim de mês de um sistema.

Fluxo de Eventos

O fluxo de eventos é o conjunto de etapas realizadas pelo ator e a solução durante a execução do caso de uso. A maioria das descrições de casos de uso separam um fluxo de sucesso básico, primário ou principal que representa o caminho de sucesso mais curto ou mais simples que atinge a meta do ator.

Os casos de uso também podem incluir fluxos alternativos e de exceção. Fluxos alternativos descrevem outros caminhos que podem ser seguidos para permitir que o ator atinja com sucesso a meta do caso de uso. Os fluxos de exceção descrevem a resposta desejada pela solução quando a meta é inatingível e o caso de uso não pode ser concluído com sucesso.

Pós-condições ou Garantias

Uma pós-condição é qualquer fato que deve ser verdade quando o caso de uso estiver completo. As pós-condições devem ser verdadeiras para todos os fluxos possíveis dentro do caso de uso, incluindo tanto os fluxos primários como os alternativos. O caso de uso pode descrever pós-condições distintas verdadeiras para execuções bem-sucedidas e malsucedidas do caso de uso. Estas podem ser chamadas de garantias; a garantia de sucesso descreve as pós-condições para o sucesso. As garantias mínimas descrevem as condições que devem ser verdadeiras, mesmo que a meta do ator não seja alcançada, podendo abordar preocupações como requisitos de segurança ou integridade de dados.

10.47.4   Considerações de Uso

.1 Pontos fortes

- Os diagramas de caso de uso podem deixar claro o escopo e fornecer um entendimento de alto nível dos requisitos.

- As descrições de casos de uso são facilmente compreendidas pelos stakeholders devido ao seu fluxo narrativo.

- A inclusão de uma meta ou resultado desejado garante que o valor de negócio do caso de uso seja articulado.

- As descrições de casos de uso articulam o comportamento funcional de um sistema.

.2 Limitações

- A flexibilidade do formato de descrição do caso de uso pode levar à incorporação de informações que seriam melhor capturadas usando outras técnicas, tais como interações da interface do usuário, requisitos não funcionais e regras de negócio.

- As decisões e as regras de negócio que as definem não devem ser registradas diretamente nos casos de uso, mas gerenciadas separadamente e conectadas a partir da etapa apropriada.

- O formato flexível dos casos de uso pode resultar na captura de detalhes inadequados ou desnecessários na tentativa de mostrar cada passo, ou interação.

- Os casos de uso intencionalmente não estão relacionados ao design da solução e, como resultado, pode ser necessário um esforço significativo no desenvolvimento para mapear os passos do caso de uso para a arquitetura de software.

10.48   Histórias de Usuário

10.48.1   Propósito

Uma história de usuário representa uma pequena e concisa declaração de funcionalidade ou qualidade necessária para entregar valor a um stakeholder específico.

10.48.2   Descrição

As histórias de usuário capturam as necessidades de um stakeholder específico e permitem que as equipes definam recursos de valor para um stakeholder usando documentação curta e simples. Elas podem servir como base para identificar as necessidades e permitir a priorização, estimativa e planejamento de soluções. Uma história de usuário é tipicamente uma frase ou duas que descrevem quem tem a necessidade abordada pela história, a meta que o usuário está tentando atingir, e qualquer informação adicional que possa ser crítica para entender o escopo da história. Com foco no valor para os stakeholders, as histórias de usuários convidam a exploração dos requisitos, promovendo conversas adicionais com os stakeholders e agrupando os requisitos funcionais para a entrega.

As histórias de usuário podem ser usadas:

- para capturar as necessidades dos stakeholders e priorizar o desenvolvimento de soluções;

- como base para estimar e planejar a entrega de solução;

- como base para a geração de testes de aceitação do usuário;

- como métrica para medir a entrega de valor;

- como uma unidade para rastreio de requisitos relacionados;

- como base para análises adicionais;

- como uma unidade de gerenciamento de projetos e reporte.

10.48.3   Elementos

.1 Título (opcional)

O título da história descreve uma atividade que o stakeholder quer realizar com o sistema. Tipicamente, é uma frase de meta ativa-verbal semelhante à forma como os casos de uso são intitulados.

.2 Declaração de Valor

Não há estrutura obrigatória para as histórias de usuários.

O formato mais popular inclui três componentes:

- *Quem*: um papel de usuário ou persona.

- *O que*: ação necessária, comportamento, recurso ou qualidade.

- *Por que*: o benefício ou o valor recebido pelo usuário quando a história é implementada.

Por exemplo: "Como um <who>, eu preciso de <what>, para que <why>." "Dado... Quando... Então..." é outro formato comum.

.3 Conversação

As histórias de usuário ajudam as equipes a explorar e entender o recurso descrito na história e o valor que ele irá entregar para o stakeholder. A história em si não capta tudo o que há para saber sobre as necessidades dos stakeholders e as informações na história são complementadas por mais modelagem à medida que a história é entregue.

.4 Critérios de Aceitação

Uma história de usuário pode ser apoiada através do desenvolvimento de critérios de aceitação detalhados (ver Critérios de Aceitação e de Avaliação (p. 278)). Os critérios de aceitação definem os limites de uma história de usuário e ajudam a equipe a entender o que a solução precisa fornecer, a fim de entregar valor para os stakeholders. Os critérios de aceitação podem ser complementados com outros modelos de análise conforme a necessidade.

10.48.4   Considerações de Uso

.1 Pontos fortes

- Facilmente compreensível pelos stakeholders.

- Pode ser desenvolvido através de uma variedade de técnicas de elicitação.

- Focaliza-se no valor aos stakeholders.

- Uma compreensão compartilhada do domínio do negócio é aprimorada através da colaboração na definição e exploração de histórias de usuário.

- Ligado a fatias pequenas, implementáveis e testáveis de funcionalidade, o que facilita a entrega rápida e o feedback frequente do cliente.

.2 Limitações

Em geral, as histórias de usuários são destinadas como uma ferramenta para captura e priorização de requisitos a curto prazo e não para retenção de conhecimento a longo prazo ou para fornecer uma análise detalhada. Negligenciar este princípio pode levar aos seguintes temas:

- Esta abordagem de conversação pode desafiar a equipe, uma vez que eles não têm todas as respostas e especificações detalhadas à priori.

- Requer contexto e visibilidade; a equipe pode perder de vista o quadro geral se as histórias não forem rastreadas através de validação ou complementadas com análise de nível mais elevado e artefatos visuais.

- Pode não fornecer documentação suficiente para atender à necessidade de governança, uma linha de base para o trabalho futuro, ou expectativas dos stakeholders. Documentação adicional pode ser necessária.

10.49   Avaliação de Fornecedores

10.49.1   Propósito

Uma avaliação de fornecedores avalia a capacidade de um fornecedor de honrar os compromissos relativos à entrega e ao fornecimento consistente de um produto ou serviço.

10.49.2   Descrição

Quando as soluções são em parte fornecidas por fornecedores externos (que podem estar envolvidos no design, construção, implementação ou manutenção da solução ou dos componentes da solução), ou quando a solução é terceirizada, pode haver requisitos específicos em relação ao envolvimento de terceiros. Pode haver a necessidade de garantir que o fornecedor seja financeiramente seguro, capaz de manter níveis específicos de equipe, em conformidade com os padrões, e capaz de comprometer equipe qualificada apropriada para suportar a solução. Requisitos não funcionais podem ser usados para definir os níveis de serviço esperados de um terceiro, a devida diligência pode ser conduzida, ou a certificação de uma autoridade independente pode ser solicitada.

Uma avaliação de fornecedores é realizada para assegurar que o fornecedor seja confiável e que o produto e o serviço atendam às expectativas e requisitos da organização. A avaliação pode ser formal através da apresentação de uma Solicitação de Informações (RFI - Request for Information), Solicitação de Orçamento (RFQ - Request for Quote), Solicitação de Licitação (RFT - Request for Tender), ou Solicitação de Proposta (RFP - Request for Proposal). Também pode ser muito informal através de palavra de boca e recomendações. Os padrões da organização, a complexidade da iniciativa e a criticalidade da solução podem influenciar o nível de formalidade em que os fornecedores são avaliados.

10.49.3   Elementos

.1 Conhecimento e Expertise

Uma razão comum para utilizar fornecedores terceirizados é que eles podem fornecer conhecimento e expertise não disponíveis dentro da organização. Pode ser desejável destinar fornecedores com expertise em metodologias ou tecnologias particulares com o objetivo de ter essa expertise transferida para pessoas dentro da empresa.

.2 Modelos de Licenciamento e Preços

O modelo de licenciamento ou de preço é considerado nos casos em que uma solução ou componente de solução é adquirido ou terceirizado a um fornecedor terceirizado. Em muitos casos, soluções que oferecem funcionalidade similar podem diferir muito em seus modelos de licenciamento, o que então requer a análise de diferentes cenários de uso para determinar qual opção proporcionará a melhor relação custo-benefício sob os cenários que provavelmente serão encontrados na empresa.

.3 Posição de Mercado do Fornecedor

É importante poder comparar cada fornecedor com os concorrentes e decidir com que agentes de mercado a organização quer se envolver. A comparação do perfil da organização com a comunidade de clientes de cada fornecedor pode também ser um fator na avaliação. A dinâmica da posição de mercado dos vendedores também é muito importante, especialmente se a organização pretende estabelecer uma parceria de longo prazo com esse fornecedor.

.4 Termos e Condições

Os termos e condições referem-se à continuidade e integridade dos produtos e serviços fornecidos. A organização investiga se os termos de licenciamento do fornecedor, os direitos de propriedade intelectual e a infraestrutura tecnológica são passíveis de se transformar em desafios se a organização mais tarde optar por mudar para outro fornecedor. Também pode haver considerações sobre o uso pelo fornecedor e a responsabilidade de proteger os dados confidenciais da organização. São considerados os termos sob os quais as customizações do produto serão executadas, assim como a disponibilidade de um cronograma de atualização regular e um roadmap de funcionalidades que estão planejados para entrega.

.5 Experiência, Reputação e Estabilidade do Fornecedor

A experiência dos fornecedores com outros clientes pode fornecer informações valiosas sobre o quão provável é que eles sejam capazes de cumprir suas obrigações contratuais e não contratuais. Os fornecedores também podem ser avaliados quanto à conformidade e compliance com os padrões externos relevantes para qualidade, segurança e profissionalismo. Pode ser necessário solicitar que sejam tomadas medidas para garantir que não haja riscos se um fornecedor encontrar dificuldades financeiras, e que seja possível manter e melhorar a solução, mesmo que a situação do fornecedor mude radicalmente.

| 10.49.4 | **Considerações de Uso** |

.1 Pontos fortes

• Aumenta as chances de a organização desenvolver um relacionamento produtivo e justo com um fornecedor adequado e confiável, além de melhorar a satisfação a longo prazo com a decisão.

.2 Limitações

• Pode consumir tempo e recursos.

• Não impede o risco de fracasso à medida que a parceria evolui.

• A subjetividade pode distorcer o resultado da avaliação.

10.50 Workshops

| 10.50.1 | **Propósito** |

O propósito dos workshops é reunir os stakeholders a fim de colaborar na realização de uma meta predefinida.

| 10.50.2 | **Descrição** |

Um workshop é um evento focado com a presença de importantes stakeholders e especialistas (SMEs subject matter experts) por um período concentrado de tempo. Um workshop pode ser realizado para diferentes fins, incluindo planejamento, análise, design, escopo, elicitação de requisitos, modelagem ou qualquer combinação destes. Um workshop pode ser usado para gerar idéias para novas características ou produtos, para chegar a um consenso sobre um tópico, ou para rever requisitos ou designs.

Os Workshops geralmente incluem:

- • um grupo representativo de stakeholders;
- • uma meta definida;
- • trabalho interativo e colaborativo;
- • produto de trabalho definido;
- • um facilitador.

Os workshops podem promover confiança, compreensão mútua e forte comunicação entre os stakeholders e produzir entregáveis que estruturem e orientem futuros esforços de trabalho.

O workshop é idealmente facilitado por um facilitador experiente e neutro; no entanto, um membro da equipe pode também servir como facilitador. Um escriba documenta as decisões tomadas e quaisquer questões pendentes. Um analista de negócios pode ser o facilitador ou o escriba nestes workshops. Em situações em que o analista de negócios é um especialista no assunto, ele pode servir como um participante do workshop. Isto deve ser abordado com cautela, pois pode confundir os outros quanto ao papel do analista de negócios.

10.50.3 Elementos

.1 Preparar para o Workshop

Ao se preparar para um workshop, analistas de negócios:

- definem a finalidade e os resultados desejados;
- identificam os principais stakeholders a participar;
- identificam o facilitador e o escriba;
- criam a agenda;
- determinam como as saídas serão capturadas;
- agendam a sessão e convidam os participantes;
- organizam a logística e o equipamento da sala;
- enviam a agenda e outros materiais com antecedência para preparar os participantes e aumentar a produtividade na reunião;
- se for o caso, realizam entrevistas pré-workshop com os participantes.

.2 Papéis do Workshop

Há vários papéis envolvidos em um workshop de sucesso:

- *Patrocinador*: frequentemente não participa do workshop, mas tem responsabilidade total sobre o seu resultado.

- *Facilitador*: estabelece um tom profissional e objetivo para o workshop, introduz as metas e a agenda do workshop, reforça a estrutura e as regras básicas, mantém as atividades focadas no propósito e nos resultados desejados, facilita a tomada de decisões e a resolução de conflitos e assegura que todos os participantes tenham a oportunidade de serem ouvidos.

- *Escriba*: documenta as decisões no formato determinado antes do workshop e mantém registro de quaisquer itens ou assuntos que são adiados durante a sessão.

- **Guardião do tempo**: pode ser usado para manter o controle do tempo gasto em cada item da agenda.

- **Participantes**: inclui principais stakeholders e especialistas (SMEs - subject matter experts). Eles são responsáveis por fornecer suas contribuições e pontos de vista, escutar outras opiniões e discutir as questões sem preconceitos.

.3 Conduzir o Workshop

Para garantir que todos os participantes tenham um entendimento comum, os facilitadores geralmente começam o workshop com uma apresentação de seus propósitos e resultados desejados. Alguns workshops também podem começar com uma tarefa fácil ou divertida para quebrar o gelo e fazer com que os participantes fiquem confortáveis trabalhando juntos.

Estabelecer regras pré-acordadas pode ser um método efetivo para estabelecer um ambiente produtivo para a colaboração. As regras básicas podem incluir:

- respeitar as opiniões dos outros;

- esperar que todos contribuam;

- discussão fora do tema deve ser limitada a um tempo definido específico;

- discutir as questões, não as pessoas;

- um acordo de como as decisões serão tomadas.

Ao longo do workshop, o facilitador mantém o foco, através da validação frequente das atividades da sessão com a finalidade e os resultados do workshop.

.4 Conclusão Pós Workshop

Após o workshop, o facilitador acompanha qualquer item de ação em aberto que foi registrado durante o workshop, completa a documentação e distribui aos participantes do workshop e quaisquer stakeholders que precisem estar informados sobre o trabalho realizado.

10.50.4   Considerações de Uso

.1 Pontos fortes

- Pode ser um meio para chegar a um acordo num período de tempo relativamente curto.

- Fornece um meio para que os stakeholders colaborem, tomem decisões e obtenham um entendimento mútuo.

- Os custos são, muitas vezes, menores do que o custo de realizar várias entrevistas.

- O feedback sobre as questões ou decisões pode ser fornecido imediatamente pelos participantes.

.2 Limitações

- A disponibilidade dos stakeholders pode dificultar o cronograma do workshop.

- O sucesso do workshop depende diretamente da expertise do facilitador e do conhecimento dos participantes.

- Workshops que envolvem muitos participantes podem desacelerar o processo. Por outro lado, coletar informações de poucos participantes pode levar à negligência de necessidades ou questões que são importantes para alguns stakeholders, ou chegar a tomada de decisões que não representam as necessidades da maioria dos stakeholders.

11 Perspectivas

As perspectivas são usadas no trabalho de análise de negócios para fornecer foco a tarefas e técnicas específicas para o contexto da iniciativa. A maioria das iniciativas é susceptível de engajar uma ou mais perspectivas. As perspectivas incluídas no Guia BABOK® são:

- Ágil;

- Inteligência de Negócios (BI);

- Tecnologia da Informação;

- Arquitetura de Negócios;

- Gerenciamento de Processos de Negócios.

Estas perspectivas não pretendem representar todas as perspectivas possíveis a partir das quais a análise de negócios é praticada. As perspectivas discutidas no Guia BABOK® representam algumas das visões mais comuns de análise de negócios quando da redação desta versão do guia.

Qualquer iniciativa dada inclui uma, várias, ou todas essas perspectivas. Por exemplo, uma iniciativa pode ter um componente tecnológico (Perspectiva de Tecnologia da Informação). O componente de tecnologia pode significar mudanças nos processos de negócios (Perspectiva de Gestão de Processos de Negócios). A iniciativa pode decidir fazer parte, ou todo o trabalho com uma abordagem ágil (Perspectiva Ágil). Outra iniciativa pode fundir duas organizações e precisar olhar para as capacidades de negócios e como a transformação impacta essas capacidades (Perspectiva de Arquitetura de

Negócios), e os líderes do negócio precisam de informações atualizadas para a tomada de decisão e análise (Perspectiva de Inteligência de Negócios (BI)). As iniciativas complexas ou grandes provavelmente empregarão todas as perspectivas.

Enquanto as tarefas de análise de negócios detalhadas no Guia BABOK® são destinadas a serem aplicáveis em todas as áreas de análise de negócios, elas também são pertinentes a cada perspectiva específica de análise de negócios. As perspectivas proporcionam formas de abordar o trabalho de análise de negócios de uma maneira mais focada e adequada ao contexto. As perspectivas ajudam a interpretar e a entender as áreas de conhecimento e tarefas no Guia BABOK® a partir da lente na qual se está trabalhando atualmente.

Para obter mais informações relativas a esta estrutura, consulte Perspectivas.

Cada perspectiva segue uma estrutura comum:

- Escopo da Mudança;
- Escopo da Análise de Negócios;
- Metodologias, Abordagens e Técnicas;
- Competências Fundamentais;
- Impacto nas Áreas de Conhecimento.

11.1 A Perspectiva Ágil

A Perspectiva Ágil destaca as características únicas da análise de negócios quando praticadas no contexto de ambientes ágeis.

Ágil trata-se de ter um mindset flexível, incorporada em um conjunto de valores e princípios, e exposta por uma variedade de práticas complementares. As iniciativas ágeis envolvem mudanças constantes. Os analistas de negócios que trabalham em iniciativas ágeis reavaliam continuamente, adaptam e ajustam seus esforços e táticas. Os analistas de negócios conduzem a análise e entregam os produtos de trabalho no último momento possível para permitir a flexibilidade para mudança continuamente; o trabalho detalhado de análise não é feito antes do tempo, mas apenas na hora de ser efetivamente utilizado pela equipe ágil.

A análise de negócios ágil garante que as informações estejam disponíveis para a equipe ágil, no nível certo de detalhes, no momento certo. Os analistas de negócios ajudam as equipes ágeis a responder a essas perguntas:

- Que necessidade estamos tentando satisfazer?
- Vale a pena satisfazer esta necessidade?
- Devemos entregar algo para satisfazer esta necessidade?
- Qual é a coisa certa a fazer para atender a esta necessidade?

O trabalho de análise de negócios é realizado continuamente ao longo de uma iniciativa ágil e conta intensamente com habilidades interpessoais tais como comunicação, facilitação, coaching e negociação. Os analistas de negócios são membros ativos de uma equipe ágil e muitas vezes facilitam o planejamento, análise, teste e atividades de demonstração. Em uma equipe ágil, a análise de negócios pode ser realizada por um gestor do produto (product manager)/dono do produto (product owner-PO), analista de negócios ou por outros papéis definidos para a equipe. Os analistas de negócios ajudam a equipe a identificar modificações em suposições e outras variações de projeto que emergem.

Consulte a Extensão Ágil para o Guia BABOK® para um tratamento ampliado do papel, mindset e práticas de análise de negócios em abordagens ágeis, bem como detalhes sobre os valores e princípios do Manifesto Ágil (www.agilemanifesto.org).

11.1.1   Escopo da Mudança

Os analistas de negócios que trabalham em iniciativas ágeis se engajam com o patrocinador de negócios em um nível estratégico e ajudam a definir como o produto ou característica proposta se alinha com os objetivos da organização. Eles colaboram com vários stakeholders e com a equipe de mudança para decompor a visão do produto em uma lista de itens de trabalho priorizados a serem completados. Os itens priorizados (ou lista de backlog priorizada) geralmente concentram-se nas capacidades necessárias no produto resultante, com ênfase nos itens de maior valor primeiro.

Os analistas de negócios podem atuar como um representante de stakeholder, ou trabalhar diretamente com o patrocinador, ou o PO.

Em ambientes ágeis, a mudança e a resposta rápida à mudança são esperadas. As equipes ágeis entregam pequenas mudanças incrementais e se comprometem a priorizar itens de trabalho para apenas uma iteração de cada vez. Isso permite que a equipe ágil trate de mudanças emergentes para a próxima iteração com impacto mínimo. Uma iteração é um período acordado de tempo de trabalho.

Os requisitos são desenvolvidos por meio de exploração contínua e análise das necessidades de negócios. É importante notar que, embora a maioria das abordagens ágeis sejam iterativas, nem todas as abordagens iterativas são ágeis. Há também várias abordagens ágeis que não são iterativas, como o método kanban.

Durante iniciativas ágeis, o escopo está em constante evolução. Isso é gerenciado pela lista de backlog que é continuamente revisada e repriorizada. Esse processo contribui para o refinamento e a redefinição de escopo, a fim de atender à necessidade emergente do negócio em evolução.

Se surgir uma grande mudança que impacta significativamente o valor geral e as metas para o projeto, o projeto pode ser adiado e reavaliado.

.1 Amplitude da Mudança

As abordagens ágeis são usadas para atender a uma variedade de necessidades em uma corporação. O uso mais comum de práticas ágeis é nos projetos de desenvolvimento de software. No entanto, muitas organizações começaram a aplicar princípios ágeis a mudanças não relacionadas a software, como engenharia de processos e melhoria de negócios. As iniciativas que usam abordagens ágeis podem ser realizadas dentro de um único departamento ou podem se estender por diversas equipes, departamentos e divisões de uma organização.

Para organizações novas no mindset e práticas ágeis, o foco na melhoria contínua, na mudança constante de comportamento e no progresso permite que a organização avance em direção à adoção cultural do mindset ágil. Adotar o mindset ágil refere-se à adoção cultural de princípios ágeis em oposição à organização considerando ágil como uma metodologia ou prática a ser implementada.

.2 Profundidade da Mudança

As iniciativas que utilizam uma abordagem ágil são frequentemente parte de um programa maior de trabalho, que pode incluir transformação organizacional e mudança, reengenharia de processos de negócios ou mudança de processo de negócios. O fluxo de trabalho ágil é frequentemente, mas nem sempre, centrado no desenvolvimento de software. Os outros elementos do programa podem ser desenvolvidos usando uma metodologia ágil ou outra que seja apropriada para a necessidade. Os princípios e práticas ágeis são frequentemente aplicados com sucesso em iniciativas onde:

- há um compromisso claro do cliente e engajamento dos especialistas no assunto (SME - Subject Matter Experts);

- a necessidade de negócio ou solução proposta é complexa ou complicada;

- as necessidades de negócios estão mudando ou são desconhecidas e ainda estão surgindo.

Abordagens ágeis podem ser usadas para iniciativas que estão desenvolvendo uma solução pela primeira vez, ou para manter e evoluir uma solução existente. Por exemplo, se a mudança for missão crítica então os processos podem ser adicionados para tratar de requisitos regulatórios e para lidar com os aspectos da missão crítica do projeto.

.3 Valor e Soluções Entregues

O valor e as soluções entregues em uma iniciativa ágil são semelhantes a qualquer outra iniciativa. A diferença com uma abordagem ágil é a ênfase na entrega de valor de forma antecipada de maneira altamente colaborativa, utilizando o planejamento adaptativo que tem foco na melhoria contínua.

Uma iniciativa ágil proporciona valor em virtude da abordagem adotada por uma equipe ágil através de revisão contínua e feedback do trabalho realizado. Os stakeholders têm a oportunidade de rever com frequência o produto, o que permite que identifiquem rapidamente quaisquer requisitos perdidos. A solução evolui ao longo do tempo com uma expectativa de resposta rápida e flexível à mudança. Clareza e visibilidade de todas as comunicações é de extrema importância para garantir que os esforços da equipe ágil estejam de acordo com as necessidades e expectativas da organização.

Em uma nova equipe, o analista de negócios costuma desempenhar um papel central na construção de relacionamento e confiança entre os membros da equipe ágil e stakeholders externos para ajudar a possibilitar discussões colaborativas e engajamento contínuos. Esta interação permite que a equipe ágil entregue com precisão o valor que atende às necessidades em evolução dos stakeholders.

.4 Abordagem de Entrega

Abordagens ágeis focam nas interações de pessoas, comunicações transparentes e entrega contínua de mudanças valiosas para os stakeholders.

Cada abordagem ágil tem seu próprio conjunto único de características que permite que as equipes selecionem uma abordagem que melhor se adeque à iniciativa em questão. Algumas equipes ágeis descobriram que uma abordagem híbrida ou combinação delas é necessária para trabalhar dentro das restrições de seu ambiente.

Consulte a Extensão Ágil para o Guia BABOK® para uma descrição de diferentes abordagens de entrega ágil.

.5 Principais Suposições

As suposições em vigor em ambientes ágeis frequentemente incluem:

- A mudança de requisitos é bem-vinda, mesmo que tardia no desenvolvimento.

- O problema do negócio pode ser reduzido a um conjunto de necessidades que podem ser atendidas utilizando alguma combinação de tecnologia e mudança de processo de negócio.

- As iniciativas ágeis têm clientes totalmente engajados e especialistas no assunto capacitados e dando respaldo à abordagem ágil.

- Idealmente, a configuração do time é estável e seus membros não ficam sendo continuamente deslocados para outras equipes.

- Há uma preferência por equipes multidisciplinares e colocalizadas incentivando uma conversa cara a cara mais eficiente e efetiva. No entanto, abordagens ágeis podem funcionar bem com equipes distribuídas desde que fornecidos os canais de suporte e comunicação adequados.

- Os membros da equipe podem realizar mais de uma função dentro da equipe se for necessário, e desde que a equipe tenha as habilidades adequadas (por exemplo, equipes multifuncionais).

- Os membros da equipe têm um mindset de melhoria contínua e entrega de valor bem-sucedida por meio de inspeção regular.

- Equipes ágeis são empoderadas e auto-organizadas.

11.1.2 Escopo da Análise de Negócios

.1 Patrocinador da Mudança

É importante que um patrocinador de uma iniciativa ágil esteja familiarizado com a filosofia, mindset e abordagens ágeis, e também esteja aberto ao feedback constante que exigirá trade-offs com os stakeholders.

Um patrocinador ágil entende e aceita:

- a utilização do planejamento adaptativo sobre o planejamento preditivo;

- o uso e valor de um período fixo de tempo para um ciclo de trabalho;

- a necessidade e valor do envolvimento do patrocinador.

O envolvimento ativo do patrocinador (ou do especialista no assunto empoderado) com a equipe ágil é fundamental para fornecer ao patrocinador a capacidade de prever e entender o produto que está sendo desenvolvido, além de permitir uma oportunidade para o patrocinador fornecer feedback contínuo para a equipe e ajustar o produto conforme as necessidades mudam.

.2 Alterar Alvos e Agentes

As abordagens ágeis são mais bem-sucedidas quando a cultura organizacional e os ambientes de trabalho se prestam a uma colaboração intensiva, comunicação frequente e uma forte disposição para a entrega incremental de valor da solução apropriada.

As equipes ágeis são frequentemente pequenas ou próximas de equipes pequenas. A estrutura mais simples e achatada não muda o fato de que os entregáveis podem afetar um grande grupo de stakeholders. O agente de mudança, também considerado um stakeholder, não é diferente porque o projeto usa ágil.

- **Líder da equipe Ágil**: o facilitador do trabalho da equipe. Um líder de equipe ágil frequentemente compartilha o mesmo conjunto de habilidades de um gerente de projeto, mas delega completamente as tarefas de planejamento, cronograma e priorização à equipe. Ao invés do tradicional gerenciamento de comando e controle, a liderança servidora é preferida em todas as abordagens ágeis. Dependendo da abordagem, esse papel pode ser chamado de scrum master, gerente de iteração, líder de equipe ou coach.

- **Representante do cliente ou PO**: o membro ativo da equipe responsável por garantir que a mudança que está sendo desenvolvida atenda às necessidades para as quais foi demandada. No Scrum esta função é chamada PO, dono do produto ou product owner. O método de desenvolvimento de sistemas dinâmicos (DSDM - Dynamic Systems Development Method) refere-se a este papel como o de um visionário, e o extreme programming (XP) refere-se a ele como um representante do cliente.

- **Membros da equipe**: os especialistas ou especialistas de domínio que incluem tanto a representação técnica quanto do cliente. Dependendo do tamanho e do contexto particular da iniciativa, os indivíduos dentro de uma equipe têm especialidades diferentes. Especialistas em usabilidade, arquitetos técnicos e administradores de banco de dados são apenas uma amostra de tais funções especializadas que fornecem suporte para a equipe conforme a necessidade.

- **Stakeholders externos**: todos os demais stakeholders que não podem ser considerados membros da equipe, mas são partes interessadas no resultado do projeto ou simplesmente necessários para sua conclusão, exercendo o que pode ser considerado um papel de apoio na equipe.

.3 Posição do Analista de Negócios

Uma equipe ágil pode ter um ou mais membros da equipe com habilidades de análise de negócios que podem ou não ter o cargo intitulado analista de negócios. Esse reconhecimento de membros da equipe multidisciplinar expande a prática da análise de negócios para além de um único papel de especialista.

Em equipes ágeis, as atividades de análise de negócios podem ser realizadas por alguém ou uma combinação de:

- um analista de negócios trabalhando na equipe;

- o representante do cliente ou dono do produto (PO);

- distribuição dessas atividades por toda a equipe.

Consulte a Extensão Ágil para o Guia BABOK® para obter mais detalhes.

.4 Resultados da Análise de Negócios

Em um ambiente ágil, a análise de negócios aproxima as pessoas e garante que os stakeholders certos estejam envolvidos com a equipe ágil na hora certa. A comunicação aberta e a colaboração é um dos principais resultados da análise de negócios bem-sucedida em um projeto ágil.

Os analistas de negócios garantem que a visão e a direção do projeto estão em alinhamento estratégico com as metas organizacionais e necessidade de negócios. O analista de negócios detém a responsabilidade compartilhada na definição de critérios estratégicos para a conclusão do projeto e durante o projeto auxilia a definição de critérios de aceitação. Eles também facilitam a articulação da declaração de visão do produto. A declaração de visão do produto é um entregável inicial comum.

O rigor e o estilo da documentação dependem muito da finalidade e do contexto no qual ela é produzida. As abordagens ágeis favorecem a documentação suficiente e justamente em tempo hábil em vez de estabelecer modelos predefinidos para a documentação a ser entregue. Esta abordagem de documentação permite que os documentos incorporem o máximo possível da mudança introduzida, mantendo ao mesmo tempo o custo da mudança baixo. A documentação obrigatória, como a necessária para auditoria ou relatório de conformidade, ainda são produzidas como parte de cada ciclo de entrega. É importante que os documentos atendam a uma necessidade identificada e forneçam mais valor do que o custo incorrido para produzi-los e mantê-los.

11.1.3 Abordagens e Técnicas

.1 Abordagens

Ágil é um termo guarda-chuva para uma variedade de abordagens. Todas as abordagens ágeis praticam a análise de negócios, mas apenas algumas definem explicitamente o papel de análise de negócios. A característica primária de qualquer abordagem ágil é o seu alinhamento aos valores e princípios do Manifesto Ágil. Uma equipe ágil pode implementar ou evoluir para utilizar uma combinação de abordagens que lhes permita agregar valor de forma mais efetiva, dado seu tipo de projeto e ambiente de trabalho.

Tabela 11.1.1: Abordagens Ágeis

Abordagem	Descrição breve
Crystal Clear	Parte de uma família de metodologias Crystal que são definidas com base na dureza e na cor. A dureza refere-se à criticidade do negócio ou potencial para causar danos, o que equivale a mais rigor e planejamento preditivo sendo exigido à medida que a criticidade aumenta. A cor refere-se ao peso do projeto através de várias dimensões incluindo número de pessoas requeridas e elementos de risco no projeto.
Entrega Ágil Disciplinada (DAD - Disciplined Agile Delivery)	Um framework de processo decisório que incorpora ideias de uma variedade de outras abordagens ágeis. Destina-se a apoiar um projeto da iniciação até a entrega. O DAD não é prescritivo e permite que as equipes personalizem seus próprios ciclos de vida e abordagens.
Método de Desenvolvimento de Sistemas Dinâmicos (DSDM - Dynamic Systems Development Method)	Um framework de entrega de projetos que se concentra em corrigir custos, qualidade e prazo no início enquanto a contingência é gerenciada pela variação das funcionalidades a serem entregues. Técnica de priorização MoSCoW é usada para gerenciamento de escopo. Time boxes, ou períodos de tempo curtos e focados, com resultados claramente definidos, são usados para gerenciar o trabalho.
Gerenciamento de Projeto Evolucionário (Evo - Evolutionary Project Management)	Um método de gerenciamento de projetos para desenvolvimento e entrega incremental de um sistema. Ele tem um foco forte na quantificação de valor para diversos stakeholders e planejamento de incrementos com base na entrega desse valor (que pode ser medido). Ele usa tabelas de estimativa de impacto como uma técnica formal para avaliar soluções quanto à sua capacidade de entregar valor a diversos stakeholders por um determinado custo.
Extreme Programming (XP)	Nomeado pelo conceito de levar ao extremo as técnicas benéficas de engenharia de software. Este conceito se concentra nos processos de desenvolvimento técnico e apresenta programação em pares, desenvolvimento orientado a testes e outras abordagens artesanais das práticas técnicas. As práticas técnicas da XP são frequentemente utilizadas em conjunto com um dos frameworks de gestão ágil.

Tabela 11.1.1: Abordagens Ágeis (Continued)

Abordagem	Descrição breve
Desenvolvimento Orientado à Funcionalidades (FDD - Feature Driven Development)	Foca em uma perspectiva de funcionalidade valorizada pelo cliente para desenvolver software operacional. Por exemplo, após um exercício de escopo de alto nível, uma lista de funcionalidades é identificada e todo o planejamento, design e desenvolvimento são realizados com base nesses conjuntos de funcionalidades.
Kanban	Não requer iterações fixas. O trabalho se move através do processo de desenvolvimento como um fluxo contínuo de atividade. Uma característica fundamental é limitar a quantidade de trabalho em curso a qualquer momento (referido como limite do trabalho em progresso ou WIP). A equipe trabalha apenas em um número fixo de itens de cada vez e o trabalho pode começar em um novo item apenas quando for necessário para manter o fluxo abaixo e após o item anterior ter sido concluído.
Scaled Agile Framework® (SAFe™)	Um framework para implementar práticas ágeis em escala corporativa. Ele destaca os papéis individuais, as equipes, as atividades e os artefatos necessários para escalar de forma ágil a equipe para programar até o nível da corporação.
Scrum	Um framework de gerenciamento de processos leve baseado no controle empírico de processos. O trabalho é realizado em uma série de iterações de comprimento fixo, chamadas de Sprints, que duram um mês ou menos. Ao final de cada sprint, a equipe deve produzir um software operacional de qualidade suficiente para que ele possa ser enviado ou entregue a um cliente.

.2 Técnicas

A tabela a seguir lista técnicas comumente utilizadas em abordagens ágeis. Consulte a Extensão Ágil para o Guia BABOK® para uma descrição mais detalhada dessas técnicas.

Tabela 11.1.2: Técnicas utilizadas nas Abordagens Ágeis

Técnica	Descrição Breve
Desenvolviment o Orientado por Comportamento (BDD - Behaviour Driven Development)	Uma abordagem que aprimora a comunicação entre stakeholders e membros da equipe, expressando as necessidades do produto como exemplos concretos.
Análise de Kano	Uma técnica para entender quais características do produto ajudarão promover a satisfação do cliente.
Documentação Leve	Um princípio que rege toda a documentação produzida em um projeto ágil. O objetivo é assegurar que toda a documentação se destina a atender uma necessidade imediata, tem claro valor para os stakeholders e não cria sobrecarga desnecessária. Por exemplo, um documento de visão geral do sistema pode ser escrito no final de um projeto baseado em conteúdos e testes de aceitação estáveis escritos como parte dos testes do produto.
Priorização MoSCoW	Um método para priorizar histórias (ou outros elementos) em abordagens incrementais e iterativas. O MoSCoW (deve ter, precisa ter, poderia ter, não terá) fornece uma maneira de chegar a um consenso sobre a importância relativa de entregar uma história ou outra peça de valor no produto.
Personas	Personagens fictícios ou arquétipos que exemplificam a maneira como os usuários típicos interagem com um produto.
Workshop de Planejamento	Um workshop colaborativo usado para permitir que uma equipe ágil determine qual valor pode ser entregue ao longo de um período de tempo como uma release.
Modelo de Alinhamento de Propósito	Um modelo que é usado para avaliar ideias no contexto do cliente e do valor.
Opções Reais	Uma abordagem para ajudar as pessoas a saber quando devem tomar decisões e não como.

Tabela 11.1.2: Técnicas utilizadas nas Abordagens Ágeis (Continued)

Técnica	Descrição Breve
Estimativa Relativa	Técnicas de estimativa de equipe utilizando pontos da história, que representam a complexidade relativa de uma história de usuário a desenvolver, ou dias ideais, que representam a quantidade de esforço total para desenvolver uma história.
Retrospectivas	Um termo similar para a técnica Lição Aprendida. As retrospectivas focam na melhoria contínua do processo de trabalho em equipe e são realizadas após cada iteração em projetos ágeis.
Decomposição de História	Garante que os requisitos para um produto estão representados no nível adequado de detalhe e são derivados de um objetivo de negócio valioso.
Mapeamento de Histórias	Proporciona uma perspectiva visual e física da sequência de atividades a serem apoiadas por uma solução.
Storyboarding	Detalha visual e textualmente a sequência de atividades que representam interações do usuário com um sistema ou negócio.
Mapeamento de Fluxo de Valor	Proporciona uma representação completa, baseada em fatos e em série temporal do fluxo de atividades necessárias para entregar um produto ou serviço ao cliente.

11.1.4   Competências Fundamentais

A agilidade é um mindset. Os analistas de negócios ágeis incorporam os valores e princípios do Manifesto Ágil são baseados em uma visão humanística do desenvolvimento de produtos como um processo embasado na comunicação e colaboração. Consulte a Extensão Ágil para o Guia BABOK® para uma descrição dos princípios para os analistas de negócios. Ao adotar a filosofia e o mindset ágil, o analista de negócios desenvolve competências em:

- *Comunicação e colaboração*: a habilidade de comunicar a visão e as necessidades do patrocinador; ajudar a influenciar outros a apoiar a visão; participar e possivelmente facilitar a negociação de prioridades; e facilitar o acordo de colaboração sobre os resultados da solução.

- *Paciência e tolerância*: a capacidade de manter o autocontrole sob pressão e manter a mente aberta ao interagir com os outros.

- **Flexibilidade e adaptabilidade**: conjuntos de habilidades multifuncionais que permitem que o analista de negócios vá além de sua especialização para apoiar outros membros da equipe.

- **Capacidade de lidar com a mudança**: a capacidade de avaliar rapidamente o impacto da mudança e determinar o que fornece valor de negócio entre as necessidades que mudam frequentemente, e auxiliar, ou manter, a repriorização da lista do trabalho a ser feito.

- **Habilidade de reconhecer o valor de negócio**: a habilidade de entender como mudanças e novas características podem alcançar o valor de negócio e apoiar a visão.

- **Melhoria contínua**: rever periodicamente com a equipe ágil como se tornar mais efetiva.

11.1.5   Impacto nas Áreas de Conhecimento

Esta seção explica como as práticas específicas de análise de negócios no contexto do ágil são mapeadas para as tarefas e práticas de análise de negócios, conforme definido pelo Guia BABOK®. Ela também descreve como cada área de conhecimento é aplicada ou modificada com a disciplina ágil.

Cada área de conhecimento lista técnicas relevantes para uma perspectiva ágil. As técnicas do Guia BABOK® são encontradas no capítulo Técnicas do Guia BABOK®. As técnicas de Extensão Ágil são discutidas detalhadamente na Extensão Ágil para o Guia BABOK®. Estas não pretendem ser listas exaustivas de técnicas, mas sim destacar os tipos de técnicas utilizadas pelos analistas de negócios enquanto executam as tarefas dentro da área de conhecimento.

.1   Planejamento e Monitoramento de Análise de Negócios

Em abordagens ágeis, o planejamento detalhado da análise de negócios pode ser adiado até que o trabalho em uma atividade esteja pronto para começar, em vez de ser feito antecipadamente, como nos projetos preditivos.

Um plano inicial para atividades de análise de negócios é desenvolvido no início do projeto. O plano é então atualizado antes do início de cada ciclo para prestar contas da mudança e para garantir que o plano esteja sempre atualizado. O envolvimento e o engajamento dos stakeholders são fundamentais para o sucesso de projetos ágeis. Os analistas de negócios proativamente planejam envolver, engajar e colaborar com os stakeholders. A comunicação é comumente muito menos formal e os entregáveis de análise de negócios são muitas vezes interações e colaboração com menos ênfase nos documentos escritos.

Técnicas do Guia BABOK®

- Gerenciamento de Backlog

- Jogos Colaborativos

- Estimativa

- Métricas e Indicadores-Chave de Desempenho (KPIs - Key Performance Indicators)

- Mapa mental

- Priorização

- Modelagem de Escopo

- Personas, Lista ou Mapa de Stakeholders

- Histórias de Usuário

- Workshops

Técnicas da Extensão Ágil

- Documentação Leve

- Priorização MoSCoW

- Personas

- Estimativa Relativa

- Retrospectiva

.2 Elicitação e Colaboração

A elicitação e a elaboração progressiva ocorrem ao longo de uma iniciativa ágil. O padrão mais comum é uma atividade inicial de elicitação que estabelece a visão de alto nível e o escopo da solução, e um plano inicial baseado em marcos para a entrega do produto. Em cada ciclo há uma elicitação mais detalhada para os itens do backlog que serão desenvolvidos nesse ciclo. A intenção das atividades de elicitação é gerar detalhes suficientes para garantir que o trabalho em questão seja realizado de forma correta, enquanto se busca atingir as metas. As abordagens ágeis visam minimizar o tempo entre a elaboração das necessidades e a sua implementação na solução. Há um forte foco em abordagens de elicitação colaborativa, como workshops com stakeholders.

Técnicas do Guia BABOK®

- Critérios de Aceitação e de Avaliação

- Gerenciamento de Backlog

- Brainstorming

- Jogos Colaborativos
- Modelagem de Conceitos
- Análise de Interfaces
- Mapa mental
- Análise de Requisitos Não Funcionais
- Modelagem de Processos
- Prototipagem
- Revisões
- Modelagem de Escopo
- Personas, Lista ou Mapa de Stakeholders
- Casos de Uso e Cenários
- Histórias de Usuário
- Workshops

Técnicas da Extensão Ágil

- Desenvolvimento Orientado por Comportamento
- Documentação Leve
- Personas
- Storyboarding
- Mapeamento de Histórias

.3 Gerenciamento do Ciclo de Vida de Requisitos

Como iniciativas ágeis se desdobram, o escopo é definido com especificidade crescente. A expectativa é de que as necessidades mudem e que o design evolua ao longo do projeto. A priorização das funcionalidades com base no valor e prioridade de desenvolvimento direciona o trabalho feito em cada ciclo. A validação da solução em evolução junto aos stakeholders ocorre no final de cada iteração no lugar de um processo formal de aprovação de requisitos.

Técnicas do Guia BABOK®

- Critérios de Aceitação e de Avaliação
- Gerenciamento de Backlog
- Jogos Colaborativos
- Priorização

- Revisões
- Workshops

Técnicas da Extensão Ágil

- Análise de Kano
- Priorização MoSCoW
- Decomposição de História
- Mapeamento de Histórias

.4 Análise da Estratégia

As abordagens ágeis são frequentemente usadas quando há incerteza sobre as necessidades, sobre a solução ou sobre o alcance da mudança. A análise da estratégia é uma parte constante de uma iniciativa ágil para garantir que a solução entregue continue a fornecer valor aos stakeholders. Os membros da equipe ágil usam a análise da estratégia para ajudar a entender e definir a visão do produto, além de desenvolver e ajustar o roadmap, e de realizar avaliações contínuas de riscos relacionados. Para cada iteração, a solução proposta é reavaliada contra o contexto atual do negócio para garantir que ela atenda efetivamente às metas do negócio. A natureza adaptativa dos projetos ágeis significa que a adaptação do projeto às mudanças nas metas da organização não é perturbadora; ao contrário, é uma parte esperada do processo.

Técnicas do Guia BABOK®

- Gerenciamento de Backlog
- Brainstorming
- Análise de Capacidades de Negócio
- Jogos Colaborativos
- Modelagem de Conceitos
- Métricas e Indicadores-Chave de Desempenho (KPIs - Key Performance Indicators) Modelagem de Escopo
- Workshops

Técnicas da Extensão Ágil

- Análise de Kano
- Personas
- Modelo de Alinhamento de Propósito
- Opções Reais
- Análise do Fluxo de Valor

.5 Análise de Requisitos e Definição de Design

As necessidades são progressivamente elaboradas durante um projeto ágil. A análise e o design são realizados justamente pouco antes ou durante a iteração em que o componente de solução será desenvolvido.

A análise realizada pouco antes da iteração serve para fornecer à equipe informações suficientes para estimar o planejamento do trabalho. A análise realizada durante a iteração serve para fornecer à equipe informações suficientes para construir ou entregar o trabalho planejado.

Os modelos e outras técnicas de análise e design são tipicamente utilizados informalmente e podem não ser mantidos, uma vez que tenham servido aos seus propósitos. A abordagem de análise e design utilizada deve apoiar a elaboração progressiva, ser adaptável à mudança com base no aprendizado e não fazer com que a equipe escolha soluções prematuramente. As equipes ágeis tendem a usar histórias de usuários no nível mais baixo de decomposição, geralmente suportadas por critérios de aceitação que capturam os detalhes de análise e design em relação a como as histórias devem se comportar quando implementadas. A validação da solução em evolução é realizada junto aos stakeholders no final de cada iteração.

Técnicas do Guia BABOK®

- Critérios de Aceitação e de Avaliação
- Análise de Capacidades de Negócio
- Análise de Regras de Negócio
- Jogos Colaborativos
- Modelagem de Conceitos)
- Análise de Interfaces
- Análise de Requisitos Não Funcionais
- Priorização
- Análise de Processos
- Modelagem de Processos
- Modelagem de Escopo
- Casos de Uso e Cenários
- Histórias de Usuário
- Workshops

Técnicas da Extensão Ágil

- Desenvolvimento Orientado por Comportamento
- Análise de Kano
- Documentação Leve
- Priorização MoSCoW
- Modelo de Alinhamento de Propósito
- Opções Reais
- Decomposição de História
- Elaboração de História
- Mapeamento de Histórias
- Storyboarding
- Análise do Fluxo de Valor

.6 Avaliação da Solução

Ao longo de um projeto ágil, os stakeholders e a equipe ágil examinam e avaliam continuamente a solução desenvolvida conforme ela é incrementalmente construída e refinada. A avaliação da evolução da solução com os stakeholders ocorre no final de cada ciclo de desenvolvimento para garantir que o entregável atenda suas necessidades e satisfaça suas expectativas. O analista de negócios garante que o produto atenda às expectativas antes que um produto seja lançado e identifica novas oportunidades que agregarão valor ao negócio.

Técnicas do Guia BABOK®

- Critérios de Aceitação e de Avaliação
- Análise de Capacidades de Negócio
- Métricas e Indicadores-Chave de Desempenho (KPIs - Key Performance Indicators)
- Análise de Requisitos Não Funcionais
- Análise de Processos
- Prototipagem
- Revisões
- Personas, Lista ou Mapa de Stakeholders
- Casos de Uso e Cenários
- Histórias de Usuário
- Workshops

Técnicas da Extensão Ágil

- Personas
- Análise do Fluxo de Valor

11.2   A Perspectiva de Inteligência de Negócios (BI)

A Perspectiva de Inteligência de Negócios (BI) destaca as características únicas da análise de negócios quando praticada no contexto de transformação, integração e aprimoramento de dados.

O foco da inteligência de negócios (BI) é a transformação dos dados em informações de valor agregado: onde obtê-los, como integrá-los, e como melhorá-los e fornecê-los como insight analítico para apoiar a tomada de decisões de negócios.

As iniciativas de inteligência de negócios (BI) aplicam arquiteturas de sistema centradas em dados, bem como tecnologias e ferramentas para oferecer informações confiáveis, consistentes e de alta qualidade, que possibilitem aos stakeholders gerenciar melhor o desempenho estratégico, tático e operacional.

11.2.1   Escopo da Mudança

.1 Amplitude da Mudança

Um objetivo fundamental de um sistema de inteligência de negócios (BI) é a definição e o uso consistentes de informações por toda a organização, estabelecendo um "ponto único de verdade" para os diversos dados de negócios. Uma arquitetura de solução que pode integrar múltiplas fontes de dados de dentro (e potencialmente de fora) da organização fornece a base de uma solução de inteligência de negócios (BI).

Figura 11.2.1: Solução de Inteligência de Negócios (BI) - Framework Conceitual

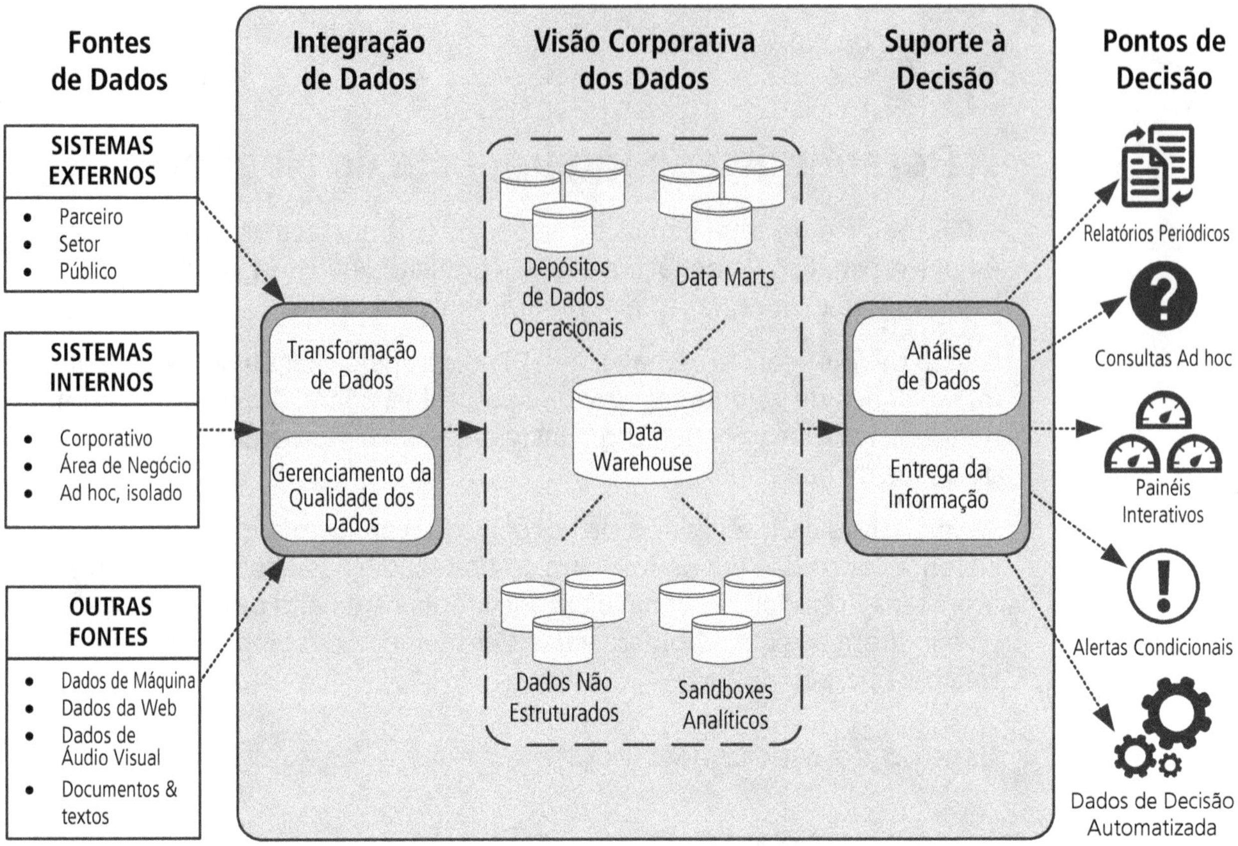

A inteligência de negócios (BI) promove uma visão corporativa ampla da gestão da informação. Para dar suporte a esse framework conceitual, uma iniciativa de inteligência de negócios (BI) também pode envolver o desenvolvimento de serviços de infraestrutura na organização, como governança de dados e gerenciamento de metadados.

.2 Profundidade da Mudança

As iniciativas de inteligência de negócios (BI) se concentram nas informações necessárias para apoiar a tomada de decisão em diferentes níveis dentro da organização:

- *nível executivo*: apoia decisões estratégicas;
- *nível de gestão*: suporta decisões táticas;
- *nível de processo*: suporta decisões operacionais.

Sempre que as necessidades de informação são inicialmente expressas ou identificadas em um determinado nível, o analista de negócios investiga as implicações do negócio em outros níveis para avaliar o impacto global da mudança na organização.

Em cada nível, as necessidades de negócios podem envolver qualquer ou todos os seguintes tópicos:

- requisitos de comunicação para o desenvolvimento de novos relatórios ou para a substituição dos relatórios existentes;

- requisitos de informação para a adição ou ampliação de funcionalidades analíticas;

- requisitos de integração de dados para a construção ou modificação da visualização de dados corporativos no que diz respeito a fontes de dados, definições, regras de transformação e questões de qualidade.

.3 Valor e Soluções Entregues

O valor de uma iniciativa de inteligência de negócios (BI) está em sua capacidade de fornecer informações oportunas, precisas, de alto valor e acionáveis pelas pessoas e sistemas que podem usá-las efetivamente na tomada de decisões de negócios

Uma tomada de decisão melhor informada em todos os níveis pode levar a um melhor desempenho do negócio em:

- processos estratégicos, tais como análise de mercado, engajamento do cliente e desenvolvimento de produtos;

- processos táticos tais como controle de estoque e planejamento financeiro;

- processos operacionais tais como avaliação de crédito, detecção de falhas e monitoramento de contas a pagar.

Essas melhorias no desempenho atual e futuro de uma organização podem ser percebidas como aumento de receitas e redução de custos.

.4 Abordagem de Entrega

Uma solução de inteligência de negócios (BI) apresenta uma gama de opções de entrega para atender às necessidades emergentes de informação dos stakeholders e as prioridades da organização.

A extensibilidade e a escalabilidade da arquitetura de soluções permitem que o suporte à tomada de decisão de negócios seja progressivamente introduzido ou aprimorado:

- em diferentes níveis da organização, a partir do estratégico (executivo sênior), passando pelo tático (gestão), até o operacional (equipe e sistemas);

- em áreas funcionais alvo na organização, desde uma área específica até uma implementação em toda a empresa.

Os serviços de infraestrutura que fornecem gerenciamento de dados, análise orientada por dados (Analytics) e capacidade de apresentação, facilitam uma estratégia de desenvolvimento faseado ou incremental no que diz respeito a:

- a inclusão, a coordenação e o controle de diferentes fontes de dados;

- a análise e o desenvolvimento de informações de negócio e insights.

Os componentes de infraestrutura de uma solução de inteligência de negócios (BI) são muitas vezes fornecidos por um pacote comercial de prateleira configurado para o ambiente de negócios e necessidades específicas.

.5 Principais Suposições

A seguir, uma lista de principais suposições de uma iniciativa de inteligência de negócios (BI):

- os processos de negócios e sistemas transacionais existentes podem fornecer dados de origem que são definíveis e previsíveis;

- a infraestrutura de dados multifuncional necessária para apoiar uma solução de inteligência de negócios (BI) não está excluída pela organização por motivos técnicos, financeiros, políticos/culturais, ou outros;

- a organização reconhece que pode ser necessária a reengenharia de processos e a gestão de mudanças, a fim de efetivamente obter valor a partir de uma solução de inteligência de negócios (BI).

11.2.2   Escopo de Análise de Negócios

.1 Patrocinador da Mudança

O patrocinador da mudança de uma iniciativa de inteligência de negócios (BI) é idealmente o papel de nível mais alto da unidade organizacional afetada pela mudança. Isso fornece uma abordagem consistente e coesa para o uso compartilhado de ativos de dados dentro da arquitetura transversal de uma solução de inteligência de negócios (BI).

.2 Mudança de Alvos

As metas de uma iniciativa de inteligência de negócios (BI) são as decisões de negócios tomadas por pessoas ou processos em múltiplos níveis da organização que podem ser aprimoradas por melhores relatórios, monitoramento ou modelagem preditiva de dados relacionados ao desempenho.

.3 Posição do Analista de Negócios

Como em outras iniciativas, o analista de negócios atua como a ligação primária entre stakeholders de inteligência de negócios (BI) e provedores de soluções na elicitação, análise e especificação de necessidades de negócios.

Além desse papel, o analista de negócios também pode participar de atividades técnicas que sejam específicas para a inteligência de negócios (BI), incluindo:

- modelagem de dados corporativos
- modelagem de decisão
- design de apresentação especializado (por exemplo, painéis)
- design de consulta ad hoc.

Um analista de negócios trabalhando em uma iniciativa de inteligência de negócios (BI) serve em um ou em uma combinação dos seguintes papéis:

- analista de negócios que seja competente na definição de requisitos de negócios e na avaliação de soluções potenciais;
- analista funcional de inteligência de negócios (BI) que tenha um entendimento sobre a mineração de dados e técnicas analíticas preditivas, bem como habilidades em desenvolvimento de visualizações;
- analista de dados que é experiente na definição de dados de sistemas de origem a serem utilizados para as finalidades analíticas requeridas;
- modelador/arquiteto de dados hábil na definição das estruturas de dados de origem e de destino em modelos de dados lógicos.

.4 Resultados da Análise de Negócios

Na disciplina de inteligência de negócios (BI), a análise de negócios é focada nos principais componentes da arquitetura de soluções:

- a especificação de decisões de negócios a serem influenciadas ou alteradas;
- a coleta de dados de sistemas de origem;
- a integração de fontes divergentes em um framework corporativo convergente;
- o fornecimento de informações direcionadas e insight analítico aos stakeholders do negócio.

O analista de negócios é responsável pela análise e especificação dos requisitos de negócio para todos esses componentes e colabora com especialistas técnicos para avaliar os artefatos de solução.

Os principais resultados da análise de negócios são:

- **Cobertura do processo de negócios**: define o escopo da mudança com uma visão geral de alto nível das decisões de negócio dentro da corporação que devem ser suportadas pela solução. Ele identifica como a saída de informações será usada e qual valor fornecerá.

- **Modelos de decisão**: identificam os requisitos de informação de cada decisão de negócio a ser apoiado e especificam a lógica de regras de negócio de como os componentes de informação individuais contribuem para o resultado da decisão.

- **Modelo lógico de dados de origem e dicionário de dados**: o modelo lógico de dados de origem fornece uma definição padrão dos dados necessários como mantidos em cada sistema de origem . O dicionário de dados de origem fornece uma definição de cada elemento e as regras de negócio aplicadas a ele: descrição do negócio, tipo, formato e comprimento, valores legais e quaisquer interdependências.

- **Avaliação de qualidade da origem de dados**: avalia a completude, a validade e a confiabilidade dos dados dos sistemas de origem. Ela identifica onde são necessários mais verificação e aprimoramento de dados de origem para garantir que definições e regras de negócios consistentes se aplicam em todo o conjunto de dados corporativos.

- **Modelo de dados lógico e dicionário de dados de destino**: o modelo de dados lógico de destino apresenta uma visão integrada e normalizada das estruturas de dados necessárias para suportar o domínio do negócio. O dicionário de dados de destino fornece a definição corporativa padronizada de elementos de dados e regras de integridade.

- **Regras de transformação**: mapa de origem e de destino de elementos de dados para especificar requisitos para a decodificação/codificação de valores e para correção de dados (valores de erro) e enriquecimento (valores ausentes) no processo de transformação.

- *Requisitos de Análise Orientada por Dados (Analytics) de Negócios*: definem os requisitos de informação e comunicação para saídas de suporte à decisão. Estes incluem:
  - relatórios predefinidos
  - painéis
  - balanced scorecards
  - relatórios ad hoc
  - consultas de processamento analítico online (OLAP)
  - mineração de dados
  - análise orientada por dados (Analytics) prescritiva
  - alertas condicionais
  - processamento de eventos complexos
  - modelagem preditiva.

- *As especificações de cada saída podem incluir*: (1) seleções/ dimensões de dados, nível de granularidade, critério de filtragem aplicado, possibilidades de detalhamento e análise de dados (drill down, slice e dice), e permissões de acesso e do usuário; e (2) regras de apresentação para definir formato de elemento de dados, tradução (rótulos, consultas), cálculos e agregações de dados.

- *Arquitetura de soluções*: fornece uma visão de design de alto nível de como os requisitos de suporte à decisão de cada área funcional serão mapeados para o framework de inteligência de negócios (BI). Ele é tipicamente apresentado sob a forma de um modelo de processo (ou fluxo de dados) que define:
  - onde os dados de origem são mantidos;
  - como (pull/push) e quando (frequência, latência) os dados serão extraídos;
  - onde ocorrerão as transformações (limpeza, codificação, aprimoramento);
  - onde os dados serão armazenados fisicamente (data warehouse, data marts);
  - como os dados fluirão para saídas de apresentação (geradores de relatórios, ferramentas de consulta).

11.2.3   Metodologias e Abordagens

.1 Metodologias

Não há metodologias formalizadas de inteligência de negócios (BI) que impactem as responsabilidades e atividades do analista de negócios. No entanto, uma iniciativa de inteligência de negócios (BI) pode operar dentro ou ao lado de metodologias aplicáveis a outras disciplinas, ou perspectivas que, por si só, possam impactar o papel de análise de negócios.

.2 Abordagens

Dentro do framework de inteligência de negócios (BI) há uma série de abordagens menos formais e potencialmente sobrepostas que mapeiam para contextos de negócios e técnicos.

Tipos de Análise Orientada por Dados (Analytics)

Existem três tipos de análise orientada por dados (Analytics) que representam soluções incrementais, com níveis crescentes de complexidade de sistemas, custo e valor:

- *Análise Orientada por Dados (Analytics) Descritiva*: usa dados históricos para entender e analisar o desempenho do negócio no passado. As informações de negócios podem ser categorizadas e consolidadas para melhor se adequar à visão dos stakeholders, incluindo painéis de controle da gestão executiva, cartões de desempenho de indicadores-chave de desempenho (KPI) da gestão de nível médio e gráficos de gestão de nível operacional. Nenhuma suposição é feita quanto a quais situações são de interesse dos stakeholders, quais decisões precisam ser tomadas ou quais ações podem ser realizadas. O foco da análise de negócios está nos requisitos de informação e comunicação para relatórios e painéis padrão, relatórios ad hoc e funcionalidade de consulta.

- *Análise Orientada por Dados (Analytics) Preditiva*: aplica métodos de análise estatística a dados históricos para identificar padrões e, em seguida, usa essa compreensão de relacionamentos e tendências para fazer previsões sobre eventos futuros. As situações particulares que são de interesse dos stakeholders são especificadas e suas regras de negócios são definidas. O foco da análise de negócios está nos requisitos de informação para reconhecimento de padrões por meio de mineração de dados, modelagem preditiva, previsão e alertas acionados por condição.

- *Análise Orientada por Dados (Analytics) Prescritiva*: expande a análise orientada por dados (Analytics) preditiva para identificar decisões a serem tomadas e iniciar uma ação apropriada para melhorar o desempenho do negócio. As técnicas de otimização e simulação estatística podem ser usadas para determinar a melhor solução ou resultado entre várias escolhas. Para situações de interesse dos stakeholders, são necessárias especificações completas das decisões associadas e ações potenciais. O foco de análise de negócios está nos objetivos de negócios, critérios de restrições e nas regras de negócio que sustentam o processo de tomada de decisão.

Orientado pela Oferta e Procura

Os objetivos e prioridades de uma iniciativa de inteligência de negócios (BI) podem ser baseados nas metas técnicas de melhorar os sistemas existentes de entrega de informações (orientado ao suprimento) ou sobre as metas de negócios de fornecer as informações adequadas para melhorar os processos de tomada de decisão (orientado à demanda):

- ***Orientado ao Suprimento:***assume a visão de "por um custo determinado, que valor podemos entregar?". Esta abordagem mapeia dados de sistemas existentes para definir quais dados estão disponíveis. Uma estratégia de implementação comum seria:

    1. definir fases para a inclusão de bancos de dados existentes na arquitetura de soluções de inteligência de negócios (BI);

    2. substituir ou reparar progressivamente as saídas existentes;

    3. explorar novos insights que possam ser obtidos a partir dos dados consolidados.

- ***Orientado à demanda***: assume a visão de "por um valor determinado, qual custo nós incorremos?". Esta abordagem começa com a identificação da saída de informação necessária para apoiar as decisões de negócios e, em seguida, rastreia essa informação de volta às fontes de dados básicas para determinar a viabilidade e o custo. Prevê estratégias de implementação incrementais que não são determinadas pelas estruturas de banco de dados existentes, e permite o uso exploratório precoce da inteligência de negócios (BI) além dos requisitos de relatórios existentes.

Dados estruturados e não estruturados

Existem dois tipos de dados que as abordagens de inteligência de negócios (BI) consideram:

- ***Dados estruturados***: as soluções tradicionais de data warehouse foram baseadas na consolidação dos dados estruturados (numéricos e categóricos) registrados em sistemas operacionais em que os conjuntos de informações de negócios são identificados por estruturas predefinidas (denominadas como 'esquema em gravação') e onde um template orientado por regras garante a integridade dos dados. O foco da análise de negócios está em modelos de dados, dicionários de dados e regras de negócios para definir requisitos e capacidades de informação.

- **Dados não estruturados**: as soluções de inteligência de negócios (BI) podem incluir dados semiestruturados ou não estruturados que inclui texto, imagens, áudio e vídeo. Esses dados frequentemente vêm de fontes externas. Para este tipo de dados, a estrutura e os relacionamentos não são predefinidos e nenhuma regra de organização específica foi aplicada para garantir a integridade dos dados. Os conjuntos de informações são derivados dos dados brutos (referidos como "schema on read"). O foco da análise de negócios está nas definições de metadados e algoritmos de correspondência de dados para definir requisitos e capacidades de informação.

11.2.4   Competências Fundamentais

Como em qualquer disciplina de análise de negócios, requer do analista de negócios as competências fundamentais de comunicação e análise para ser efetivo no contato tanto com os stakeholders de negócios quanto com os fornecedores de soluções técnicas.

Na disciplina de inteligência de negócios (BI), essa coordenação de requisitos de informação de negócio com resultados de sistemas de inteligência de negócios pode ser aprimorada ainda mais pelas competências específicas do analista de negócios em:

- dados de negócios e uso funcional, incluindo terminologia e regras;
- a análise de estruturas de dados complexas e a sua tradução em formato padronizado;
- processos de negócios afetados incluindo KPIs e métricas;
- modelagem de decisão;
- técnicas de análise de dados incluindo estatísticas básicas, perfil de dados, e pivotamento;
- arquitetura e conceitos de data warehouse e de inteligência de negócios (BI);
- modelos de dados lógicos e físicos;
- melhores práticas de ETL (Extrair, Transformar, Carregar) incluindo rastreamento de dados históricos e gerenciamento de dados de referência;
- ferramentas de relatórios de inteligência de negócios (BI).

11.2.5   Impacto nas Áreas de Conhecimento

Esta seção explica como as práticas de análise de negócios específicas dentro da inteligência de negócios (BI) são mapeadas para tarefas e práticas de análise de negócios, conforme definido pelo Guia BABOK®. Esta seção descreve como cada área de conhecimento é aplicada ou modificada com a disciplina de inteligência de negócios (BI).

Cada área de conhecimento lista técnicas relevantes para uma perspectiva de inteligência de negócios (BI). As técnicas utilizadas na disciplina de inteligência de negócios (BI) não se desviam, em grande medida, das técnicas do Guia BABOK®. As técnicas do Guia BABOK® são encontradas no capítulo Técnicas do Guia BABOK®. Não se pretende que esta seja uma lista exaustiva de técnicas, mas sim destacar os tipos de técnicas utilizadas pelos analistas de negócios enquanto realizam as tarefas da área de conhecimento.

.1 Planejamento e Monitoramento de Análise de Negócios

Uma iniciativa de inteligência de negócios (BI) pode exigir o estabelecimento de uma infraestrutura de dados básica para suportar a solução, ou pode ser um aprimoramento baseado na infraestrutura de uma solução existente. A Modelagem de Escopo é frequentemente usada para diferenciar essas alternativas e planejar as atividades de análise de negócios relevantes em conformidade.

O paradigma da entrega de informações da inteligência de negócios (BI) pode ser uma nova abordagem, não familiar para os stakeholders do negócio e para os próprios analistas de negócios. Ao planejar a iniciativa, o analista de negócios considera:

- qual é a experiência dos stakeholders em expressar seus requisitos de informação e comunicação no contexto da inteligência de negócios (BI);

- como os analistas de negócios são habilidosos em interpretar esses requisitos em especificações detalhadas para especialistas técnicos em inteligência de negócios (BI).

As soluções de inteligência de negócios (BI) geralmente fornecem frameworks, ferramentas e técnicas que podem auxiliar na definição de requisitos e modelagem de soluções. O nível de expertise dos stakeholders e dos analistas de negócios nestes instrumentos pode ter um impacto sobre a abordagem planejada.

Ao avaliar as atitudes dos stakeholders em relação à iniciativa de inteligência de negócios (BI), o analista de negócios deve estar ciente de que uma solução de inteligência de negócios (BI) em toda a corporação pode não fornecer valor direto a alguns stakeholders operacionais, mas irá entregá-la em outro lugar da organização, e a flexibilidade e extensibilidade fornecidas pela infraestrutura de inteligência de negócios (BI) proporciona valor estratégico de longo prazo que vai além dos benefícios operacionais de curto prazo.

Uma solução de inteligência de negócios (BI) que integra várias fontes de dados geralmente engaja muitos stakeholders com requisitos de informação sobrepostos. Os analistas de negócios preparam-se para a análise e síntese de requisitos individuais em um conjunto que é completo e coeso sem conflitos e redundâncias.

Técnicas do Guia BABOK®

- Critérios de Aceitação e de Avaliação)
- Balanced Scorecard
- Brainstorming
- Análise de Decisão
- Estimativa
- Decomposição Funcional
- Entrevistas
- Rastreamento de Itens
- Métricas e Indicadores-Chave de Desempenho (KPIs - Key Performance Indicators)
- Análise de Requisitos Não Funcionais
- Modelagem Organizacional
- Priorização
- Modelagem de Processos
- Revisões
- Análise e Gerenciamento de Riscos
- Matriz de Papéis e Permissões
- Análise de Causa Raiz
- Modelagem de Escopo
- Personas, Lista ou Mapa de Stakeholders
- Pesquisa ou Questionário
- Casos de Uso e Cenários
- Histórias de Usuário
- Workshops

.2 Elicitação e Colaboração

A natureza transversal da inteligência de negócios (BI) geralmente requer analistas de negócios para empregar ferramentas e técnicas de documentação especializadas para levantarem tipos particulares de requisitos dos stakeholders, tanto de negócios quanto técnicos.

Stakeholders individuais talvez só tenham conhecimentos e expertise em relação:

- as decisões de negócios que precisam suportar;

- os elementos de dados que apoiam essas decisões de negócio;

- as fontes de dados, regras de transformação e integração;

- a apresentação das informações necessárias.

Entrevistas com stakeholders individuais identificam a informação e o insight analítico necessários para apoiar a sua tomada de decisão. Workshops com stakeholders de todas as diferentes áreas funcionais do negócio podem ajudar a detectar requisitos de informação comuns, sobrepostos que seriam melhor atendidos com uma solução integrada.

Os modelos e os dicionários de dados fornecem definições sobre as regras de negócio e a estrutura dos dados de sistemas existentes. O analista de negócios avalia a documentação disponível para identificar incompletude de um modelo ou inconsistências entre os modelos.

Os modelos de processo estendidos para incluir artefatos de dados podem ajudar a identificar as fontes de dados necessárias nos pontos de decisão. Os modelos de decisão especificam os requisitos analíticos de dados e as regras de negócios para decisões.

Pacotes comerciais de prateleira de funcionalidades de inteligência de negócios (BI) podem fornecer ao analista de negócios um conjunto de ferramentas de prototipagem altamente efetivas para elicitar e esclarecer as informações e os requisitos de comunicação dos stakeholders.

Técnicas do Guia BABOK®

- Brainstorming

- Análise de Documentos

- Grupos Focais

- Decomposição Funcional

- Glossário

- Análise de Interfaces

- Entrevistas

- Rastreamento de Itens

- Observação

- Prototipagem

- Workshops

- Personas, Lista ou Mapa de Stakeholders

- Pesquisa ou Questionário

.3 Gerenciamento do Ciclo de Vida de Requisitos

A natureza arquitetônica da disciplina de inteligência de negócios (BI) exige estabelecer as capacidades de infraestrutura na solução. Isso pode introduzir dependências estruturais dentro da solução, particularmente onde a entrega é faseada, que afetam a priorização das necessidades de negócios individuais. Muitas vezes é possível alcançar eficiências implemenando requisitos relacionados ao mesmo tempo.

Técnicas do Guia BABOK®

- Rastreamento de Itens
- Modelagem Organizacional
- Priorização
- Revisões
- Matriz de Papéis e Permissões
- Personas, Lista ou Mapa de Stakeholders
- Workshops

.4 Análise da Estratégia

Os analistas de negócios podem utilizar modelos de dados conceituais de alto nível para mapear o estado atual das informações corporativas, identificar silos de informação e avaliar seus problemas e oportunidades relacionados. A Modelagem Organizacional pode ser usada para avaliar qualquer infraestrutura de gerenciamento de dados atual, como gerenciamento de metadados e governança de dados.

Ao definir a estratégia do estado futuro, os analistas de negócios podem usar modelos de alto nível para mapear a arquitetura para armazenamento, transferência e transformação dos dados:

- **Modelos de dados lógicos**: fornecem uma visão estática da arquitetura de soluções, representando o portal de informações que conecta a origem dos dados operacionais de entrada com a entrega das saídas de informações de negócio.

- *Diagramas de fluxo de dados*: são comumente usados para mapear os aspectos dinâmicos da solução (dado-em-movimento) e para identificar outras construções arquitetônicas como latência e acessibilidade.

- *Modelos de decisão*: são úteis para definir como as decisões de negócios relevantes são tomadas e onde e como a análise orientada por dados (Analytics) pode ser efetivamente utilizada para atender a essas necessidades.

- *Modelos de dados físicos*: mostram o ambiente de implementação incluindo os data warehouse e data marts.

A arquitetura extensível fornecida pelas soluções de inteligência de negócios (BI) pode suportar a implementação incremental em diferentes áreas funcionais do negócio. Os analistas de negócios podem definir opções de estratégia de mudança com base nas necessidades e prioridades de negócios, impacto nas operações de negócios e na usabilidade de componentes de infraestrutura existentes.

Técnicas do Guia BABOK®

- Gerenciamento de Backlog
- Benchmarking e Análise de Mercado
- Brainstorming
- Análise de Regras de Negócio
- Diagramas de Fluxo de Dados
- Modelagem de Dados
- Análise de Decisão
- Modelagem de Decisão
- Análise de Documentos
- Estimativa
- Grupos Focais
- Decomposição Funcional
- Glossário
- Modelagem Organizacional
- Análise e Gerenciamento de Riscos
- Análise de Causa Raiz
- Personas, Lista ou Mapa de Stakeholders
- Análise SWOT

.5 Análise de Requisitos e Definição de Design

Ao modelar e especificar os requisitos de captura e armazenamento de dados de back office, os analistas de negócios utilizam técnicas específicas de modelagem orientada a dados, tais como Modelagem de Dados, Dicionário de Dados, Modelagem de Decisão e Análise de Regras de Negócio.

Os modelos de dados de um sistema existente ajudam a definir a disponibilidade de dados e identificar redundâncias, inconsistências e questões de qualidade de dados. Quando a documentação dos sistemas atuais é inexistente ou desatualizada, a modelagem com engenharia reversa pode ser um componente substancial do trabalho e frequentemente requer a colaboração de especialistas técnicos, tais como administradores de bancos de dados e programadores de aplicações.

Um modelo de dados de estado futuro demonstra como as informações de origem estão genericamente estruturadas na solução proposta. O processo geral de transformação é comumente modelado usando Diagramas de Fluxo de Dados para ilustrar o gerenciamento da latência e os requisitos de acessibilidade na solução. Os analistas de negócios definem regras de negócios específicas para verificação de integridade de dados e para transformação de dados.

Para modelagem e especificação de informações de saída de front office, os analistas de negócios:

- analisam os relatórios existentes para determinar se são candidatos a serem substituídos ou alterados com saídas de inteligência de negócios (BI);

- usam recursos de inteligência de negócios (BI), tais como consultas ad hoc, mineração de dados e processamento de eventos complexos para identificar e especificar o conteúdo e o formato de novas saídas de inteligência de negócios (BI).

Os analistas de negócios estão envolvidos na avaliação da capacidade de uma solução proposta (tipicamente um pacote de software de prateleira) em relação aos requisitos especificados. No contexto de inteligência de negócios (BI), estes incluem requisitos funcionais como instalações de autoatendimento, ferramentas de análise orientada por dados (Analytics), ferramentas de apresentação de dados, recursos de drill down e requisitos não funcionais relacionados a questões como qualidade de dados, latência de dados e desempenho de consulta.

.6 Técnicas do Guia BABOK®

- Critérios de Aceitação e de Avaliação

- Balanced Scorecard

- Análise de Regras de Negócio

- Dicionário de Dados
- Diagramas de Fluxo de Dados
- Modelagem de Dados
- Modelagem de Decisão
- Análise de Documentos
- Decomposição Funcional)
- Glossário
- Análise de Interfaces
- Entrevistas
- Métricas e Indicadores-Chave de Desempenho (KPIs - Key Performance Indicators)
- Análise de Requisitos Não Funcionais
- Observação
- Modelagem Organizacional
- Priorização
- Modelagem de Processos
- Prototipagem
- Revisões
- Modelagem de Escopo
- Diagramas de Sequência
- Personas, Lista ou Mapa de Stakeholders
- Modelagem de Estados
- Casos de Uso e Cenários
- Avaliação de Fornecedores

.7 Avaliação da Solução

Uma limitação corporativa comum com a introdução de uma solução de inteligência de negócios (BI) é a subutilização do recurso de informação e da funcionalidade analítica que a solução proporciona. Os stakeholders que não estão familiarizados com as capacidades da inteligência de negócios (BI) podem se concentrar em simplesmente substituir ou reparar saídas de informações existentes. Os analistas de negócios exploram e avaliam oportunidades de valor adicional que são habilitadas por uma solução de inteligência de negócios (BI).

.8 Técnicas do Guia BABOK®

- Critérios de Aceitação e de Avaliação
- Balanced Scorecard
- Análise de Regras de Negócio
- Diagramas de Fluxo de Dados
- Modelagem de Dados
- Análise de Decisão
- Modelagem de Decisão
- Estimativa
- Grupos Focais
- Decomposição Funcional
- Glossário
- Entrevistas
- Rastreamento de Itens
- Métricas e Indicadores-Chave de Desempenho (KPIs - Key Performance Indicators)
- Observação
- Modelagem Organizacional
- Priorização
- Modelagem de Processos
- Análise e Gerenciamento de Riscos
- Personas, Lista ou Mapa de Stakeholders
- Pesquisa ou Questionário
- Análise SWOT
- Casos de Uso e Cenários
- Histórias de Usuário
- Avaliação de Fornecedores

11.3   A Perspectiva de Tecnologia da Informação

A Perspectiva de Tecnologia da Informação destaca as características da análise de negócios quando realizada do ponto de vista do impacto da mudança nos sistemas de tecnologia da informação.

Esta perspectiva centra-se em abordagens não ágeis para as iniciativas de TI.

Ao trabalhar na disciplina de tecnologia da informação (TI), os analistas de negócios lidam com uma ampla gama de complexidade e escopo de atividades. As iniciativas podem ser tão pequenas quanto pequenas correções de bugs e aprimoramentos, ou tão grandes quanto a reengenharia de toda a infraestrutura de tecnologia da informação para uma corporação estendida. Os analistas de negócios são chamados a trabalhar com esse diversificado nível de conhecimento e habilidades entre os stakeholders para oferecer soluções valiosas para suas necessidades de TI.

Para obter informações relativas às abordagens ágeis dentro das iniciativas de tecnologia da informação, consulte A Perspectiva Ágil.

Ser capaz de articular efetivamente a visão do negócio e as necessidades para os stakeholders técnicos é fundamental para o sucesso de um analista de negócios na disciplina de tecnologia da informação. Os analistas de negócios colaboram proativamente tanto com os stakeholders de negócios quanto com as equipes de desenvolvimento para garantir que as necessidades sejam compreendidas e alinhadas com a estratégia organizacional. Um analista de negócios frequentemente desempenha o papel do tradutor que ajuda os stakeholders de negócios e de tecnologia a entenderem as necessidades, restrições e contexto de cada um. O conceito de design de solução é apropriado em um contexto de tecnologia, e do ponto de vista do analista de negócios de TI. No entanto, o termo 'design', quando discutido dentro do contexto de TI, geralmente significa 'design técnico' ou a utilização de tecnologias para resolver problemas de negócio. Analistas de negócios dentro de um contexto de TI definem e elaboram requisitos de solução ou participam de design de solução com os stakeholders do negócio enquanto mantém uma separação com design técnico.

Importante   Em contextos de TI, o termo 'design' tem sido tradicionalmente reservado para solução ou design técnico realizado por desenvolvedores, arquitetos de TI ou arquitetos de soluções. Todo trabalho realizado por analistas de negócios de TI é coberto pelo termo "requisitos", incluindo conceitos como a definição e o design de processos de negócios, interfaces de usuário, relatórios ou outros elementos da solução relevantes para os stakeholders de fora da equipe de implementação. Os analistas de negócios que trabalham neste contexto podem preferir o termo "requisitos de solução" em vez de "design", a fim de manter uma separação clara de responsabilidade.

Os analistas de negócios que trabalham em um ambiente de tecnologia da informação consideram suas tarefas à luz de três fatores-chave:

- *Impacto da solução*: o valor e o risco da solução para o negócio.

- *Maturidade organizacional*: a formalidade e a flexibilidade dos processos de mudança organizacional.

- **Escopo da mudança**: a amplitude, a profundidade, a complexidade e o contexto para a mudança proposta.

11.3.1   Escopo da Mudança

As mudanças nos sistemas de TI são iniciadas por várias razões.

Cada um dos gatilhos a seguir pode levar a uma mudança de TI:

- **Criar uma nova capacidade organizacional**: pode ser executada para transformar a organização. Esses tipos de iniciativas de TI podem impulsionar a criação de programas maiores para tratar de mudanças fora da TI, mas são centrados em uma tecnologia que altera o ambiente de negócios.

- **Atingir um objetivo organizacional, aprimorando uma capacidade existente**: faz parte de uma mudança que atenda a uma necessidade definida. Isso pode incluir mudanças para atender aos requisitos regulatórios ou para habilitar metas específicas do negócio. Estes tipos de iniciativas modificam muitas vezes um sistema existente, mas também podem exigir a implementação e integração de novos sistemas.

- **Facilitar uma melhoria operacional**: é empreendida para melhorar a eficiência organizacional ou reduzir o risco organizacional. O escopo de mudança, a maturidade organizacional e o impacto de solução ditam se essas mudanças serão gerenciadas como um projeto, parte de um esforço de melhoria contínua, ou como um aprimoramento.

- **Manter um sistema de tecnologia da informação existente**: é empreendido para garantir o bom funcionamento de um sistema de TI existente. Dependendo do escopo da mudança, a manutenção pode ser gerenciada como um projeto ou uma atividade regularmente programada. Isso pode incluir mudanças impulsionadas por tecnologia como um fornecedor descontinuando o suporte de uma tecnologia, releases programados ou atualizações para um pacote de software comprado, ou modificações técnicas necessárias para apoiar a estratégia de arquitetura.

- **O reparo de um sistema de tecnologia da inform**
  realizado quando um sistema de TI que não está fu.
  esperado é alterado para corrigir a disfunção. A urgêñ
  geralmente baseada no nível de perturbação causado. E
  o escopo do esforço do reparo é muito grande, portanto, o
  gerenciado como um projeto.

.1 Amplitude da Mudança

As iniciativas de tecnologia da informação podem incidir sobre um sistem.
único ou sobre múltiplos sistemas que interagem entre si. Alguns sistemas
são desenvolvidos e mantidos internamente, enquanto outros são pacotes
comerciais de prateleira (COTS - Commercial-Off-The-Shelf) desenvolvidos
por uma organização externa ao grupo que implementa o sistema. Também é
possível que uma organização externa conclua o desenvolvimento
personalizado, como quando as tarefas de desenvolvimento são terceirizadas
ou contratadas.

O escopo de uma iniciativa de TI é muitas vezes estritamente focado em
software e hardware e em um conjunto mínimo de sistemas, aplicações ou
stakeholders. Iniciativas maiores podem impactar diversos grupos de
usuários ou sistemas, e muitas vezes requerem colaboração da corporação
estendida. A implementação de pacotes comerciais de prateleira (COTS -
Commercial-Off-The-Shelf) pode começar com um escopo pequeno ou
limitado quando a mudança é iniciada, mas após a análise concluída o escopo
é mais amplo do que o originalmente previsto. A abordagem de análise de
negócios para uma seleção e implementação de pacotes comerciais de
prateleira (COTS - Commercial-Off-The-Shelf) é abordada de forma diferente
do que o desenvolvimento interno. Esses sistemas de TI quase sempre
requerem customização, integração, administração e treinamento. Em alguns
casos, as iniciativas são limitadas à instalação e implementação inicial, ou
aprimoramentos de uma aplicação existente. As iniciativas de TI também
podem se concentrar em uma solução tecnológica muito específica, como
quais dados são necessários, como os dados são coletados, como são
armazenados e acessados a fim de apoiar os métodos de transação do
negócio, ou como as informações são relatadas e disponibilizadas para os
grupos de negócios.

Os analistas de negócios que trabalham em TI, consideram cuidadosamente
o contexto para qualquer mudança de tecnologia da informação. Eles
consideram se a mudança é gerenciada como um projeto, uma melhoria
contínua ou uma atividade de manutenção. Os analistas de negócios também
consideram o gerenciamento de mudanças organizacionais e todos os
impactos incluindo treinamento, comunicações e adoção da mudança.

As naturezas das atividades de análise de negócios em um ambiente de TI, dependem de uma variedade de fatores de impacto de solução:

- O que acontece com o negócio se esse sistema for desligado?

- O que acontece se o desempenho do sistema se degrada?

- Quais capacidades e processos de negócios dependem do sistema de TI?

- Quem contribui para essas capacidades e processos?

- Quem usa essas capacidades e processos?

Ao considerar estes fatores de impacto da solução, os analistas de negócios não apenas combinam a formalidade das atividades de análise com os processos de análise de negócios definidos pela organização, mas também consideram a importância do sistema de TI. A importância do sistema em análise pode indicar que é necessária mais análise para apoiar e definir os requisitos para a mudança.

.2 Profundidade da Mudança

Mudanças em um ambiente de TI frequentemente requerem que o analista de negócios defina detalhes explícitos, incluindo detalhes técnicos como a definição de elementos de dados individuais sendo manipulados ou impactados pela mudança. Os esforços de integração podem exigir análise e definição em um grande nível de detalhes, identificando e definindo as interfaces entre sistemas de TI. Devido ao nível de detalhes exigido nesses tipos de iniciativas, os analistas de negócios elicitam e analisam como a organização funciona como um todo e como o sistema de TI dará suporte a essas operações. Isso fornece o contexto necessário para que o analista de negócios entenda se os detalhes que estão sendo descobertos e documentados são relevantes para a entrega de valor. Isso pode ser particularmente desafiador quando uma mudança de sistema de TI é iniciada por razões orientadas por tecnologia, mas sem clareza suficiente ou alinhamento ao propósito de negócio.

.3 Valor e Soluções Entregues

Os sistemas de tecnologia da informação são implementados para aumentar o valor organizacional, o que inclui quaisquer capacidades de suporte e processos que utilizem o sistema. Os analistas de negócios buscam alinhar a funcionalidade de TI a esses processos e capacidades, além de medir o efeito que o sistema tem sobre eles.

As mudanças nos sistemas de TI podem aumentar o valor de muitas maneiras, incluindo:

- reduzindo os custos operacionais;

- diminuindo o esforço desperdiçado;

- aumentando o alinhamento estratégico;

- aumentando a confiabilidade e a estabilidade;

- automatizando processos manuais ou propensos a falhas;

- corrigindo problemas;

- tornando possível escalar, aprimorar ou tornar mais prontamente disponível uma capacidade de negócio;

- implementando novas funcionalidades e novas capacidades.

.4 Abordagem de Entrega

A entrega de atividades de análise de negócios dentro de uma organização de TI varia muito. As iniciativas podem variar de pequenos esforços de aprimoramento que são concluídas num release único, de curto prazo, ou até em implementações faseadas em múltiplas releases.

As iniciativas de curto prazo podem envolver um único analista de negócios por um curto período de tempo. Esforços maiores frequentemente envolvem vários analistas de negócios que podem coordenar as atividades de análise de várias formas. Os analistas de negócios podem dividir o trabalho com base em grupo de negócio envolvido ou por atividade específica.

.5 Principais Suposições

A seguir, uma lista de principais suposições da disciplina de TI:

- capacidades de negócios e processos que utilizam um sistema de TI estão entregando valor para a organização;

- os analistas de negócios que trabalham a partir de outras perspectivas podem integrar o seu trabalho com o trabalho dos analistas de negócios de TI;

- as mudanças de sistemas de TI são geralmente impulsionadas por uma necessidade de negócio, embora algumas iniciativas possam ter origem a partir de desenvolvimentos tecnológicos.

11.3.2   Escopo de Análise de Negócios

.1 Patrocinador da Mudança

As mudanças de tecnologia da informação podem ser solicitadas ou patrocinadas por patrocinadores empresariais, departamentos de TI ou como uma colaboração entre os dois. Essas mudanças devem se alinhar à estratégia organizacional e aos objetivos de negócios. É possível que um departamento de TI inicie a mudança para alinhar com a estratégia técnica ou atingir metas técnicas, mas um alinhamento de estratégia organizacional geral ainda é crucial para o sucesso de mudanças.

A lista a seguir representa possíveis patrocinadores de mudança:

- equipe técnica

- executivo técnico

- dono do aplicativo

- dono do processo

- dono do negócio

- gerente de produto interno

- representante regulatório (como um departamento jurídico corporativo).

As empresas podem utilizar muitos métodos para iniciar mudanças relacionadas à tecnologia da informação. Frequentemente, grandes empresas definem um programa ou escritório de gerenciamento de projetos dentro do departamento de TI, que incorre pedidos e prioriza esforços em nome do departamento.

.2 Alvos da Mudança

Os analistas de negócios identificam todos os departamentos possíveis, processos, aplicativos e funções que podem ser impactados pela mudança proposta. Um analista de negócios não apenas se concentra nos detalhes da iniciativa, mas também fica de olho no quadro mais amplo e no impacto potencial (tanto comercial quanto técnico) da mudança. Isso envolve um nível de análise de processo e funcional com foco específico tanto nas interfaces técnicas quanto nas transferências de processos.

.3 Posição do Analista de Negócios

Dentro de uma iniciativa de TI, as atividades de análise de negócios podem ser preenchidas por pessoal com um dos vários tipos de antecedentes ou cargos dentro da organização. Essa atribuição pode depender do tipo de mudança, do nível de experiência, do conhecimento necessário ou simplesmente da equipe disponível para o esforço. O pessoal pode ser designado para as tarefas de análise de negócios devido à experiência descrita abaixo, podendo concluir algumas ou todas as responsabilidades de análise de negócios para uma determinada mudança.

É possível que todas as tarefas de análise de negócios para um projeto de TI possam ser concluídas por uma pessoa com apenas um desses backgrounds:

- um analista de negócios que trabalha especificamente com os usuários de negócios de um sistema de TI;

- um analista de negócios de TI que é a ligação designada entre a equipe técnica e o grupo empresarial que utiliza o aplicativo;

- um especialista (SME - Subject Matter Expert) com experiência na implementação do software atual;

- um usuário de software experiente com a atividade diária de como o software é usado e pode se concentrar na usabilidade;

- um analista de sistemas que tenha experiência dentro do domínio empresarial, mas não tenha experiência com o aplicativo específico;

- um proprietário de processos de negócios que tenha uma experiência profunda com as capacidades ou processos de negócios, mas que não tenha qualquer experiência técnica ou de TI;

- uma pessoa técnica com uma experiência técnica profunda;

- um representante de um pacote comercial de prateleira (COTS - Commercial Off-The-Shelf) que permitirá implementações personalizadas de uma solução empacotada, e aproveitará o conhecimento do pacote do fornecedor e da experiência de implementação passada.

.4 Resultados de Análise de Negócios

Dentro de uma iniciativa de TI, um analista de negócios pode considerar os processos de negócios impactados pela mudança, assim como os dados e informações de inteligência de negócios (BI) coletados pelo sistema. Analistas de negócios que trabalham na iniciativa planejam minuciosamente o esforço de análise de negócios e os entregáveis que apoiam o esforço de mudança.

A abordagem de mudança que está sendo utilizada tem um impacto direto nos entregáveis ou resultados de análise de negócios. Muitas organizações possuem um sistema definido ou metodologia de desenvolvimento de soluções que, em alguma medida, determina os entregáveis que são necessários em cada marco do projeto. Mesmo dentro do contexto dessa estrutura o analista de negócios pode buscar completar entregáveis adicionais além daqueles exigidos pela abordagem de mudança ou processo específico de organização, e empregar técnicas que suportem a compreensão abrangente do esforço de mudança necessário.

Os analistas de negócios que trabalham na disciplina de TI são responsáveis por entregar qualquer um dos seguintes:

- requisitos definidos, completos, testáveis, priorizados e verificados;

- análise de alternativas;

- regras de negócio;

- análise de lacuna;

- decomposição funcional;

- casos de uso e cenários, e/ou histórias de usuário conforme o caso;

- análise de interfaces;

- protótipos;

- análise de processos;

- modelos de processo;

- modelos de estado;

- modelos de decisão;

- modelos de contexto ou modelos de escopo;

- modelos de dados.

Entregáveis adicionais não incluídos na lista acima, mas relativos a qualquer uma das saídas de técnicas de análise de negócios utilizadas podem também ser considerados entregáveis do analista de negócios.

11.3.3 Metodologias

As metodologias seguidas pelas organizações de tecnologia da informação variam muito.

Em geral, as metodologias de desenvolvimento de soluções se enquadram em duas abordagens genéricas:

- *Previsão*: processos estruturados que enfatizam o planejamento e a documentação formal dos processos utilizados para completar a mudança. Cada fase do processo ou sequência é concluída antes de avançar para a próxima fase.

- *Adaptativo*: processos que permitem retrabalhar dentro de um ou mais dos ciclos de processos estruturados gerais. A maioria dos modelos adaptativos são tanto iterativos quanto incrementais, focando em crescer o produto tanto em amplitude quanto em profundidade.

Uma metodologia híbrida também pode ser utilizada. Um híbrido pode incluir uma visão geral para toda a iniciativa (como em preditivo), bem como uma definição de detalhes dentro de ciclos individuais ou iterações (como em adaptativo).

A tabela a seguir identifica várias metodologias ou abordagens estabelecidas que um analista de negócios praticando em um ambiente de tecnologia da informação pode encontrar.

Tabela 11.3.1: Metodologias de Tecnologia da Informação

Metodologia	Breve Descrição
Feita em casa ou Específica da Organização	Uma metodologia derivada de componentes de outras metodologias ou abordagens estabelecidas pode ser criada por uma organização de tecnologia da informação para reger iniciativas baseadas em tecnologia da informação.
Engenharia de Requisitos (ER)	Estabelece uma abordagem estruturada para o desenvolvimento e gerenciamento de requisitos e é utilizada em ambientes preditivos, adaptativos e ágeis.
Análise Estruturada de Sistemas e Método de Design (SSADM - Structured Systems Analysis and Design Method)	Uma metodologia de desenvolvimento preditivo que se concentra na modelagem lógica estabelecida e na separação dos requisitos das soluções como parte central da análise e especificação dos sistemas.
Processo Unificado (UP - Unified Process)	Uma abordagem de desenvolvimento adaptativa. As fases de concepção e elaboração são de particular interesse aos analistas de negócios. O UP não é considerado ágil, mas sim uma metodologia adaptativa.

11.3.4 Competências Fundamentais

Um analista de negócios que trabalha dentro da TI pode possuir habilidades relacionadas ao desenvolvimento de TI como programação, criação de um banco de dados, criação de uma arquitetura de sistema ou solução, experiência em testes de software ou outras habilidades técnicas. No entanto, habilidades relacionadas ao desenvolvimento ou habilidades técnicas não são necessárias para que um analista de negócios tenha sucesso dentro de um ambiente de TI. É importante que o analista de negócios tenha uma forte compreensão dos detalhes exigidos dentro de um pacote de requisitos para suportar soluções técnicas, bem como um entendimento do que é tecnicamente viável dentro das restrições de uma arquitetura técnica de uma organização. Essas habilidades permitirão que um analista de negócios trabalhe com todos os stakeholders para desenhar um framework de solução de negócios que também permitirá à equipe técnica a flexibilidade de desenhar uma solução técnica.

Os analistas de negócios usam habilidades de influência e facilitação ao trabalhar com os stakeholders. As habilidades de negociação são frequentemente usadas quando se trabalha com equipe e equipe técnica para chegar a acordos e decisões se os custos de uma solução (seja em orçamento, tempo ou impacto arquitetônico) entram em conflito com o resultado de negócios desejado.

O pensamento de sistemas é uma competência crucial para os analistas de negócios praticarem num ambiente de TI. O pensamento de sistemas suporta a capacidade de o analista de negócios de ver o quadro maior incluindo quaisquer outras aplicações ou aspectos técnicos que possam ser impactados, os detalhes da necessidade específica e possíveis soluções técnicas. O pensamento de sistemas também suporta a capacidade de identificar impactos para pessoas, processos e software que não são necessariamente alterados diretamente como parte de um esforço de desenvolvimento de TI, além de analisar os riscos e possíveis resultados desses impactos.

11.3.5 Impacto nas Áreas de Conhecimento

Esta seção explica como as práticas de análise de negócios específicas dentro da tecnologia da informação são mapeadas para as tarefas e práticas de análise de negócios, conforme definido pelo Guia BABOK®. Ele também descreve como cada área de conhecimento é aplicada ou modificada dentro da disciplina de TI.

Cada área de conhecimento lista técnicas relevantes para uma perspectiva de TI. As técnicas utilizadas na disciplina de tecnologia da informação não se desviam, em grande medida, das técnicas do Guia BABOK®. As técnicas do Guia BABOK® são encontradas no capítulo Técnicas do Guia BABOK®. Isso não pretende ser uma lista exaustiva de técnicas, mas sim evidenciar os tipos de técnicas utilizadas pelos analistas de negócios enquanto executa as tarefas dentro da área de conhecimento.

.1 Planejamento e Monitoramento de Análise de Negócios

Uma abordagem de análise de negócios é uma ferramenta de comunicação fundamental que pode ser usada para identificar recursos necessários para o trabalho de análise de negócios e garantir tempo adequado para o esforço de análise. Um plano de análise de negócios bem definido integra o plano geral do projeto e fornece aos analistas de negócios a oportunidade de definir e programar as atividades de análise de negócios para o projeto.

Muitas organizações possuem alguns padrões e processos em vigor, o que pode identificar determinadas tarefas de análise e entregáveis. Se estes não estiverem em vigor, o analista de negócios identifica essas tarefas e entregáveis com base nas necessidades da iniciativa específica.

É importante que o contexto do trabalho de análise seja compreendido. Isso inclui entender a interoperação de sistemas de software, processos de negócios e os dados que são transmitidos de um sistema para outro. Alterações em qualquer sistema ou processo podem ter um efeito cascata que traz sistemas, processos ou grupos de stakeholders adicionais para o escopo da iniciativa.

O analista de negócios de TI pode estar inserido dentro de uma equipe de software. Essa abordagem permite que o analista de negócios se torne bastante conhecedor de software ou processos específicos suportados pelo software. As atitudes e necessidades dos stakeholders podem mudar ou variar em relação a cada mudança particular. Os planos de funções, colaboração e comunicação são planejados para cada esforço de mudança.

Os pacotes comerciais de prateleira podem envolver grandes esforços de integração de sistemas, customizações e muitas tarefas inesperadas devido à introdução de software externo. Ao planejar os impactos desconhecidos e as necessidades de personalição desconhecidas, os analistas de negócios engajam tanto os stakeholders internos que entendem as necessidades da mudança, quanto os stakeholders externos que possuem expertise com implantação de pacotes comerciais de prateleira.

Técnicas do Guia BABOK®

- Gerenciamento de Backlog
- Análise de Documentos
- Estimativa
- Decomposição Funcional
- Rastreamento de Itens
- Métricas e Indicadores-Chave de Desempenho (KPIs - Key Performance Indicators)
- Modelagem Organizacional
- Matriz de Papéis e Permissões
- Modelagem de Escopo
- Personas, Lista ou Mapa de Stakeholders

.2 Elicitação e Colaboração

As mudanças na tecnologia da informação frequentemente afetam muitos stakeholders com relações distintas com a solução ou mudança. Quando uma mudança envolve um aplicativo ou sistema de TI, a equipe técnica pode ter expertise, perspectivas ou experiência que possam identificar impactos adicionais aos sistemas ou processos conforme requisitos e soluções definidas. Por esta razão, é benéfico ter pelo menos uma sessão de elicitação com pessoal técnico de TI, como equipe de desenvolvimento ou de design técnico, e o especialista (SME - Subject Matter Expert) de negócios na mesma sala ao mesmo tempo. Este tipo de abordagem de elicitação fornece uma plataforma para a colaboração entre equipes técnicas e empresariais, onde o analista de negócios de TI serve como facilitador e contato para o processo.

Os analistas de negócios que praticam em um ambiente de TI podem utilizar qualquer uma das técnicas identificadas na área de conhecimento Elicitação e Colaboração. Adicionalmente, os métodos a seguir podem ser de grande benefício na disciplina de tecnologia da informação:

- ***Investigação***: utilizando ativos de processo organizacional, pesquisa de mercado, análise competitiva, especificações funcionais e observação.

- ***Simulações***: usando modelagem estatística e mock-ups.

- ***Experimentação***: usando provas de conceito, protótipos, releases alfa e beta e testes A/B.

As mudanças na tecnologia da informação podem ser vistas como uma distração ou custo pelos stakeholders de negócios se a mudança não for percebida como missão crítica ou se o stakeholder estiver experimentando um valor negativo da mudança. Isso pode tornar o engajamento para a elicitação desafiador. A elicitação além das fronteiras organizacionais pode ser impedida, causando rupturas na colaboração e retrabalho. Os analistas de negócios de TI podem diminuir o risco de retrabalho engajando a tecnologia da informação e os recursos de negócios em atividades de colaboração.

Técnicas do Guia BABOK®

- Brainstorming

- Jogos Colaborativos

- Análise de Documentos

- Grupos Focais

- Análise de Interfaces

- Entrevistas

- Observação

- Modelagem de Processos

- Prototipagem

- Modelagem de Escopo

- Diagramas de Sequência

- Personas, Lista ou Mapa de Stakeholders

- Modelagem de Estados

- Pesquisa ou Questionário

- Casos de Uso e Cenários

- Workshops

.3 Gerenciamento de Ciclo de Vida de Requisitos

As iniciativas de TI frequentemente experimentam grandes descobertas enquanto criam a mudança. É por meio da exploração que os analistas de negócios descobrem as implicações da nova funcionalidade proporcionada pela solução. Esse senso de descoberta em ambientes de TI levou à adaptação de tempos de ciclo curtos (melhoria ágil e contínua), controle rigoroso de mudanças (Capability Maturity Model Integration (CMMI) e preditivo), e tecnologia da informação externalizada (Software as a Service (SaaS) e serviços em nuvem).

Os analistas de negócios que trabalham em TI prestam especial atenção ao alinhamento, aprovação, controle de mudança, rastreabilidade e ferramentas de gerenciamento de ciclo de vida de requisitos. É papel do analista de negócios trabalhar com os stakeholders para desenvolver um método consistente para revisar os requisitos de evolução para garantir o alinhamento com os objetivos do negócio para a iniciativa.

Em muitos casos, as mudanças nos requisitos aprovados são impulsionadas por mudanças em requisitos de nível superior, como objetivos de negócios. Os analistas de negócios colaboram com os stakeholders para garantir que esses requisitos estejam estáveis antes de prosseguir para a solução ou requisitos técnicos. Quando as mudanças nos requisitos são apresentadas, o analista de negócios analisa o impacto e planeja como gerenciar as mudanças propostas.

À medida que cresce a complexidade de um ambiente de tecnologia da informação, torna-se cada vez mais importante acompanhar cada mudança a cada exigência ou entre requisitos e outras informações. A rastreabilidade que inclui dependências e relacionamentos entre os requisitos torna mais fácil para os stakeholders entenderem o que está mudando sobre o sistema de TI e prever impactos de mudanças adicionais.

Como os sistemas técnicos são alterados ao longo do tempo, é útil quando cada versão de cada requisito é armazenada de alguma forma e contabilizada. A rastreabilidade possibilita encontrar a origem e o proprietário de cada função e recurso solicitados, bem como por que, quando, e como mudou ao longo do tempo. Essa história é importante para garantir que os requisitos estão completos e que a aprovação de requisitos é uma decisão sensata. Quando a mudança de trabalho e o sistema de TI são auditados, os reguladores e outros interessados podem entender o que aconteceu, quando e porque. Isso pode ser especialmente importante para fins de auditoria, quando um aplicativo gerencia dados ou processos sistematicamente sem intervenção humana para cada transação ou instância do processo que ocorre. Esse rastreio também ajuda a organização a entender por que algumas funcionalidades não são entregues ou implementadas no sistema de TI, e por que ela foi eliminada do escopo dessa implementação.

Técnicas do Guia BABOK®

- Critérios de Aceitação e de Avaliação
- Análise de Decisão
- Rastreamento de Itens
- Métricas e Indicadores-Chave de Desempenho (KPIs - Key Performance Indicators)
- Priorização

.4 Análise da Estratégia

Dentro de uma organização de TI, a análise de estratégia se concentra nas tecnologias e sistemas, unidades de negócios, processos de negócios e estratégias de negócios impactadas por uma mudança proposta. É possível que os impactos de uma mudança causem um efeito de cascata por meio de outros sistemas da organização. Para analisar as necessidades e as mudanças propostas, os analistas de negócios buscam entender todos os diversos aspectos que podem ser impactados pela mudança.

A análise de estado atual dentro das iniciativas de TI inclui análise de processos manuais, entendendo o que o sistema ou a tecnologia atualmente faz, os dados necessários para concluir tarefas e os demais sistemas e processos que interagem com o sistema. Os analistas de negócios planejam uma compreensão completa do estado atual e um amplo contexto do empreendimento no início, com o entendimento de que o escopo será reduzido à medida que o estado futuro for identificado.

Uma vez compreendido o estado atual, é descrito o estado futuro desejado. Isso pode ser processo ou capacidade relacionada e geralmente inclui como a funcionalidade do sistema atual é necessária para mudar a fim de suportar a visão futura e atender aos objetivos de ambos os stakeholders individuais e da empresa. Na compreensão tanto dos estados atuais quanto futuros, a lacuna entre os dois é identificada, e é aí que a direção do esforço de mudança pode ser definida. É nesse ponto de análise que as opções de solução são exploradas.

Uma vez que os aspectos do escopo de mudança e do estado futuro desejado sejam compreendidos, os analistas de negócios avaliam incerteza e risco. A incerteza é esclarecida por:

- identificar e definir riscos;
- identificar e definir potenciais benefícios;

- estabelecer parâmetros de variância em processos e operações conhecidas;
- explorar o desconhecido.

Os analistas de negócios também exploram outros riscos potenciais incluindo:

- riscos de fornecedores, tais como a sua estabilidade de negócios e de produtos;
- impactos para o ambiente técnico do sistema;
- a escalabilidade da solução caso o volume de transações ou usuários aumente com o tempo;
- mudanças adicionais de processo ou sistema necessárias com base na mudança iniciada.

Técnicas do Guia BABOK®

- Análise de Capacidades de Negócio
- Grupos Focais
- Decomposição Funcional
- Entrevistas
- Rastreamento de Itens
- Observação
- Análise de Processos
- Modelagem de Processos
- Modelagem de Escopo
- Pesquisa ou Questionário
- Análise SWOT
- Avaliação de Fornecedores
- Workshops

.5 Análise de Requisitos e Definição de Design

É importante para os analistas de negócios que trabalham em TI entender e esclarecer o termo 'design'. Muitas organizações de TI pensam em design apenas como se aplica ao design ou blueprint de um software ou mudança técnica. Dentro da área de conhecimento Análise de Requisitos e Definição de Design, o termo design é visualizado de forma mais ampla e do ponto de vista do analista de negócios. Os designs são representações utilizáveis que se concentram na solução e na compreensão de como o valor pode ser realizado por uma solução se ela for construída. Por exemplo, um modelo de uma melhoria de processo potencial (se ele impacta ou utiliza um sistema de TI ou não), bem como layouts de interface do usuário ou definições de relatório, podem todos ser considerados designs.

Os analistas de negócios elaboram os requisitos de negócios e técnicos, decompõem e definem as necessidades dos stakeholders, e identificam o valor a ser realizado pelos stakeholders uma vez que uma solução técnica ou mudança seja implementada. Eles elam, definem e analisam os requisitos de negócios e stakeholders, e também definem, analisam e modelam designs de solução. Eles definem requisitos para um nível de detalhe técnico que será utilizado como parte de design de solução e entrada em designs técnicos. Essa elaboração incluirá tanto requisitos funcionais como requisitos não funcionais . Para algumas iniciativas de mudança, a definição de requisitos não funcionais poderia definir todos os objetivos do negócio para o esforço de mudança.

Os analistas de negócios muitas vezes contam com outros agentes de mudança para produzir designs técnicos para soluções de software. Um arquiteto de sistemas, programador, gerenciador de banco de dados ou outro especialista técnico é muitas vezes necessário para determinar como usar a tecnologia para satisfazer um conjunto de requisitos. Os analistas de negócios de TI definem etapas do processo, regras de negócios, fluxos de tela e layouts de relatórios. Definir requisitos para incluir funcionalidades detalhadas de um sistema, os processos de negócio e de sistema é uma parte crucial do design de solução e não separa análise e design.

Como parte da análise de requisitos, um analista de negócios de TI pode ser parceiro de outro analista de negócios com um foco diferente, como um analista de negócios ou arquiteto empresarial, para garantir que os requisitos de TI se alinhem à estratégia empresarial ou organizacional.

Análise de requisitos e definição de design frequentemente envolve documentar requisitos usando palavras e figuras. Em alguns casos, os requisitos podem ser representados de outras formas como uma prova de conceito, protótipos funcionais de software ou simulações. Em todos os casos, o analista de negócios trabalha para produzir documentação com detalhes suficientes e adequados para:

- o negócio para verificar e validar os requisitos;
- os desenvolvedores projetarem;
- os testadores mensurarem a solução antes de ser implementada em um ambiente de produção.

Técnicas do Guia BABOK®

- Análise de Regras de Negócio
- Dicionário de Dados
- Diagramas de Fluxo de Dados
- Modelagem de Dados
- Análise de Decisão
- Modelagem de Decisão
- Análise de Documentos
- Estimativa
- Decomposição Funcional
- Glossário
- Análise de Interfaces
- Análise de Requisitos Não Funcionais
- Modelagem Organizacional
- Modelagem de Processos
- Prototipagem
- Revisões
- Matriz de Papéis e Permissões
- Modelagem de Escopo
- Diagramas de Sequência
- Modelagem de Estados
- Casos de Uso e Cenários
- Histórias de Usuário

.6 Avaliação da Solução

A avaliação da solução se concentra nos componentes da solução e no valor que eles fornecem. Dentro de um contexto de TI, isso inclui um foco nas interações entre vários sistemas de dentro da mudança e do ambiente circundante. É importante para um analista de negócios que trabalha na disciplina de TI entender o contexto da solução e como as mudanças dentro de um sistema ou processo podem impactar outros sistemas dentro do ambiente. Esses impactos podem agregar valor negativo ou positivo aos demais sistemas, consequentemente impactando a realização geral de valor para a mudança.

Um aspecto de avaliação de solução dentro de um contexto de TI é teste de software ou teste de solução. Os testes ou a garantia de qualidade garantem que a solução funcione como previsto ou desenhado, e que atenda às necessidades do negócio ou dos stakeholders que solicitaram o esforço de mudança. O analista de negócios trabalha com garantia de qualidade (testadores) para garantir que as soluções técnicas atendam às necessidades de negócios, conforme definido pelos requisitos e outros entregáveis de análise de negócios. Os testadores utilizam metodologias de teste para planejar, desenvolver e executar testes. Este aspecto dos testes de solução geralmente se concentra em testes de processo completos, inclusive entre sistemas para garantir a qualidade e precisão da solução de ponta a ponta. Os analistas de negócios trabalham com os stakeholders para planejar, desenvolver e executar testes de aceitação do usuário para garantir que a solução atenda às suas necessidades.

Os analistas de negócios se conscientizam da lógica de implementação de uma solução de TI e de como essa lógica funciona para criar valor para a solução. Essa realização de valor é comumente associada a um melhor suporte para processos e procedimentos de negócios.

Objetivos de negócios e técnicos são associados à realização de benefícios e valor medidos a partir de métricas definidas usadas para avaliar o sucesso. As exigências devem ser rastreadas até os objetivos, e essa rastreabilidade fornece uma base para a avaliação da solução. A análise do desempenho da solução centra-se em sistemas técnicos e como eles fornecem valor potencial e real aos stakeholders.

Onde uma grande mudança organizacional contém um elemento de TI, uma avaliação de solução de TI pode contribuir para uma atividade de realização de benefícios mais ampla associada a todo o programa de mudanças.

Como parte das atividades de avaliação de soluções, um analista de negócios pode trabalhar com uma equipe para concluir tarefas, como avaliar as limitações de solução e avaliar os impactos de tais limitações. O analista de negócios pode apoiar e avaliar os esforços de testes técnicos para toda ou uma parte da solução desenvolvida.

Técnicas do Guia BABOK®

- Critérios de Aceitação e de Avaliação
- Análise de Decisão
- Estimativa
- Rastreamento de Itens
- Métricas e Indicadores-Chave de Desempenho (KPIs - Key Performance Indicators)
- Modelagem Organizacional
- Análise e Gerenciamento de Riscos
- Modelagem de Processos
- Análise SWOT
- Avaliação de Fornecedores

11.4   A Perspectiva da Arquitetura de Negócio

A Perspectiva de Arquitetura de Negócio destaca as características únicas da análise de negócios quando praticada no contexto da arquitetura de negócios.

A arquitetura de negócios modela a corporação para mostrar como os interesses estratégicos dos principais stakeholders são atendidos e para apoiar os esforços contínuos de transformação de negócios.

A arquitetura de negócios fornece descrições e visões arquitetônicas, chamadas de blueprints, para proporcionar um entendimento comum da organização com a finalidade de alinhar objetivos estratégicos com demandas táticas. A disciplina de arquitetura de negócios aplica o pensamento analítico e os princípios arquitetônicos ao nível corporativo. As soluções podem incluir alterações no modelo de negócio, modelo de operação, estrutura organizacional ou conduzir outras iniciativas.

A arquitetura de negócios segue certos princípios arquitetônicos fundamentais:

- **Escopo**: o escopo da arquitetura de negócios é a empresa inteira. Não se trata de um único projeto, iniciativa, processo ou peça de informação. Ele coloca projetos, processos e informações sobre o contexto de negócios maiores para proporcionar um entendimento das interações, oportunidades de integração, redundâncias e inconsistências.

- **Separação de interesses**: arquitetura de negócios separa interesses dentro de seu contexto. Separe especificamente o que o negócio faz a partir de:

  - a informação que o negócio utiliza;

  - como o negócio é realizado;

  - quem faz isso e onde na empresa é feito;

  - quando estiver terminado;

  - por que é feito;

  - o quão bem é feito.

  Uma vez que os interesses independentes sejam identificados, eles podem ser agrupados em combinações ou mapeamentos específicos, que podem ser usados para analisar questões de negócios direcionadas.

- **Orientado à cenários**: há muitas perguntas diferentes que um negócio tenta responder para fornecer o blueprint para alinhamento. Cada uma dessas diferentes questões ou cenários de negócios requer um conjunto diferente de blueprints contendo um conjunto diferente de informações e relações, com diferentes tipos de resultados e medidas para determinar o sucesso.

- **Baseada em conhecimento**: enquanto o objetivo principal da arquitetura de negócios é responder a estas perguntas de negócios, um objetivo secundário, mas importante, é coletar e catalogar os diferentes componentes arquitetônicos (o quê, como, quem, por que, etc.) e suas relações em uma base de conhecimento para que possam ser usados de forma rápida e fácil para ajudar a responder à próxima pergunta de negócios que surge. A base de conhecimento é frequentemente gerenciada em um repositório arquitetônico formal.

11.4.1   Escopo da Mudança

.1 Amplitude da Mudança

A arquitetura de negócios pode ser realizada:

- em toda a empresa como um todo;
- através de uma única linha de negócios dentro da empresa (definindo a arquitetura de um dos modelos de negócios da empresa);
- através de uma única divisão funcional.

As atividades de arquitetura de negócios são geralmente realizadas com uma visão de toda a empresa em mente, mas também podem ser realizadas para uma unidade de negócio autônoma dentro da empresa. É necessário um amplo escopo para gerenciar a consistência e a integração no nível corporativo. Por exemplo, a arquitetura de negócios pode esclarecer uma situação em que a mesma capacidade de negócio é implementada por diversos processos diferentes e diversas organizações diferentes utilizando diferentes modelos de informação. Dada a clareza que vem de um escopo corporativo, o negócio pode então determinar se essa estrutura é a melhor forma de se alinhar com objetivos estratégicos.

.2 Profundidade da Mudança

Um esforço de arquitetura de negócios pode concentrar-se no nível executivo da empresa para apoiar a tomada de decisões estratégicas, ou no nível de gestão para apoiar a execução de iniciativas.

Enquanto a arquitetura de negócios fornece contexto importante, ele não costuma operar na decisão operacional ou no nível do processo; em vez disso, ele avalia processos no nível do fluxo de valor.

.3 Valor e Soluções Entregues

A arquitetura de negócios, utilizando o princípio da separação de interesses, desenvolve modelos que decompõem o sistema de negócios, solução ou organização em elementos individuais com funções específicas e mostra as interações entre elas.

Os elementos dos modelos de arquitetura de negócios incluem:

- capacidades;
- valor;
- processos;
- informações e dados;
- organização;
- relatório e gestão;
- stakeholders;
- estratégias de segurança;
- resultados.

Os modelos de arquitetura permitem que as organizações vejam a grande imagem do domínio que está sob análise. Eles fornecem insights sobre os elementos importantes da organização ou do sistema de software e como eles se encaixam, e destacam os componentes ou capacidades críticas.

Os insights fornecidos pela arquitetura de negócios ajudam a manter os sistemas e as operações funcionando de maneira coerente e útil, além de agregar clareza às decisões de negócios. Quando a mudança está sendo considerada, a arquitetura fornece detalhes sobre os elementos que são mais relevantes para os propósitos da mudança, permitindo a priorização e alocação de recursos. Como um modelo arquitetônico também mostra como as peças estão relacionadas, ele pode ser usado para fornecer análise de impacto para dizer quais outros elementos do sistema ou do negócio podem ser afetados pela mudança.

A arquitetura em si pode ser usada como uma ferramenta para ajudar a identificar mudanças necessárias. As métricas de desempenho de cada elemento da arquitetura podem ser monitoradas e avaliadas para identificar quando um elemento está com baixo desempenho. A importância de cada elemento pode ser comparada com o desempenho da organização ou do sistema como um todo. Isso auxilia os tomadores de decisão ao considerar onde o investimento é necessário e como priorizar essas decisões.

A função da arquitetura de negócios é facilitar a ação coordenada e sincronizada em toda a organização, alinhando a ação com a visão, metas e estratégia da organização. Os modelos arquitetônicos criados nesse processo são as ferramentas usadas para esclarecer, unificar e proporcionar a compreensão da intenção da visão, objetivos e estratégia, além de garantir que os recursos sejam focados e aplicados aos elementos da organização que se alinhe e suporte a esta direção.

A arquitetura de negócios fornece um blueprint que a gestão pode usar para planejar e executar estratégias tanto de tecnologia da informação (TI) quanto de perspectivas não-TI. A arquitetura de negócios é usada pelas organizações para orientar:

- planejamento estratégico;
- remodelação de negócios;
- redesenho de organização;
- medição de desempenho e outras iniciativas de transformação para melhorar a retenção de clientes;
- racionalização das operações de negócio;
- redução de custos;
- a formalização do conhecimento institucional;
- a criação de um veículo para que as empresas comuniquem e implantem sua visão de negócios.

.4 Abordagem de Entrega

A arquitetura de negócios cria um framework de planejamento que fornece clareza e insight sobre a organização e auxilia os tomadores de decisão na identificação de mudanças necessárias. Os projetos arquitetônicos fornecidos pela arquitetura de negócios proporcionam um insight e compreensão de quão bem a organização se alinha à sua estratégia. Esse insight é o gatilho para mudanças ou outras atividades de planejamento.

Para cada blueprint fornecido, a arquitetura de negócios pode definir:

- estado atual;
- estado futuro;
- um ou mais estados de transição que são usados para a transição para o estado futuro.

Os arquitetos de negócios requerem uma visão de toda a organização. Em geral, eles podem se reportar diretamente a um membro de liderança sênior. Os arquitetos de negócios requerem um amplo entendimento da organização, incluindo os seus:

- ambiente e tendências do setor;
- estrutura e relacionamentos reportados;
- fluxos de valor;
- capacidades;

- processos;

- informações e armazenamentos de dado;

- como todos esses elementos se alinham para apoiar a estratégia da organização.

Os arquitetos de negócios desempenham um papel importante na comunicação e na inovação para a estratégia da organização. Eles utilizam blueprints, modelos e insights fornecidos pela arquitetura de negócio para defender continuamente a estratégia da organização e atender às necessidades individuais dos stakeholders dentro do escopo das metas da organização.

Há vários fatores centrais para uma arquitetura de negócios bem-sucedida:

- apoio da equipe de liderança executiva empresarial;

- integração com processos de governança claros e efetivos, incluindo as autoridades de tomada de decisão organizacional (por exemplo, para investimentos, iniciativas e decisões de infraestrutura);

- integração com as iniciativas em curso, (isso pode incluir a participação em comitês de direção ou outros grupos consultivos semelhantes);

- acesso a lideranças seniores, gerentes departamentais, proprietários de produtos, arquitetos de soluções, analistas de negócios de projetos e gerentes de projetos.

.5 Principais Suposições

Para tornar a arquitetura de negócios útil para a organização, os analistas de negócios exigem:

- uma visão de toda a organização que está sob análise;

- apoio total da liderança sênior;

- participação de proprietários de empresas e especialistas no assunto (SME - Subject Matter Expert);

- uma estratégia organizacional para estar em vigor;

- um imperativo de negócios a ser abordado.

11.4.2   Escopo de Análise de Negócios

.1 Patrocinador da Mudança

Idealmente, o patrocinador de uma iniciativa de arquitetura de negócios é um executivo sênior ou proprietário de negócios dentro da organização. No entanto, o patrocinador também pode ser um dono de linha de negócios.

.2 Mudança de Alvos

A lista a seguir identifica as possíveis metas de mudança primária resultantes de uma análise de arquitetura de negócios:

- capacidades de negócios;
- fluxos de valor de negócio;
- planos de iniciativa;
- decisões de investimento;
- decisões de carteira.

Os seguintes grupos de pessoas usam arquitetura de negócios para orientar a mudança dentro da organização:

- gestão em todos os níveis da organização;
- donos de produtos ou serviços;
- unidades operacionais;
- arquitetos de solução;
- gerentes de projeto;
- analistas de negócios trabalhando em outros contextos (por exemplo, no nível do projeto).

.3 Posição do Analista de Negócios

O objetivo de um analista de negócios trabalhando dentro da disciplina de arquitetura de negócios é:

- compreender todo o contexto corporativo e proporcionar um insight equilibrado sobre todos os elementos e sua relação em toda a empresa;
- fornecer uma visão holística e compreensível de todas as especialidades dentro da organização.

A arquitetura de negócios fornece uma variedade de modelos da organização. Esses modelos, ou projetos, fornecem insight holístico sobre a organização que se torna a base para decisões estratégicas dos líderes da organização. Para desenvolver uma arquitetura de negócios, o analista de negócios deve entender, assimilar e alinhar uma grande variedade de especialidades que são de interesse estratégico para a organização. Para fazer isso eles requerem insight, habilidades e conhecimento a partir de:

- estratégia de negócios e metas;

- informações conceituais de negócios;

- arquitetura de TI corporativa;

- arquitetura de processos;

- desempenho de negócios e arquitetura de inteligência.

A arquitetura de negócios apoia os grupos estratégicos de consultoria e planejamento que orientam e tomam decisões relativas à mudança dentro da organização. Ela fornece orientação e insights sobre como as decisões se alinham aos objetivos estratégicos da organização e garante esse alinhamento ao longo dos vários estados de transição, à medida que a mudança se move em direção ao seu estado futuro.

.4 Resultados de Análise de Negócios

A arquitetura de negócios fornece um escopo amplo e uma visão holística para análise de negócios.

Os resultados gerais da arquitetura de negócios incluem:

- o alinhamento da organização à sua estratégia;

- o planejamento da mudança na execução da estratégia;

- garantir que, à medida que a mudança é implementada, ela continua alinhada à estratégia.

Esses resultados de arquitetura de negócios fornecem contexto para análise de requisitos, planejamento e priorização, estimativa e design de sistema de alto nível. Isso proporciona insight e alinhamento com estratégia, necessidades de stakeholders e capacidades de negócios. As visões e projetos arquitetônicos fornecem informações que podem ter sido baseadas em suposições e minimizam o risco de duplicação de esforços na criação de capacidades, sistemas ou informações que já existem em outros lugares da empresa.

Os vários modelos e blueprints fornecidos pela arquitetura de negócios são seus principais entregáveis. Esses incluem, mas não são limitados a:

- mapa de capacidades de negócio;

- mapas de fluxo de valor;

- mapas de organização;

- conceitos de informação empresarial;

- arquitetura de processo de alto nível;

- modelos de motivação de negócio.

11.4.3   Modelos de Referência e Técnicas

.1 Modelos de Referência

Os modelos de referência são templates de arquitetura predefinidos que fornecem um ou mais pontos de vista para um determinada setor ou função que é comumente encontrada em vários setores (por exemplo, TI ou finanças).

Os modelos de referência são freqüentemente considerados a ontologia de arquitetura padrão para o setor ou função. Eles fornecem um ponto de partida de arquitetura de linha de base que os arquitetos de negócios podem se adaptar para atender às necessidades de sua organização.

A tabela a seguir lista alguns dos modelos de referência comuns.

Tabela 11.4.1: Modelos de Referência de Arquitetura de Negócios

Modelo de Referência	Domínio
Associação para Pesquisa e Desenvolvimento de Operações Cooperativas (ACORD - Association for Cooperative Operations Research and Development)	Setores de Seguros e Financeiro
Modelo de Motivação de Negócio (BMM - Business Motivation Model)	Genérico
Objetivos de Controle para TI (COBIT - Control Objectives for IT)	Governança e gerenciamento de TI
eTOM e FRAMEWORX	Setor de comunicações
Arquitetura Corporativa Federal Modelo de Referência de Serviço (FEA SRM - Federal Enterprise Architecture Service Reference Model)	Government (desenvolvido para o Governo Federal dos EUA)
Biblioteca de Infraestrutura de Tecnologia da Informação	Gerenciamento de serviços de TI
Framework de Classificação de Processos (PCF - Process Classification Framework)	Diversos setores incluindo aeroespacial, defesa, automotivo, educação, utilitários elétricos, petróleo, farmacêutico e telecomunicações

Tabela 11.4.1: Modelos de Referência de Arquitetura de Negócios

Modelo de Referência	Domínio
Referência de Operações da Cadeia de Suprimentos (SCOR - Supply Chain Operations Reference)	Gerenciamento da cadeia de suprimentos
ModeloModelo de Referência de Valor (VRM - Value Reference Model)	Mudança de valor e gerenciamento de rede

.2 Técnicas

A tabela a seguir lista técnicas que são comumente utilizadas dentro da disciplina de arquitetura de negócios e não estão incluídas na seção Técnicas do Guia BABOK®.

Tabela 11.4.2: Técnicas de Arquitetura de Negócios

Técnica	Descrição
Archimate®	Uma linguagem de modelagem padrão aberta.
Modelo de Motivação Empresarial (BMM - Business Motivation Model)	Uma formalização da motivação do negócio em termos de missão, visão, estratégias, táticas, metas, objetivos, políticas, regras e influenciadores.
Arquitetura de Processos de Negócio	A modelagem dos processos, incluindo pontos de interface, como um meio de prover uma visão holística dos processos que existem dentro de uma organização.
Mapa de Capacidades	Um catálogo hierárquico de capacidades de negócio, ou o que o negócio faz. As capacidades são categorizadas conforme a estratégia, as principais e as de suporte.
Mapa da Jornada do Cliente	Um modelo que retrata a jornada de um cliente através de vários pontos de contato e os vários stakeholders do serviço ou da organização. Os mapas da jornada do cliente são frequentemente usados para analisar ou desenhar a experiência do usuário a partir de múltiplas perspectivas.
Enterprise Core Diagram	Modela a integração e padronizações da organização.

Tabela 11.4.2: Técnicas de Arquitetura de Negócios (Continued)

Técnica	Descrição
Mapa de Informações	Um catálogo dos importantes conceitos de negócio (entidades do negócio fundamentais) associados às capacidades de negócio e entrega de valor. Este é tipicamente desenvolvido em conjunto com o modelo de capacidade e representa o vocabulário de negócios comum para a corporação. Não se trata de um modelo de dados, mas sim de uma taxonomia do negócio.
Mapa Organizacional	Um modelo que mostra a relação das unidades de negócios entre si, com parceiros externos, e com capacidades e informações. Ao contrário de um gráfico organizacional típico o mapa é focado na interação entre as unidades, não na hierarquia estrutural.
Análise de Portfólio de Projetos	Utilizado para modelar programas, projetos e portfólios para proporcionar uma visão holística das iniciativas da organização.
Roadmap	Modela as ações, dependências e responsabilidades necessárias para que a organização se mova do estado atual, por meio dos estados de transição, para o estado futuro.
Análise Orientada a Serviço	Usada para modelar a análise, o design e a arquitetura de sistemas e softwares para fornecer uma visão holística da infraestrutura de TI da organização.
The Open Group Architecture Framework (TOGAF®)	Fornece um método para desenvolver a arquitetura corporativa. A Fase B do Método de Desenvolvimento de Arquitetura TOGAF (ADM) está voltada para o desenvolvimento da arquitetura de negócios. As organizações que seguem a TOGAF podem optar por adaptar a Fase B para adotar as blueprints, técnicas e referências da arquitetura de negócio descritas no Guia BABOK®.

Tabela 11.4.2: Técnicas de Arquitetura de Negócios (Continued)

Técnica	Descrição
Mapeamento de Valor	O mapeamento de valor fornece uma representação holística do fluxo de atividades necessárias para entregar valor. Ele é usado para identificar áreas de melhoria potencial em um processo de ponta a ponta. Apesar de existirem vários tipos diferentes de mapeamento de valor, um fluxo de valor é frequentemente usado na arquitetura de negócios.
Framework de Zachman	Fornece uma ontologia de conceitos primitivos corporativos com base em uma matriz de seis perguntas (o que, como, onde, quem, quando, por quê) e seis níveis de abstração (executivo, gerente de negócio, arquiteto, engenheiro, técnico, corporação). Os arquitetos de negócios podem julgar que explorar as perspectivas de gestão executiva ou de negócios através das diferentes questões proporciona clareza e insight.

11.4.4 Competências Fundamentais

Além das competências fundamentais, os analistas de negócios que trabalham na disciplina de arquitetura de negócios exigem:

- uma elevada tolerância à ambiguidade e incerteza;
- a capacidade de colocar as coisas em um contexto mais amplo;
- a capacidade de transformar requisitos e contexto em um conceito ou design de uma solução;
- a capacidade de suprimir detalhes desnecessários para proporcionar visões de nível superior;
- a capacidade de pensar em longos quadros de tempo ao longo de vários anos;
- a capacidade de entregar resultados táticos (curto prazo), que simultaneamente proporcionam valor imediato e contribuem para alcançar a estratégia de negócios (longo prazo);
- a capacidade de interagir com as pessoas no nível executivo;
- a capacidade de considerar múltiplos cenários ou resultados;
- a capacidade de liderar e dirigir a mudança nas organizações;
- uma grande perspicácia política.

11.4.5   Impacto nas Áreas de Conhecimento

Essa seção explica como as práticas de análise de negócios específicas dentro da arquitetura de negócios são mapeadas para tarefas e práticas de análise de negócios, conforme definido pelo Guia BABOK®. Esta seção descreve como cada área de conhecimento é aplicada ou modificada dentro da disciplina de arquitetura de negócios.

Cada área de conhecimento lista técnicas relevantes para uma perspectiva de arquitetura de negócios. As técnicas do Guia BABOK® são encontradas no capítulo Técnicas do Guia BABOK®. Outras técnicas de análise de negócios não são encontradas no capítulo de Técnicas do Guia BABOK®, mas são consideradas particularmente úteis para analistas de negócios que trabalham na disciplina de arquitetura de negócios. Isso não pretende ser uma lista exaustiva de técnicas mas sim evidenciar os tipos de técnicas utilizadas pelos analistas de negócios enquanto executa as tarefas dentro da área de conhecimento.

.1   Planejamento e Monitoramento de Análise de Negócios

Durante o Planejamento e Monitoramento de Análise de Negócios, a disciplina de arquitetura de negócios exige que os analistas de negócios entendam os da organização:

- estratégia e direção;
- modelo de operação e proposição de valor;
- atuais capacidades de negócios e operacionais;
- stakeholders e seus pontos de engajamento;
- planos de crescimento, governança e processos de planejamento;
- cultura e meio ambiente;
- capacidade de mudança.

Uma vez que esses elementos são entendidos o analista de negócios pode então desenvolver uma compreensão de quais pontos de vista arquitetônicos são relevantes para a análise.

O planejamento de governança e as atividades de monitoramento focam principalmente em:

- selecionar quais projetos ou iniciativas proporcionarão o maior benefício na realização das estratégias e resultados do negócio;
- determinar quais frameworks ou modelos existem ou são utilizados dentro da organização.

Técnicas do Guia BABOK®

- Critérios de Aceitação e de Avaliação
- Brainstorming
- Análise de Capacidades de Negócio
- Análise de Decisão
- Estimativa
- Decomposição Funcional
- Entrevistas
- Rastreamento de Itens
- Métricas e Indicadores-Chave de Desempenho (KPIs - Key Performance Indicators)
- Análise de Requisitos Não Funcionais
- Modelagem Organizacional
- Modelagem de Processos
- Revisões
- Análise e Gerenciamento de Riscos
- Matriz de Papéis e Permissões
- Análise de Causa Raiz
- Modelagem de Escopo
- Personas, Lista ou Mapa de Stakeholders
- Pesquisa ou Questionário
- Casos de Uso e Cenários
- Histórias de Usuário

Outras Técnicas De Análise De Negócios

- Arquitetura de Processos de Negócio
- Mapa de Capacidades
- Análise de Portfólio De Projetos
- Análise orientada a serviço

.2 Elicitação e Colaboração

Os analistas de negócios que trabalham na disciplina de arquitetura de negócios tipicamente lidam com uma grande ambiguidade e incerteza. Ao realizar Elicitação e Colaboração , analistas de negócios consideram mudanças na direção organizacional com base em forças externas e internas e mudanças no ambiente de marketplace. Os tipos de mudanças podem frequentemente ser previstos, mas as pressões do mercado externo frequentemente tornam o ritmo da mudança imprevisível.

Como a arquitetura de negócios requer muitas contribuições de toda a organização, o acesso a (e a disponibilidade de) stakeholders é fundamental para o sucesso. Os analistas de negócios elicitam insumos como estratégia, valor, arquiteturas existentes e métricas de desempenho.

A defesa da estratégia da organização é central para a estratégia de comunicação dos arquitetos empresariais. Como membros de vários comitês de direção e grupos consultivos, os arquitetos empresariais utilizam canais de comunicação formais dentro de projetos, iniciativas e grupos operacionais para comunicar a estratégia da organização, explicar o contexto organizacional e defender o alinhamento com a estratégia.

Assegurar que os stakeholders compreendam e apoiem a estratégia da organização é uma função essencial dentro da disciplina da arquitetura de negócios. Os arquitetos de negócios podem impor escopo e restrições a um projeto ou iniciativa como um meio para garantir que a atividade alinhe-se à estratégia da organização, que pode ser encarada de forma desfavorável. É papel do arquiteto de negócios fazer a ponte entre as necessidades e desejos de stakeholders individuais, projetos e grupos operacionais com o contexto e a compreensão das metas e estratégia organizacionais. O objetivo do arquiteto empresarial é otimizar as metas e a estratégia da empresa, além de desencorajar atividades que atingem um objetivo estreito ao custo de subotimizar todo o objetivo. Trata-se de um exercício tanto em elicitação quanto em colaboração.

O arquiteto de negócios adquire uma compreensão profunda da estratégia, dos drivers, das motivações e das aspirações da organização e dos stakeholders. Uma vez alcançado este nível de compreensão, o arquiteto de negócios colabora com todos os níveis da organização incluindo a liderança sênior, gerentes, o escritório de gerenciamento de projetos (PMO), proprietários de produtos, gerentes de projetos, vários analistas de negócios, arquitetos de soluções e pessoal de TI para preencher lacunas no entendimento e na comunicação da importância do alinhamento com a estratégia organizacional. Facilitar a colaboração efetiva requer que o arquiteto de negócios seja capaz de entender a grande variedade de perspectivas e contextos a partir dos quais cada stakeholder opera. O arquiteto empresarial também deve ser capaz de se comunicar com cada um desses stakeholders em uma linguagem que seja mutuamente compreendida e apoiada.

Técnicas do Guia BABOK®

- Brainstorming
- Análise de Documentos
- Grupos Focais
- Decomposição Funcional
- Glossário
- Análise de Interfaces
- Entrevistas
- Rastreamento de Itens
- Observação
- Prototipagem
- Personas, Lista ou Mapa de Stakeholders
- Pesquisa ou Questionário
- Workshops

Outras Técnicas de Análise de Negócios

- nenhum

.3 Gerenciamento de Ciclo de Vida de Requisitos

É essencial que os analistas de negócios que trabalham na disciplina de arquitetura de negócios tenham suporte executivo e acordo do trabalho a ser realizado. Um conselho de revisão de arquitetura composto por executivos seniores com poderes de decisão pode rever e avaliar mudanças na arquitetura de negócios. Esse grupo muitas vezes também irá se engajar na gestão de portfólio, tomando decisões em relação ao investimento e em priorização de mudanças com base em seu impacto para resultados de negócio e estratégia.

Os analistas de negócios que trabalham na disciplina de arquitetura de negócios entendem como os projetos impactam a arquitetura de negócios em uma base contínua e trabalham para expandir continuamente, corrigir ou melhorar a arquitetura de negócios. Eles também identificam possíveis mudanças emergentes em situações internas e externas (incluindo as condições de mercado), e decidem sobre como incorporar essas mudanças na arquitetura de negócios da organização.

Técnicas do Guia BABOK®

- Balanced Scorecard
- Benchmarking e Análise de Mercado
- Análise de Capacidades de Negócio
- Jogos Colaborativos
- Modelagem de Dados
- Análise de Decisão
- Estimativa
- Análise de Interfaces
- Rastreamento de Itens
- Lições Aprendidas
- Métricas e Indicadores-Chave de Desempenho (KPIs - Key Performance Indicators)
- Modelagem Organizacional
- Análise de Processos
- Modelagem de Processos
- Revisões
- Análise e Gerenciamento de Riscos
- Matriz de Papéis e Permissões
- Análise de Causa Raiz
- Personas, Lista ou Ma pa de Stakeholders
- Análise SWOT

Outras Técnicas de Análise de Negócios

- Archimate®
- Arquitetura de Processos de Negócio
- Modelagem de Valor do Negócio
- Mapa de Capacidades
- Enterprise Core Diagram
- Análise de Portfólio de Projetos
- Roadmap
- Análise orientada a serviço
- Mapeamento de Valor

.4 Análise da Estratégia

A arquitetura de negócios pode desempenhar um papel significativo na análise de estratégia. Ele fornece visões arquitetônicas sobre o estado atual da organização e ajuda a definir tanto o estado futuro quanto os estados de transição necessários para alcançar o futuro estado.

Os arquitetos de negócios desenvolvem roadmaps com base na estratégia de mudança da organização. Estados de transição claramente definidos ajudam a garantir que a organização continue a entregar valor e a manter-se competitiva ao longo de todas as fases da mudança. Para manter-se competitivo, o negócio deve analisar tais fatores como:

- condições de mercado;
- em quais mercados se mover;
- como a organização vai competir no estado de transição;
- como melhor posicionar a proposição de marca da organização.

A arquitetura de negócios fornece o contexto corporativo e visões arquitetônicas que permitem um entendimento da empresa para que essas questões possam ser analisadas no contexto de custo, oportunidade e esforço.

Técnicas do Guia BABOK®

- Balanced Scorecard
- Benchmarking e Análise de Mercado
- Brainstorming
- Análise de Capacidades de Negócio
- Business Model Canvas
- Análise de Regras de Negócio
- Jogos Colaborativos
- Modelagem de Dados
- Análise de Documentos
- Estimativa
- Grupos Focais
- Glossário
- Métricas e Indicadores-Chave de Desempenho (KPIs - Key Performance Indicators)
- Modelagem Organizacional
- Revisões

- Análise e Gerenciamento de Riscos

- Personas, Lista ou Mapa de Stakeholders

- Pesquisa ou Questionário)

- Análise SWOT

- Workshops

Outras Técnicas de Análise de Negócios

- Archimate®

- Arquitetura de Processos de Negócio

- Mapa de Capacidades

- Mapa da Jornada do Cliente

- Enterprise Core Diagram

- Análise de Portfólio De Projetos

- Roadmap

- Análise orientada a serviço

- Mapa da Estratégia

- Mapeamento De Valor

.5 Análise de Requisitos e Definição de Design

A arquitetura de negócios fornece visões arquitetônicas individuais da organização através de uma série de modelos que são selecionados para os stakeholders que utilizam cada visão. Essas visões arquitetônicas podem ser fornecidas por mapas de capacidades e valores, mapas organizacionais e modelos de informações e de processos de negócios. Os analistas de negócios que atuam na disciplina de arquitetura de negócios empregam expertise, julgamento e experiência ao decidir o que é (e o que não é) importante modelar. Os modelos são destinados a fornecer contexto e informações que resultem em análises de requisitos e design melhores.

O contexto arquitetônico e a capacidade de referenciar prontamente visões arquitetônicas disponíveis fornecem informações que teriam sido, de outra forma, baseadas em suposições que o analista precisou fazer porque nenhuma outra informação estava disponível. Ao fornecer estas informações, a arquitetura de negócios minimiza o risco de duplicação de esforços na criação de capacidades, sistemas ou informações que já existem em outros lugares da empresa.

O design é feito em conjunto com a compreensão das necessidades e requisitos. A arquitetura de negócios fornece o contexto para analisar o alinhamento estratégico das mudanças propostas e os efeitos que essas mudanças têm umas sobre as outras. Os arquitetos de negócios sintetizam conhecimentos e insights de múltiplas visões arquitetônicas para determinar se as mudanças propostas trabalham a favor ou em conflito com as metas da organização.

A arquitetura de negócios tenta garantir que a empresa como um todo continue a entregar valor aos stakeholders tanto durante as operações normais quanto durante a mudança. Os analistas de negócios que atuam na disciplina de arquitetura de negócios se concentram no valor fornecido pela organização a partir de uma visão holística. Eles tentam evitar otimizações locais nas quais o esforço e os recursos são colocados em um único processo ou melhoria de sistema que não se alinham com a estratégia e não obtém impacto significativo para a empresa como um todo, ou pior, suboptimiza o todo.

Técnicas do Guia BABOK®

- Critérios de Aceitação e de Avaliação
- Gerenciamento de Backlog
- Balanced Scorecard
- Benchmarking e Análise de Mercado
- Brainstorming
- Análise de Capacidades de Negócio
- Business Model Canvas
- Análise de Regras de Negócio
- Jogos Colaborativos
- Dicionário de Dados
- Diagramas de Fluxo de Dados
- Modelagem de Dados
- Análise de Decisão
- Análise de Documentos
- Estimativa
- Grupos Focais
- Decomposição Funcional
- Glossário
- Análise de Interfaces
- Rastreamento de Itens

- Lições Aprendidas
- Métricas e Indicadores-Chave de Desempenho (KPIs - Key Performance Indicators)
- Análise de Requisitos Não Funcionais
- Observação
- Modelagem Organizacional
- Análise de Processos
- Modelagem de Processos
- Prototipagem
- Revisões
- Análise e Gerenciamento de Riscos
- Matriz de Papéis e Permissões
- Análise de Causa Raiz
- Modelagem de Escopo
- Diagramas de Sequência
- Personas, Lista ou Mapa de Stakeholders
- Modelagem de Estados
- Pesquisa ou Questionário (
- Análise SWOT
- Casos de Uso e Cenários
- Histórias de Usuário
- Avaliação de Fornecedores
- Workshops

Outras Técnicas de Análise de Negócios

- Archimate®
- Arquitetura de Processos de Negócio
- Mapa de Capacidades
- Mapa da Jornada do Cliente
- Enterprise Core Diagram
- Análise de Portfólio de Projetos
- Roadmap
- Análise Orientada a Serviço
- Mapeamento de Valor

.6 Avaliação da Solução

A arquitetura de negócios faz perguntas fundamentais sobre o negócio, incluindo a importante questão de quão bem está o desempenho do negócio.

Para responder a esta pergunta, várias outras perguntas devem ser respondidas:

- Quais resultados o negócio, uma iniciativa particular ou componente esperam alcançar?
- Como esses resultados podem ser medidos em termos de objetivos SMART (Específico, Mensurável, Alcançável, Relevante, Prazo de Delimitado)?
- Quais informações são necessárias para medir esses objetivos?
- Como os processos, os serviços, as iniciativas, etc. precisam ser instrumentalizados para coletar essas informações?
- Como as informações de desempenho são melhor apresentadas em termos de relatórios, consultas ad hoc, dashboards, etc.?
- Como utilizaremos essas informações para tomar decisões de investimento no futuro?

Por exemplo, em um nível mais detalhado, uma parte importante de definição de capacidade e arquitetura de processos é identificar as características de desempenho e resultados específicos que essas capacidades ou processos devem alcançar. A medição real raramente é conduzida por analistas de negócios. Geralmente é feita por donos de negócios, gerentes operacionais ou de tecnologia da informação.

Os analistas de negócios que atuam na disciplina de arquitetura de negócios analisam os resultados das medições e consideram esses resultados no planejamento subsequente.

Técnicas do Guia BABOK®

- Balanced Scorecard
- Benchmarking e Análise de Mercado
- Brainstorming
- Análise de Capacidades de Negócio
- Jogos Colaborativos
- Grupos Focais
- Rastreamento de Itens
- Lições Aprendidas
- Métricas e Indicadores-Chave de Desempenho (KPIs - Key Performance Indicators)
- Observação

- Modelagem Organizacional
- Análise de Processos
- Modelagem de Processos
- Análise e Gerenciamento de Riscos
- Matriz de Papéis e Permissões
- Análise de Causa Raiz
- Personas, Lista ou Mapa de Stakeholders
- Pesquisa ou Questionário)
- Análise SWOT

Outras Técnicas de Análise de Negócios

- Modelagem de Motivação de Negócio (BMM)
- Arquitetura de Processos de Negócio
- Mapa de Capacidades
- Mapa da Jornada do Cliente
- Análise orientada a serviço
- Mapeamento de Valor

11.5 A Perspectiva do Gerenciamento de Processos de Negócio

A Perspectiva de Gerenciamento de Processos de Negócios destaca as características únicas da análise de negócios quando praticada no contexto de desenvolvimento ou melhoria de processos de negócios.

O Gerenciamento de Processos de Negócios (BPM - Business Process Management) é uma disciplina de gestão e um conjunto de tecnologias capacitantes que:

- foca em como a organização realiza o trabalho para entregar valor em diversas áreas funcionais a clientes e stakeholders;

- objetiva uma visão de entrega de valor que abrange toda a organização;

- visualiza a organização através de uma lente centrada no processo.

Uma iniciativa de BPM entrega valor ao implementar melhorias na forma como o trabalho é executado em uma organização.

BPM determina como processos manuais e automatizados são criados, modificados, cancelados e governados. As organizações que detêm uma visão centrada no processo tratam o BPM como um esforço contínuo e parte integrante da gestão e operação contínua da organização.

11.5.1 Escopo da Mudança

Os analistas de negócios que atuam na disciplina do BPM podem abordar um único processo com escopo limitado ou podem tratar de todos os processos da organização. Os analistas de negócios frequentemente se concentram em como os processos de uma organização podem ser alterados a fim de melhorar e atender aos objetivos da organização.

Os ciclos de vida do BPM geralmente incluem as seguintes atividades:

- **Desenho**: identificação de processos e definição de seu estado atual (as-is) e de como chegamos ao estado futuro (to-be). A diferença entre estes estados pode ser usada para especificar as expectativas dos stakeholders de como o negócio deve ser administrado.

- **Modelagem**: representação gráfica do processo que documenta o processo, bem como a comparação entre o estado atual (as-is) e o futuro (to-be). Esta fase do ciclo de vida do BPM fornece entrada para requisitos e especificação de design de solução, bem como analisando seu valor potencial. Simulação pode utilizar dados quantitativos para que o valor potencial das variações sobre o processo possam ser analisados e comparados.

- **Execução e Monitoramento**: fornecem o mesmo tipo de entrada que a modelagem, mas em termos da execução real de processos. Os dados coletados como resultado do fluxo real de processo de negócios são muito confiáveis e objetivos, o que os tornam um ativo muito forte na análise de valor e recomendação de alternativas para melhoria do desenho.

- **Otimização**: ato de repetição ou iteração contínua das fases anteriores. Os resultados de execução e monitoramento do processo de negócio são utilizados para modificar modelos e desenhos para que todas as ineficiências sejam removidas e mais valor seja adicionado. A otimização pode ser uma fonte de definições de requisitos e de design de solução que vem diretamente dos stakeholders e da comunidade de usuários. A otimização de processos também é uma boa forma de demonstrar o valor de uma modificação de solução sugerida, além de justificar iniciativas de melhoria de processos e produtos.

.1 Amplitude da Mudança

O objetivo do BPM é garantir que a entrega de valor seja otimizada em todos os processos de ponta a ponta. Uma iniciativa abrangente de BPM pode envolver toda a empresa. Uma única iniciativa de BPM pode fazer com que uma organização se torne mais centrada em processos, fornecendo insights sobre seus processos. Os processos de uma organização definem o que a organização faz e como ela o faz. Possuir uma compreensão plena de seus processos permite que os stakeholders ajustem esses processos para atender às necessidades de evolução tanto da organização quanto de seus clientes.

Iniciativas individuais podem melhorar processos específicos e subprocessos. Quebrar processos maiores ou mais complexos em partes menores (subprocessos) permite que os analistas de negócios entendam melhor o que cada processo está fazendo e como otimizá-los.

.2 Profundidade da Mudança

Os analistas de negócios utilizam frameworks de BPM para facilitar a análise e a compreensão profunda dos processos da organização. Os frameworks BPM são conjuntos ou descrições de processos para uma organização genérica, setor específico, área profissional ou tipo de fluxo de valor. Os frameworks de BPM definem níveis particulares de processos em toda a arquitetura de processos da organização.

Como exemplo, os analistas de negócios realizam a análise da cadeia de suprimentos como um meio de avaliação de processos específicos em uma organização. A análise da cadeia de suprimentos é frequentemente realizada pela decomposição dos processos em nível de grupo em subcomponentes individuais e, em seguida, decompondo-os em indivíduos que executam tarefas específicas.

Analistas de negócios envolvidos com o gerenciamento de processos de negócios são frequentemente engajados em atividades de melhoria contínua, pois muitas vezes são os mais familiarizados com o BPM.

.3 Valor e Soluções Entregues

O objetivo do BPM é melhorar o desempenho operacional (efetividade, eficiência, adaptabilidade e qualidade) e reduzir custos e riscos. Os analistas de negócios frequentemente consideram a transparência nos processos e operações como um valor essencial comum das iniciativas de BPM. A transparência nos processos e operações proporciona aos tomadores de decisão uma visão clara das consequências operacionais das decisões anteriores relacionadas a processos. Os esforços de análise de negócios frequentemente começam com a identificação da necessidade de negócio dos clientes. Necessidades são geralmente referidas como direcionadores de BPM. Os direcionadores de BPM incluem:

- iniciativas de redução de custos;
- aumento da qualidade;
- aumento da produtividade;
- competição emergente;
- gerenciamento de riscos;
- iniciativas de conformidade;
- automação de processo de próxima geração;
- implementação do cerne do sistema;
- inovação e crescimento;
- racionalização de pós-fusão e aquisição;
- iniciativas de padronização;
- grandes programas de transformação;
- estabelecimento de um Centro de Excelência de BPM;
- maior agilidade;
- velocidade ou processos mais rápidos.

.4 Abordagem de Entrega

A abordagem de entrega das iniciativas de BPM nas organizações vai desde um conjunto de métodos táticos focados na melhoria dos processos individuais até uma disciplina de gestão que toca todos os processos em uma organização. O principal objetivo da transformação de processos é ajudar as organizações a identificar, priorizar e otimizar seus processos de negócios para entregar valor aos stakeholders.

Organizações conduzem avaliações periódicas de processos-chave e se engajam em iniciativas de melhoria contínua em andamento para alcançar e sustentar a excelência em processos. O sucesso do BPM pode ser medido pelo quão bem a iniciativa de BPM se alinha aos objetivos determinados para o BPM na organização.

Existem vários mecanismos que podem ser usados para implementar BPM:

- **Reengenharia de processos de negócios**: métodos que visam uma grande reformulação de processos em toda a empresa.

- **Formas evolutivas de mudança**: métodos que definem objetivos gerais para o processo e, em seguida, implementam mudanças individuais que visam trazer subprocessos em linha com esses objetivos.

- **Descoberta substancial**: métodos que são utilizados quando os processos organizacionais são indefinidos ou se a versão documentada do processo é substancialmente diferente do processo real em uso. A descoberta substancial trata de revelar processos reais e é um método para análise organizacional.

- **Benchmarking de processos**: compara os processos de negócios e métricas de desempenho de uma organização às melhores práticas do setor. As dimensões tipicamente medidas são qualidade, tempo e custo.

- **Aplicativos BPMS especializados**: são projetados para suportar iniciativas de BPM e executar os modelos de processo diretamente. Esses aplicativos são ferramentas que automatizam as atividades do BPM. Muitas vezes, é necessário alterar os processos da organização para que correspondam à abordagem automatizada.

As abordagens de melhoria de processos podem ser categorizadas de acordo com seu ponto de origem e se suas soluções são primariamente organizacionais (baseadas em pessoas) ou tecnológicas (baseadas em TI). As organizações podem entender melhor a metodologia de melhoria do processo, conforme mencionado no parágrafo anterior, para aplicar com base nos seguintes princípios de organização:

- **Top down**: as iniciativas são normalmente orquestradas a partir de um ponto central de controle pela alta gerência e têm implicações em toda a organização, direcionadas a processos de ponta a ponta ou à maior parte do negócio.

- **Bottom-up**: as iniciativas são tipicamente abordagens táticas para melhorar os processos individuais e fluxos de trabalho departamentais, ou subprocessos em partes menores da organização.

- ***Centrado em pessoas***: iniciativas onde a mudança principal é nas atividades e fluxos de trabalho em uma organização.

- ***Centrado em TI***: iniciativas frequentemente focadas na automação de processos.

.5 Principais Suposições

A seguir, temos uma lista das principais suposições da disciplina BPM:

- Processos são geralmente suportados por sistemas de tecnologia da informação, mas o desenvolvimento desses sistemas não é coberto pela maioria dos métodos de BPM. Os analistas de negócios podem sugerir requisitos de negócios adicionais com base nos sistemas de TI existentes.

- Iniciativas de BPM têm suporte da alta gerência. O analista de negócios pode ser envolvido para sugerir requisitos de negócios adicionais com base em estratégias organizacionais.

- Os sistemas BPM requerem uma integração próxima com a estratégia organizacional, mas a maioria dos métodos não aborda o desenvolvimento de estratégia, que está fora do escopo desta perspectiva.

- As iniciativas de BPM são interfuncionais e de ponta a ponta na organização.

11.5.2   Escopo de Análise de Negócios

.1 Patrocinador da Mudança

As iniciativas de BPM para toda a empresa são tipicamente iniciadas por executivos com foco em valor e resultados. Em seguida, esses objetivos estratégicos são conectados aos processos de negócios que mais apoiam os objetivos.

Iniciativas de BPM são frequentemente desencadeadas por uma situação externa que gera uma necessidade de negócio. As práticas de análise de negócios corporativos são aplicadas para desenvolver um case de negócios para uma iniciativa BPM.

As melhorias de processo são tipicamente iniciadas ou pelo menos gerenciadas por um gestor de processos em qualquer nível da organização. O escopo do processo ou subprocesso geralmente determina a autoridade do gestor do processo.

.2 Alvos da mudança

Os principais alvos de mudança possíveis para uma iniciativa de BPM incluem:

- **Cliente**: o stakeholder-chave em qualquer iniciativa de BPM. O foco principal está no cliente externo, mas os clientes internos também são considerados. Uma vez que o BPM é por natureza centrado no cliente, o cliente faz parte das iniciativas de BPM, a fim de validar a efetividade da mudança de processo. Envolver o cliente no início da iniciativa minimiza o risco de falha ao garantir que as metas de entrega do processo estejam alinhadas às expectativas do cliente.

- **Regulador**: um stakeholder em qualquer iniciativa de BPM devido à evolução das exigências de conformidade e gestão de risco por parte de algumas organizações. Reguladores podem desencadear uma iniciativa de BPM devido a alterações nos regulamentos de questões relacionadas à segurança pública, transparência, igualdade de oportunidades e não discriminação.

- **Dono do Processo**: stakeholder-chave em qualquer iniciativa de BPM, tem a responsabilidade e autoridade para tomar a decisão final em relação a quaisquer alterações nos processos afetados. O dono do processo também é responsável por medir o desempenho do processo.

- **Participantes do Processo**: stakeholders que participam direta ou indiretamente do processo que está sendo avaliado. Esses participantes definem as atividades do processo. A fim de garantir que os interesses dos participantes do processo sejam atendidos, o dono do processo os engaja durante o desenho do processo.

- **Gerente de Projeto**: gerencia a iniciativa de BPM e é responsável pela sua entrega e pelas decisões de condução. O gerente de projeto trabalha com uma equipe que inclui analistas de processos, donos de processos e designers de processos. O gerente de projetos é responsável pelo planejamento, gerenciamento de comunicação, gerenciamento de mudanças e gerenciamento de riscos.

- **Equipe de Implementação**: converte os planos da iniciativa BPM em processos de negócios em funcionamento. O sucesso de uma iniciativa do BPM é a capacidade de integrar todas as funções que atendem às necessidades do cliente.

.3 Posição da Análise de Negócios

Os analistas de negócios que atuam na disciplina de gerenciamento de processos de negócios podem assumir uma variedade de papéis:

- **Arquiteto de Processo**: responsável por modelar, analisar, implantar, monitorar e melhorar continuamente os processos de negócios. Um arquiteto de processo sabe como projetar processos de negócios e como aprimorar esses processos de forma manual ou por execução automatizada de processos de negócios em uma plataforma de BPM. Os arquitetos de processos endereçam e guiam as decisões a respeito de quais conhecimento de processo, metodologia e tecnologia são necessários para atender aos objetivos da organização com relação a uma iniciativa particular de BPM. Arquitetos de processos aprimoram e transformam processos de negócios em templates de processos tecnicamente aprimorados e executáveis. Dependendo da iniciativa do BPM, os arquitetos de processos podem estar focados no gerenciamento do desempenho do negócio ou no mapeamento de tecnologia em operações de negócios. Os arquitetos de processos são responsáveis por desenvolver e manter os padrões e o repositório de modelos de referência para produtos e serviços, processos de negócios, indicadores-chave de desempenho (KPIs - Key Performance Indicators) e fatores críticos de sucesso (CSF - Critical Success Factors). Eles são engajados em iniciativas de análise e transformação de processos.

- *Analista/Designer de Processos*: possui conhecimentos, habilidades e interesse em processos detalhados. Eles são especialistas em documentar e entender o design de processo em conjunto com as tendências de desempenho. Os analistas/designers de processos têm interesse na otimização do processo de negócios para aumentar o desempenho geral do negócio. Esse objetivo requer um entendimento do processo detalhado e inclui a realização da análise necessária para otimização de processos. Eles analisam e avaliam os processos como estão (as-is), avaliam opções alternativas de desenhos de processos e fazem recomendações de mudança com base em vários frameworks.

- *Modelador de Processos*: captura e documenta processos de negócios (tanto as-is quanto to-be). O modelador de processos é frequentemente um analista de processos trabalhando para documentar um processo para implementação ou suporte por um sistema de tecnologia da informação.

O analista/designer de processos e as funções de modelador de processos residem frequentemente dentro de uma única posição.

Figura 11.5.1: Papéis do Analista de Negócios em uma Iniciativa BPM

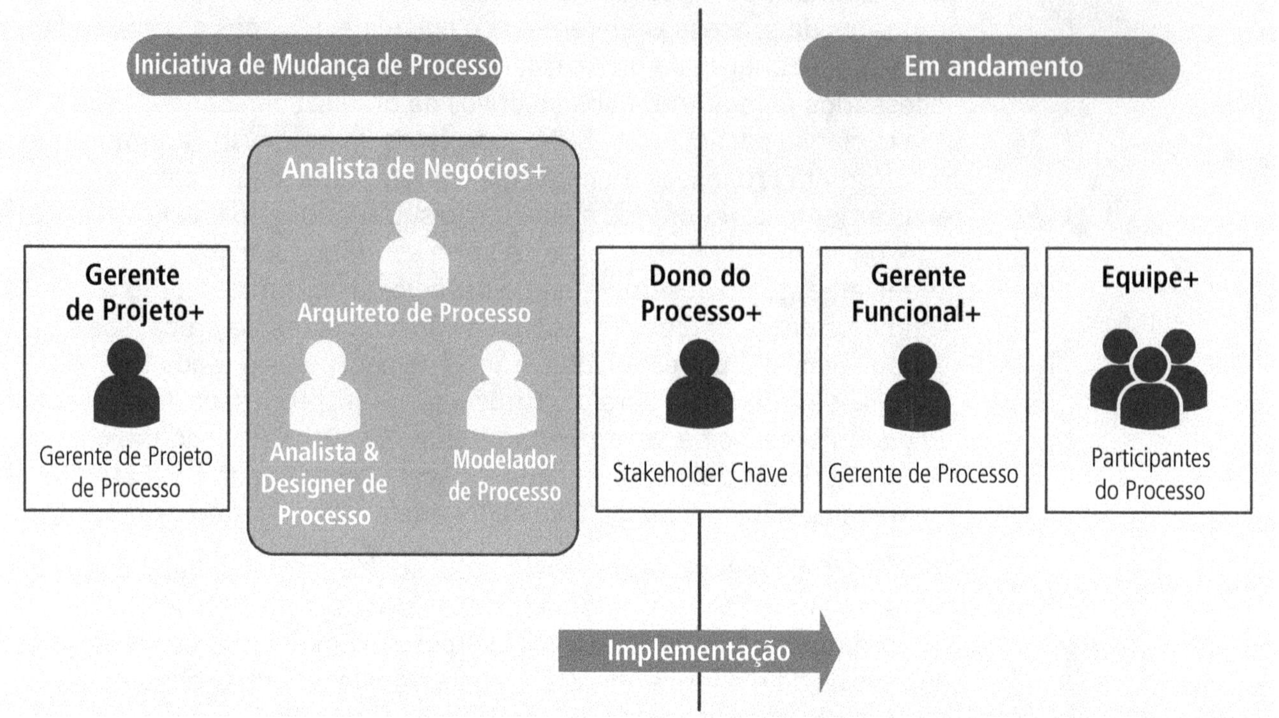

.4 Resultados de Análise de Negócios

Os resultados para analistas de negócios que atuam na disciplina de gerenciamento de processos de negócios incluem:

- modelos de processo de negócio;
- regras de negócio;
- medidas de desempenho do processo;
- decisões de negócios;
- avaliação de desempenho do processo.

Modelos de Processos de Negócios

Modelos de processos de negócios iniciam no nível mais alto como um modelo de ponta a ponta de todo o processo e podem se tornar tão específicos quanto a modelagem de um fluxo de trabalho específico. Os modelos de processos de negócios servem tanto como uma saída quanto um ponto de partida para a análise do processo. Eles são divididos em modelos de estados atual (as-is) e futuro (to-be). Os modelos de estado atual retratam o processo como ele funciona atualmente, sem nenhuma melhoria. O modelo de estado futuro contempla como ficaria o processo se todas as opções de melhoria forem incorporadas. O benefício de desenvolver o modelo de estado atual é justificar o investimento no processo, possibilitando que o analista de negócios meça o efeito das melhorias e priorize mudanças no processo. Os modelos de transição descrevem os estados interinos necessários para passar do estado atual para o estado futuro do processo.

Regras de Negócios

As regras de negócios orientam os processos de negócios e visam afirmar a estrutura ou controlar o comportamento dos negócios. As regras de negócios são identificadas durante a elicitação de requisitos e análise de processos e, muitas vezes, focam em cálculos de negócios, questões de controle de acesso e políticas de uma organização. Classificar as regras de negócio pode ajudar a decidir qual será a melhor maneira de implementá-las. A análise de regras de negócio fornece insight sobre como as funções de negócios e como os processos contribuem para atender às metas e objetivos do negócio. Os analistas de negócios analisam as razões para a existência de uma regra de negócio e estudam seu impacto no processo de negócios antes de melhorar ou redesenhá-lo. As regras de negócio podem, quando apropriado, ser mapeadas para os processos individuais através das decisões influenciadas por elas, a menos que estejam relacionadas estritamente ao desempenho do processo.

Medidas de Desempenho de Processo

As medidas de desempenho do processo são parâmetros que são utilizados para identificar oportunidades de melhoria do processo. As medidas de desempenho do processo são definidas e implantadas para garantir que os processos estejam alinhados às necessidades de negócios e aos objetivos estratégicos da organização. As medidas de desempenho do processo podem abordar muitos aspectos de um processo incluindo qualidade, tempo, custo, agilidade, eficiência, efetividade, responsividade, adaptabilidade, flexibilidade, satisfação do cliente, velocidade, variabilidade, visibilidade, variedade, retrabalho e volume. Muitas das medidas de desempenho do processo buscam medir a efetividade e a eficiência do processo, bem como o grau em que os objetivos do processo são alcançados. Quando implantado em todo o negócio, as medidas de desempenho de processos podem indicar o nível de maturidade da cultura de processos em uma organização e gerar uma compreensão compartilhada de desempenho do processo em uma organização. As medidas de desempenho são chaves para definir acordos de nível de serviço em que uma organização presta serviço aos seus clientes.

Decisões de Negócios

Decisões de negócios são um tipo específico de tarefa ou atividade em um processo de negócios que determina qual de um conjunto de opções será acionado pelo processo. As decisões devem ser tomadas (usando uma tarefa ou atividade) e aplicadas (muitas vezes com um direcionamento ou ramificação no processo). Decisões podem ser manuais ou automatizadas, são modeladas de forma independente e são melhor descritas usando regras de negócios. Regras de decisão, muitas vezes implementadas por meio de um mecanismo de regras de negócio, permitem que essas decisões de negócios sejam automatizadas.

Avaliação de Desempenho de Processo

O sucesso de qualquer iniciativa do BPM recai sobre a intenção e a capacidade de medir continuamente e monitorar o desempenho de processos de negócios direcionados. A avaliação pode ser estática e ser documentada com relatórios de avaliação e cartões de desempenho, ou dinâmicos e ser entregue por meio de dashboards. Ela fornece informações necessárias aos tomadores de decisão em uma organização para redistribuir e ajustar recursos a fim de atender aos objetivos de desempenho do processo.

11.5.3 Frameworks, Metodologias e Técnicas

.1 Frameworks

A tabela a seguir relaciona frameworks que são comumente utilizados na disciplina de gerenciamento de processos de negócios.

Frameworks BPM

Framework	Descrição Breve
ACCORD	Um framework metodológico que mapeia modelos de estado atual, bem como dados não-estruturados, para modelos conceituais.
Mapa de Operações de Telecomunicações Aprimorado (eTOM - Enhanced Telecommunications Operations Map)	Um framework hierárquico desenvolvido para o setor de telecomunicações que vem sendo adotado por outros setores orientados a serviços.
Modelo de Referência Estratégica de Governos (GSRM - Governments Strategic Reference Model)	Um framework de ciclo de vida que fornece processos e padrões genéricos de governo, para cada estágio de maturidade organizacional.
Melhoria de Processo Integrado e baseada em modelos (MIPI - Model based and Integrated Process Improvement)	Um framework cíclico cujas etapas incluem avaliar a prontidão, delinear o processo em revisão, detalhar a coleta de dados, elaborar o modelo do processo atual, avaliar e redesenhar o processo, implementar o processo melhorado, e o processo de revisão.

Frameworks BPM (Continued)

Framework	Descrição Breve
Framework de Classificação de Processos (PCF - Process Classification Framework)	Um framework de classificação que detalha os processos e é usado para benchmarking e medição de desempenho.

.2 Metodologias

A tabela a seguir relaciona metodologias que são comumente utilizadas na disciplina de gerenciamento de processos de negócios.

Tabela 11.5.1: Metodologias BPM

Metodologia	Descrição Breve
Gerenciamento de Caso Adaptativo (ACM - Adaptive Case Management)	Um método usado quando os processos não são fixos ou estáticos por natureza, e têm muita interação humana. Um processo ACM pode ser diferente a cada vez que for realizado.
Reengenharia de Processos de Negócios (BPR - Business Process Re-engineering)	O repensar e redesenhar fundamental dos processos de negócios para gerar melhorias nas medidas críticas de desempenho, tais como custo, qualidade, serviço e rapidez.
Melhoria Contínua (IC - Continuous Improvement)	O monitoramento e o ajuste contínuo dos processos existentes para aproximá-los dos objetivos ou metas de desempenho. Isto representa um compromisso permanente da organização com a mudança e deve ser uma parte importante de sua cultura.
Lean	Uma metodologia de melhoria contínua que se concentra na eliminação do desperdício em um processo, definido como um trabalho pelo qual o cliente do processo não pagará.
Seis Sigma	Uma metodologia de melhoria contínua que tem como foco a eliminação de variações no resultado de um processo. É orientado estatisticamente e centrado nos dados de desempenho.

Tabela 11.5.1: Metodologias BPM (Continued)

Metodologia	Descrição Breve
Teoria das Restrições (TOC - Theory Of Constraints)	Uma metodologia que sustenta o desempenho de uma organização pode ser otimizada pelo gerenciamento de três variáveis: o rendimento de um processo, a despesa operacional para produzir esse rendimento e o inventário de produtos. O desempenho de um processo é dominado por uma restrição chave em um dado momento, e o processo só pode ser otimizado através da melhoria do desempenho dessa restrição.
Gerenciamento da Qualidade Total (TQM - Total Quality Management)	Uma filosofia de gerenciamento que mantém o princípio fundamental de que os processos da organização devem fornecer ao cliente e aos stakeholders, tanto internos quanto externos, produtos e serviços da mais alta qualidade, e que esses produtos ou serviços atendam ou excedam as expectativas dos clientes e stakeholders.

.3 Técnicas

A tabela a seguir relaciona técnicas não incluídas no capítulo de Técnicas do Guia BABOK® e são comumente utilizadas na disciplina de BPM.

Tabela 11.5.2: Técnicas BPM

Técnica	Descrição Breve
Análise de Custos	Uma lista do custo totalizado por atividade para mostrar o custo detalhado do processo e é usada frequentemente pelos negócios para obter uma compreensão e apreciação do custo associado a um produto ou serviço. A análise de custos também é conhecida como custeio baseado em atividade.
Crítica à Qualidade (CTQ - Critical to Quality)	Um conjunto de diagramas, sob a forma de árvores, que auxiliam no alinhamento dos esforços de melhoria do processo aos requisitos do cliente. O CTQ é uma técnica usada no Seis Sigma, mas não é exclusiva do Seis Sigma.
Análise de Tempo de Ciclo	Uma análise do tempo que cada atividade leva dentro do processo. A análise de tempo de ciclo também é conhecida como análise de duração.

Tabela 11.5.2: Técnicas BPM (Continued)

Técnica	Descrição Breve
Define Mede Analisa Desenha Verifica (DMADV - Define Measure Analyze Design Verify)	Um roadmap estruturado, orientado por dados, usado para desenvolver novos processos ou melhorar processos existentes. DMADV é uma técnica usada no Seis Sigma, mas que não é exclusiva para o Seis Sigma.
Define Mede Analisa Melhora Controla (DMAIC - Define Measure Analyze Improve Control)	Um roadmap estruturado, orientado por dados, utilizado para melhorar os processos. DMAIC é uma técnica usada no Seis Sigma, mas não é exclusiva do Seis Sigma.
Tambor-Pulmão-Corda (DBR - Drum-Buffer-Rope)	Um método usado para garantir que a restrição do sistema sempre funcione com o máximo rendimento possível, assegurando que haja um estoque suficiente de materiais imediatamente antes da restrição para mantê-lo continuamente ocupado. Ele pode ser usado em BPM para garantir a eficiência do processo.
Análise de Modo e Efeitos da Falha (FMEA - Failure Mode and Effect Analysis)	Um método sistemático de investigação de falhas e defeitos de processo, e identificação de causas potenciais. O FMEA é uma técnica que auxilia na localização de problemas no processo AS IS (Como é) e corrigi-los ao desenvolver os processos TO BE (Como será).
Casa da Qualidade/Voz do Cliente	Uma matriz relacionando os desejos do cliente e características do produto às capacidades de uma organização. Trata-se de uma técnica que poderia ser usada no desenvolvimento dos processos TO BE.
Entradas, Reguladores, Saídas, Recursos de Suporte (IGOE - Input, Guide, Output, Enabler)	Um diagrama que descreve o contexto de um processo, listando as entradas e saídas do processo, as diretrizes usadas para orientar a execução do processo, e as ferramentas de apoio e informações necessárias para o processo.
Evento Kaizen	Um esforço concentrado e rápido para melhorar a entrega de valor em uma atividade específica ou subprocesso.

Tabela 11.5.2: Técnicas BPM (Continued)

Técnica	Descrição Breve
Simulação de Processos	Um modelo do processo e um conjunto de variáveis aleatórias para permitir que diversas variações de um processo sejam avaliadas e desenvolva uma estimativa de seu desempenho em condições reais.
Fornecedores Entradas Processo Saídas Clientes (SIPOC - Suppliers Inputs Process Outputs Customers)	Uma tabela que resume entradas e saídas de diversos processos. Também conhecido como COPIS, que é simplesmente SIPOC soletrado ao contrário.
Processos de Pensamento da Teoria das Restrições (TOC - Theory of Constraints)	Um conjunto de modelos lógicos de causa-e-efeito usados para diagnosticar conflitos, identificar as causas-raiz dos problemas e definir os estados futuros de um sistema que resolva com sucesso essas causas-raiz. Os processos de pensamento da teoria das restrições é uma técnica que auxilia na localização de problemas nos processos AS IS e correção deles nos processos TO BE.
Análise de Valor Agregado	Olha o benefício para o cliente adicionado em cada etapa de um processo para identificar oportunidades de melhoria.
Análise do Fluxo de Valor	Usada para avaliar o valor agregado de cada área funcional de um negócio para o cliente, como parte de um processo de ponta a ponta.
Quem, O Que, Quando, Onde, Por Que (5Ws)	Um conjunto de perguntas que formam a base para a extração de informações básicas. Os 5Ws também podem incluir How adicionado para se tornar os 5Ws e um H.

11.5.4   Competências Fundamentais

Analistas de negócios que atuam na disciplina de gerenciamento de processos de negócios são obrigados a desafiar o status quo, cavar para entender as causas raízes de um problema, avaliar por que as coisas estão sendo feitas de uma maneira particular e incentivar especialistas no assunto (SME) a considerar novas ideias e abordagens para tornar seus processos mais eficientes e efetivos. Eles também são obrigados a entender, articular e transitar entre as visões internas e externas dos processos em análise.

Devido aos efeitos que as mudanças nos processos têm sobre os hábitos de trabalho dos indivíduos, as habilidades de interação são valiosas em uma iniciativa do BPM. Os analistas de negócios frequentemente negociam e arbitram entre indivíduos com opiniões diferentes e expõem e resolvem conflitos entre diferentes grupos dentro da organização. O analista de negócios é um facilitador neutro e independente da mudança.

Iniciativas de BPM são propensas a envolver todos os níveis da organização e o analista de negócios é obrigado a se comunicar através dos limites organizacionais, bem como fora da organização.

11.5.5   Impacto nas Áreas de Conhecimento

Esta seção explica como práticas específicas de análise de negócios no gerenciamento de processos de negócios são mapeadas para tarefas e práticas de análise de negócios definidas pelo Guia BABOK®. Esta seção também descreve como cada área de conhecimento é aplicada ou modificada dentro da disciplina de gerenciamento de processos de negócios.

Cada área de conhecimento lista técnicas relevantes para uma perspectiva de gestão de processos de negócio. As técnicas do Guia BABOK® são encontradas no capítulo Técnicas do Guia BABOK®. Outras técnicas de análise de negócios não são encontradas no capítulo, mas são consideradas particularmente úteis para analistas de negócios que trabalham na disciplina de gerenciamento de processos de negócios. Isso não pretende ser uma lista exaustiva de técnicas, mas sim evidenciar os tipos de técnicas utilizadas pelos analistas de negócios enquanto executa as tarefas dentro da área de conhecimento.

.1   Planejamento e Monitoramento de Análise de Negócios

A elaboração progressiva é comum no planejamento de iniciativas de BPM, devido ao fato de que a quantidade de informações disponíveis para o planejamento integral pode ser limitada nas etapas iniciais. As iniciativas de BPM envolvem atividades de melhoria contínua e uma causa comum de fracasso das iniciativas do BPM é a falha em planejar o monitoramento do efeito das mudanças no processo em andamento. Em iniciativas de BPM, o foco inicial do trabalho de análise de negócios está em analisar e melhorar o processo de negócios antes de olhar para a tecnologia usada para suportar o processo e quaisquer alterações que possam ser necessárias em aplicações de software ou procedimentos de trabalho.

Técnicas do Guia BABOK®

- Estimativa
- Rastreamento de Itens
- Modelagem de Processos
- Revisões
- Personas, Lista ou Mapa de Stakeholders
- Workshops

Outras Técnicas de Análise de Negócios

- Entradas, Reguladores, Saídas, Recursos de Suporte (IGOE - Input, Guide, Output, Enabler)

.2 Elicitação e Colaboração

Para que a iniciativa do BPM seja bem-sucedida, o escopo da iniciativa e o escopo do processo afetado devem ser definidos e compreendidos.

A modelagem de processos e a análise de stakeholders são geralmente utilizadas durante a fase de elicitação de uma iniciativa de BPM. Durante a elicitação, o analista de negócios se concentra nas causas e nos efeitos tanto da mudança dos processos existentes quanto da manutenção dos processos como estão através do esforço de elicitação e colaboração. Conforme um processo existente é alterado, os efeitos de qualquer melhoria de processo identificados na organização, nas pessoas e na tecnologia são considerados. Os mapas de processos são uma ferramenta importante para guiar a elicitação em iniciativas de BPM e os stakeholders são consultados com frequência durante o seu desenvolvimento. A elicitação e a colaboração efetivas são críticas no trabalho de análise e design de modelagem de processos.

As mudanças de processo podem ter impactos significativos em toda a organização, portanto, o gerenciamento de stakeholders e suas expectativas é particularmente crítico. Sem um gerenciamento efetivo dos stakeholders, as mudanças de processo podem não ser implementadas com sucesso ou as mudanças podem não atender às metas e objetivos da organização.

Técnicas do Guia BABOK®

- Brainstorming
- Análise de Documentos
- Grupos Focais
- Análise de Interfaces
- Entrevistas
- Métricas e Indicadores-Chave de Desempenho (KPIs - Key Performance Indicators)
- Observação
- Modelagem de Processos
- Prototipagem
- Revisões
- Análise de Causa Raiz
- Modelagem de Escopo
- Personas, Lista ou Mapa de Stakeholders
- Pesquisa ou Questionário Casos de Uso e Cenários
- Histórias de Usuário
- Workshops

Outras Técnicas de Análise de Negócios

- Casa da Qualidade/Voz do Cliente

.3 Gerenciamento do Ciclo de Vida de Requisitos

BPM é um conjunto de abordagens que se concentram em formas de entregar valor em diversas áreas funcionais por meio de uma lente centrada no processo. A entrega de valor adicional está muitas vezes relacionada à realização deliberada de mudanças, mas também pode resultar de uma solicitação ou revisão ad hoc dos processos. O impacto das atividades de BPM sobre o gerenciamento de ciclo de vida de requisitos é significativo, pois pode alterar os requisitos de negócios resultando em novos designs, codificações, implementações e mudanças pós-implementações. É responsabilidade do analista de negócios manter essa conexão e garantir que a comunicação seja conduzida de forma efetiva com os stakeholders e os donos de processos que são os principais tomadores de decisão quando se trata de processos, mudanças e soluções de apoio.

A documentação dos processos de negócio está disponível para todos os stakeholders, já que ela deve ser utilizada na operação diária do negócio. Se o processo for automatizado através de um BPMS (Business Process Management Suite), a representação do processo pode ser diretamente executável.

Técnicas do Guia BABOK®

- Critérios de Aceitação e de Avaliação
- Gerenciamento de Backlog
- Brainstorming
- Análise de Regras de Negócio
- Análise de Requisitos Não Funcionais
- Priorização
- Análise de Processos
- Modelagem de Processos
- Prototipagem
- Modelagem de Escopo
- Workshops

Outras Técnicas de Análise de Negócios

- nenhum

.4 Análise da Estratégia

Em um contexto BPM, a análise de estratégia envolve a compreensão do papel que o processo desempenha em uma cadeia de valor corporativa. No mínimo, qualquer processo que interaja com os processos afetados pela iniciativa deve ser considerado.

O estado atual é provavelmente descrito pela cadeia de valor e medidas de desempenho atuais para o processo de negócios. O estado futuro será descrito pela cadeia de valor futura e medidas de desempenho a serem alcançadas. Os métodos de melhoria contínua podem simplesmente concentrar-se nas medidas de desempenho para determinar a estratégia. A estratégia de mudança implicará na identificação de possíveis alterações de processo.

Técnicas do Guia BABOK®

- Análise de Documentos
- Decomposição Funcional
- Entrevistas
- Lições Aprendidas
- Análise de Processos
- Modelagem de Processos

Outras Técnicas de Análise de Negócios

- Tambor-Pulmão-Corda
- Casa da Qualidade/Voz do Cliente
- Entradas, Reguladores, Saídas, Recursos de Suporte (IGOE - Input, Guide, Output, Enabler)
- Processos de Pensamento da Teoria das Restrições

.5 Análise de Requisitos e Definição de Design

A análise de requisitos e definição de design concentrar-se-ão na definição do modelo de processo futuro. A arquitetura de requisitos provavelmente inclui o modelo de processo, as regras de negócios e decisões associadas, os requisitos de informação e a estrutura organizacional. As opções de solução tipicamente incluem mudanças em TI necessárias para suportar o processo, terceirização de aspectos do processo e alterações semelhantes.

Técnicas do Guia BABOK®

- Benchmarking e Análise de Mercado
- Análise de Regras de Negócio

- Modelagem de Decisão
- Estimativa
- Decomposição Funcional
- Métricas e Indicadores-Chave de Desempenho (KPIs - Key Performance Indicators))
- Priorização
- Prototipagem
- Modelagem de Escopo
- Personas, Lista ou Mapa de Stakeholders
- Workshops

Outras Técnicas de Análise de Negócios

- Evento Kaizen
- Simulação de Processos

.6 Avaliação da Solução

A avaliação de solução tipicamente ocorre repetidamente durante as iniciativas do BPM, a fim de avaliar o desempenho do processo de negócios. Uma vez que os processos são avaliados para diferentes cenários, eles podem ser refinados e os resultados são monitorados. As tarefas de avaliação de soluções fornecem insight do impacto das melhorias do processo e do valor entregue pelas mudanças do processo de negócios. A solução pode também envolver a mineração de processos que utiliza técnicas como trilhas de auditoria ou logs de transações para obter detalhes do processo.

A tarefa de análise de desempenho da solução é realizada para entender as diferenças entre valor potencial e valor real. Esta análise é realizada para descobrir por que há uma variância entre o valor potencial e real, para determinar se uma solução pode ter um desempenho melhor ou realizar mais valor. A avaliação examina oportunidades ou restrições da solução implementada, como ela satisfaz as necessidades, ou como ela poderia ser melhorada. Isso pode desencadear uma maior otimização do processo e uma repetição do ciclo de vida de BPM.

Técnicas do Guia BABOK®

- Critérios de Aceitação e de Avaliação
- Balanced Scorecard
- Benchmarking e Análise de Mercado
- Brainstorming (
- Análise de Capacidades de Negócio
- Análise de Regras de Negócio
- Análise de Decisão
- Análise de Documentos
- Estimativa
- Entrevistas
- Métricas e Indicadores-Chave de Desempenho (KPIs - Key Performance Indicators)
- Observação
- Modelagem Organizacional
- Modelagem de Processos
- Revisões
- Análise e Gerenciamento de Riscos
- Análise de Causa Raiz
- Personas, Lista ou Mapa de Stakeholders
- Pesquisa ou Questionário
- Análise SWOT

Outras Técnicas de Análise de Negócios

- Evento Kaizen
- Análise de Modo e Efeitos da Falha (FMEA - Failure Mode and Effect Analysis)
- Simulação de Processos
- Análise do Fluxo de Valor

Apêndice A: Glossário

A

abordagem adaptativa: Uma abordagem onde a solução evolui baseada em um ciclo de "descoberta e aprendizagem", com ciclos de feedback que encorajem a tomada de decisão o mais tarde possível.

abordagem de análise de negócio: O conjunto de processos, regras, orientações, heurísticas e atividades que serão usados para desempenhar a análise de negócios em um contexto específico.

abordagem preditiva: Uma abordagem em que o planejamento e as linhas de base são estabelecidos no início do ciclo de vida da iniciativa, a fim de maximizar o controle e minimizar o risco.

agente de mudança: Aquele que é o catalisador da mudança.

alocação: Veja alocação de requisitos.

alocação de requisitos: O processo de atribuição de requisitos a serem implementados por componentes específicos da solução.

análise competitiva: Uma avaliação estruturada que captura as características-chave de um setor para prever as perspectivas de rentabilidade a longo prazo e para determinar as práticas dos concorrentes mais significativos.

análise de campo de força: Um método gráfico para representar as forças que apoiam e se opõem a uma mudança. Envolve a identificação das forças, retratando-as em lados opostos de uma linha (apoiadores e forças opostas) e, em seguida, estimando a força de cada conjunto de forças.

análise de causa raiz: Um exame estruturado de um problema identificado para compreender suas causas primordiais.

análise de custo-benefício: Análise realizada que compara e quantifica os custos financeiros e não financeiros de uma mudança ou da implementação de uma solução com os benefícios ganhos.

análise de decisão: Uma abordagem para a tomada de decisão que examina e modela as possíveis consequências de diferentes decisões e auxilia na tomada de uma decisão otimizada em condições de incerteza.

análise de documentos (análise de negócios): Um exame da documentação de um sistema existente a fim de obter informações da análise de negócios, em especial os requisitos.

análise de forças, fraquezas, oportunidades e ameaças (SWOT): Um modelo de análise usado para entender fatores de influência e como eles podem afetar uma iniciativa. Também conhecida como análise SWOT.

análise de gap: Uma comparação do estado atual com o estado futuro desejado de uma organização no intuito de identificar diferenças que precisam ser abordadas.

análise de impacto: Uma avaliação dos efeitos que uma mudança proposta terá em um stakeholder ou grupo de stakeholders, projeto ou sistema.

análise de negócios: A prática de habilitar a mudança no contexto de uma corporação, definindo necessidades e recomendando soluções que proporcionem valor aos stakeholders.

análise de stakeholder: Identificação e análise dos stakeholders que podem ser impactados pela mudança e avaliar seu impacto, participação e necessidades durante as atividades de análise de negócios.

análise SWOT: Veja análise de forças, fraquezas, oportunidades e ameaças.

analista de negócios: Qualquer pessoa que realize análise de negócios, independentemente de seu cargo ou função organizacional. Para obter mais informações, consulte Quem é Analista de Negócios?

área de conhecimento (análise de negócios): Uma área de expertise que inclui várias tarefas específicas de análise de negócios.

arquitetura: O design, a estrutura e o comportamento dos estados atual e futuro de uma estrutura, em termos de seus componentes e a interaçãoentre eles. Veja também arquitetura de negócios, arquitetura corporativa e arquitetura de requisitos.

arquitetura corporativa: Uma descrição dos processos de negócios, tecnologia da informação, pessoas, operações, informações e projetos de uma empresa e as relações entre eles.

arquitetura de negócio: O design, a estrutura e o comportamento dos estados atuais e futuros de uma corporação para prover um entendimento comum da organização. É usado para alinhar os objetivos estratégicos da corporação com suas demandas táticas.

arquitetura de requisitos: Os requisitos de uma iniciativa e as inter-relações entre esses requisitos.

artefato (análise de negócios): Qualquer objeto relevante para a solução criado como parte dos esforços de análise de negócios.

artefato de requisitos: Um artefato de análise de negócios contendo informações sobre requisitos como por exemplo um diagrama, uma matriz, um documento ou um modelo.

ator (análise de negócios): Uma pessoa, dispositivo ou sistema que represente um papel específico na interação com a solução.

ator secundário: Um ator externo ao sistema no design que apoia a execução de um caso de uso.

atributo de requisitos: Uma característica ou propriedade de um requisito usada para auxiliar no gerenciamento de requisitos.

atributos da qualidade: Um conjunto de medidas utilizadas para julgar a qualidade geral de um sistema. Veja também requisitos não funcionais.

avaliação: A avaliação sistemática e objetiva de uma solução para determinar o seu estado e eficácia no atendimento dos objetivos ao longo do tempo e para identificar formas de aperfeiçoar a solução para melhor atender aos objetivos. Veja também indicador, métrica e monitoramento.

avaliação da prontidão corporativa: Uma avaliação que descreve se a empresa está preparada para aceitar a mudança associada a uma solução e se é capaz de usá-la efetivamente.

avaliação de risco: Identificação, análise e avaliação de riscos.

B

backlog de produto: Um conjunto de histórias de usuário, requisitos ou funcionalidades que foram identificados como candidatos para implementação potencial, priorizados e estimados.

benchmarking: Uma comparação de custo, tempo, qualidade ou outras métricas de uma decisão, serviço, processo ou sistema em relação aos das organizações líderes para identificar oportunidades de melhoria.

BPM: Veja gestão de processos de negócios.

brainstorming: Uma atividade em equipe que busca produzir um conjunto amplo ou variado de opções por meio de geração de ideias, de forma rápida e isenta de críticas.

business case: Uma justificativa de um curso de ação, baseada nos benefícios a serem atingidos pelo uso da solução proposta, em comparação com o custo, esforço e outras considerações para obter e conviver com a referida solução.

C

capacidade: O conjunto de atividades que uma corporação realiza, conhecimento que ela possui, produtos e serviços que provê, funções que suporta e métodos usados para a tomada de decisão.

capacidade organizacional: Uma função dentro do empreendimento, formada por componentes como processos, tecnologias e informações, usada pelas organizações para atingir seus objetivos.

caso de uso: Uma descrição da interação observável entre um ator (ou atores) e uma solução que ocorre quando o ator usa o sistema para atingir uma meta específica.

causa raiz: A causa de um problema não tendo outra causa mais profunda, geralmente uma das várias causas possíveis.

checklist (análise de negócios): Um conjunto padrão de elementos de avaliação da qualidade usados pelos revisores na verificação da qualidade dos requisitos.

ciclo de vida: Uma série de mudanças que um item ou objeto sofre desde a concepção até sua desativação.

ciclo de vida da solução: Os estágios pelos quais uma solução progride desde a concepção até a sua desativação.

ciclo de vida de requisitos: As etapas pelas quais um requisito progride desde a concepção até sua desativação.

cliente: Um stakeholder que usa ou pode usar produtos ou serviços produzidos pela corporação e pode ter direitos morais ou contratuais que a corporação deve atender.

colaboração: A atuação de duas ou mais pessoas, trabalhando em conjunto, em direção a um objetivo comum.

componente: Um elemento, identificável de forma única em um todo maior, que cumpre uma função clara.

componente da solução: Uma subparte de uma solução que pode ser pessoas, infraestrutura, hardware, software, equipamentos, instalações e ativos de processo ou qualquer combinação dessas subpartes.

conceito essencial (análise de negócios): Uma das seis ideias fundamentais para a prática de análise de negócios, a saber: Mudança, Necessidade, Solução, Contexto, Stakeholder e Valor.

contexto: As circunstâncias que influenciam, ou são influenciadas, e provêm entendimento da mudança.

controle de mudança: Controle das mudanças em requisitos e design de forma que o impacto dessas mudanças sejam entendidos e acordados, antes que essas mudanças sejam efetivamente realizadas.

corpo de conhecimento: O agregado de conhecimento e práticas geralmente aceitas sobre um tópico.

corporação: Um sistema de uma ou mais organizações e as soluções que elas usam para perseguir um conjunto de metas comuns.

COTS: Veja solução de prateleira.

critério de aceite: Critérios associados a requisitos, produtos ou ciclo de entrega que devem ser atendidos para se obter a aceitação do stakeholder.

D

decisão de negócio: Uma decisão que pode ser tomada com base na estratégia, julgamento executivo, consenso e regras de negócio que geralmente é realizada em resposta a eventos ou em pontos definidos de um processo de negócio.

declaração de missão: Uma declaração formal de valores e metas que expressa o propósito essencial da organização.

declaração de trabalho (SOW): Uma descrição por escrito dos serviços ou tarefas que devem ser executadas.

declaração de visão de produto: Uma breve declaração ou parágrafo que descreve as metas da solução e como ela suporta a estratégia da organização ou do empreendimento.

decomposição: Uma técnica que subdivide um problema em suas partes componentes no intuito de facilitar a análise e compreensão desses componentes.

defeito: Uma deficiência em um produto ou serviço que reduz a sua qualidade ou causa variação de um atributo, estado ou funcionalidade em relação ao desejado.

defeito de requisitos: Um problema ou erro em um requisito. Defeitos podem ocorrer porque um requisito é de baixa qualidade (veja verificação de requisitos) ou porque não descreve uma necessidade que, se atendida, agregaria valor aos stakeholders (veja validação de requisitos).

design: Uma representação utilizável de uma solução. Para obter mais informações veja Termos-Chave e Requisitos e Designs.

diagrama de caso de uso: Um tipo de diagrama definido pela UML® que capta todos os atores e casos de uso envolvidos com um sistema ou produto.

diagrama de causa e efeito: Veja diagrama de espinha de peixe.

diagrama de entidade-relacionamento: Uma representação gráfica das entidades relevantes para um domínio de problema escolhido e as relações entre elas.

diagrama de espinha de peixe: Uma técnica de diagramação usada na análise de causa raiz para identificar causas fundamentais de um problema observado e as relações que existem entre essas causas. Também conhecido como um diagrama de Ishikawa ou diagrama de causa e efeito.

diagrama de estado: Um modelo de análise que apresenta o ciclo de vida de um dado, entidade ou classe.

diagrama de Ishikawa: Veja o diagrama de espinha de peixe.

diagrama de sequência: Um tipo de diagrama que apresenta objetos participando de interações e as mensagens trocadas entre eles.

diretriz (análise de negócios): Uma instrução ou descrição sobre por que ou como realizar uma tarefa.

documento de requisitos: Veja pacote de requisitos.

domínio: A porção do conhecimento que define um conjunto de requisitos, terminologia e funcionalidade comuns para qualquer programa ou iniciativa que resolva um problema.

domínio de negócio: Veja domínio.

DSDM: Veja o método de desenvolvimento de sistemas dinâmicos.

E

elicitação: Extração e derivação iterativa de informações dos stakeholders ou de outras fontes.

empreendimento: Veja corporação

entrada (análise de negócios): Informação consumida ou transformada para produzir uma saída. Uma entrada é a informação necessária para que uma tarefa comece.

entregável: Qualquer produto de trabalho ou serviço, único e verificável que uma parte concordou em entregar.

entrevista: Elicitação de informações de uma pessoa ou grupo de pessoas em um ambiente informal ou formal, fazendo perguntas relevantes e registrando as respostas.

equipe da mudança: Um grupo interfuncional de indivíduos com mandato para implementar uma mudança. Esse grupo pode ser composto por donos de produtos, analistas de negócios, desenvolvedores, gerentes de projetos, especialistas em implementação de soluções, ou qualquer outro indivíduo com o conjunto relevante de habilidades e competências necessárias para implementar a mudança.

escopo: Os limites de controle, mudança, uma solução, ou uma necessidade.

escopo da solução: O conjunto de capacidades que uma solução deve entregar, no intuito de atender à necessidade do negócio.

escopo de produto: Veja escopo de solução.

escopo de projeto: O trabalho que deve ser realizado para entregar um produto, serviço ou resultado com as funcionalidades, características e funções especificadas.

esforço de análise de negócios: O conjunto de atividades de análise de negócios em que um analista de negócios está envolvido durante o ciclo de vida de uma iniciativa.

especialista (SME): Veja especialista no assunto do domínio; especialista em implementação de soluções.

especialista em implementação de soluções: Um stakeholder que tem conhecimento especializado sobre a implementação de um ou mais componentes da solução.

especialista no assunto do domínio: Um stakeholder com conhecimento aprofundado de um tópico relevante para a necessidade do negócio ou do escopo da solução.

estimativa: Uma avaliação quantitativa de um plano de resultado, necessidades de recursos e cronograma onde incertezas e incógnitas são sistematicamente consideradas na avaliação.

estratégia: Uma descrição da abordagem escolhida para aplicar as capacidades de uma organização a fim de alcançar um conjunto desejado de metas ou objetivos.

estratégia de mudança: Um plano para sair do estado atual para o estado futuro com intenção de se atingir as metas de negócio.

estrutura de divisão de trabalho (WBS): Uma decomposição hierárquica orientada a entrega do trabalho a ser executado para atingir os objetivos e criar os entregáveis necessários. Organiza e define o escopo total do projeto.

estudo de viabilidade: Uma avaliação da viabilidade técnica, organizacional e econômica das alternativas propostas, dentro das restrições do empreendimento, e se elas vão entregar os benefícios desejados para a corporação.

evento (análise de negócios): Uma ocorrência ou incidente a que uma unidade organizacional, sistema ou processo deve responder.

evento temporal: Um evento baseado no tempo que pode desencadear o início de um processo, avaliação de regras de negócios ou alguma outra resposta.

experimento: Elicitação realizada de forma controlada para fazer uma descoberta, testar uma hipótese ou demonstrar um fato conhecido.

Extensão Ágil para o Guia BABOK® (Agile Extension to the BABOK Guide®): Um padrão sobre a prática de análise de negócios em um contexto ágil. A "Extensão Ágil para o Guia BABOK® versão 1" foi publicada em 2013 pelo IIBA®, em parceria com a Agile Alliance.

F

facilitação: A arte de liderar e encorajar as pessoas através de esforços sistemáticos em direção a objetivos acordados de uma forma que melhora o envolvimento, colaboração, produtividade e sinergia.

ferramenta de gerenciamento de requisitos: Software de propósito especial que oferece suporte para qualquer combinação dos seguintes recursos: elicitação e colaboração, modelagem e/ou especificação de requisitos, rastreabilidade de requisitos, controle de versão e criação de linhas de base, definição de atributos para rastreamento e monitoramento, geração de documentos e controle de mudanças de requisitos.

fornecedor: Um stakeholder fora dos limites de uma determinada organização ou unidade organizacional que fornece produtos ou serviços à organização e pode ter direitos e obrigações contratuais ou morais que devem ser considerados.

fornecedores, entradas, processos, saídas e clientes (SIPOC): Uma ferramenta utilizada para descrever elementos de alto nível relevantes de um processo. Pode ser usada em conjunto com o mapeamento de processos e ferramentas 'dentro/ fora do escopo', para fornecer detalhes adicionais.

funcionalidade: Uma característica perceptível de uma solução que implementa um conjunto coeso de requisitos e que proporciona valor para um conjunto de stakeholders.

G

garantia da qualidade: Atividades desempenhadas para garantir que um processo irá entregar produtos que atendam a um nível de qualidade apropriado.

gerenciamento de mudança organizacional: Veja gestão de mudança.

gerenciamento de requisitos: Planejamento, execução, monitoramento e controle de todo e qualquer trabalho associado à elicitação de requisitos e colaboração, análise de requisitos e design, e gerenciamento de ciclo de vida de requisitos.

gerente de projeto: Um stakeholder que é responsável por gerenciar o trabalho necessário para entregar uma solução que atenda a uma necessidade de negócio, e por garantir que os objetivos do projeto sejam atingidos, equilibrando as restrições do projeto, incluindo escopo, orçamento, cronograma, recursos, qualidade e risco.

gestão de mudança: Atividades, ferramentas e técnicas planejadas para atender o lado humano da iniciativa de mudança, direcionando, principalmente, as necessidades das pessoas que serão mais afetadas pela mudança.

gestão de processod de negócio (BPM): Uma disciplina de gestão que determina como processos manuais e automatizados são criados, modificados, descartados e governados.

grupo focal: Um grupo formado para elecitar ideias e atitudes sobre um produto, serviço ou oportunidade específico em um ambiente de grupo interativo. Os participantes compartilham suas impressões, preferências e necessidades, guiados por um moderador.

H

história de usuário: Uma declaração pequena e concisa de funcionalidade ou qualidade necessária para entregar valor a um stakeholder específico.

I

indicador: Uma medida numérica específica que indica o progresso para alcançar um impacto, saída, atividade ou entrada. Veja também métrica.

informações de análise de negócios: Qualquer tipo de informação, em qualquer nível de detalhe, usada como entrada ou produzida como saída em um trabalho de análise de negócios.

iniciativa: Um projeto, programa ou ação tomada específico para resolver algum(ns) problema(s) de negócios ou alcançar algum(ns) objetivo(s) de mudança específico(s).

inspeção: Uma revisão formal de um produto de trabalho por indivíduos qualificados que seguem um processo predefinido e usam critérios predefinidos para identificação e remoção de defeitos.

interface: Uma fronteira compartilhada entre duas pessoas e/ou sistemas pela qual a informação é comunicada.

interface externa: Uma interação que está fora da solução proposta. Pode ser outro sistema de hardware, sistema de software ou uma interação humana com a qual a solução proposta irá interagir.

interoperabilidade: Habilidade dos sistemas de se comunicar através da troca de dados ou de serviços.

iteração (análise de negócios): Uma única instância de ciclos progressivos de análise, desenvolvimento, teste ou execução.

L

linguagem de modelagem unificada (UML®): Uma notação especificada pelo Object Management Group (OMG) para descrever a estrutura, o comportamento e a arquitetura de aplicativos de software. Também pode ser usada para descrever processos de negócios e estruturas de dados. Os diagramas de UML® mais comuns usados pelos analistas de negócios são os diagramas de caso de uso, diagramas de atividade, diagramas de máquina de estado (também conhecidos como diagramas de estado) e diagramas de classe.

lista de stakeholder: Um catálogo dos stakeholders afetados por uma mudança, necessidade de negócio ou solução proposta, e uma descrição de seus atributos e características relacionadas ao seu envolvimento na iniciativa.

M

mapeamento de fluxo de valor: Uma representação completa, baseada em fatos, de séries temporais do fluxo de atividades necessárias para entregar um produto ou serviço.

matriz: Uma forma textual de modelagem usada para representar informações que podem ser categorizadas, cruzadas e representadas em um formato de tabela.

matriz criar, ler, atualizar e excluir (matriz CRUD): Uma matriz bidimensional que mostra quais funções do usuário têm permissão para acessar entidades de informação específica, e criar novos registros nessas entidades, visualizar o dado em registros existentes, atualizar ou modificar o dado em registros existentes ou excluir registros existentes.

matriz CRUD: Veja a matriz criar, ler, atualizar e excluir.

matriz RACI (Responsible – Executante; Accountable – Responsabilizável; Consulted – Consultado; Informed – Informado): Uma ferramenta usada para identificar as responsabilidades dos papéis ou membros da equipe e as atividades ou entregas em que participarão, com cada um podendo ser considerado: Responsabilizável (aprovando os resultados); Executante (fazendo o trabalho); Consultado (provendo informações) e Informado (recebendo informação do item concluído).

meta: meta de negócio.

meta de negócio: Uma condição ou estado que uma organização está buscando definir e manter, geralmente expressa qualitativamente em vez de quantitativamente.

metadado: Uma descrição de dados para ajudar a entender como usar esses dados, seja em termos da estrutura e especificação dos dados, ou a descrição de uma instância específica de um objeto.

método de desenvolvimento de sistemas dinâmicos (DSDM - Dynamic Systems Development Method): Um framework de entrega de projetos que se concentra na fixação de custos, qualidade e tempo no início enquanto a contingência é gerenciada pela variação das funcionalidades a serem entregues.

metodologia: Um conjunto de métodos, técnicas, ferramentas, procedimentos, conceitos de trabalho e regras usados para resolver um problema.

métrica: Um nível quantificável de um indicador medido em um determinado ponto no tempo.

modelagem organizacional: A técnica de análise utilizada para descrever funções, responsabilidades e estruturas de reporte que existem dentro de uma corporação.

modelo: Uma representação e simplificação da realidade desenvolvida para entregar informação a um público específico, facilitando a análise, comunicação e entendimento.

modelo de conceitos: Um modelo de análise que explicita o significado de conceitos essenciais para um domínio de problema, define sua estrutura coletiva e especifica o vocabulário apropriado para comunicar, consistentemente, sobre esses conceitos.

modelo de escopo: Um modelo que define os limites de um domínio do negócio ou da solução.

modelo de processo: Um conjunto de diagramas e informações de apoio sobre um processo e fatores que poderiam influenciar o processo. Alguns modelos de processo são usados para simular o desempenho do processo.

modelo de requisitos: Uma representação abstrata (geralmente gráfica) de algum aspecto do estado atual ou futuro.

monitoramento: Um processo contínuo de coleta de dados a partir de uma para determinar o quão bem uma solução está implementada em comparação com os resultados esperados. Veja também métrica; indicador.

mudança: O ato de transformação em resposta a uma necessidade.

N

necessidade de negócio: Um problema ou oportunidade, de importância estratégica ou tática, a ser abordado.

necessidade: Um problema ou oportunidade a ser abordado.

negócio (análise de negócios): Veja corporação; empreendimento.

negócio (mundo dos negócios): Um sistema econômico onde qualquer atividade comercial, industrial ou profissional é realizada com vistas a obtenção de lucro.

O

objetivo: Veja objetivo de negócio.

objetivo de negócio: Um resultado determinado e mensurável que indica que uma meta de negócio foi atingida.

observação (análise de negócios): Estudo e análise de um ou mais stakeholders no seu ambiente de trabalho, a fim de elicitar requisitos.

OLAP: Veja processamento analítico on-line.

opção de solução: Uma maneira possível de satisfazer uma ou mais necessidades em um contexto.

organização: Um grupo autônomo de pessoas sob a gestão de um único indivíduo ou conselho, que trabalha para alcançar metas e objetivos comuns.

P

pacote de análise de negócios: Um documento ou qualquer outra coleção de texto, matrizes, diagramas e modelos que representem informações de análise de negócios.

pacote de requisitos: Uma forma especializada de um empacotamento de uma análise de negócios principalmente relacionada com os requisitos. Um pacote de requisitos pode representar uma linha de base de um conjunto de requisitos.

patrocinador: Um stakeholder que é responsável por iniciar o esforço para definir uma necessidade de negócio e desenvolver uma solução que atenda essa necessidade. Ele autoriza o trabalho a ser executado e controla o orçamento e o escopo para a iniciativa.

pesquisa/questionário: Coleta e avaliação de opiniões ou experiências de um grupo depessoas por meio de uma série de perguntas.

plano: Um esquema detalhado para fazer ou alcançar algo. Geralmente é composto de um conjunto de eventos, dependências, sequência esperada, cronograma, resultados ou saídas, materiais e recursos necessários e como os stakeholders precisam ser envolvidos.

plano de análise de negócios: Uma descrição das atividades planejadas que o analista de negócios executará, no intuito de realizar o trabalho de análise de negócios envolvido em uma iniciativa específica. Veja também plano de gerenciamento de requisitos.

plano de comunicação de análise de negócios: Uma descrição dos tipos de comunicação que o analista de negócios irá desempenhar durante a análise de negócios, os receptores dessas comunicações e a forma pela qual a comunicação deve ocorrer.

plano de gerenciamento de requisitos: Um subconjunto do plano de análise de negócios para uma iniciativa de mudança específica, descrevendo ferramentas, atividades e papéis específicos e responsabilidades que serão usados na iniciativa para gerenciar os requisitos. Veja plano de análise de negócios.

política: Veja política de negócio.

política de negócio: Uma diretiva não acionável que controla ou influencia as ações de uma corporação.

ponto de vista: Um conjunto de convenções que definem como os requisitos serão representados, como essas representações serão organizadas e como elas serão relacionadas.

priorização: Determinação da importância relativa de um conjunto de itens no intuito de estabelecer a ordem na qual eles serão abordados.

problema de negócio: Qualquer tópico ou questão estratégica ou tática, de importância, que impeça o empreendimento, corporação ou organização de atingir suas metas.

processamento analítico on-line (OLAP): Abordagem orientada a inteligência de negócios (BI) que permite aos usuários analisar grande quantidade de dados sob diferentes pontos de vista.

processo: Um conjunto de atividades projetado para realizar um objetivo específico, tomando uma ou mais entradas definidas e transformando-as em saídas definidas.

processo de governança (mudança): Um processo pelo qual os tomadores de decisão apropriados usam informações relevantes para tomar decisões sobre uma mudança ou solução, incluindo os meios para obter aprovações e prioridades.

processo de lições aprendidas: Uma técnica de aperfeiçoamento de processo usada para aprender a respeito e melhorar em um processo ou projeto. Uma sessão de lições aprendidas envolve uma reunião especial na qual a equipe explora o que funcionou, o que não funcionou, o que poderia ser aprendido com a iteração recém concluída, e como adaptar processos e técnicas antes de continuar ou começar um novo.

processo de negócio: Um conjunto de atividades ponta a ponta que respondem coletivamente a um evento e transforma informações, materiais e outros recursos em saídas que entregam valor diretamente aos clientes do processo. Pode ser interno a uma organização, ou pode abranger várias organizações.

produto (análise de negócios): Uma solução ou componente de uma solução que é resultado de uma iniciativa.

produto de trabalho (análise de negócios): Um documento ou conjunto de notas ou diagramas utilizados pelo analista de negócios durante o processo de desenvolvimento de requisitos.

projeto: Um esforço temporário empreendido para criar um produto, serviço ou resultado exclusivo.

protótipo: Uma aproximação parcial ou simulada da solução com o propósito de elicitar ou verificar os requisitos com os stakeholders.

protótipo descartável: Um protótipo usado para descobrir rapidamente e esclarecer requisitos ou designs usando ferramentas simples, às vezes apenas papel e lápis. Destina--e a ser descartado após o sistema final ter sido desenvolvido.

protótipo evolutivo: Um protótipo que é continuamente modificado e atualizado em resposta ao feedback dos stakeholders.

protótipo horizontal: Um protótipo que é usado para explorar requisitos e designs em um nível superficial e abrangente de uma solução proposta, como o ponto de vista do cliente ou a interface com outra organização.

protótipo vertical: Um protótipo que é usado para se profundar em uma solução proposta para descobrir considerações de requisito e design através de múltiplas camadas de uma solução que não são facilmente compreensíveis ou que não são discerníveis na superfície. Pode incluir interação entre vários componentes de solução.

prova de conceito (proof of concept – POC): Um modelo criado para validar o design de uma solução a ser efetivamente entregue aos stakeholders sem determinar a aparência, materiais, processos ou fluxo de trabalho usados na criação do trabalho.

Q

qualidade: O grau em que um conjunto de características inerentes satisfaz necessidades. Veja também requisitos não funcional.

questionário: Um conjunto de questões definidas, com opções de respostas, usadas para coletar informações dos respondentes.

R

raia: A secção horizontal ou vertical de um modelo de processo que apresenta quais atividades são desempenhadas por um ator ou papel particular.

rastreabilidade: Veja rastreabilidade de requisitos.

rastreabilidade de requisitos: A capacidade de rastreamento das relações entre conjuntos de requisitos e designs a partir da necessidade original do stakeholder até a solução efetivamente implementada. A rastreabilidade suporta controle de mudança garantindo que a fonte de um requisito ou design possa ser identificada e outros requisitos e designs relacionados potencialmente afetados por uma mudança, são conhecidos.

reengenharia de processo de negócio: Prática de repensar e redefinir o design dos processos de negócio para gerar melhorias mensuráveis de desempenho.

RFI: Veja solicitação de informação.

RFP: Veja solicitação de proposta.

RFQ: Veja solicitação de cotação.

RFT: Veja solicitação de orçamento.

regra de negócio: Uma diretiva específica, aplicável e testável que está sob o controle do negócio e que serve como critério para orientar o comportamento e dar base para os julgamentos ou a tomada de decisão.

regra de negócio de comportamento: Uma regra de negócio que estabelece uma obrigação (ou proibição) na conduta, ação, prática ou procedimento; uma regra de negócio cujo propósito é orientar (governar) o comportamento das atividades rotineiras de negócio. Também conhecida como regra operacional.

regra de negócio de definição: Uma regra que indica que algo é necessariamente verdadeiro (ou falso); uma regra que se destina a ser um critério de definição para conceitos, conhecimentos ou informações. Também conhecida como regra estrutural.

regra estrutural: Veja regra de negócio de definição.

regra operacional: Veja regra de negócio de comportamento.

regulador: Um stakeholder de fora da organização que é responsável pela definição e cobrança do cumprimento de padrões.

repositório: Uma instalação real ou virtual onde toda informação a respeito de um tópico específico é armazenada e está disponível para consulta.

representante de stakeholder (analista de negócios): O papel que um analista de negócios assume ao representar as necessidades de um stakeholder ou grupo de stakeholders.

requisito: Uma representação útil de uma necessidade.

requisito de negócio: Uma representação de metas, objetivos e resultados que descrevem porque a mudança foi iniciada e como o sucesso será avaliado.

requisito de solução: Uma capacidade ou qualidade de uma solução que atenda aos requisitos de stakeholder. Requisitos de solução podem ser divididos em duas sub- categorias: requisitos funcionais e requisitos não funcionais (ou requisitos de qualidade de serviço).

requisito de stakeholder: Uma descrição das necessidades de um determinado stakeholder ou classe de stakeholders que devem ser atendidas para de atingir os requisitos de negócio. Pode servir como uma ponte entre os requisitos de negócios e as várias categorias de requisitos de solução.

requisito de transição: Um requisito que descreve as capacidades que a solução deve ter e as condições que a solução deve satisfazer para facilitar a transição do estado atual para o estado futuro, mas que não serão mais necessárias quando a mudança for concluída. Eles se diferenciam de outros tipos de requisitos, porque são de natureza temporária.

requisito de usuário: Veja requisito de stakeholder.

requisito declarado: Um requisito articulado por um stakeholder que não foi analisado, verificado ou validado. Requisitos declarados frequentemente refletem os desejos de um stakeholder em vez de sua real necessidade.

requisito funcional: Uma capacidade que uma solução deve ter em termos de comportamento e informação que a solução irá gerenciar.

requisito não funcional: Um tipo de requisito que descreve o desempenho ou atributos de qualidade que uma solução deve atender. Os requisitos não funcionais são geralmente mensuráveis e atuam como restrições ao design de uma solução como um todo.

requisito validado: Um requisito que foi revisado e está destinado a suportar a entrega dos benefícios esperados, e está dentro do escopo de solução.

requisito verificado: Um requisito que foi revisado e considerado estar definido corretamente, aderente aos padrões ou diretrizes e em um nível aceitável de detalhes.

restrição (análise de negócios): Um fator de influência que não pode ser mudado e que coloca um limite ou impedimento em uma possível solução ou opção de solução.

retorno sobre investimento (ROI) (análise de negócios): Uma medida da lucratividade de um projeto ou investimento.

retrospectiva: Veja processo de lições aprendidas.

revisão passo a passo: Uma revisão onde os participantes analisam passo a passo um artefato ou conjunto de artefatos com a intenção de validar requisitos ou design, e para identificar erros, inconsistências, omissões, imprecisões ou conflitos em requisitos ou design.

revisão por pares: Uma revisão formal ou informal de um produto de trabalho para identificar erros ou oportunidades de melhoria. Veja também inspeção.

S

risco (análise de negócios): O efeito da incerteza sobre o valor de uma mudança, de uma solução ou de um empreendimento. Veja também risco residual.

risco residual: O risco remanescente após ações terem sido tomadas ou planos postos em prática para lidar com o risco original.

ROI: Veja retorno sobre investimento.

serviço (análise de negócios): O desempenho, na perspectiva do stakeholder, de qualquer dever ou trabalho executado por ele.

SIPOC: Veja fornecedores, entradas, processos, saídas e clientes.

sistema: Um conjunto de componentes interdependentes que interagem de várias maneiras para produzir um conjunto de resultados desejados.

SME: Veja especialista.

solicitação de cotação (RFQ): Um método de aquisição através da solicitação de preços e opções de solução aos fornecedores.

solicitação de informação (RFI): Um método de elicitação formal destinado a coletar informações relativas às capacidades de um fornecedor ou qualquer outra informação relevante para uma possível futura contratação.

solicitação de orçamento (RFT): Um convite aberto a fornecedores a submeterem uma proposta de bens ou serviços.

solicitação de proposta (RFP): Um documento de requisitos emitido quando uma organização está buscando uma proposta formal de fornecedores. Uma RFP tipicamente requer que as propostas sejam submetidas, lacradas, após um processo específico para este fim, para avaliação conforme uma metodologia de avaliação formal.

solução: Uma maneira específica de satisfazer uma ou mais necessidades em um contexto.

solução de prateleira: Uma solução pronta (empacotada) disponível no mercado que contempla todas ou a maior parte das necessidades comuns de um grande grupo de compradores dessas soluções. Essa solução pronta pode requerer alguma customização para atender necessidades específicas da corporação.

SOW (statement of work): Veja declaração de trabalho.

stakeholder: Um grupo ou indivíduo relacionado com a mudança, a necessidade ou a solução.

suporte operacional: Um stakeholder que é responsável pela gestão diária e pela manutenção de um sistema ou produto.

suposição: Um fator influenciador que se acredita ser verdade, mas não foi confirmado como exato ou que pode ser verdade agora, mas pode não ser no futuro.

T

tarefa (análise de negócios): Um trabalho específico (distinto) que pode ser realizado formal ou informalmente como parte da análise de negócios.

técnica: Uma maneira, método ou estilo para realizar uma tarefa de análise de negócios ou para modelar sua saída.

testador: Um indivíduo responsável por determinar como verificar se a solução atende aos requisitos definidos pelo analista de negócios e realizar o processo de verificação.

teste de aceite de usuário (UAT): Avalia se a solução entregue atende às necessidades do grupo de stakeholders que estará usando a solução. A avaliação é validada contra critérios de aceitação identificados.

time-box: Um período de tempo acordado em que uma atividade deve ser conduzida ou um entregável definido deve ser produzido.

U

UAT (user acceptance test): Veja teste de aceite de usuário.

UML® (unified modelling language): Veja linguagem de modelagem unificada.

unidade organizacional: Qualquer associação reconhecida de pessoas dentro de uma organização ou empreendimento.

usuário: Veja usuário final.

usuário final: Um stakeholder que interage diretamente com a solução.

V

validação (análise de negócios): O processo de verificação de que um entregável está adequado para o uso pretendido. Veja também validação de requisitos.

validação de requisitos: Trabalho realizado para avaliar os requisitos visando garantir que eles suportem a entrega dos benefícios esperados e estejam dentro do escopo da solução.

valor (análise de negócios): O quanto algo vale a pena, é importante ou útil para um stakeholder em um contexto.

verificação (análise de negócios): O processo que determina se um entregável ou artefato atende a um padrão aceitável de qualidade. Veja também verificação de requisitos.

verificação de requisitos: Trabalho feito para avaliar requisitos para garantir que eles sejam definidos corretamente e estejam em um nível aceitável de qualidade. Isto garante que os requisitos estejam suficientemente definidos e estruturados para que a equipe de desenvolvimento da solução possa usá-los no design, desenvolvimento e implementação da solução.

VSM (value stream mapping): Veja mapeamento de fluxo de valor.

W

WBS (work breakdown structure): Veja estrutura de divisão de trabalho.

workshop: Um evento facilitado e focado, com a participação de stakeholders-chave a fim de atingir uma meta definida.

workshop de requisitos: Uma reunião estruturada, na qual um grupo cuidadosamente selecionado de stakeholders colabora para definir e/ou refinar requisitos sob a orientação de um facilitador neutro especializado.

Apêndice B: Mapeamento de Técnicas e Tarefas

A tabela a seguir mostra cada tarefa do Guia BABOK® na qual a técnica está incluída na seção de Técnicas.

Este mapeamento é fornecido para fins de referência e não impede o uso criativo de qualquer técnica durante a aplicação de qualquer outra tarefa na qual não esteja especificamente listada.

10. Técnicas	3. Planejamento e Monitoramento de Análise de Negócios	4. Elicitação e Colaboração	5. Gerenciamento do Ciclo de Vida de Requisitos	6. Análise da Estratégia	7. Análise de Requisitos e Definição de Design	8. Avaliação da Solução
10.1. Critérios de Aceitação e de Avaliação			5.5. Aprovar os Requisitos	6.2. Definir o Estado Futuro	7.1. Especificar e Modelar os Requisitos 7.2. Verificar os Requisitos 7.3. Validar os Requisitos 7.6. Analisar o Valor Potencial e Recomendar a Solução	8.1. Medir o Desempenho da Solução 8.2. Analisar as Medidas de Desempenho 8.3. Avaliar as Limitações da Solução
10.2. Gerenciamento de Backlog			5.3. Priorizar os Requisitos	6.2. Definir o Estado Futuro	7.6. Analisar o Valor Potencial e Recomendar a Solução	
10.3. Balanced Scorecard				6.2. Definir o Estado Futuro 6.4. Definição da Estratégia de Mudança		

10. Técnicas	3. Planejamento e Monitoramento de Análise de Negócios	4. Elicitação e Colaboração	5. Gerenciamento do Ciclo de Vida de Requisitos	6. Análise da Estratégia	7. Análise de Requisitos e Definição de Design	8. Avaliação da Solução
10.4. Benchmarking e Análise de Mercado		4.2. Conduzir a Elicitação		6.1. Analisar o Estado Atual 6.2. Definir o Estado Futuro 6.4. Definição da Estratégia de Mudança	7.5. Definir as Opções de Design	8.1. Medir o Desempenho da Solução 8.2. Analisar as Medidas de Desempenho 8.3. Avaliar as Limitações da Solução 8.4. Avaliar Limitações da Corporação

10. Técnicas	3. Planejamento e Monitoramento de Análise de Negócios	4. Elicitação e Colaboração	5. Gerenciamento do Ciclo de Vida de Requisitos	6. Análise da Estratégia	7. Análise de Requisitos e Definição de Design	8. Avaliação da Solução
10.5. Brainstorming	3.1. Planejar a Abordagem de Análise de Negócios 3.2. Planejar o Engajamento de Stakeholder 3.3. Planejar a Governança de Análise de Negócios 3.4. Planejar o Gerenciamento de Informações de Análise de Negócios 3.5. Identificar Melhorias de Desempenho de Análise de Negócios	4.1. Preparar para a Elicitação 4.2. Conduzir a Elicitação		6.2. Definir o Estado Futuro 6.3. Avaliar os Riscos 6.4. Definição da Estratégia de Mudança	7.5. Definir as Opções de Design 7.6. Analisar o Valor Potencial e Recomendar a Solução	8.4. Avaliar Limitações da Corporação
10.6. Análise de Capacidades de Negócio				6.1. Analisar o Estado Atual 6.2. Definir o Estado Futuro 6.4. Definição da Estratégia de Mudança	7.1. Especificar e Modelar os Requisitos	

10. Técnicas	3. Planejamento e Monitoramento de Análise de Negócios	4. Elicitação e Colaboração	5. Gerenciamento do Ciclo de Vida de Requisitos	6. Análise da Estratégia	7. Análise de Requisitos e Definição de Design	8. Avaliação da Solução
10.7. Business Cases	3.1. Planejar a Abordagem de Análise de Negócios		5.3. Priorizar os Requisitos 5.4. Avaliar as Mudanças de Requisitos	6.1. Analisar o Estado Atual 6.2. Definir o Estado Futuro 6.3. Avaliar os Riscos 6.4. Definição da Estratégia de Mudança	7.6. Analisar o Valor Potencial e Recomendar a Solução	8.1. Medir o Desempenho da Solução
10.8. Business Model Canvas				6.1. Analisar o Estado Atual 6.2. Definir o Estado Futuro 6.4. Definição da Estratégia de Mudança	7.1. Especificar e Modelar os Requisitos 7.6. Analisar o Valor Potencial e Recomendar a Solução	
10.9. Análise de Regras de Negócio	3.2. Planejar o Engajamento de Stakeholder	4.2. Conduzir a Elicitação	5.2. Manter os Requisitos 5.4. Avaliar as Mudanças de Requisitos		7.1. Especificar e Modelar os Requisitos	8.3. Avaliar as Limitações da Solução
10.10. Jogos Colaborativos		4.2. Conduzir a Elicitação 4.5. Gerenciar a Colaboração de Stakeholder				

10. Técnicas	3. Planejamento e Monitoramento de Análise de Negócios	4. Elicitação e Colaboração	5. Gerenciamento do Ciclo de Vida de Requisitos	6. Análise da Estratégia	7. Análise de Requisitos e Definição de Design	8. Avaliação da Solução
10.11. Modelagem de Conceitos		4.2. Conduzir a Elicitação		6.1. Analisar o Estado Atual	7.1. Especificar e Modelar os Requisitos	
10.12. Dicionário de Dados					7.1. Especificar e Modelar os Requisitos	
10.13. Diagramas de Fluxo de Dados			5.2. Manter os Requisitos		7.1. Especificar e Modelar os Requisitos	
10.14. Mineração de Dados		4.1. Preparar para a Elicitação 4.2. Conduzir a Elicitação		6.1. Analisar o Estado Atual		8.1. Medir o Desempenho da Solução 8.2. Analisar as Medidas de Desempenho 8.3. Avaliar as Limitações da Solução 8.4. Avaliar Limitações da Corporação 8.5. Recomendar Ações para Aumentar o Valor da Solução

10. Técnicas	3. Planejamento e Monitoramento de Análise de Negócios	4. Elicitação e Colaboração	5. Gerenciamento do Ciclo de Vida de Requisitos	6. Análise da Estratégia	7. Análise de Requisitos e Definição de Design	8. Avaliação da Solução
10.15. Modelagem de Dados		4.2. Conduzir a Elicitação	5.2. Manter os Requisitos		7.1. Especificar e Modelar os Requisitos 7.4. Definir a Arquitetura de Requisitos	
10.16. Análise de Decisão			5.3. Priorizar os Requisitos 5.4. Avaliar as Mudanças de Requisitos 5.5. Aprovar os Requisitos	6.2. Definir o Estado Futuro 6.3. Avaliar os Riscos 6.4. Definição da Estratégia de Mudança	7.6. Analisar o Valor Potencial e Recomendar a Solução	8.1. Medir o Desempenho da Solução 8.3. Avaliar as Limitações da Solução 8.4. Avaliar Limitações da Corporação 8.5. Recomendar Ações para Aumentar o Valor da Solução
10.17. Modelagem de Decisão				6.2. Definir o Estado Futuro	7.1. Especificar e Modelar os Requisitos	

10. Técnicas	3. Planejamento e Monitoramento de Análise de Negócios	4. Elicitação e Colaboração	5. Gerenciamento do Ciclo de Vida de Requisitos	6. Análise de Estratégia	7. Análise de Requisitos e Definição de Design	8. Avaliação da Solução
10.18. Análise de Documentos	3.1. Planejar a Abordagem de Análise de Negócios 3.2. Planejar o Engajamento de Stakeholder 3.3. Planejar a Governança de Análise de Negócios	4.1. Preparar para a Elicitação 4.2. Conduzir a Elicitação 4.3. Confirmar os Resultados da Elicitação	5.2. Manter os Requisitos 5.4. Avaliar as Mudanças de Requisitos	6.1. Analisar o Estado Atual 6.3. Avaliar os Riscos	7.3. Validar os Requisitos 7.5. Definir as Opções de Design	8.4. Avaliar Limitações da Corporação
10.19. Estimativa	3.1. Planejar a Abordagem de Análise de Negócios	4.1. Preparar para a Elicitação	5.3. Priorizar os Requisitos 5.4. Avaliar as Mudanças de Requisitos	6.4. Definição da Estratégia de Mudança	7.6. Analisar o Valor Potencial e Recomendar a Solução	
10.20. Análise Financeira	3.1. Planejar a Abordagem de Análise de Negócios		5.3. Priorizar os Requisitos 5.4. Avaliar as Mudanças de Requisitos	6.1. Analisar o Estado Atual 6.2. Definir o Estado Futuro 6.3. Avaliar os Riscos 6.4. Definição da Estratégia de Mudança	7.3. Validar os Requisitos 7.6. Analisar o Valor Potencial e Recomendar a Solução	8.5. Recomendar Ações para Aumentar o Valor da Solução

10. Técnicas	3. Planejamento e Monitoramento de Análise de Negócios	4. Elicitação e Colaboração	5. Gerenciamento do Ciclo de Vida de Requisitos	6. Análise da Estratégia	7. Análise de Requisitos e Definição de Design	8. Avaliação da Solução
10.21. Grupos Focais		4.2. Conduzir a Elicitação		6.1. Analisar o Estado Atual 6.4. Definição da Estratégia de Mudança	7.6. Analisar o Valor Potencial e Recomendar a Solução	8.1. Medir o Desempenho da Solução 8.5. Recomendar Ações para Aumentar o Valor da Solução
10.22. Decomposição Funcional	3.1. Planejar a Abordagem de Análise de Negócios		5.1. Rastrear os Requisitos 5.2. Manter os Requisitos	6.1. Analisar o Estado Atual 6.2. Definir o Estado Futuro 6.4. Definição da Estratégia de Mudança	7.1. Especificar e Modelar os Requisitos 7.4. Definir a Arquitetura de Requisitos	
10.23. Glossário					7.1. Especificar e Modelar os Requisitos	
10.24. Análise de Interfaces		4.2. Conduzir a Elicitação	5.4. Avaliar as Mudanças de Requisitos		7.1. Especificar e Modelar os Requisitos	

10. Técnicas	3. Planejamento e Monitoramento de Análise de Negócios	4. Elicitação e Colaboração	5. Gerenciamento do Ciclo de Vida de Requisitos	6. Análise da Estratégia	7. Análise de Requisitos e Definição de Design	8. Avaliação da Solução
10.25. Entrevistas	3.1. Planejar a Abordagem de Análise de Negócios	4.1. Preparar para a Elicitação	5.3. Priorizar os Requisitos	6.1. Analisar o Estado Atual	7.4. Definir a Arquitetura de Requisitos	8.2. Analisar as Medidas de Desempenho
	3.2. Planejar o Engajamento de Stakeholder	4.2. Conduzir a Elicitação	5.4. Avaliar as Mudanças de Requisitos	6.2. Definir o Estado Futuro	7.5. Definir as Opções de Design	8.3. Avaliar as Limitações da Solução
	3.3. Planejar a Governança de Análise de Negócios	4.3. Confirmar os Resultados da Elicitação		6.3. Avaliar os Riscos	7.6. Analisar o Valor Potencial e Recomendar a Solução	8.4. Avaliar Limitações da Corporação
	3.4. Planejar o Gerenciamento de Informações de Análise de Negócios	4.4. Comunicar as Informações de Análise de Negócios		6.4. Definição da Estratégia de Mudança		
	3.5. Identificar Melhorias de Desempenho de Análise de Negócios					

10. Técnicas	3. Planejamento e Monitoramento de Análise de Negócios	4. Elicitação e Colaboração	5. Gerenciamento do Ciclo de Vida de Requisitos	6. Análise da Estratégia	7. Análise de Requisitos e Definição de Design	8. Avaliação da Solução
10.26. Rastreamento de Itens	3.1. Planejar a Abordagem de Análise de Negócios		5.3. Priorizar os Requisitos	6.1. Analisar o Estado Atual	7.2. Verificar os Requisitos	8.3. Avaliar as Limitações da Solução
	3.2. Planejar o Engajamento de Stakeholder		5.4. Avaliar as Mudanças de Requisitos		7.3. Validar os Requisitos	8.4. Avaliar Limitações da Corporação
	3.3. Planejar a Governança de Análise de Negócios		5.5. Aprovar os Requisitos			
	3.4. Planejar o Gerenciamento de Informações de Análise de Negócios					
	3.5. Identificar Melhorias de Desempenho de Análise de Negócios					

10. Técnicas	3. Planejamento e Monitoramento de Análise de Negócios	4. Elicitação e Colaboração	5. Gerenciamento do Ciclo de Vida de Requisitos	6. Análise da Estratégia	7. Análise de Requisitos e Definição de Design	8. Avaliação da Solução
10.27. Lições Aprendidas	3.1. Planejar a Abordagem de Análise de Negócios 3.2. Planejar o Engajamento de Stakeholder 3.3. Planejar a Governança de Análise de Negócios 3.4. Planejar o Gerenciamento de Informações de Análise de Negócios 3.5. Identificar Melhorias de Desempenho de Análise de Negócios	4.5. Gerenciar a Colaboração de Stakeholder		6.1. Analisar o Estado Atual 6.2. Definir o Estado Futuro 6.3. Avaliar os Riscos 6.4. Definição da Estratégia de Mudança	7.5. Definir as Opções de Design	8.3. Avaliar as Limitações da Solução 8.4. Avaliar Limitações da Corporação

10. Técnicas	3. Planejamento e Monitoramento de Análise de Negócios	4. Elicitação e Colaboração	5. Gerenciamento do Ciclo de Vida de Requisitos	6. Análise da Estratégia	7. Análise de Requisitos e Definição de Design	8. Avaliação da Solução
10.28. Métricas e Indicadores-Chave de Desempenho (KPIs - Key Performance Indicators)	3.5. Identificar Melhorias de Desempenho de Análise de Negócios			6.1. Analisar o Estado Atual 6.2. Definir o Estado Futuro	7.2. Verificar os Requisitos 7.3. Validar os Requisitos 7.6. Analisar o Valor Potencial e Recomendar a Solução	8.1. Medir o Desempenho da Solução 8.2. Analisar as Medidas de Desempenho
10.29. Mapa mental	3.2. Planejar o Engajamento de Stakeholder 3.4. Planejar o Gerenciamento de Informações de Análise de Negócios	4.1. Preparar para a Elicitação 4.2. Conduzir a Elicitação		6.1. Analisar o Estado Atual 6.2. Definir o Estado Futuro 6.3. Avaliar os Riscos 6.4. Definição da Estratégia de Mudança	7.5. Definir as Opções de Design	
10.30. Análise de Requisitos Não Funcionais					7.1. Especificar e Modelar os Requisitos	8.1. Medir o Desempenho da Solução

10. Técnicas	3. Planejamento e Monitoramento de Análise de Negócios	4. Elicitação e Colaboração	5. Gerenciamento do Ciclo de Vida de Requisitos	6. Análise da Estratégia	7. Análise de Requisitos e Definição de Design	8. Avaliação da Solução
10.31. Observação	3.5. Identificar Melhorias de Desempenho de Análise de Negócios	4.2. Conduzir a Elicitação		6.1. Analisar o Estado Atual		8.1. Medir o Desempenho da Solução 8.2. Analisar as Medidas de Desempenho 8.4. Avaliar Limitações da Corporação
10.32. Modelagem Organizacional	3.3. Planejar a Governança de Análise de Negócios			6.1. Analisar o Estado Atual 6.2. Definir o Estado Futuro 6.4. Definição da Estratégia de Mudança	7.1. Especificar e Modelar os Requisitos 7.4. Definir a Arquitetura de Requisitos	8.4. Avaliar Limitações da Corporação 8.5. Recomendar Ações para Aumentar o Valor da Solução
10.33. Priorização			5.3. Priorizar os Requisitos			8.5. Recomendar Ações para Aumentar o Valor da Solução
10.34. Análise de Processos	3.5. Identificar Melhorias de Desempenho de Análise de Negócios	4.2. Conduzir a Elicitação		6.1. Analisar o Estado Atual		8.4. Avaliar Limitações da Corporação 8.5. Recomendar Ações para Aumentar o Valor da Solução

10. Técnicas	3. Planejamento e Monitoramento de Análise de Negócios	4. Elicitação e Colaboração	5. Gerenciamento do Ciclo de Vida de Requisitos	6. Análise da Estratégia	7. Análise de Requisitos e Definição de Design	8. Avaliação da Solução
10.35. Modelagem de Processos	3.1. Planejar a Abordagem de Análise de Negócios 3.2. Planejar o Engajamento de Stakeholder 3.3. Planejar a Governança de Análise de Negócios 3.4. Planejar o Gerenciamento de Informações de Análise de Negócios 3.5. Identificar Melhorias de Desempenho de Análise de Negócios	4.2. Conduzir a Elicitação	5.2. Manter os Requisitos	6.2. Definir o Estado Futuro 6.4. Definição da Estratégia de Mudança	7.1. Especificar e Modelar os Requisitos	8.4. Avaliar Limitações da Corporação
10.36. Prototipagem		4.2. Conduzir a Elicitação		6.2. Definir o Estado Futuro	7.1. Especificar e Modelar os Requisitos	8.1. Medir o Desempenho da Solução

10. Técnicas	3. Planejamento e Monitoramento de Análise de Negócios	4. Elicitação e Colaboração	5. Gerenciamento do Ciclo de Vida de Requisitos	6. Análise de Estratégia	7. Análise de Requisitos e Definição de Design	8. Avaliação da Solução
10.37. Revisões	3.2. Planejar o Engajamento de Stakeholder 3.3. Planejar a Governança de Análise de Negócios 3.5. Identificar Melhorias de Desempenho de Análise de Negócios	4.3. Confirmar os Resultados da Elicitação 4.4. Comunicar as Informações de Análise de Negócios	5.5. Aprovar os Requisitos		7.2. Verificar os Requisitos 7.3. Validar os Requisitos	
10.38. Análise e Gerenciamento de Riscos	3.2. Planejar o Engajamento de Stakeholder 3.5. Identificar Melhorias de Desempenho de Análise de Negócios	4.1. Preparar para a Elicitação 4.5. Gerenciar a Colaboração de Stakeholder	5.3. Priorizar os Requisitos 5.4. Avaliar as Mudanças de Requisitos	6.1. Analisar o Estado Atual 6.3. Avaliar os Riscos	7.3. Validar os Requisitos 7.6. Analisar o Valor Potencial e Recomendar a Solução	8.2. Analisar as Medidas de Desempenho 8.3. Avaliar as Limitações da Solução 8.4. Avaliar Limitações da Corporação 8.5. Recomendar Ações para Aumentar o Valor da Solução
10.39. Matriz de Papéis e Permissões						8.4. Avaliar Limitações da Corporação

10. Técnicas	3. Planejamento e Monitoramento de Análise de Negócios	4. Elicitação e Colaboração	5. Gerenciamento do Ciclo de Vida de Requisitos	6. Análise da Estratégia	7. Análise de Requisitos e Definição de Design	8. Avaliação da Solução
10.40. Análise de Causa Raiz	3.5. Identificar Melhorias de Desempenho de Análise de Negócios			6.1. Analisar o Estado Atual 6.3. Avaliar os Riscos	7.1. Especificar e Modelar os Requisitos 7.5. Definir as Opções de Design	8.2. Analisar as Medidas de Desempenho 8.3. Avaliar as Limitações da Solução 8.4. Avaliar Limitações da Corporação
10.41. Modelagem de Escopo	3.2. Planejar o Engajamento de Stakeholder			6.1. Analisar o Estado Atual 6.2. Definir o Estado Futuro 6.4. Definição da Estratégia de Mudança	7.1. Especificar e Modelar os Requisitos 7.4. Definir a Arquitetura de Requisitos	
10.42. Diagramas de Sequência					7.1. Especificar e Modelar os Requisitos	
10.43. Personas, Lista ou Mapa de Stakeholders		4.1. Preparar para a Elicitação 4.5. Gerenciar a Colaboração de Stakeholder			7.1. Especificar e Modelar os Requisitos	
10.44. Modelagem de Estados					7.1. Especificar e Modelar os Requisitos	

10. Técnicas	3. Planejamento e Monitoramento de Análise de Negócios	4. Elicitação e Colaboração	5. Gerenciamento do Ciclo de Vida de Requisitos	6. Análise de Estratégia	7. Análise de Requisitos e Definição de Design	8. Avaliação da Solução
10.45. Pesquisa ou Questionário	3.2. Planejar o Engajamento de Stakeholder 3.3. Planejar a Governança de Análise de Negócios 3.4. Planejar o Gerenciamento de Informações de Análise de Negócios 3.5. Identificar Melhorias de Desempenho de Análise de Negócios	4.2. Conduzir a Elicitação		6.1. Analisar o Estado Atual 6.2. Definir o Estado Futuro 6.3. Avaliar os Riscos	7.5. Definir as Opções de Design 7.6. Analisar o Valor Potencial e Recomendar a Solução	8.1. Medir o Desempenho da Solução 8.2. Analisar as Medidas de Desempenho 8.3. Avaliar as Limitações da Solução 8.4. Avaliar Limitações da Corporação 8.5. Recomendar Ações para Aumentar o Valor da Solução
10.46. Análise SWOT				6.1. Analisar o Estado Atual 6.2. Definir o Estado Futuro 6.4. Definição da Estratégia de Mudança	7.6. Analisar o Valor Potencial e Recomendar a Solução	8.4. Avaliar Limitações da Corporação
10.47. Casos de Uso e Cenários			5.2. Manter os Requisitos		7.1. Especificar e Modelar os Requisitos	8.1. Medir o Desempenho da Solução

10. Técnicas	3. Planejamento e Monitoramento de Análise de Negócios	4. Elicitação e Colaboração	5. Gerenciamento do Ciclo de Vida de Requisitos	6. Análise da Estratégia	7. Análise de Requisitos e Definição de Design	8. Avaliação da Solução
10.48. Histórias de Usuário			5.2. Manter os Requisitos		7.1. Especificar e Modelar os Requisitos	
10.49. Avaliação de Fornecedores				6.1. Analisar o Estado Atual 6.2. Definir o Estado Futuro 6.4. Definição da Estratégia de Mudança	7.5. Definir as Opções de Design	8.1. Medir o Desempenho da Solução

10. Técnicas	3. Planejamento e Monitoramento de Análise de Negócios	4. Elicitação e Colaboração	5. Gerenciamento do Ciclo de Vida de Requisitos	6. Análise da Estratégia	7. Análise de Requisitos e Definição de Design	8. Avaliação da Solução
10.50. Workshops	3.1. Planejar a Abordagem de Análise de Negócios	4.2. Conduzir a Elicitação	5.3. Priorizar os Requisitos	6.1. Analisar o Estado Atual	7.4. Definir a Arquitetura de Requisitos	8.4. Avaliar Limitações da Corporação
	3.2. Planejar o Engajamento de Stakeholder	4.3. Confirmar os Resultados da Elicitação	5.4. Avaliar as Mudanças de Requisitos	6.2. Definir o Estado Futuro	7.5. Definir as Opções de Design	
	3.3. Planejar a Governança de Análise de Negócios	4.4. Comunicar as Informações de Análise de Negócios	5.5. Aprovar os Requisitos	6.3. Avaliar os Riscos	7.6. Analisar o Valor Potencial e Recomendar a Solução	
	3.4. Planejar o Gerenciamento de Informações de Análise de Negócios			6.4. Definição da Estratégia de Mudança		
	3.5. Identificar Melhorias de Desempenho de Análise de Negócios					

Apêndice C: Resumo de Alterações do BABOK® Guia v 2.0

Visão geral

A versão 3 do Guia BABOK® foi amplamente revisada, reestruturada e reescrita a partir do Guia BABOK® versão 2.0. Este resumo de mudanças fornece uma visão geral de onde tópicos abordados na versão 2.0 podem ser encontrados na versão 3. Este resumo não é uma descrição completa das alterações e, em alguns casos, o escopo de uma tarefa ou técnica mudou significativamente em um nível inferior.

Introdução

Análise de negócio

A definição deste conceito primário foi atualizada para alinhar-se a outras mudanças no Guia BABOK®, especificamente o Modelo de Conceitos Essenciais da Análise de Negócios (BACCM™).

Conceitos-Chave da Análise de Negócios

Modelo de Conceitos Essenciais da Análise de Negócios (BACCM™) (NOVO)

Um modelo composto por seis termos que têm um significado comum a todos os profissionais de análise de negócios e os ajuda a discutir a análise de negócios e suas relações em terminologia comum.

Requisitos e Design (NOVO)

Esta seção descreve a distinção entre e sobreposição de dois conceitos fundamentais de análise de negócios: requisitos e design.

Áreas de Conhecimento

Planejamento e Monitoramento de Análise de Negócios

O foco e o nome dessa área de conhecimento permanece o mesmo para a versão 3.

Algumas tarefas foram renomeadas, uma nova tarefa foi incluída e alguns elementos foram alterados de lugar. A versão 3 continua a abordar o papel do analista de negócios na definição do trabalho de análise de negócios e na definição da abordagem para a iniciativa.

2.0 Tarefa: Planejamento e Monitoramento de Análise de Negócios	3.0 Tarefa: Planejamento e Monitoramento de Análise de Negócios
2.1 Planejar a Abordagem de Análise de Negócios O conteúdo de Priorização e Gerenciamento de Mudança foi deslocado para 3.3 Planejar a Governança de Análise de Negócios	3.1 Planejar a Abordagem de Análise de Negócios
2.2 Conduzir a Análise de Stakeholders	3.2 Planejar o Engajamento de Stakeholder
2.3 Planejar as Atividades de Análise de Negócios	3.1 Planejar a Abordagem de Análise de Negócios

2.4 Planejar a Comunicação de Análise de Negócios	3.2 Planejar o Engajamento de Stakeholder
2.5 Planejar o Processo de Gerenciamento de Requisitos O conteúdo de Priorização e Gerenciamento de Mudança foi deslocado para 3.3 Planejar a Governança de Análise de Negócios	3.4 Planejar o Gerenciamento de Informações de Análise de Negócios
2.6 Gerenciar o Desempenho de Análise de Negócios	3.5 Identificar as Melhorias de Desempenho de Análise de Negócios

Elicitação (da Versão 2.0) é agora Elicitação e Colaboração (na Versão 3)

O foco desta área de conhecimento permanece semelhante, mas se expandiu para incluir tópicos de comunicação a partir da versão 2.0 e o novo tópico da colaboração.

Além disso, o conteúdo mais simples a partir de versão 2.0 foi ampliado para fornecer mais orientação aos praticantes. Também, uma referência explícita à elicitação não planejada é feita para reconhecer a elicitação informal que pode ocorrer durante conversas. As informações de análise de negócios também são referenciadas ao longo de todo o processo, e não apenas os requisitos, como o objeto de elicitação.

2.0 Tarefa: Elicitação	3.0 Tarefa: Elicitação e Colaboração
3.1 Preparar para a Elicitação	4.1 Preparar para a Elicitação
3.2 Conduzir a Atividade de Elicitação	4.2 Conduzir a Elicitação
3.4 Confirmar os Resultados da Elicitação	4.3 Confirmar os Resultados da Elicitação
3.3 Resultados de Elicitação de Documentos	4.4 Comunicar as Informações de Análise de Negócios
N/A	4.5 Gerenciar a Colaboração de Stakeholder

O Gerenciamento de Requisitos e Comunicação (da Versão 2.0) é agora Gerenciamento do Ciclo de Vida de Requisitos (na Versão 3)

O Gerenciamento do Ciclo de Vida de Requisitos foi determinado como sendo um nome mais apropriado para esta área de conhecimento, para enfatizar que os requisitos têm seu próprio ciclo de vida e que o gerenciamento de requisitos é uma atividade contínua.

As atividades de comunicação foram movidas dessa área de conhecimento para a área de conhecimento Elicitação e Colaboração.

2.0 Tarefa: Gerenciamento de Requisitos e Comunicação	3.0 Tarefa: Gerenciamento do Ciclo de Vida de Requisitos
4.1 Gerenciar o Escopo da Solução e Requisitos O Gerenciamento do Escopo da Solução é abordado dentro de 5.1 Rastrear os Requisitos. O Gerenciamento de Conflito e Questão, e Apresentação de Requisitos para Revisão são abordados em 5.5 Aprovar os Requisitos.	5.1 Rastrear os Requisitos 5.5 Aprovar os Requisitos
4.2 Gerenciar a Rastreabilidade de Requisitos Os Relacionamentos e Gerenciamento de Configuração são abordados em 5.1 Rastrear os Requisitos. A Análise de Impacto é abordada em 5.4 Avaliar as Mudanças de Requisitos.	5.1 Rastrear os Requisitos 5.4 Avaliar as Mudanças de Requisitos
4.3 Manter os Requisitos para Reuso	5.2 Manter os Requisitos
4.4 Preparar o Pacote de Requisitos	4.4 Comunicar as Informações de Análise de Negócios
4.5 Comunicar os Requisitos	4.4 Comunicar as Informações de Análise de Negócios

	5.3 Priorizar os Requisitos Movido de 6.1 Priorizar os Requisitos (v2.0)
N/A	5.5 Aprovar os Requisitos A nova tarefa que inclui os conceitos de Conflito de Elementos e Gerenciamento de Questão da v2, Apresentação de Requisitos para Revisão e Aprovação da Tarefa da v2 Gerenciar o Escopo da Solução e Requisitos.

Análise Corporativa (da Versão 2.0) é agora Análise da Estratégia (na Versão 3)

Essa área de conhecimento assumiu um novo nome e propósito expandido.

Análise Corporativa era focada no trabalho inicial que o analista de negócios realizava no início de um projeto. A Análise da Estratégia é mais ampla e inclui o trabalho que o analista de negócios realiza para compreender o estado atual do negócio, para definir o estado futuro desejado, para desenvolver uma estratégia de mudança para alcançar os resultados de negócio desejados e para avaliar os riscos inerentes à estratégia de mudança.

2.0 Tarefa: Análise da Corporação	3.0 Tarefa: Análise da Estratégia
5.1 Definir a Necessidade de Negócio O Problema de Negócio ou Oportunidade é abordado em 6.1 Analisar o Estado Atual. As Metas e Objetivos de Negócio e Resultado Desejado são abordados em 6.2 Definir o Estado Futuro.	6.1 Analisar o Estado Atual, 6.2 Definir o Estado Futuro
5.2 Avaliar Lacunas de Capacidade A Análise de Recursos Atuais é abordada em 6.1 Analisar o Estado Atual. A Avaliação de Novos Requisitos de Capacidade e Suposições serão abordados em 6.2 Definir o Estado Futuro.	6.1 Analisar o Estado Atual, 6.2 Definir o Estado Futuro, 6.4 Definir a Estratégia de Mudança Definir a Estratégia de Mudança inclui uma Análise de Gap que não foi identificada explicitamente em 5.2 Avaliar Gaps de Capacidade, mas foi a intenção da tarefa.

5.3 Determinar Abordagem de Solução A Geração de Alternativas, Suposições e Restrições é abordada em 6.2 Definir o Estado Futuro. O Ranking e Seleção de Abordagens é tratado em 7.5 Definir as Opções de Design e 7.6 Analisar o Valor Potencial e Recomendar a Solução.	6.2 Definir o Estado Futuro, 7.5 Definir as Opções de Design (área de conhecimento Análise de Requisitos e Definição de Design da v3), 7.6 Analisar o Valor Potencial e Recomendar a Solução (área de conhecimento Análise de Requisitos e Definição de Design da v3)
5.4 Definir o Escopo da Solução	6.4 Definir a Estratégia de Mudança
5.5 Definir o Business Case	7.6 Analisar o Valor Potencial e Recomendar a Solução (área de conhecimento Análise de Requisitos e Definição de Design da v3), 10.7 Business Cases (Técnica)

Análise de Requisitos (da Versão 2.0) é agora Análise de Requisitos e Definição de Design (na Versão 3.0)

Essa área de conhecimento foi renomeada para acomodar o conteúdo expandido.

A versão 3 aborda agora o tópico do design e explica onde os analistas de negócios têm envolvimento com atividades de design. A Análise de Requisitos e Definição de Design também incorpora algumas das tarefas a partir da Avaliação e Validação de Soluções da versão 2.0. As atividades envolvidas com a avaliação da solução proposta — antes de qualquer construção de uma solução, seja em parte ou no todo — são agora parte desta Análise de Requisitos e Definição de Projeto.

2.0 Tarefa: Análise de Requisitos	3.0 Tarefa: Análise de Requisitos e Definição de Design
6.1 Priorizar os Requisitos	5.3 Priorizar os Requisitos (área de conhecimento Gerenciamento do Ciclo de Vida dos Requisitos da v3)
6.2 Organizar os Requisitos	7.4 Definir a Arquitetura de Requisitos
6.3 Especificar e Modelar os Requisitos	7.1 Especificar e Modelar os Requisitos

6.4 Definir Suposições e Restrições As Suposições e Restrições de Negócio são abordadas em 6.2 Definir o Estado Futuro. As Restrições Técnicas são abordadas em 7.6 Analisar o Valor Potencial e Recomendar a Solução	6.2 Definir o Estado Futuro (área de conhecimento Análise da Estratégia da v3) e 7.6 Analisar o Valor Potencial e Recomendar a Solução
6.5 Verificar os Requisitos	7.2 Verificar os Requisitos
6.6 Validar os Requisitos	7.3 Validar os Requisitos
N/A	7.5 Definir as Opções de Design A nova tarefa em Análise de Requisitos e Definição de Design que incorpora 5.3 Determinar a Abordagem de Soluções (área de conhecimento de Análise Corporativa da v2.0), 7.1 Avaliar Solução Proposta (área de conhecimento Avaliação e Validação da Solução da v2.0) e 7.2 Alocar Requisitos (área de conhecimento Avaliação e Validação da Solução da v2.0)
N/A	7.6 Analisar o Valor Potencial e Recomendar a Solução A nova tarefa em Análise de Requisitos e Definição de Design que incorpora 5.5 Definir o Business Case (área de conhecimento da Análise Corporativa v2.0) e 7.1 Avaliar Solução Proposta (área de conhecimento Avaliação e Validação da Solução da v2.0)

A Avaliação e Validação da Solução (da Versão 2.0) é agora Avaliação da Solução (na Versão 3)

A área de conhecimento da versão 3 proporciona menos foco na implementação de uma solução e mais foco na avaliação de soluções.

A área de conhecimento inclui conteúdo para avaliar se o valor está sendo entregue por uma solução e discute o papel do analista de negócios na avaliação do que está impedindo uma organização de receber valor total de uma solução.

2.0 Tarefa: Avaliação e Validação da Solução	3.0 Tarefa: Avaliar a Solução
7.1 Avaliar Solução Proposta	7.5 Definir as Opções de Design e 7.6 Analisar o Valor Potencial e Recomendar a Solução (área de conhecimento
7.2 Alocar requisitos	7.5 Definir as Opções de Design (área de conhecimento Análise de Requisitos e Definição de Design da v3)
7.3 Avaliar a Prontidão Organizacional	6.4 Definir a Estratégia de Mudança (área de conhecimento de Análise da Estratégia da v3)
7.4 Definir Requisitos de Transição	6.4 Definir a Estratégia de Mudança (área de conhecimento de Análise da Estratégia v3), 2.3 Esquema de Classificação de Requisitos
7.5 Validar a Solução	8.3 Avaliar as Limitações da Solução
7.6 Avaliar o Desempenho da Solução	8.5 Recomendar as Ações para Aumentar o Valor da Solução
N/A	8.1 Medir o Desempenho da Solução

A nova tarefa que incorpora a definição de medidas de desempenho da solução e a mensuração do desempenho real |
| N/A | 8.2 Analisar as Medidas de Desempenho

A nova tarefa que se concentra em comparar o valor real (desempenho da solução) contra o valor esperado |
| N/A | 8.4 Avaliar as Limitações Corporativas

A nova tarefa que identifica o que, externo à solução, pode estar impedindo-a de entregar o valor esperado |

Competências Fundamentais

Pensamento Analítico e Resolução de Problemas

- NOVA—Pensamento Conceitual
- NOVA—Pensamento Visual

Características Comportamentais

- Ética—removida
- Organização Pessoal—renomeada e expandida para Organização e Gerenciamento de Tempo
- NOVA—Responsabilização Pessoal (Accountability)
- NOVA—Adaptabilidade

Conhecimento de Negócio

- Princípios e Práticas de Negócios—renomeado para Perspicácia de Negócios
- NOVA—Conhecimento Metodológico

Habilidades de Comunicação

- Comunicações orais-renomeado para Comunicação Verbal
- Ensino—movido para Habilidades de Interação
- NOVA—Comunicação Não verbal
- NOVA—Escuta

Habilidades de Interação

- Facilitação e Negociação— renomeado para Competências divididas e Facilitação
- NOVA—Negociação e Resolução de Conflito

Aplicações de Software (da Versão 2.0) é agora Ferramentas e Tecnologia (na Versão 3)

- Aplicativos de Uso Geral—renomeada para Ferramentas de Produtividade de Escritório e Tecnologia

- Aplicações Especializadas—renomeada para Ferramentas de Análise de Negócios e Tecnologia
- NOVA—Ferramentas de Comunicação e Tecnologia

Técnicas

Nome ou Mudança de Foco

- Benchmarking e Análise de Mercado (na v2.0 era Benchmarking)
- Dicionário de Dados (na v2.0 era Dicionário de Dados e Glossário)
- Glossário (na v2.0 era Dicionário de Dados e Glossário)
- Revisões (na v2.0 era Walkthrough Estruturado)
- Análise e Gerenciamento de Riscos (na v2.0 era Análise de Risco)
- Casos de Uso e Cenários (na v2.0 era Cenários e Casos de Uso)
- Histórias de Usuários
- Workshops (Workshop de Requisitos na v2.0)

Novas Técnicas

- Gerenciamento de Backlog
- Balanced Scorecard
- Análise de Capacidades de Negócio
- Business Case
- Business Model Canvas
- Jogos Colaborativos
- Modelagem de Conceitos
- Mineração de Dados
- Modelagem de Decisão
- Análise Financeira
- Mapa mental
- Priorização
- Análise de Processos
- Matriz de Papéis e Permissões

• Personas, Lista ou Mapa de Stakeholders

Perspectivas (NOVA)

As perspectivas são usadas dentro do trabalho de análise de negócios para fornecer foco a tarefas e técnicas específicas para o contexto da iniciativa.

A maioria das iniciativas é susceptível de engajar uma ou mais perspectivas. As perspectivas incluídas no Guia BABOK® são:

• Ágil

• Inteligência de Negócios (BI)

• Tecnologia da Informação

• Arquitetura de Negócios

• Gestão de Processos de Negócios.

Essas perspectivas não presumem representar todas as perspectivas possíveis a partir da qual a análise de negócios é praticada. As perspectivas discutidas no Guia BABOK® representam algumas das visões mais comuns da análise de negócios no momento em que foi escrito.

As perspectivas não são mutuamente excludentes; em uma iniciativa pode se empregar mais de uma perspectiva.

Apêndice D: Contribuidores

Comitê do Corpo de Conhecimento

O conteúdo para este release foi desenvolvido principalmente pelo Comitê do Corpo de Conhecimento:

- Angela M. Wick, CBAP, PMP, PBA
- Emily Iem, CBAP, PMP: Chairperson
- John M. A. Burns, MSc, BSc, CEng
- Joy Beatty, CBAP, PMI-PBA
- Masahiko Soh
- Matthew W. Leach, CBAP
- Peter Lefterov, CBAP
- Phil Vincent, CBAP, M. Comp. Sci., PMP
- Shane Hastie, CBAP, MIM, ICE-VM
- Julian Sammy
- Laura Paton, CBAP, MBA, PMP: Ex-Presidente
- Tom Burke, CBAP, MS, CSPO

Time de Operações do Corpo de Conhecimento

Os seguintes indivíduos trabalharam em conjunto e apoiaram todos os stakeholders para fornecer o framework para o desenvolvimento de conteúdo e entrega:

- Kevin Brennan, CBAP, OCEB, PMP, Vice-Presidente Executivo, Gestão de Produtos e Desenvolvimento, IIBA: Patrocinador

- Paul Stapleton, Gerente de normas e Publicações, IIBA: Editor

- Sandi Campbell, Gerente de Projetos, IIBA: Gerente de Projetos

Contribuidores de Conteúdo

Os seguintes indivíduos contribuíram com conteúdo adicional usado nesta revisão:

- Alberto Vasquez

- Ales Stempihar

- Ali Mazer, CBAP, MBA

- Andrew Guitarte, CBAP, DBA, PMP

- Angie Perris, CBAP, MBA, PMP

- Anne Fomim, CBAP

- Beth Faris, CBAP

- Brian T. Hunt, CBAP, I.Eng., FInstLM

- Cari J. Faanes-Blakey, CBAP, PMI-PBA

- Charles Bozonier, CBAP

- Christina D. Harris, ITIL, BA

- Colleen S. Berish, AIT

- Dean J. Larson, CBAP

- Dena Loadwick, CBAP

- Edwina Simons, CBAP, MBA, SSGB

- Ellan Kay Young

- Gagan Saxena

- Georgy Saveliev, CBAP

- Greg Geracie

- Heather Mylan-Mains, CBAP

- Inger Dickson, CBAP

- James (Jim) Baird, CMC

- James Taylor
- Janet Wood, CBAP
- Jason Andrew Oliver, CBAP, MBA, CISSP
- Jason Frink, CBAP
- Jason Questor
- Jennifer Battan, CBAP
- Jennifer Swearingen
- Josh Jones, CBAP
- Dr. Joyce Statz
- Judith A. Haughton, CBAP, MBA
- Jules Prevost, CBAP
- Kelly Morrison Smith, MBA, MS
- Manish S. Nachnani, CBAP, PMP, CSM
- Marcelo Neves, CBAP
- Maria Amuchastegui, CBAP, CTFL, CSM
- Marsha B. Hughes, CBAP, PMP, CSM
- Martin Schedlbauer, CBAP, PhD
- Maureen McVey, CBAP
- McNaughton Lebohang, CBAP, BSc (Hons) CS, PMP
- Mike Crawford
- Mike Rosen
- Milena Komitska, PhD
- Muhammad Saad Rahman, CBAP, M.Sc., PMP
- Neale Croutear-Foy, BA (Hons.), FBCS, FInstLM
- Norman A. Thuswaldner, CBAP
- Paul Mulvey, CBAP
- Poonam Dhanwani
- Ricardo Pereira, CBAP
- Richard Larson, CBAP, PMP, PMI-PBA
- Ronald G. Ross
- Sean P. Boylan, CBAP, MAppLing
- Sergio Conte
- Sherri L. Nowak, CBAP, MSM
- Silke Goodwin, CBAP

- Steven Blais, PMP, PBA
- Suneet K. Garg, CBAP, TOGAF 9, CBPP
- Suzanne R. Burgess, CBAP
- Tharshan Sreetharan, CBAP, PMP, MBA
- Thea Rasins
- Thomas (Tom) Barqueiro, CBAP, PhD, PMP
- Tina M. Underhill
- Victoria Cupet, CBAP, PMP, PMI-PBA

Grupo Especializado de Assessoria e Revisão

Os seguintes especialistas do setor forneceram generosamente ao IIBA® assessoria e orientação sobre o escopo e o conteúdo da versão 3.0 do Guia BABOK® durante seu planejamento e desenvolvimento, e ajudaram a moldar o conteúdo e a direção deste release.

- Barbara A. Carkenord, CBAP, PMI-PBA, PMP
- Bill Bigler, PhD
- Brian Cameron
- Chuck Walrad
- Elizabeth Larson, CBAP, PMP, CSM
- Ellen Gottesdiener, SM, CPS
- Gladys S. W. Lam
- Greg Geracie
- James Robertson
- James Taylor
- Jason Questor
- Jeff Scott
- Kent J. McDonald
- Kitty Hass
- Linda R. Finley
- Mary Gorman, CBAP, CSM, PMI-PBA
- Mike Rosen
- Peter H.M. Brooks, B.Sc., FSM
- Roger T. Burlton, P. Eng, CMC
- Ronald G. Ross
- Suzanne Robertson
- Whynde Kuehn

Revisores praticantes

Os seguintes indivíduos participaram da revisão do profissional da versão 3.0, e forneceram feedback usado para ajudar a moldar o conteúdo e a direção do Rascunho de Revisão Pública.

- Aljaž Prusnik, CBAP
- Angela Musa, CBAP
- Annette Brice, CBAP
- Ashok Kaushal
- Barbara J Mônaco, CBAP
- Beth Gomolka, CBAP, PMP, CSP
- Carol R. Drew, CBAP
- Cei Sanderson, CSPO
- Charles Raj, CBAP, B. Com., FCA
- Chen-Kuang Yu
- Cherie Wagner
- Devendra Shrikant Upadhye, CBAP
- Diana Cagle, CBAP, MBA
- Fabrício Laguna, CBAP, PMP, MBA
- Geoffrey Griffin, CBAP
- Iavi Rotberg
- Jayesh Jain, CBAP, B.Sc., CSPO
- Joe Goss
- Joseph F. Ruffolo
- Karen Gras, CBAP
- Kathleen C. McGoey
- Iaith Obeidat, CBAP
- Laura R. Walker, LSS
- Lenche Pandovska, CBAP
- Lily V. Dang, CBAP
- Lynn Parkin, CCBA
- Michael D. Western, CBAP
- Nicolae Crudu, CCBA
- Partha Pratim Das, PMP, CSM
- Richard Freeley, CBAP

- Robert Dyason
- Steven J. Gara, CBAP, MS
- Teri A. McIntyre, CBAP, CAPM, MA
- Theodora Tonkovska
- Tolani J Hassan, ISEB
- Tricia K. Dreixler, CBAP
- Wayne Li
- Yoshinori Tanaka, CBAP
- Zoya Roytblat, CBAP

Os seguintes indivíduos também serviram como líderes das equipes de revisão:

- Billie Johnson, CBAP, PBA, CSM
- Camille L. Spruill, CBAP, PMP, CSM
- Chaithanya Atthanti, CBAP
- Jeanette Moore-Loggins, CBAP, BA, MBA,
- Kimberley Byron, CBAP
- Peter Johnson, CBAP
- Tom Karasmanis

Extensão Ágil

O conteúdo desta versão inclui conteúdo da Extensão Ágil para o Guia BABOK®. O IIBA® gostaria de agradecer aos seguintes colaboradores da Extensão Ágil para o Guia BABOK®.

- Ali Mazer
- Brian Hemker
- Carol Scalice
- Chris Matts
- David C. Cook
- David Morris
- Dennis Stevens
- Ellen Gottesdiener
- Kevin Brennan
- Luiz Claudio Parzianello
- Marsha Hughes

- Pascal Van Cauwenberghe
- Paul Stapleton, Editor
- Peter Gordon
- Shane Hastie
- Steve Erlank
- Susan Block

Rascunho da extensão da Análise de Negócios

O conteúdo para esta versão inclui conteúdo do Enterprise Business Analysis Extension para o Rascunho do Guia BABOK®. O IIBA® gostaria de agradecer aos seguintes contribuidores da Enterprise Business Analysis Extension para o Rascunho do Guia BABOK®.

- Charlie Huai-Ling Ch'ng
- Dean Larson
- Jason Questor
- Joanne Dong
- Kevin Brennan
- Matt Northrup
- Neil Burton
- Nitza Dovenspike
- Phillip Quinn
- Ron Babin

Versão 3.0 também inclui conteúdo desenvolvido para versões anteriores do Guia BABOK®.

Outros Contribuidores Significativos

- Aminah Nailor, CBAP
- Annie Thomas, CPAP
- Rose Ha, CBAP
- Bernard Aschwanden, Editoria especializada: Layout e Design
- Irena Duniskvaric, Editoria especializada: Ilustrações
- Lynda Sydney, Serviço de inicialização de escrita: Edição de Copy
- SOS Design Inc.: Capa
- Vic Bhai, Redator Técnico/Editor, IIBA: Escrita Técnica

Agradecimentos adicionais

O IIBA® e o Comitê do Corpo de Conhecimento gostaria de agradecer a todos aqueles profissionais de análise de negócios que nos proporcionaram comentários e feedbacks ao longo dos anos, assim como aqueles que nos proporcionaram feedback sobre o Rascunho de Revisão Pública.

Guia BABOK® Versão 3.0 na Língua Portuguesa

O Capítulo Brasil do IIBA® agradece ao comprometimento e dedicação de todos os voluntários que participaram do processo de tradução e revisão deste material.

Revisores da Tradução:

- Abílio Augusto Passos
- Adriana Unger
- Alessandra Cristine Cordeiro dos Santos
- Alexsandre Luz
- Ana Karina Palermo T. Beraldo
- Anderson Pereira
- Anderson Rodrigo
- Antonio Carlos Tonini
- Carlos José Locoselli
- Claudiana Kindermann
- Edilson Eloy dos Santos
- Edneuci Denise Audácio
- Eduardo Lima da Silveira
- Eliton da Paixão de Jesus
- Fabiana Cristina Bento Leite Oliveira
- Fabiano Bonvino
- Fabricio Francisco
- Fabrício Laguna
- Flavia Rizzini De Andrade
- Gilberto Bellegarde

- Henrique Silva Veloso
- Humberto Soares Barros
- Jaderson Marques Vargas
- Jesse Prestes da Silva
- Joao Camillo Octaviano
- Joao Manoel Zani de Azevedo
- Judith Pavon
- Kelton Wanderley
- Layane Araujo
- Leandro Paulo Oliveira
- Lina Yoshida
- Marco Antonio Costa
- Mariane Lima
- Marília Rodrigues dos Santos
- Orlando Guedez
- Pedro Arthur Fernandes
- Rafael Tupinambá Desconzi Silva
- Raimundo Linhares
- Ricardo Peters
- Rodrigo Costa
- Ronnie Rocha
- Sergio Santos
- Shirley do Vale
- Silvério Ferreira Bastos Filho
- Tercio Naoki Sato
- Tiago Jose Borges
- Vaneza Czelusniak Fendrich

Revisão gramatical, sintática e ortográfica:

- Marina Mello

Coordenação Geral:

- Carlos José Locoselli

Diretoria do IIBA Brasil

- Fabrício Laguna - Diretor Presidente
- Carlos José Locoselli - Diretor de Educação
- Ana Lúcia Pegetti - Diretora Financeira e Administrativa
- Ibson Cabral - Diretor de Marketing
- Ricardo Stucchi - Diretor de Tecnologia

IIBA No geral

- Paul Stapleton, Product Manager: Publications and Translations

Versão 2.0

Comitê do Corpo de Conhecimento

O conteúdo para este release foi desenvolvido principalmente pelo Comitê do Corpo de Conhecimento:

- Kevin Brennan, CBAP, OCEB, PMP, Vice-Presidente, Desenvolvimento Profissional
- Barbara A. Carkenord, MBA, CBAP
- Mary Gorman, CBAP
- Kathleen B. Hass, PMP
- Brenda Kerton, MA
- Elizabeth Larson, CBAP, PMP
- Richard Larson, CBAP, PMP
- Jason Questor
- Laura Paton, MBA, CBAP, PMP (Gerente de Projetos)

Contribuidores de Conteúdo

Os seguintes indivíduos contribuíram com conteúdo adicional usado nesta revisão:

- Tony Alderson
- James Baird
- Jake Calabrese, CBAP
- Bruce C. Chadbourne, PgMP, PMP
- Karen Chandler
- Carrolynn Chang
- Richard Fox, CBAP
- Rosemary Hossenlopp
- Peter Gordon, CBAP
- Ellen Gottesdiener
- Monica Jain
- Cherifa Mansoura Liamani, PhD
- Karen Little
- Laura Markey
- Richard Martin
- Gillian McCleary
- William B. Murray
- Angie Perris, CBAP
- David Wright

A Equipe Gráfica desenvolveu os padrões gráficos e gráficos:

- Carl Gosselin
- Perry McLeod, CBAP, PMP
- Alexandre Romanov
- Patrícia Sandino
- Maggie Yang

Versão 2.0 também inclui conteúdo desenvolvido para versões anteriores do BABOK® Guide.

Grupo Especializado de Assessoria e Revisão

Os seguintes especialistas do setor, generosamente forneceram ao IIBA® assessoria e orientação sobre o escopo e o conteúdo da versão 2.0 do Guia BABOK® durante seu planejamento e desenvolvimento, e ajudou a moldar o conteúdo e a direção deste release.

- Scott Ambler
- James Baird
- Kurt Bittner
- Rafael Dorantes
- Robin F. Goldsmith, JD
- Ellen Gottesdiener
- Paul Harmon
- Dean Leffingwell
- Gladys S.W. Lam
- Kent J. McDonald
- Mark McGregor
- Meilir Page-Jones
- James Robertson
- Suzanne Robertson
- Ronald G. Ross
- David Ruble
- Steve Tockey

Revisores praticantes

Os seguintes indivíduos participaram da revisão de profissionais da versão 2.0 e forneceram feedback usado na revisão do Rascunho para Revisão Pública:

- Sharon M. Aker
- Betty H. Baker, CBAP
- B. D. Barnes PhD, PE, PMP, CSSBB
- Jennifer S. Battan, CBAP
- Subrahmanya Gupta Boda
- Craig W. Brown, MPM, CSM
- Cathy Brunsting
- Peter Burg, PMP

- Greg Busby, CBAP
- Diana Cagle, MBA, CBAP
- Duncan Cairns
- Bruce Chadbourne, PgMP, PMP
- Carrollynn Chang
- Patrícia Chappell, CBAP, MBA
- Mark Cheek, PMP
- Huai-Ling Ch'ng, CBAP
- Desirée Purvis (née Chu), CBAP
- Pauline Chung
- Joseph Da Silva
- Nitza Dovenspike
- James Downey, PhD, PMP
- Tamer El-Tonsy, CISA, PRINCE2, ITIL
- Steve Erlank, BSc, BCom (Hons)
- Margaret Gaino Ewing, MBA, CBAP
- Stephanie Garwood, CBAP
- Joe Goss
- Karen Gras, CBAP
- Kwabby Gyasi
- Bob Hillier, PMP
- Billie Johnson, CBAP
- Peter Johnson, CBAP
- Hans Jonasson, CBAP, PMP
- Barbara Koenig
- Steven R. Koss, MBA
- Douglas Kowalczyk
- Robert Lam, MBA, ISP
- Richard Larson, CBAP, PMP
- Karen Little, CBAP
- Joy Matthews
- Perry McLeod, CBAP, PMP
- Holly M. Meyer
- Michael Mohammed

- Brian Monson, PMP
- Nancy A. Murphy, PMP, CBAP
- Richard L. Neighbarger, CSQA, CSQE
- Tony Newport, CBAP
- Samia Osman
- Cecilia Rathwell
- Suzanna Etheridge Rawlins, PMP
- Helen Ronnenbergh
- Zoya Roytblat
- Christopher Ryba
- Julian Sammy
- Keith Sarre, CBAP
- Laura Schleicher
- Fred Seip
- Thomas Slahetka, CBAP
- Warren Steger
- Leah Sturm, CBAP
- James M. Szuch
- Robin Tucker
- Krishna Vishwanath
- A. S. Umashankar

Os seguintes indivíduos também serviram como líderes de equipe de revisão:

- Cathy Brunsting
- Patrícia Chappell, CBAP, MBA
- Stephanie Garwood, CBAP
- Robert Lam, MBA, ISP

Versão 1.6

Comitê do Corpo de Conhecimento

- Kathleen Barret (Presidente)
- Kevin Brennan, CBAP, PMP (Vice-Presidente)

- Barbara Carkenord, MBA, CBAP
- Mary Gorman, CBAP
- Kathleen B. Hass, PMP
- Brenda Kerton
- Elizabeth Larson, CBAP, PMP
- Richard Larson, CBAP, PMP
- Dulce Oliveira
- Cleve Pillifant

Contribuidores para Versão 1.6

- Tony Alderson
- Finny Barker
- Neil Burton
- Karen Chandler
- Richard Fox, CBAP
- Rosemary Hossenlopp
- Peter Gordon, CBAP
- Monica Jain
- Peter Kovaks
- Chris Matts
- Laura Markey
- Patrícia Martin
- Richard Martin
- Mete Rosina
- William Murray
- Harish Pathria
- Kathleen Person
- Tony Rice
- John Slater
- Mark Tracy
- Jacqueline Young

Revisores da Versão 1.6

- Sharon Aker
- Betty H. Baker, CBAP
- Jo Bennett
- Cathy Brunsting
- Carrollynn Chang, CBAP
- Patrícia Chappell, CBAP, MBA
- Pauline Chung
- Joseph R. Czarnecki
- Stephanie Garwood, CBAP
- May Jim, CBAP
- Dia Knez
- Barb Koenig
- Robert Lam
- Cherifa Mansoura Liamani, PhD
- Gillian McCleary
- Kelly Piechota
- Howard Podeswa
- Leslie Ponder
- Cecilia Rathwell
- Jennifer Rojek
- Keith Sarre, CBAP
- Jessica Gonzalez Solis
- Jim Subach
- Diane Talbot
- Krishna Vishwanath
- Marilyn Vogt
- Scott Witt

Sobre o IIBA®

International Institute of Business Analysis™ (IIBA®) é a associação profissional independente sem fins lucrativos formada em 2003 para servir o campo crescente de análise de negócios.

Como a voz da comunidade de análise de negócios, o IIBA apoia o reconhecimento da profissão e trabalha para manter padrões para a prática e a certificação. Através de uma rede global, o IIBA conecta Membros, Capítulos, Corporações e Parceiros em todo o mundo para o avanço da profissão de análise de negócios pela união de uma comunidade de profissionais para criar melhores resultados de negócio.

Para os indivíduos que trabalham em uma ampla gama de funções - análise de negócios, análise de sistemas, análise de requisitos, gerenciamento de projetos, consultoria, melhoria de processos e mais - o IIBA fornece os recursos para ajudá-lo a aprimorar sua profissão e avançar em sua carreira.

Como Membro do IIBA, os profissionais de análise de negócios ganham amplo acesso a insight, conhecimento e suporte. O IIBA pode ajudá-lo a criar uma trajetória de carreira profissional através da capacidade do crescimento em uma variedade de habilidades. Os benefícios dos membros incluem:

- Acesso a ferramentas essenciais e conhecimento, incluindo webinars, dicas rápidas, melhores práticas, biblioteca online e newsletters.
- Conexões com uma rede global de aprendizagem e colaboração.
- Oportunidade de se engajar em uma comunidade de profissionais e crescer em um nível local através do seu Capítulo do IIBA.
- Apoio na obtenção de sucesso, reconhecimento e oportunidade em sua carreira.
- Acesso gratuito às edições em PDF e eBook do Guia BABOK®.
- Taxa com desconto para exame de certificação do IIBA.

Você pode ter ainda mais valor através da participação no seu Capítulo local do IIBA. Ao participar de um Capítulo, você também pode acessar ferramentas e recursos adicionais e terá a oportunidade de participar de eventos, grupos de estudo e grupos de interesse geral.

Para se tornar um membro IIBA, visite iiba.org/Membership. Para encontrar seu Capítulo local, visite iiba.org/Chapter.

Certificações do IIBA

As certificações do IIBA são reconhecidas globalmente como o padrão para a análise de negócios.

Muitas certificações no espaço de análise de negócios abrangem as habilidades essenciais de engenharia e gerenciamento de requisitos, mas as certificações IIBA vão além desses fundamentos para entregar valor exclusivo.

Os programas do IIBA abordam a necessidade de profissionais de análise de negócios de conectar estratégia à execução, garantir que os benefícios a longo prazo são realizados a partir de uma mudança, e integrar a inovação e melhoria de processos com a mudança de tecnologia. Isso significa que os profissionais certificados pelo IIBA são capazes de contribuir para o sucesso de todo o negócio, não apenas ajudar um projeto a ser entregue no tempo, no escopo, e no orçamento.

A certificação do IIBA oferece muitos benefícios, incluindo:

- Estabelecimento e implementação de melhores práticas em análise de negócios por indivíduos reconhecidos como conhecedores e habilidosos.
- Resultados mais confiáveis, de maior qualidade, produzidos com maior eficiência e consistência.
- Reconhecimento como profissional de análise de negócios por colegas, clientes e stakeholders de negócios.
- Desenvolvimento profissional e reconhecimento para profissionais experientes de análise de negócios.
- Demonstrar comprometimento com o campo da análise de negócios, que é cada vez mais reconhecido como vital para todas as áreas de negócio.